Peter Hutter
Germanische Stammväter und römisch-deutsches Kaisertum

Historische Texte und Studien

Band 21

Peter Hutter

Germanische Stammväter
und römisch-deutsches Kaisertum

2000
Georg Olms Verlag
Hildesheim · Zürich · New York

Peter Hutter

Germanische Stammväter und römisch-deutsches Kaisertum

2000
Georg Olms Verlag
Hildesheim · Zürich · New York

Das Werk ist urheberrechtlich geschützt.
Jede Verwertung außerhalb der engen Grenzen
des Urheberrechtsgesetzes ist ohne Zustimmung
des Verlages unzulässig und strafbar.
Das gilt insbesondere für Vervielfältigungen,
Übersetzungen, Mikroverfilmungen
und die Einspeicherung und Verarbeitung
in elektronischen Systemen.

Die Deutsche Bibliothek – CIP-Einheitsaufnahme
Hutter, Peter
Germanische Stammväter und römisch-deutsches Kaisertum/
Peter Hutter. – Hildesheim; Zürich; New York: Olms, 2000
(Historische Texte und Studien; Bd. 21)
ISBN 3-487-11107-1

⊖ ISO 9706
© Georg Olms Verlag AG, Hildesheim 2000
Alle Rechte vorbehalten
Printed in Germany
Gedruckt auf säurefreiem und alterungsbeständigem Papier
Umschlagentwurf: Prof. Paul König, Hildesheim
Herstellung: Goldener Schnitt, Sinzheim
Druck: Weihert-Druck GmbH, Darmstadt
ISSN 0175-9329
ISBN 3-487-11107-1

Inhalt

Vorwort
Einleitung   1

Teil I: Voraussetzungen

I. **Bedeutung der Genealogie in Mittelalter und Früher Neuzeit**   4

   1. Allgemeines zur Genealogie   4
   2. Genealogie und Kunst   8

II. **Völkergenealogien**   10

   1. Einleitung   10
   2. Die biblisch-christliche Tradition   10
   3. Die Herkunftsmythen der deutschen Stämme   16
      Exkurs: Der Trojanermythos   16

III. **Kaisergenealogien**   19

   1. Die Reichegenealogie   20
   2. Kaisergenealogien im Mittelalter   21
   3. Kaisergenealogien in den Inkunabeln der Buchkunst   23

IV. **Der Einfluß des Humanismus auf die Genealogien**   25

   1. Caesaren- und Kaisergenealogien   25
   2. Maximilians I. „Kaiserbuch"   26
   3. Die Deutschen - Erben oder Erzfeinde Roms?   28
   4. Fehlende Differenzierungen   31

V. **Der Pseudo-Berosus**   36

   1. Die Fälschungen des Annius von Viterbo   36
   2. Tacitus und Annius   44
   3. Skandinavien oder Vorderasien?   47
   4. Die Urväter - Weise oder Wilde?   51
   5. Das erste Germanenbild?   54
      Exkurs: Die Wilden Männer   56

Teil II: Die Tuiscongenealogien

VI. Die Tuiscongenealogie von 1543 — 59

1. Die politische Situation im Reich zu Beginn der 1540er Jahre — 59
2. Burkhard Waldis — 61
3. Die Publikation von 1543 — 61
4. Die Holzschnitte von 1543 — 65
   Exkurs: Der antike Barbar in der Kunst der italienischen Renaissance — 79
5. Zusammenfassung der künstlerischen Aspekte — 86

VII. Die Stammväter und das römisch- deutsche Kaisertum — 88

1. Der politische Gehalt der Tuiscongenealogie — 88
2. Die Kaisergenealogien zwischen 1520 und 1640 — 92
   Exkurs: Jean Bodin — 106

VIII. Weitere in Holz geschnittene Tuiscongenealogien — 112

1. Jost Ammans Genealogie der „Teutschen Könige" — 112
   Exkurs: Der Turmbau zu Babel — 116
2. Tobias Stimmers Tuiscongenealogie — 125
   Exkurs: Wolfgang Latz - De Gentium aliquot — 126
3. Alternative Reihungen — 134
   Exkurs: „Tuisco" in den Niederlanden — 136

IX. Die Tuiscongenealogie im Kunsthandwerk — 139

1. Die Plaketten Peter Flötners — 139
2. Die Weltallschale Kaiser Rudolfs II. — 143
   Exkurs: Germania-Allegorien im 16. Jahrhundert — 145

X. Die drei anonymen „Kaiser"-Genealogien von 1617/ 19 — 151

1. Die Caesarengenealogie — 153
   Exkurs: Die Caesarengenealogien des 16. Jahrhunderts — 155
2. Die Tuiscongenealogie — 158
3. Die Habsburger Genealogie — 161
4. Rang des Künstlers — 164

XI. **Tuiscons Nachleben**	169
1. Tuiscons Nachleben im 17. und 18. Jahrhundert	169
2. Weiterwirkung im deutschen Nationsbegriff	175
XII. **Zusammenfassung**	176
Ausblick	184

III. ANHANG:

I. **Literaturverzeichnis**	185
1. Quellen	185
2. Sekundärliteratur	192
3. Ausstellungskataloge	200
4. Lexika und Sammelwerke	202

II. **Bildteil**

1. Abbildungen Nr. 1 - 115
2. Bildnachweis

Vorwort

Dieses Buch habe ich während meiner Zeit als Angestellter des Kunsthistorischen Instituts der Universität Leipzig verfaßt, vor allem in den Jahren 1996 - 99. Ursprünglich hatte ich geplant, eine *Geschichte des Germanenbildes zwischen 1500 und 1800* zu schreiben. Nach einer längeren Phase der Materialsammlung und Recherche wurde mir klar, daß die Beschäftigung der Deutschen mit ihren Ursprüngen und deren künstlerischer Reflex - das Germanenbild - in jedem dieser drei Jahrhunderte unter einem spezifischen Leitmotiv betrachtet werden kann: im 16. Jahrhundert sind fast alle „Germanenbilder" in Genealogien eingebunden; im 17. Jahrhundert wird der Germane vor allem als *Wilder*, im 18. Jahrhundert dagegen bevorzugt als *Held* dargestellt.

Die Einbindung der „Germanen" in die Genealogien seit etwa 1500 war ein komplizierter Prozeß, dessen Erforschung einen tieferen Einstieg in die kaum noch bekannte Welt der Ahnenreihen und Stammbäume erforderlich machte. Daraus ist nun ein eigenständiges Buch geworden, das den zweiten Teil meiner Trilogie über den *deutschen Nationalismus und die Kunst* bilden soll.

Für ihr anregendes Interesse an dieser Arbeit möchte ich vor allem Herrn Prof. H. Börsch - Supan, Berlin; Herrn Dr. M. Eberle, Grassi - Museum Leipzig; Frau C. Junge, Kustodie der Universität Leipzig; Frau Dr. A. Rasche, Lipperheidsche Kostümbibliothek Berlin; Herrn Georg Sauerwein M.A., Greiz und Herrn Prof. Th. Topfstedt, Universität Leipzig recht herzlich danken.

Für die Beschaffung von Abbildungsmaterial und andere Dienste bin ich insbesondere Herrn Dr. Andergasser, Hofdiözesanmuseum Brixen und Herrn Christoph Glorius M.A., Universität Leipzig, verpflichtet.

Berlin, im November 1999

Einleitung

Die Wiederentdeckung der „Germania" des *Tacitus* und anderer antiker Schriften in Deutschland zu Beginn des 16. Jahrhunderts leitete einen umfassenden Nationalisierungsprozeß ein, der den christlichen Universalismus des Mittelalters allmählich zugunsten nationaler Identitäten auflöste. Die historische Forschung hat zwar versucht, das Problem der Genese der frühneuzeitlichen Nationalismen durch verschiedene Methoden aufzuhellen. Sie hat aber bisher ein spezifisches Quellenmaterial außer acht gelassen, an dem sich dieser Nationalisierungsprozeß besonders deutlich ablesen läßt: die gedruckten Bildgenealogien des 16. Jahrhunderts. Dieses Bildmaterial findet sich in Deutschland besonders häufig und läßt die Eigenart der Genese und Konzeption des deutschen Nationalismus besonders deutlich erkennen.

Genealogien stellten das ganze Mittelalter hindurch ein epochenspezifisches Medium dar, über Abstammung zu reflektieren. Sie sind ganz allgemein Ausdruck einer Identitätssuche verschiedener politischer Subjekte und spiegeln in ihrer Zusammensetzung deren Bemühungen wider, sich in der Geschichte zu verankern, sich mittels eines herausragenden Ahnherrn ein ideales Urbild zu konstituieren. Daneben war die Vorstellung einer gemeinsamen Abstammung von einem altehrwürdigen Stammvater ein wichtiges Kriterium der Abgrenzung von Kollektiven, insbesondere der mittelalterlichen Nationen Europas.

An keinem anderen Quellenmaterial läßt sich daher der Nationalisierungsprozeß des 16. Jahrhunderts besser nachvollziehen als an den Genealogien. Sie sind Konstrukte der mittelalterlichen Geschichtsschreibung, durch die ideelle Verbindungen mit historischen Persönlichkeiten und Institutionen hergestellt werden konnten. Sowohl die Kaiser-, Völker- wie Fürstengenealogien zeigen in diesem Saeculum wesentliche inhaltliche Veränderungen auf, die sich nur durch ein wachsendes „nationales" Bewußtsein erklären lassen. Denn während im Mittelalter genealogische Verbindungen in universellen Zusammenhängen gesucht wurden, begann man seit dem frühen 16. Jahrhundert, diese aus dem traditionellen supranationalen Beziehungsgeflecht zu lösen und allein nach nationalen Aspekten zu konstruieren.

Die Genese eines Nationalbewußtseins vollzog sich in Deutschland unter anderen, schwierigeren Bedingungen als in anderen europäischen Ländern. Während in Frankreich seit dem Frühmittelalter in Form des Trojanermythos eine Königtum und Volk historisch und genealogisch eng verbindende Integrationsideologie vorhanden war, klafften in Deutschland die Geschichte und die Genealogien der Kaiser, der Fürsten und der einzelnen deutschen Stämme weit auseinander. Die Deutschen fanden vor 1500 ihren Zusammenhalt noch nicht in der Fiktion einer gemeinsamen Abstammung, sondern durch Kaiser und Reich, deren Herkunft und Geschichte in supranationale welthistorische Zusammenhänge eingebettet waren.

Durch den Humanismus, die Rezeption der antiken Schriftsteller in den ersten Jahrzehnten des 16. Jahrhunderts, wurden die Genealogien bedeutsamen inhaltlichen und teils auch formalen Veränderungen unterzogen. Die bessere Kenntnis der antiken Geschichte steigerte das Interesse an kollektiven Abstammungshypothesen in ganz Europa erheblich. Waren bis dahin die fremdländischen Ursprünge von Kaiser und Reich, von Adligen, Stämmen und Völkerschaften als selbstverständlich empfunden worden, so wurden diese nun zu einem Problem ersten Ranges.

Das herausragendste Zeugnis für die neue Qualität des deutschen Nationalbewußtseins ist das Entstehen einer neuartigen „völkischen" Genealogie um die Mitte des 16. Jahrhunderts. Sie erwuchs aus den traditionellen Völkergenealogien des Mittelalters, gestaltete diese aber inhaltlich und formal radikal um. In dieser von mir als „Tuiscongenealogie" bezeichneten Stammväterreihe wurde erstmals versucht, den Deutschen aller Regionen und Stämme das Bewußtsein einer Zusammengehörigkeit kraft gemeinsamer Abstammung zu vermitteln.

Diese Tuiscongenealogien lassen in ihrer spezifischen Zusammensetzung die ganze Problematik des frühneuzeitlichen deutschen Nationalismus in einzigartiger bildhafter Form erkennen. Ihr Prototyp wurde 1543 in Nürnberg geschaffen. Er setzt sich aus zwölf Holzschnitten zusammen, die von verschiedenen Künstlern gerissen wurden und jeweils eine stehende Ganzfigur zeigen. Er beginnt mit dem einzig von *Tacitus* als Stammvater der Germanen erwähnten *Tuiscon* und endet mit dem Begründer des fränkisch-deutschen Kaisertums *Karl dem Großen*. In dieser Tuiscongenealogie werden erstmals inhaltlich zwei Gattungen von Genealogien miteinander kombiniert, die vorher immer isoliert voneinander behandelt worden waren: die Völkergenealogien einerseits, die Kaisergenealogien andererseits. Beide Gattungen enthalten zwei Problembereiche, die konstitutiv für den deutschen Nationalismus, bestimmend für das deutsch-nationale Selbstverständnis des 16 Jahrhunderts waren und in der ersten und letzten Figur geradezu personifiziert werden. Denn Stammvater *Tuiscon* konfrontiert uns mit der seit Beginn des 16. Jahrhunderts geführten Diskussion über die Herkunft der deutschen Nation aus „biblisch-germanischen" Anfängen. Das Schlußglied *Karl der Große* hingegen widerspiegelt das sich durch die Reformation allmählich verändernde Verhältnis der Deutschen zu ihrem „Römischen" Kaisertum. Denn *Karl*, der im Verständnis der Zeit das Kaisertum an die Deutschen gebracht hatte, wirft die Frage nach dessen Wesen, insbesondere seiner ausländischen Herkunft, auf.

Ein Grund für die bisherige Mißachtung dieses aufschlußreichen Quellenmaterials liegt sicherlich darin, daß es im Grenzbereich zweier Disziplinen angesiedelt ist: der politischen Geschichte einerseits, der Kunstgeschichte andererseits. Die Historiker scheuen sich traditionell davor, Bildmaterial für ihre Forschungszwecke heranzuziehen und überlassen dieses nur allzu gerne den Kunsthistorikern. Diese wiederum wußten bislang wenig mit diesen Bildgenealogien anzufangen und beließen es bei Stilbeschreibungen und künstlerischen Zuordnungen. In dieser Arbeit werde ich erstmals den Versuch unternehmen, einen Spagat zwischen den beiden Fachbereichen zu schlagen und bislang kaum bekanntes oder bearbeitetes Bildmaterial nach seinen politischen Inhalten analysieren. Von einigen Ausnahmen abgesehen kann das von mir zusammengetragene Bildmaterial kaum als künstlerisch hochwertig eingestuft werden. Umso bedeutsamer ist jedoch sein politischer Aussagewert, dessen Analyse ich mehr Aufmerksamkeit widmen werde wie stilistischen Fragen.

Um den außerordentlichen politischen Aussagegehalt der Tuiscongenealogien verständlich zu machen, werde ich in Teil I ihre mittelalterlichen politisch-ideologischen Voraussetzungen, insbesondere die Konzeption der Völker- und Kaisergenealogien, klären. An den Anfang des ersten Teiles stelle ich ein Kapitel über die uns heute nicht mehr geläufige Bedeutung und Funktion der Genealogie in der Frühen Neuzeit. Daran anschließend werde ich die inhaltliche und formale Ausprägung sowohl der mittelalterlichen Völker- als auch der Kaisergenealogien vorstellen und klarzulegen versuchen, daß beide bis um 1500 in Deutschland ohne jeden inneren Zusammenhang behandelt worden sind. In zwei weiteren Kapiteln wird der Einfluß antiker und humanistischer Schriften auf das keimende deutsche Nationalbewußtsein dargelegt. Teil II dient vor allem der Analyse der ersten Tuiscongenealogie von 1543 und seiner zahlreichen Nachbildungen bis zum Beginn des Dreißigjährigen Krieges. Hier werden vor allem kunsthistorische Zusammenhänge aufgezeigt und das Aussehen der germanischen Stammväter aus ihrem geistigen Kontext heraus erklärt. Mehrere Exkurse sollen angrenzende Problembereiche bzw. Bildmotive in der Kunst des 16. Jahrhunderts erläutern.

Teil I: Voraussetzungen

I. Bedeutung der Genealogie in Mittelalter und Früher Neuzeit

1. Allgemeines zur Genealogie

Unter dem Begriff „Genealogie" versteht man im engeren Sinne die „Lehre von den auf Abstammung beruhenden Verhältnissen der menschlichen Individuen" sowie die Produkte dieser Tätigkeit, die schriftlichen und bildlichen Darstellungen von menschlichen Verwandtschaftsverhältnissen.[1] Die Genealogie ist heute zu einer kaum noch betriebenen historischen Hilfswissenschaft verkümmert, doch spielte sie in Europa bis ins 19. Jahrhundert hinein eine eminent wichtige politische Rolle.

Sowohl die antiken Kulturen als auch das Juden- und Christentum hatten dem Wissen um die Abstammung eines Volkes, Geschlechtes oder Individuums eine große Bedeutung beigemessen. Schon im alten Ägypten waren Ahnenreihen aufgestellt worden, die den herrschenden Pharao über seine Vorfahren mit dem göttlichen Ursprung verbinden sollten. Ebenso waren die frühen Griechen und vor allem die Römer an genealogischen Fragen interessiert.

Auch die das christliche Weltbild des Mittelalters bestimmende Bibel dokumentiert in einer Vielzahl von Genealogien das bei den Juden besonders stark ausgeprägte Bedürfnis, sich der eigenen Ahnen zu vergewissern und zu erinnern. Das Alte Testament enthält viele rein genealogische Abschnitte, die nur aus spaltenlangen Aneinander-reihungen von Namen und Verwandtschaftsverhältnissen bestehen. Die Evangelisten wiederum versuchten im Neuen Testament, Christus mit den Ahnenreihen des Alten Testaments zu verknüpfen - selbst der Gottessohn bedurfte im Mittelalter einer hochehrwürdigen und langen Ahnenreihe.[2]

Das ganze Mittelalter und die frühe Neuzeit hindurch blieben Abstammungsfragen von zentraler sozialer, rechtlicher und politischer Bedeutung. In diesen Jahrhunderten war die Abstammung eines der wichtigsten Mittel der oberen Stände, sich vom ahnenlosen Rest der Bevölkerung abzugrenzen. Die europäischen Eliten mußten ihre Privilegien und

---

[1] O. Forst-Battaglia; Genealogie. Berlin 1913. S. 5. Im weiteren Sinne wird der Begriff nach Forst-Battaglia da gebraucht, „wo zwei Dinge oder Verhältnisse gegenseitig in der Weise abhängig sind, daß das zeitlich jüngere dem zeitlich älteren seinen Ursprung verdankt." Ebd. S. 6. In Zedlers Universallexikon von 1732 ff. heißt es unter dem Stichwort „Genealogie": „Genealogie heißt die Wissenschafft die Vorfahren eines Geschlechts in gehöriger Folge anzugeben. Dahero wirds auch die Geschlechtskunde genennet. Ja man pfleget selbst solche verfertigte Geschlechts-Register GENEALOGIEN zu nennen. Die Nothwendigkeit derselben äussert sich zur Gnüge in der Historie, und ist nur zu bedauren, daß man in alten Zeiten nicht so besorgt gewesen ... "

[2] Der Evangelist Matthäus zählt von Abraham bis Jesus 42 Geschlechter (Matthäus 1 - 16), Lukas hingegen führt den Stammbaum Jesu bis zu Adam zurück (Lukas, 3, 23). Diese Genealogien sind als Versuche des Frühchristentums zu werten, sich die gesamte jüdische Tradition anzueignen.

ihren Führungsanspruch nicht nur durch Leistung, sondern vor allem durch ihre hohe und edle Abstammung legitimieren.

Durch die „Ahnenprobe", den Nachweis adliger Herkunft, sah sich der deutsche Adel seit etwa 1100 dazu veranlaßt, seine Vorfahren mittels Stammlisten und -tafeln schriftlich zu fixieren. Noch im 18. Jahrhundert wurde in Deutschland „keiner vor einen guten von Adel gehalten, der nicht seine 8 Ahnen i. e. Vor-Eltern sowol von väterlicher wie mütterlicher Linie, und also von beyden Seiten 16 beweisen kan, und derselben von Alters her ererbten Helm und Schild aufzulegen habe."[3] Zudem machte das europäische feudale Heiratsrecht das Wissen um familiäre Verbindungen zu einer hochpolitischen Angelegenheit, da Verwandtschaft mit Erbansprüchen auf Länder und Herrschaft verknüpft war.[4]

Ohne Zweifel erlebte die Genealogie im 16. Jahrhundert eine Blütezeit. Das herausragendste Beispiel für die adlige Ahnensucht des Spätmittelalters ist Kaiser *Maximilian I.* (1459 - 1519). Bei ihm artete der zeittypische Ahnenkult zu einer wahren Manie aus. An seinem Beispiel wird die neue Qualität, die das genealogische Denken am Ende des Spätmittelalters erhielt, besonders deutlich. *Maximilian* schuf als erster deutscher Fürst - nach burgundisch-französischem Vorbild - das Amt eines Hofhistorio-grafen.[5] Dessen erster Inhaber, der Ravensburger *Ladislaus Suntheim* (um 1440 - 1513), war vor allem genealogisch tätig; das heißt er war fast ausschließlich damit beschäftigt, alle nur verfügbaren Quellen über etwaige Vorfahren *Maximilians* zusammenzutragen und in eine halbwegs überzeugende chronologische Reihe zu bringen. Unterstützt wurde er dabei 20 Jahre lang von einem Stab von Gelehrten wie *Jakob Mennel*, dem Sponheimer Abt *Trithemius, Johannes Cuspinian* und *Johann Stabius*.[6] Dieses Expertengremium konnte jedoch aufgrund schwerwiegender Meinungsverschiedenheiten über den Wert einzelner Quellen bis zu *Maximilians* Tod 1519 kein endgültiges, auch *Maximilian* überzeugendes Resultat vorlegen. Simon Laschitzer hat 20 verschiedene, aus der Regierungszeit *Maximilians* stammende schriftliche Verzeichnisse der habsburgischen Vorfahren aufgelistet, die von den jahrzehntelangen Bemühungen dieses Expertengremiums Zeugnis ablegen.[7] Unter ihnen ragt an Umfang der zwischen 1512 - 1517 entstandene „Geburtsspiegel" hervor, eine sechsbändige Chronik, die nicht nur den Stamm *Maximilians,* seine männlichen Vorfahren, berücksichtigen, sondern die Herkunft und Verzweigungen der ganzen habsburgischen Sippschaft darlegen sollte. Der erste Band umfaßte sowohl eine hebräische, eine griechische und eine lateinische Linie *Maximilians*, der zweite enthielt eine Generationenfolge von *Clodoveus* bis zu *Erzherzog Karl*, dem späteren Kaiser *Karl V*. Halbwegs der geschichtlichen Wahrheit entsprachen nur die in Band drei und vier

---

[3] Zedlers Universallexikon. Leipzig 1732 ff. Stichwort „Ahnen".

[4] In der französischen Encyclopédie heißt es dazu: „L' étude des généalogies est d`une extrême importance pour l`histoire; outre qu`elles servent à distinguer les personnages historiques du même nom & de même famille; elles montrent les liaisons de parenté, les successions, les droits, les prétensions. Mais il faut être en garde contre les absurdités de certains historiens ... " Encyclopédie ou Dictionnaire raisonné des sciences, des arts et des métiers. Paris 1757. Bd. 7. Stichwort: Généalogie

[5] P. Joachimsen; Geschichtsauffassung und Geschichtsschreibung in Deutschland unter dem Einfluß des Humanismus. Leipzig 1910. S. 199 / 200.

[6] „Die genealogische Forschung im engeren Sinne begann wohl mit Ladislaus Suntheim, der im Auftrag Kaiser Maximilians eine Familiengeschichte der Babenberger und Habsburger schrieb." E. Hennig / W. Ribbe; Handbuch der Genealogie. Neustadt a. d. Aisch 1972. S. 8 / 10.

[7] Immer noch grundlegend für Maximilians genealogische Projekte ist S. Laschitzer; Die Genealogie des Kaisers Maximilian I. In: Jb. der Kunsthistor. Samml. Bd. VII. Wien 1888.

aufgelisteten Seitenlinien und mit *Maximilian* verschwägerten Geschlechter. Die Bände fünf und sechs sicherten *Maximilian* nochmals in christlicher Hinsicht ab: sie enthielten die Legenden von 47 Seligen und 123 Heiligen, die das Haus Habsburg angeblich hervorgebracht hatte.

Meist genügten den mittelalterlichen Genealogen schon geringe Ähnlichkeiten des Namens, um eine Verwandtschaft zwischen einer historischen oder mythologischen Person und dem eigenen Fürsten zu behaupten. Darüber hinaus scheuten sich die Genealogen nicht davor, zu fälschen, um genealogische Defizite zu kompensieren. „Gerade die Genealogien sind von jeher ein wahrer Tummelplatz teils sagenhafter, teils ganz bewußt erfundener Fälschung gewesen. Familien- und Nationaleitelkeit haben in der Zurückführung der Stammbäume auf Heroen und Helden das Unglaublichste geleistet. Der Wunsch, lückenlose Ahnenreihen zu besitzen, das Bestreben der Gelehrten, unbestimmte Verwandtschaftsbeziehungen sicherzustellen und recht vollständige genea-logische Linien zu gewinnen, sind kaum minder verhängnisvoll geworden." [8]

Erst im Laufe des 16. Jahrhunderts wurden kritische Methoden im Umgang mit den Quellen und ein größerer Realitätssinn gegenüber den Herkunftsmythen entwickelt. Dadurch wandelte sich auch der Charakter der Genealogie erheblich. *Johann Christoph Gatterer*, der kurz vor dem Ende des Ancien régime und der politischen Bedeutung der Genealogie in Frankreich einen kritischen Abriß dieser Disziplin verfaßte, drückte diesen Wandel folgendermaßen aus: „Weiland, da man in der Genealogie noch fabelte, beliebte man den Ursprung der Familien aus dem Trojanischen Pferde abzuleiten: in der Folge, da man etwas gescheuter wurde, rückte man auf die Zeiten Augusts und seiner Nachfolger herab: wer aber nachher, beym Fortgang der historischen Kritik, recht viel Anen, der Wahrheit zulieb, aufzuopfern scheinen wolte, blieb doch noch bey Karl dem Großen und dessen nächsten Abkömmlingen stehen: endlich die größte Verleugnung seines Familien Alters bewies, glaubte man, derjenige, welcher zufrieden war, seine Ahnen unter den Turnierrittern zu den Zeiten Heinrichs des Finklers zu finden ..." [9]

Während die kritische Geschichtsschreibung des 18. und 19. Jahrhunderts darum bemüht war, historisch richtige Genealogien aus dem Wust der mittelalterlichen Spekulationen herauszuarbeiten und diese geringschätzig als reine Phantastereien verwarf, beginnt die heutige Geschichtswissenschaft deren besonderen Quellenwert zu würdigen. Die mittelalterlichen „genealogischen Fiktionen"[10] sagen zwar wenig über die wirklichen Ahnenreihen der europäischen Adelsfamilien und Nationen aus; doch sind sie heute als Instrument spätmittelalterlicher Politik erkannt und deshalb erneut Gegenstand historischen Interesses. Die Genealogien waren unverzichtbarer Bestandteil politischer Propaganda, ohne die keine Herrschaftsansprüche erhoben werden konnten. In den neueren Forschungen zu diesem Problem wird nicht mehr die Phantastik der mittelalterlichen Ahnenreihen belächelt, sondern vielmehr die Rationalität herausgearbeitet, die diesen Genealogien innewohnte. Diese wurden nämlich nicht, wie man lange glaubte, völlig willkürlich zusammengestellt, sondern zum Teil mit großer Überlegung und politischem Kalkül komponiert.[11] „Die jeweilige Fiktion basierte auf durchaus

---

[8] E. Heydenreich; Handbuch der praktischen Genealogie. Neustadt a.d. Aisch 1971. S. 13.

[9] Johann Christoph Gatterer; Abriß der Genealogie. Göttingen 1788. § 40: 1. Vorsicht bey der Feststellung des Ursprungs einer Familie.

[10] Der Begriff stammt von G. Althoff; Genealogische Fiktionen und die historiographische Gattung der Genealogie im hohen Mittelalter. In: Staaten - Wappen - Dynastien. Hrsg. vom Stadtmagistrat Innsbruck. Innsbruck 1988. S. 68.

[11] J.- M. Moeglin hat den engen Zusammenhang von genealogischen Konstruktionen und

nachvollziehbaren Beobachtungen und Überlegungen auf der Grundlage vor-handener Überlieferung; sie setzte jedoch deren Mosaiksteine in sehr spekulativer Weise zusammen. Dies tat sie im Dienste einer ziel- und zweckgerichteten Argumentation, sei es zur Begründung vornehmer Abstammung und damit der Legitimierung von Herrschaftsansprüchen, sei es zur Bewältigung von Makeln."[12]
Wie in der mittelalterlichen Geschichtsschreibung, die meist säuberlich zwischen der Geschichte der Kaiser, Fürsten und Völker schied und diese in unterschiedlichen Gattungen von Chroniken behandelte, überschnitten sich auch die verschiedenen genealogischen Gattungen nur in Ausnahmefällen. Das mittelalterliche Feudalsystem mit seiner politischen Hierarchie und strengen Ständescheidung brachte es mit sich, daß jeder Stand seine Herkunft streng abgesondert von der der anderen Stände suchte. Den Kaisern als oberste politische Gewalt des Abendlandes gebührte auch in genealogischen Fragen der Vorrang. Sie waren die Repräsentanten nicht nur des ranghöchsten, sondern auch des ältesten Amtes und glaubten die meisten Vorgänger vorweisen zu können. Sie hatten sich - sieht man von den jüdischen Stammvätern ab - zuerst aus dem anonymen Sumpf der Noaniden, aus dem gemeinsamen menschlichen Ahnenpool separiert. In ihren Amtsgenealogien wünschten sie sich nur unter ihresgleichen aufgereiht zu sehen und nicht in einer Reihe mit Bischöfen oder Markgrafen. Das heißt die Amtsgenealogien der Kaiser bezogen sich auf ganz andere Vorgänger als zum Beispiel die der Bischöfe, ihnen liegt ein ganz anderes Selbstverständnis zugrunde, sie sind in ganz unterschiedliche historische Zusammenhänge eingebettet.

Da jede Genealogie einen spezifischen Probanden[13] hat und sich in jenen auch die soziale Kluft der mittelalterlichen Gesellschaft manifestiert, zudem die Darstellungsform innerhalb der einzelnen Gattungen variiert, ist es sinnvoll, das gedruckte genealogische Bildmaterial des 16. Jahrhunderts nicht nach formalen Typen zu ordnen, sondern nach Gattungen, das heißt inhaltlichen Kriterien.[14] Nur durch eine Klassifikation nach ihren spezifischen Probanden wird es möglich, die konzeptionellen Veränderungen dieser

---

Territorialpolitik am Beispiel Bayerns herausgearbeitet. Eine in der zweiten Hälfte des 15. Jahrhunderts entstandene bayrische Genealogie sollte nicht nur die hohe Würde der Wittelsbacher mittels einer langen Ahnenreihe unter Beweis stellen, sondern auch territoriale Ansprüche untermauern: „Mais l` histoire et les faux généalogiques pouvaient aussi servir a justifier des entreprises politiques ponctuelles: lors`qu Albrecht IV, en 1482, prend sous sa protection le monastère de Kempten, il le justifie en expliquant dans l`acte que la fondatrice Hildegard, épouse de Charlemagne, fait partie de la lignée des princes de Bavière ... " J.- M. Moeglin; „Das Geblüt von Bayern" et la réunification de la Bavière en 1505. Les falsifications historicas dans l'entourage du duc Albrecht IV. (1465 - 1508). In: Fälschungen im Mittelalter. Internationaler Kongress der Monumenta Germaniae Historica. Bd. I. Hannover 1988. S. 473.
[12] G. Althoff; Fiktionen in mittelalterlicher Historiographie. In: Ebd. Bd. I, S. 433.
[13] Proband = Person, deren Ahnentafel aufgestellt wird.
15. Der einzige Versuch, wenigstens einen Teil der gedruckten Genealogien des 16. Jahrhunderts zu systematisieren, findet sich in der Dissertation von R. Prieur über die Illustration der Historienbücher des 16. Jahrhunderts. Allerdings klassifizierte Prieur diese Drucke ausschließlich nach kunsthistorischen Aspekten, d.h. nach spezifischen Darstellungstypen wie Büstenporträt, Halb- oder Ganzfigur. Diese Klassifikation ist ein erster verdienstvoller Versuch, die Fülle des Materials zu ordnen. Doch wird diese dem Gegenstand nicht gerecht, da sie die unterschiedlichen Traditionen und Bezugssysteme der verschiedenen Auftraggeber außer acht läßt und inhaltlich identische, aber formal verschieden angelegte Genealogien, z. B. die Tuiscongenealogien, gesondert behandelt. Renate Prieur; „Die Teutschen den Teutschen zu teutsch." Köln 1988 (Diss.).

einzelnen Gattungen von Genealogien während des 16. Jahrhunderts festzustellen. Diese wiederum lassen Rückschlüsse auf das sich wandelnde Selbstverständnis der Kaiser, Fürsten und Völker zu.

2. Kunst und Genealogie

Entsprechend den verschiedenen Zwecken hat die mittelalterliche Kunst eine Vielzahl unterschiedlichster Formen entwickelt, um genealogische Zusammenhänge darzustellen.[15] Diese Fülle genealogischen Bildmaterials in der mittelalterlichen und frühneuzeitlichen Kunst wurde von der Kunstgeschichte bisher nur punktuell bearbeitet und ist in seiner eigenen Bedeutung als Quellenmaterial noch kaum begriffen.[16] Am besten sind die religiösen Darstellungen, insbesondere die von *Christus* und dessen Vorfahren (Ahnen Christi, Wurzel Jesse) erforscht.[17] Daneben gibt es im Bereich profaner Genealogien einige Arbeiten über spezifische Typen[18], doch dürfte der Großteil dieses Materials noch unerschlossen in Bibliotheken und Archiven seiner Bearbeitung harren.

In dieser Arbeit werden uns fast ausschließlich die zwei häufigsten Typen genealogischer Darstellung begegnen: erstens die Völkertafeln, die entsprechend der mittelalterlichen Auffassung vom Ursprung der Nationen formal den Familientafeln des Adels entsprechen. Zweitens bei den Kaiser- und Adelsgenealogien die bloße Aneinanderreihung einzelner Figuren oder Bildnisse. Bei diesen einfachen Reihungen müssen zwei Arten von Genealogien unterschieden werden: erstens die Amtsgenealogien, die lediglich die Inhaber eines spezifischen Amtes aneinanderreihen, ohne einen genetisch - verwandtschaftlichen Zusammenhang zwischen diesen zu implizieren.[19] So zum Beispiel die Kaiser- und Caesarengenealogien. Zweitens die sogenannten „Deszenten" oder Stammlinien, die „nur eine Abstammungsreihe vom Probanden zum Ahnherrn angeben."[20] Diese reihen lediglich die einzelnen Stammhalter eines Geschlechtes hintereinander und

---

[15] Siehe Claudia A. Meier; Chronicon Pictum. Von den Anfängen der Chronikenillustration zu den narrativen Bilderzyklen in den Weltchroniken des hohen Mittelalters. Mainz 1994 (Habil. ungedruckt). Meier trägt zwar in dieser Habilitation einiges genealogisches Bildmaterial zusammen, behandelt dieses jedoch nicht als eigenwertiges Quellenmaterial, sondern nur im Zusammenhang mit der allgemeinen Tendenz zur Bebilderung der hochmittelalterlichen Weltchroniken, sodaß diese Arbeit in dieser Hinsicht wenig aufschlußreich ist. Als erste Illustrationen in chronikalischen Manuscripten nennt sie die Zeichnungen der Stemmata zum Chronicon Universale des Frutolf von Michelsberg (+ 1103) im Cod. Bose q. 19 (Jena Univ. Bibl.) S. 265 / 266.

[16] Typisch für die Vernachlässigung der mittelalterlichen Genealogien durch die deutsche Kunstgeschichte ist das von C. List und W. Blum herausgegebene „Sachwörterbuch zur Kunst des Mittelalters - Grundlagen und Erscheinungsformen." Stuttgart - Zürich 1996, in dem weder die Stichworte „Genealogie", „Stammbaum" oder „Ahnen" aufgeführt sind.

[17] J. Sommer; Das Deckenbild der Michaelskirche zu Hildesheim. Hildesheim 1966.

[18] J. G. von Hohenzollern; Die Königsgalerie der französischen Kathedralen. München 1965.

[19] Der Begriff „Amtsgenealogie" ist meines Wissens nach erst durch U. Nilgen in die kunsthistorische Literatur eingeführt worden: U. Nilgen; Amtsgenealogie und Amtsheiligkeit. Königs- und Bischofsreihen in der Kunstpropaganda des Hochmittelalters. In: Studien für Fl. Mütherich zum 70. Geburtstag. Hrsg. von K. Bierbauer; P. K. Klein und W. Sauerländer. München 1985.

[20] Forst-Battaglia; Genealogie; a.a.O. S. 11.

sparen, im Gegensatz zu den Familien-stammbäumen oder Ahnentafeln, die ganze übrige Familie aus.
Das häufige Vorkommen der Amtsgenealogien und Deszenten in der Druckgrafik des 16. Jahrhunderts ist weniger auf die technischen Gegebenheiten des Mediums als auf deren Verwendungszweck zurückzuführen.[21] Denn erst durch die Erfindung des Buchdruckes und der grafischen Reproduktionstechniken im 15. Jahrhundert konnte die propagandistische Funktion von Genealogien richtig entfaltet werden. Solange die adligen Ahnenreihen nur an der Wand einer Burg bzw. einer mehr oder weniger anspruchsvoll ausgemalten „Stammtafel" in einer Handschrift, das heißt: nur an einem Ort präsent waren, blieb auch der Kreis ihrer Rezipienten sehr begrenzt: der Phantasie der Genealogen waren kaum, dem Zweifel etwaiger Kritiker am Hof des Probanden jedoch sehr enge Grenzen gesetzt. Holzschnitt, Kupferstich und Buchdruck boten seit der Mitte des 15. Jahrhunderts nun erstmals die Möglichkeit beinahe unbegrenzter Vervielfältigung: aller Welt konnten nun auf relativ billige Weise lange Ahnenreihen präsentiert und, durch diesen Nachweis der Anciennität des eigenen Geschlechtes, Herrschafts- bzw. Superioritätsansprüche kundgetan werden. Dieser neue Öffentlichkeitscharakter ließ die grafischen Reproduktionstechniken zu einem bevorzugten Medium genealogischer Propaganda im 16. Jahrhundert avancieren, ohne die traditionellen Techniken wie die Buch- oder Wandmalerei völlig zu verdrängen. Diese wurden ihrer größeren Kostbarkeit wegen oder als Raumdekoration auch weiterhin geschätzt und produziert. Die Wahl des Mediums läßt jedoch Rückschlüsse auf die Intention des Auftraggebers zu. Bediente man sich der Reproduktionstechniken, so wollte man an eine größere Öffentlichkeit appellieren. Die gedruckten Genealogien besaßen somit eindeutig eine politisch-propagandistische Funktion. Die gemalten Genealogien hingegen waren Unikate, dienten als individuelle Geschenke oder nur der privaten Erbauung und familiären Selbstbestätigung.
Der durch die neuen Druckmedien erweiterte Wirkungsgrad der Bildgenealogien barg aber auch die Gefahr größerer Kritik und Blamage in sich, was wiederum den kritischen Umgang mit den tradierten Quellen förderte und dadurch auch wieder auf die Konzeption der Genealogien insgesamt zurückwirkte.
Bereits in den Inkunabeln der Buchkunst finden sich genealogische Darstellungen, doch diente dieses neue Medium bis 1500 fast ausschließlich pädagogischen Zwecken. Ein frühes Beispiel ist das genealogische Lehrbuch von *Johannes Andrae*, in dessen Erstauflage von 1476 nur zwei genealogische Schemata in Holzschnitttechnik abgedruckt waren.[22]

---

[21] R. Prieur führte die Seltenheit von gedruckten Stammbäumen und anderen komplizierten genealogischen Darstellungsformen auf das Medium zurück: „Mit diesem Holzschnitt ist die eigentliche Problematik der Stammbaumdarstellung in dieser ausführlichen Form im Buchdruck schon angesprochen: Das Buch stellt nur einen ganz begrenzten Raum zur Bebilderung zur Verfügung: die Seite, die Doppelseite oder ein Faltblatt, das allerdings durch das größere Format den gewohnten Rahmen der Buchproduktion sprengt, da es nachträglich eingeheftet werden muß. Somit war es schwierig, ganze Stammbäume bildlich im Buch erscheinen zu lassen - einfach weil es dem Medium nicht entsprach." R. Prieur; „Die Teutschen"; a.a.O. S. 142 / 143. Ein Gegenbeispiel stellt der um 1501 entstandene bayrische Stammbaum dar, siehe Abb. 49.
[22] Johannes Andrae; Super Arboribus consanguinitatis et affinitatis. Nürnberg nicht nach 1476. Abb.: Illustrated Bartsch; Bd. 81 suppl., S. 22. Die nur wenige Jahre später erschienene Neuauflage enthielt dagegen eine Vielzahl von Illustrationen. J. Andrae; Super Arboribus consanguinitatis, affinitatis, et cognationis spiritualis. Straßburg nicht nach 1482. Abb.: Illustrated Bartsch; Bd. 83 suppl., S. 356 ff.

Die neue Vervielfältigungstechnik führte nicht zur Entwicklung neuer Darstellungsformen; vielmehr wurden die in der Buch- und Wandmalerei entwickelten genealogischen Schemata auch im frühen Buchdruck weitertradiert.[23] Aufgrund der noch unausgereiften Technik des Holzschnittes waren diese figürlichen Darstellungen teils noch stärker als in der mittelalterlichen Buchmalerei schematisiert.

II. Völkergenealogien

1. Einleitung

An keinem Quellenmaterial läßt sich der Nationalisierungsprozeß des 16. Jahrhunderts in Deutschland besser ablesen als an den Völkergenealogien. Während diese im Mittelalter fast ausschließlich universell angelegt waren und vom Stammvater aller Menschen Noah ihren Ausgang nahmen, reduzierte sich das Interesse an den Ursprüngen der Völker seit Beginn des 16. Jahrhunderts mehr und mehr auf die nationalen Stammväter.

Schon das ganze Mittelalter hindurch war auf der Grundlage antiker Schriften über den Ursprung der europäischen Völker spekuliert worden. Dieses Problem war jedoch bis ins Spätmittelalter hinein meist von untergeordnetem Rang gewesen, das in den Weltchroniken auf wenigen Zeilen oder Seiten abgehandelt worden war.[24] Durch den Humanismus erhielt das Problem der Völkerursprünge seit dem frühen 16. Jahrhundert eine ganz neue Qualität, die sich allein schon quantitativ, in einem ungeheuren Anschwellen genealogischer Literatur manifestiert.[25] Erst nach 1500 wurden darüber dicke Folianten verfaßt, beispielsweise das über 400 Seiten dicke Werk „Germaniae exegeseos volumina duodecim" des Tübinger Scholaren *Franciscus Irenicus* (um 1495 - um 1564) aus dem Jahr 1518.[26] Um die Mitte des 16. Jahrhunderts erreichte die Diskussion über den

---

[23] Dies trifft nicht nur auf die Genealogien, sondern auf den Bilderschmuck der Inkunabeln ganz allgemein zu: „Die Illustrationen der Inkunabeln beruhen in den wenigsten Fällen auf eigens für die Druckvorlagen hergestellten Originalzeichnungen, sondern haben zumeist bereits vorhandene handschriftliche Vorlagen zum Vorbild." Ausst.-Kat. „Martin Luther und die Reformation in Deutschland." Nürnberg 1983. Kat.Nr. 379.

[24] Die bislang umfassendste Studie zur mittelalterlichen Diskussion über das Problem des Völkerursprungs lieferte A. Borst in seinem fast 2000 Seiten umfassenden „Der Turmbau zu Babel. Geschichte der Meinungen über Ursprung und Vielfalt der Sprachen und Völker. Stuttgart 1957 - 63 (6 Bände). Allerdings läßt Borst den Leser meist im Unklaren darüber, in welcher Form diese Spekulationen in den mittelalterlichen Quellen präsentiert wurden.

[25] „Erst das 16. Jahrhundert mit der „Neuentdeckung" der antiken Ethnographen bedeutete eine Belebung der Spekulationen über die Verwandtschaft einzelner Völkerschaften und europäischer Nationen." F. Graus; Lebendige Vergangenheit. Köln - Wien 1975. S. 77.

[26] Franciscus Irenicus; Germaniae exegeseos volumina duodecim. O.O. 1518. Weitere Ausgaben dieses Buches erschienen 1567, 1570, 1728. Zu diesen Ausgaben und zur Biografie des Irenicus: W. Steinhauser; Eine deutsche Altertumskunde aus dem Anfang des 16. Jhs. In: Zeitschrift für deut. Altertum und deut. Literatur. Hrsg. von E. Schröder. 26. Bd. der neuen Folge, 54. Bd. Berlin 1929. S. 25 - 30. P. Joachimsen; Geschichtsauffassung; a.a.O. S. 169 - 181, sowie G. Cordes; Die Quellen der Exegesis (!) des Franciscus Irenicus und sein Germanenbegriff. Tübingen 1966 (Diss.). F. Irenicus, eigentlich Franz Friedlieb, wurde um 1495 in Ettlingen / Baden geboren und war Mitschüler Melanchthons an der Pforzheimer Lateinschule. 1516 immatri-

Ursprung der europäischen Nationen ihren Höhepunkt, und selbst so herausragende Geister wie der französische Staatsrechtler *Jean Bodin* (1530 - 1596) waren von diesem Gegenstand fasziniert.[27]

Bis um 1500 speiste sich die Diskussion über die Ursprünge der europäischen Völker aus verschiedenen antiken und spätantiken Quellen, deren Informationen oftmals ein Jahrtausend lang unverändert tradiert worden waren. Ausgangspunkt war fast immer der in der Genesis als Stammvater der nachsintflutlichen Menschheit bezeichnete *Noah* und dessen Söhne, die Noaniden. Neben dieser in ganz Europa gebrauchten Quelle wirkten in Deutschland aber auch eigene Überlieferungen in Form der Stammeschroniken auf das Herkunftsbewußtsein ein.

2. Die biblisch-christliche Tradition

Das christliche Mittelalter hatte die europäischen Völker nicht nur im gemeinsamen katholischen Glauben, sondern auch in ihrem Ursprung vereint. Bis ins späte 15. Jahrhundert glaubten sich die europäischen Völker von einem einzigen Stammvater, aus einer einzigen Familie entsprungen. Der europäische Völkerstammbaum war in seinen ersten Filiationen ein Familienstammbaum, der fast immer von *Japhet*, dem dritten Sohn *Noahs*, und dessen Nachkommen seinen Anfang nahm.

Solange die Bibel auch als Geschichtsquelle oberste Autorität besaß, bestimmte das Erste Buch Mose die Vorstellungen über den Ursprung und die Frühgeschichte der gesamten Menschheit. *Adam* und *Eva* galten als Urelternpaar, und bis zum Ende der Sintflut war die biblische Geschichte identisch mit der Frühgeschichte der gesamten Menschheit. Erst nach der Sintflut teilte sich nach biblischer Auffassung das Urvolk in regional und sprachlich voneinander geschiedene Völkerschaften, doch blieb in der Bibel der genaue Zeitpunkt dieses welthistorischen Ereignisses unbestimmt.

Zwei unmittelbar aufeinanderfolgende, aber gedanklich nicht miteinander verbundene Stellen im Ersten Buch Mose berichten uns über die Aufspaltung des biblischen Urvolkes. In Moses I, 9 - 10 steht geschrieben, daß das ganze Menschengeschlecht von den einzigen Überlebenden der Menschheit, *Noah* und dessen drei Söhnen *Sem*, *Cham* und *Japhet* abstamme und daß sich „von diesen die Völker nach der Flut verzweigt" hätten. Die daran anschließenden Genealogien der Noahsöhne listen zwar eine Menge alttestamentlicher Völkernamen auf, nennen aber keinen einzigen europäischen - Europa war den Autoren des Alten Testamentes noch überhaupt kein Begriff. Unvermittelt an diese Noanidengenealogien schließt sich die Erzählung des Turmbaus von Babel an, der Gottes Zorn heraufbeschworen habe und nicht nur zur Verwirrung der Ursprache, sondern auch zur Zerstreuung der Menschen über die ganze Welt geführt habe.[28] Aber auch an dieser für die Weltgeschichte so wichtigen Stelle blieb die Bibel äußerst vage.

---

kulierte er sich an der Universität Tübingen; 1522 wurde er Hofpriester des Markgrafen Philipp von Baden.

[27] "Nulla quaestio magis exercuit historiarum scriptores, quam quae habetur de origine populorum" Jean Bodin; Methodus ad Facilem Historiarum Cognitionem. Amsterdam 1650. S. 359 (Erstausgabe 1566).

[28] „Und der Herr zerstreute sie von da aus über die ganze Erde hin; sie hörten mit dem Städtebau auf. Darum heißt die Stadt "Babel"; denn dort hat er sie über die ganze Erde hin zerstreut." I Moses 10.

Ohne zu verraten - wer wohin ? - beschränkte sie sich von da an auf die Geschichte des jüdischen Volkes, ohne dem weiteren Schicksal der Nachfahren *Japhets* irgendwelche Beachtung zu schenken; das heißt das Alte Testament beließ die europäische Frühgeschichte völlig im Dunkel.

Durch diese mosaische Ignoranz stellte sich für die spätantiken wie die mittelalterlichen Chronisten das Grundproblem, die Angaben des Alten Testamentes über die Völkerscheidung mit der europäischen Ethnografie in Übereinstimmung zu bringen.

Die Völkerkunde war in vorchristlicher Zeit vor allem Gegenstand griechischer Neugierde und Gelehrsamkeit gewesen. Schon *Herodot* und andere griechische Geschichtsschreiber hatten sich für den Ursprung der ihnen bekannten Völker interessiert, jedoch auch nach dem Bekanntwerden mit der jüdischen Überlieferung im 3. Jahrhundert v. u. Z. weiterhin an ihrem eigenen Weltbild festgehalten. Die Griechen maßen den Ursprungsmythen der Barbarenvölker generell wenig Glaubwürdigkeit bei und versuchten, den Ursprung der Völker mit ihrer eigenen Mythologie in Einklang zu bringen - so wurde *Herakles* als Stammvater vieler Barbarenvölker genannt.[29]

Im Unterschied zu den Griechen referierten die römischen Autoren hingegen meist die ihnen bekanntgewordenen Ursprungsmythen der Barbarenvölker, ohne diese - wie die Juden und Griechen - in ein geschlossenes Weltmodell einzuzwängen.[30]

Schon im ersten nachchristlichen Jahrhundert waren Versuche unternommen worden, die biblische Theorie über die Völkerscheidung und die zeitgenössische europäische Ethnografie miteinander in Übereinstimmung zu bringen. Ein Zeugnis hierfür sind die Schriften des jüdisch-römischen Geschichtsschreibers *Flavius Josephus* (37 - um 95 n. u. Z.), der sowohl mit der biblischen wie griechischen Tradition vertraut war und dessen Synthetisierungsbemühungen nachhaltig auf die mittelalterliche Weltchronistik einwirkten. In seinen "Jüdischen Altertümern" hatte er nicht nur einen Sinnzusammenhang zwischen Noahs Erbteilung und dem Turmbau von Babel hergestellt, sondern auch eine Völkertafel erstellt, in der die biblischen Noaniden mit den damals bekannten europäischen Völkern identifiziert und genealogisch verknüpft wurden. *Josephus* ging vom biblischen Ursprungsmythos aus und begründete unter anderem die lange nachwirkende These, daß *Japhet* der Ahnherr der Europäer sei. Dessen unmittelbare Nachkommen wähnte er als Stammväter der Galater, Skythen, Iberer und anderer Völker.[31] *Josephus* zweifelte aber selbst am Wert seiner Anstrengungen, und er gab den Griechen die Schuld daran, daß er keine klare Ordnung in das Namensgewirr der Völker zu bringen vermochte.[32]

---

[29] „Thus, the duty of a historian was to rectify the barbarian account or to substitute a scientific hypothesis for it. In both cases, the beginnings of a barbarian race were integrated into the system of Greek pre-history." E. J. Bickerman; Origines Gentium. In: Classical Philology. Vol. XLVII, 1952. Nr. 2, S. 71.

[30] „The net result of the new (= roman/ der Verf.) method would have been the disintegration of the primeval history. The Greek approach (arbitrary as it appears to us), as well as the use of the Biblical Table of Nations, produced integrated (although fictitious in our eyes) views on the beginning of mankind." Ebd. S. 76.

[31] „Japhet, son of Noah, had seven sons. These, beginning by inhabiting the mountains of Taurus and Amanus, advanced in Asia up to the river Tanais and in Europe as far as Gadeira ... Thus those whom to-day the Greeks call Galatians were named Gomarites, having been founded by Gomar. Magog founded the Magogians, thus named after him, but by the Greeks are called Scythians ... " Flavius Josephus; Jewish Antiquities Bd. I, S. 122 ff.

[32] „Of the nations some still preserve the names which were given them by their founders, some have changed them, while yet others have modified them to make them more intelligible to their

„Germanen" führte *Josephus* in seiner Völkertafel nicht auf, doch finden sich diese bei einigen anderen Autoren: *Hippolyt von Rom* (gest. 235) hatte sie unter die Hamiten, *Epiphanios von Salamis* (um 315 - 403) unter die Japhiten eingereiht.[33] Autoren wie *Augustin* (354 - 430) und *Isidor von Sevilla* (um 565 - 636), deren Werke bestimmend für das mittelalterliche Weltbild und die Weltchronistik wurden, widmeten dem Problem der Völkerscheidung und -identität jedoch relativ wenig Aufmerksamkeit.[34]

Das ganze Mittelalter hindurch war mehr oder weniger intensiv über die genealogischen Verbindungen zwischen den Noaniden einerseits, den frühen Europäern andererseits spekuliert worden, mit den unterschiedlichsten und insgesamt äußerst wirren Ergebnissen. Die mittelalterlichen Chronisten diskutierten vor allem den Zeitpunkt der Völkerscheidung, die genaue Anzahl der in Babel sprachlich geschiedenen Völker, meist 72 bzw. 70, und vor allem den göttlichen Sinn, der der Zerstreuung der Ursippe zugrunde gelegen haben könnte. Das ständige Neuauftauchen und Verschwinden von Völkern und Namen während der Völkerwanderungszeit hatte die antiken Zuordnungen weiter kompliziert, sodaß im Spätmittelalter ein heilloses Durcheinander von einander widersprechenden und in sich inkohärenten Völkergenealogien existierte.

Die meisten spätmittelalterlichen Autoren ließen dieses Problem letztlich ungeklärt und beschränkten sich auf die Darlegung des Völkerursprunges nach vorgegebenem Muster. Meist geschah dies in Prosa, Reimform oder einfachen grafischen Schemata ohne jeden künstlerischen Anspruch.[35]

In dem 1474 erstmals publizierten und häufig nachgedruckten „Fasciculus Temporum" des Kölner Kartäusers *Werner Rolevinck* finden sich auf Blatt drei nur die Namen von *Noah* und seinen unmittelbaren Nachkommen in Kreise einbeschrieben und durch kurze schriftliche Erläuterungen miteinander in Beziehung gebracht.[36] Der Leser konnte aus dieser bescheidenen grafischen Skizze kaum mehr entnehmen, als daß *Cham* Afrika erhalten habe und daß von *Magog*, dem Sohn *Gomers*, laut Kirchenvater *Hieronymus* (um 347 - 420) die Skythen und Goten ihren Ursprung genommen hätten.[37]

---

neighbours. It is the Greeks who are responsible for this change of nomenclature; for when in after ages they rose to power they appropriated even the glories of the past, embellishing the nations with names which they could understand ..." Ebd. I, S. 121.

[33] Siehe A. Borst; Turmbau; a.a.O. S. 371.

[34] A. Borst zu Augustin: „Obgleich er das extreme Ende der altchristlichen lateinischen Patristik bezeichnet, hat Augustin das folgende Jahrtausend bestimmt, auch in dem Fragen nach Sprachenvielfalt und Völkerstammbaum, der er fast ganz beiseiteschob." Zu Isidor von Sevilla: „Verbindung antike Völker mit Noaniden wird nicht gesucht." Turmbau; a.a.O. S. 403 bzw. 452.

[35] E. Hennig / W. Ribbe schreiben ganz allgemein zur Genealogie um 1500: „Gleichzeitig mit der ernsthaften Quellenauswertung setzte auch ein Wandlungsprozeß der genealogischen Darstellungsform ein: die Ergebnisse der Forschung wurden nicht mehr in Listen, sondern auch in Tafeln zusammengefaßt. E. Hennig / W. Ribbe; Handbuch; a.a.O. S. 9.

[36] Werner Rolevinck; Fasciculus Temporum. Köln 1480. „Der in Köln schreibende Kartäuser Werner Rolevinck erstellte mit seinem „Fasciculus temporum" synchronistische Tafeln, die in 6 Zeitalter geteilt, bis in das 16. Jahrhundert das führende Werk für Ereignisse der Weltgeschichte bildeten. Von 1474 bis 1492 soll das Handbuch 30 Auflagen erreicht haben." Quellenkunde zur Geschichte im Spätmittelalter. Hrsg. von W. Dotzauer. Darmstadt 1996. S. 410.

[37] Die Namen von Sem, Cham und Japhet sind hier vertikal übereinander angeordnet, rechts von „Cham" steht geschrieben: „filius noe africa obtinet / de cham 30 generacones." Rechts neben dem Namen Japhets sind zwei weitere Namen umkreist, „Gomer" und „Magog", unterhalb des letzteren steht: „Ab isto Scite et Gothi traxert originez fm Jheronim." W. Rolevinck; Fasciculus; Blatt 3 rec.

Eine künstlerische Ausformung erfuhr dieses Problem hingegen in dem erstmals 1475 in Lübeck gedruckten „Rudimentum Novitiorum", einem Geschichtshandbuch für junge Kleriker. Dort werden *Noah* und seine Söhne als kleine Figürchen jeweils in einem Ring dargestellt (Abb. 1). Oben ist der schlafende menschliche Ahnherr im größten Kreis zu sehen, unterhalb von diesem sind die Ringe seiner Söhne angeordnet. Während die links und rechts plazierten Ringe *Chams* bzw. *Japhets* durch Zwischenglieder mit diesem verbunden sind, ist der mittig angelegte Ring *Sems* direkt mit diesem verschlungen. Nur die für das zukünftige Heilsgeschehen wichtige Filiation *Sems* wird in Form einer genealogischen Kette nach unten über mehrere Seiten hinweg fortgesetzt, während die der beiden anderen Söhne ausgespart sind.[38] Seitlich der genealogischen Kette *Sems* blieb genügend Raum für zwei kleine Holzschnitte, die die Arche und den das Ende der Sintflut ankündigenden Regenbogen zeigen.

Der Bilderfreude der Herausgeber der Schedelschen Weltchronik von 1493 ist es zu danken, daß hier das Problem der Völkerursprünge erstmals in künstlerisch anspruchsvoller, typisch spätgotischer Form ausgestaltet wurde. In diesem opulent ausgestatteten Werk werden gleich mehrere Völkertafeln in Form von Deszendenztafeln der Noahsöhne zur Schau gestellt.[39] Die auf mehrere Blätter verteilten Stammverzweigungen der Noaniden zeigen typisierte, jedoch unterschiedlich bekleidete Halbfiguren in zeitgenössischen Nürnberger Trachten, die durch Blattwerk treibende Zweige floral miteinander verknüpft werden. Die Vorderseite von „Blat XVI" bringt den europäischen Völkerstammbaum, die Stammverzweigung *Japhets* in ihren ersten Filiationen (Abb. 2). Auf dieser Tafel ist *Japhet* mit seiner Frau in den das obere Blattdrittel füllenden Text eingerückt. Von ihrer Brust aus sprießt nach unten ein Ast, der sich in vier sich weiter verzweigende Triebe über die restliche Blattfläche rankt. Aus Blütenkelchen erwachsen *Japhets* Söhne, und dort, wo sie sich mit einer Frau paaren, seine Enkel. Der Sohn *Japhets*, *Gomer*, ist wiederum der Vater des mit einem Judenhut ausgezeichneten *Ascanes*, des *Riphat* und des *Thogorma*. Jeder von ihnen ist, mit Ausnahme der beiden Ehefrauen *Gomers* und *Jawans*, namentlich bezeichnet. Die Stammverzweigung *Japhets* endet wie die seines Bruders *Cham* genau dort, wo traditionell die einzelnen antiken europäischen Völkernamen direkt an die japhitischen Familienmitglieder angesippt wurden. Diese Konjunktion erfolgt erst im äußerst bizarren Begleittext, der sicher auch von den Zeitgenossen kaum entwirrt werden konnte. Dort wird jeder der Japhiten als Stammvater eines oder mehrerer Völker bezeichnet. So sei *Japhets* Erstgeborener *Gomer* nach Europa geschickt worden und habe dort die Galater „aufgerichtet". Der erste Sohn *Gomers* wiederum, *Ascanes* habe die „Sarmacia & Scythier lewet" begründet.[40] Die Germanen bzw. Deutschen

---

[38] Interessanterweise ist in einer späten französischen Neuauflage des „Rudimentum noviciorum", Paris 1536, diese Noanidendarstellung dahingehend erweitert, daß auch die Filiationen Chams und Japhets ergänzt sind, allerdings nur durch deren in der Bibel erwähnte unmittelbare Nachfahren - ein Indiz dafür, daß in den 1530er Jahren das Problem der Völkerursprünge auch in Frankreich als so dringlich empfunden worden war, daß man es nicht nur bei der Semgenealogie belassen wollte. Abb.: Catalogue of books and manuscripts. Compiled by R. Mortimer. Camb. / Mass. 1994, Bd. 2, Abb. S. 580.

[39] Insgesamt sind in der Schedelschen Weltchronik 1809 Holzschnitte abgedruckt, die in der Werkstatt Wilhelm Pleydenwurffs bzw. Michael Wolgemuts hergestellt worden waren. Allerdings stammen diese von lediglich 645 verschiedenen Holzstöcken. Siehe E. Rücker; Die Schedelsche Weltchronik. München 1973. S. 7.

[40] Um dem Leser eine Vorstellung von diesem spätmittelalterlichen Völkerwirrwarr zu geben, zitiere ich hier einen Textauszug: „ ... aber durch die suen Japhet sind siben völcker eingestiftet Gomer der erst geporn japhets kam in europam und richtet Gomeritas das volck auff. Die

tauchen in diesen Schedelschen Deszendenztafeln, wie bei den vorherigen Beispielen, weder in ihrer Gesamtheit noch in ihren einzelnen Stämmen auf, was der Autor durch die Veränderung der Völkernamen im Laufe der Zeit zu entschuldigen suchte.[41] Diese Nichterwähnung der Deutschen in den Völkertafeln der Schedelschen Weltchronik ist typisch für die Zeit vor 1500. Die Deutschen wußten noch kaum etwas von den Germanen, den antiken Bewohnern ihres Landes, und verstanden sich noch nicht als Volk mit einem einheitlichen Ursprung. Zwar gab es auch während des 15. Jahrhunderts Chronisten, die eine gemeinsame Herkunft der Deutschen oder einen deutschen Stammvater zu benennen suchten; doch blieben solche Notierungen marginal und höchst unterschiedlich.[42] Den deutschen Gelehrten des 15. Jahrhunderts war allein die Heils- bzw. Weltgeschichte wichtig; an einer „national" verengten Darstellung der Vergangenheit bestand noch kaum ein Interesse.

Wie in der Schedelschen Weltchronik wurde auch im „Fasciculum" und im „Rudimentum" die Teilung der Ursippe nicht am Turmbau zu Babel, sondern bereits kurz nach der Sintflut bei den Noaniden angesetzt.

Die wenigen gedruckten Völkertafeln des 15. Jahrhunderts beschränken sich auf die biblischen Noaniden und entsprechen in ihrem formalen Aufbau den Ahnentafeln der Adelsfamilien.

Über eigene kollektive Ursprünge wurde in Deutschland nicht auf einer nationalen, sondern nur auf regionaler oder partikularer Ebene reflektiert. Die deutschen Gelehrten des Spätmittelalters fühlten sich eher einem Stamm zugehörig, dessen Herkunft und Geschichte meist in den sogenannten Stammeschroniken vorgetragen wurde.[43]

---

darnach von de krieche galate: und das land nach in galacia genant sind. das selb land stösset an hispanien un lusitanien die hat es von mittemtag. und vom nidergang und mitternacht das wendlmeer. und vom auffgang den fluss sequane und die land der teutschen. Gomer der erst sun japhet davon galacij. und het vier suen der erst Ascanes. davon sarmacia & scythier lewet in & tieff & meothidische pfuetsche wonede. un ist ein elede geget. vol unselliger pawm. Der ander Riphat oder rephaa. davon paflagones. un & land paphlagonia & kleinern asie Der drit Thogorma. davon friges un ir land ... " Schedelsche Weltchronik; Blat XVI rec.

[41] „Von Sem Cham und Japhet der dreyen sünen Noe sind. LXXij. völcker entsprungen des zu bedeuten sendet der herr Jhesus LXXij iunger vor seine angesicht. Augustinus spricht. vil ander sind geporn der doch nit gedacht wirdt darumb dz sie andern völckern in geperung vor gegangen sind und doch kein volck haben mügen machen. und die namen der selben völcker sind eins tails bliben. also das man west wo her die komen sind. als auß assur die assirij. und auß heber die hebreyschen. Eins tails sind mit dem alter der zeit verwandelt. also dz die allergelertisten und erfarnsten der historie nit aller. sunder kaum ettlicher völcker ursprung mügen finden. und nach betrachtung aller ding erfindet." Ebd. Blatt XIV ver.
[42] Gregor von Heimburg (ca 1400 - 1472) schrieb, daß die Sachsen, die Väter der Deutschen, von den Goten, die Schwaben von den Galliern, die Franken von den Sigambrern abstammen würden. Thomas Ebendorfer leitete in seiner um 1450 geschriebenen „Geschichte Österreichs" die Deutschen von den Trojanern und dem Riesen Theot her. Felix Fabri (1441 - 1502) leitete den Begriff „Deutsche" von Theucer, einem der griechischen Sieger über Troja her. Alle Angaben bei A. Borst; Turmbau; a.a.O. S. 1030 - 1035.
[43] P. Joachimsen sprach von einem „Stammespatriotismus der älteren Humanisten", den er erst durch Ulrich von Hutten (1488 - 1523) überwunden sah. P. Joachimsen; Geschichtsauffassung; a.a.O. S. 110.

3. Die Herkunftsmythen der deutschen Stämme

Bis weit über 1500 hinaus war in Deutschland das Bewußtsein, einem Stamm anzugehören, weit stärker ausgeprägt als das Bewußtsein, Teil einer deutschen Nation zu sein. Man fühlte sich eher als Schwabe, Franke oder Sachse denn als Teutscher. Kollektive Ursprünge dachte man sich nur auf regionaler oder Stammes- , aber nicht auf nationaler Ebene.[44] Dieses fehlende Bewußtsein einer gemeinsamen völkisch-nationalen Herkunft zeigt sich in den unterschiedlichen Ursprungssagen der einzelnen Stämme, die zwischen dem 6. und 11. Jahrhundert erstmals schriftlich fixiert worden waren. Obwohl durchgängig erst nach der Christianisierung der einzelnen Stämme aufgezeichnet, waren sie per se nicht in den biblischen Schöpfungsmythos eingebunden.

Die Herkunftsmythen der germanischen Völkerschaften, die sich außerhalb des späteren Deutschen Reiches angesiedelt hatten, wurden früher niedergeschrieben als die der nachmaligen deutschen Stämme. Die älteste bekannte germanische Stammesgeschichte stammt von *Jordanes*, der 551 eine Geschichte der Goten von ihrem Ursprung in Skandinavien bis zum Sturz der Ostgotenherrschaft in Italien verfaßt hatte.[45]

Der Norden findet sich auch beim sogenannten *Fredegar* im 7. Jahrhundert als Urheimat der Langobarden genannt: „Bevor das Volk der Langobarden noch diesen Namen angenommen hatte, zogen sie aus Skandinavien, das zwischen der Donau und dem Ozean liegt, aus, und überschritten mit ihren Frauen und Kindern die Donau." [46]

Die älteste der deutschen Stammessagen ist die der Franken, die sich beiderseits des Rheines niedergelassen hatten. Sie bildeten einen wichtigen Teil der späteren deutschen Nation und den Nucleus der französischen. Aufgrund seiner engen Verknüpfung mit dem französischen König- und dem deutschen Kaisertum war ihr Ursprungsmythos, der auf Troja rekurrierte, anders als der der anderen Stämme weit über die West- und Ostfranken hinaus von europäischer Bedeutung.

Exkurs: Der Trojanermythos

Kein Ursprungsmythos verlieh während des Mittelalters seinem Probanden mehr Glanz als der trojanische. Der römische Dichter *Vergil* (70 - 19 v.u.Z.) hatte ihn im Zeitalter des Kaisers *Augustus* kreiert, um das neue römische Kaisertum mit einem heldischen Ahnherrn und die Stadt Rom mit einem glorreichen Ursprung auszustatten. In der „Aeneis" hatte *Vergil* die im Dunkel der Vorzeit liegenden bescheidenen Anfänge Roms mit dem griechischen Nationalepos, Homers Ilias, das die Überwindung und Vernichtung der Stadt Troja durch griechische List besingt, verknüpft. *Aeneas*, der Sohn des letzten Trojanerkönigs *Priamos*, habe nach seiner Flucht aus dem brennenden Troja mit

---

[44] Z. B. sippte Sigmund Meisterlin in seiner postum erschienenen „Augsburger Chronik" von 1522 die Schwaben direkt an Japhet an.

[45] Jordanes; De origine actibusque Getarum. Deutsch von W. Martens in den "Geschichtsschreibern der deutschen Vorzeit. 1884. 3.Aufl. 1913. Isidor von Sevilla hatte die Goten in die biblischen Völkertafeln eingebunden und den Japhetsohn Magog zu deren Stammvater erklärt. Siehe A. Ebenbauer; Historiographie vor dem Beginn volkssprachlicher Geschichtsschreibung. In: Grundriß der roman. Literaturen im Mittelalter, Bd. XI, 1 (2.Teilbd.). Heidelberg 1986. S. 76.

[46] Zit. nach B. Pollmann (Hrsg.); Lesebuch zur deutschen Geschichte. Dortmund 1984. Bd. I, S. 57.

einer kleinen Anzahl von Gefährten nach langer Irrfahrt schließlich Italien erreicht, im Bündnis mit dem König von Latium die Italiker besiegt und so den Keim für die Stadt Rom und deren spätere Größe gelegt.

Die germanischen Franken waren die Ersten, die sich nach dem Untergang des westlichen Imperiums des römischen Nationalepos, wenn auch in abgewandelter Form, bemächtigten. Sie übernahmen nicht nur die Herrschaft der Römer in Gallien, sondern auch deren Herrschaftsideologie, was dem Zusammenwachsen der fränkischen und gallorömischen Volksteile im Frankenreich äußerst förderlich war.[47] Wie die Römer, so verlegten nun auch ihre „neuen Brüder", die Franken, ihren Ursprung ins sagenhafte Troja; wenn auch ihr Ahnherr nicht mehr *Aeneas*, sondern *Francus* oder *Antenor* hieß. Dieser fränkisch-trojanische Ursprungsmythos war erstmals im 7. Jahrhundert im sogenannten „Fredegar" schriftlich fixiert worden. Von Troja aus seien die Nachfahren *Antenors* nach Pannonien geflohen. Erst später seien sie nach Mitteleuropa ausgewichen, um schließlich im 4. Jahrhundert unter *Marcomir* über den Rhein zu ziehen.[48]

Auf dem Trojanermythos gründete fortan ein Teil des Selbstverständnisses des französischen Königtums und Volkes. Er wurde dort fortlaufend tradiert und jeweils durch den neuen König ergänzt, während andere Ursprungshypothesen nur noch am Rande geäußert wurden.[49]

Das französische Königtum pflegte zwar am kontinuierlichsten und glaubwürdigsten die Herkunftssage aus Troja. Diese war jedoch während des Mittelalters so begehrt, daß die Chronisten vieler anderer Völkerschaften und Adelsgeschlechter sie irgendwann und mit unterschiedlichster Konsequenz für die Überhöhung der eigenen Ursprünge bemühten. So wurde den Briten bereits um 800 in der „Historia Brittonum" die Abkunft von den Trojanern bescheinigt.[50]

Auch die Deutschen beriefen sich im Mittelalter immer wieder auf diesen fränkisch-trojanischen Ursprungsmythos. Wie die Franzosen verstanden sich auch die rechtsrheinischen Franken als Nachfahren und Erben *Karls des Großen*, der die römische Kaiserwürde erstmals an die Franken gebracht hatte. Meist wurde der Trojanermythos aktiviert, um die Kaiserwürdigkeit eines Thronprätendenten zu unterstreichen; die Trojaner stellten die einzige ranggleiche Alternative zu einer römischen Ahnenreihe dar. Der Trojanermythos spielte vor allem in der deutsch-französischen Rivalität um die Kaiserwürde und in den Auseinandersetzungen der deutschen Kaiser mit den Päpsten eine herausragende Rolle.

Schon *Gottfried von Viterbo* hatte 1187 in die Ahnenreihe der Staufer nicht nur *Adam* und *Noah*, sondern auch die fränkischen Könige integriert, um deren hohen Adel und Kaiserwürdigkeit gegenüber dem Papst herauszustellen.[51] Rund 100 Jahre später bemühte der Chronist *Alexander von Roes* ebenfalls den Trojanermythos, um die Kaiserwürdig-

---

[47] Siehe dazu K. F. Werner; Die Ursprünge Frankreichs bis zum Jahr 1000. Stuttgart 1989.
[48] Siehe dazu Th. Maissen; Von der Legende zum Modell. Basel - Frankfurt 1994. S. 327 / 328.
[49] So behauptete Ermoldus Nigellus in einem Lobgedicht, die Franken hätten wie die Goten und anderen germanischen Stämme ihren Ursprung in Skandinavien. Siehe A. Grau; Der Gedanke der Herkunft in der Geschichtsschreibung des Mittelalters. Würzburg 1938 (Diss.). S. 13.
[50] A. Borst, Turmbau; a.a.O. S. 473.
[51] „Im Unterschied zu seinem Vorgänger (Otto von Freising/ d. Verf.) konstruiert Gottfried, ein überzeugter Verfechter der imperialen Sache, eine durchgehende Genealogie der - ausnahmslos als Deutsche betrachteten „Reges Francorum", die von Adam über Noah, Saturn und Jupiter nach Troja, von dort über Antenor, die Sicambrer, Pharamund, Karl den Großen bis zu Kaiser Heinrich VI. führt." Th. Maissen; Legende; a.a.O. S. 328.

keit der Deutschen zu unterstreichen[52], und auch Kaiser *Karl IV.* (1346 - 78) führte fränkische Könige in seinem Stammbaum auf. Anders als in Frankreich blieb jedoch der Trojanermythos in Deutschland immer nur einer von mehreren Herkunftsmythen und konnte die der anderen Stämme niemals ganz verdrängen.

Die zweitälteste deutsche Stammessage war die der Sachsen. Über deren Ursprünge herrschte bereits zum Zeitpunkt ihrer ersten schriftlichen Fixierungen Ungewißheit. Hieß es in der im 9. Jahrhundert verfaßten "Translatio S. Alexandri" des *Rudolf von Fulda*, daß die Sachsen von den Angeln, den Bewohnern Britanniens abstammten[53], so notierte *Widukind von Corvey* um 970: „So werde ich denn zu Anfang etwas über Ursprung und Zustand des Volkes sagen, wobei ich in diesem Teil fast allein der Sage folge, da die allzu ferne Zeit beinahe jegliche Gewißheit verdunkelt. Denn die Meinungen darüber sind verschieden, indem die einen glauben, die Sachsen stammen von den Dänen und Normannen ab, andere aber, wie ich selbst in früher Jugend einen rühmen hörte, von den Griechen, da sie selber angeben, die Sachsen seien die Reste des makedonischen Heeres gewesen, das dem großen Alexander gefolgt und nach dessen allzufrühen Tode über den ganzen Erdkreis zerstreut worden sei. Daß es aber ein altes und edles Volk gewesen, ist kein Zweifel ... Für gewiß aber wissen wir, daß die Sachsen zu Schiff in diese Gegenden gekommen und zuerst an dem Orte gelandet sind, der noch heutigentags Handeln heißt."[54]

Über die Herkunft der Bayern und Schwaben erfahren wir etwas im späten 11. Jahrhundert im sogenannten "Annolied", das erstmals die Ursprünge der vier deutschen Hauptstämme nebeneinanderstellt. Sehr unbestimmt heißt es dort über die Schwaben, „daß ihre Vorfahren übers Meer gekommen seien, und weil sie am Berg Suevo ihre Zelte aufgeschlagen hätten, seien sie Sueben genannt worden."[55] Genaueres weiß der Autor des Annoliedes hingegen über die Herkunft der Bayern. Er fixierte erstmals die bis ins 16. Jahrhundert kontinuierlich tradierte These, daß das bayrische Volk „angeblich aus Armenien kam, unter seinem Anführer Bavarus sein späteres Siedlungsgebiet eroberte, aus diesem Land nochmals vertrieben wurde, aber unter Herzog Theodo zurückkehrte und mehrere Siege über seine Widersacher, die Römer erfocht." [56]

Die einzelnen Stammessagen enthielten keinerlei Erinnerung an eine gemeinsame Herkunft der Deutschen. Sie erklärten sich ihre Ursprünge äußerst disparat und wußten noch nichts von einem gemeinsamen deutschen Stammvater. Gemein war ihnen nur das

---

[52] A. Borst; Turmbau; a.a.O. S. 1033.
[53] B. Pollmann; Lesebuch; a.a.O. Bd. I, S. 15.
[54] Zit. nach ebd. S. 59. Diese zwei einander widersprechenden Ursprungssagen der Sachsen waren bis zum 16. Jahrhundert aktuell. So hieß es beispielsweise in einer 1527 publizierten Quellensammlung im Kapitel Quomodo Saxones primo venerunt ad terram Saxoniae notandum: „Saxones quomodo venerunt ad terras illas, in qua nunc morantur. Quia aliqui volunt, eos processisse a Danis & Nortmannis; aliqui dicunt, eos advenisse a Macedonia ab exercitu Alexandri Magni. Hoc idem fatentur Greci, quia post mortem Alexandri dispersi sunt per totam terram ... " Reliquiae Manuscriptorum omnis aevi Diplomatum ac Monumentorum, ineditorum adhuc. Bd. VIII. 2. Buch, 2. Kap. Frankfurt - Leipzig 1527. S. 154 / 155.
[55] A. Grau; Herkunft; a.a.O. S. 17.
[56] K. Schnith; Die Geschichtsschreibung im Herzogtum Bayern unter den ersten Wittelsbachern. In: Ausst.-Kat. „Wittelsbach und Bayern." Hrsg. von H. Glaser. München 1980. Bd. I/ 1. S. 360. Siehe auch: M. Müller; Die bayrische "Stammessage" in der Geschichtsschreibung des Mittelalters. In: Zeitschrift für bayrische Landesgeschichte 40, 1977. S. 341 ff., und F. Graus; Lebendige Vergangenheit; a.a.O. S. 109 - 111.

Bewußtsein, daß ihr jeweiliger Stamm vor langer Zeit aus weiter, zumeist unbekannter Ferne nach Deutschland eingewandert sei.

Auch nach 1500 blieb die partikulare Geschichtsschreibung dominant, vor allem in Sachsen und Bayern. Der Hamburger Geschichtsschreiber *Albert Krantz* verfaßte eine Geschichte der Sachsen und eine der Wandalen.[57] Die opulente, reich bebilderte, von *Georg Spalatin* um 1530 verfaßte "Chronik der Sachsen und Thüringer"[58] behandelte nur die Geschichte dieser beiden Stämme. *Johann Turmairs* "Teutsche Chronik" stellte lediglich eine spätere, etwas erweiterte Fassung seiner "Bayrischen Chronik" dar. Das von *Konrad Celtis* angeregte Projekt einer „Germania Illustrata", das erstmals alle deutschen Regionen und Stämme in einer gemeinsamen Landesbeschreibung vereinen sollte, wurde nie realisiert.[59]

III. Kaisergenealogien

Bis um 1500 verstanden sich die Deutschen nicht als „natio" im ursprünglichen Sinne dieses Begriffes, als Abstammungsgemeinschaft. Sie wußten von keinem gemeinsamen Stammvater und hielten einen solchen auch nicht für nötig. Denn die Franken, Sachsen, Schwaben und Bayern fanden sich seit *Karl* (800 - 814) bzw. *Otto dem Großen* (962 - 973) durch Reich und Kaisertum ideell vereint. Neben der Sprache waren Kaiser- und Reichsidee das wichtigste integrierende Element für die einzelnen deutschen Stämme und Territorien. Kaiser und Reich spielten aber nicht nur bei der Ethnogenese eines deutschen Volkes während des Mittelalters eine herausragende Rolle.[60] Sie sorgten darüber hinaus für die Einbindung der Deutschen in die Weltgeschichte.

Mit der im Jahr 800 in Rom vollzogenen Kaiserkrönung *Karls des Großen* war im Verständnis des Mittelalters eine Übertragung des antiken römischen Reiches auf die Franken erfolgt (translatio imperii).[61] Der sächsische Kaiser *Otto I.* hatte das Reich Karls des Großen wiederum erneuert und so definitiv an die Deutschen gebracht. Dieses Heilige Römische Reich war jedoch nicht nur politisch und ideologisch von Rom, vor

---

[57] Die „Saxonia" wurde erstmals 1519 gedruckt. Die „Wandalia" und die „De Saxonicae gentis vetusta origine, longinquis expeditionibus susceptis ... " erschienen zusammen mit anderen Werken von Krantz 1580 in Frankfurt unter dem Titel: Rerum Germanicarum Historici Clarissimi.

[58] C. Andersson; Die Spalatin-Chronik und ihre Illustrationen aus der Cranach-Werkstatt. In: Ausst.-Kat. „Lucas Cranach - Ein Maler-Unternehmer aus Franken." Augsburg 1994. S. 208 ff.

[59] Zu dem von Konrad Celtis angeregten Projekt einer „Germania Illustrata" siehe P. Joachimsen; Geschichtsauffassung; a.a.O. S. 155 ff.

[60] „Im Laufe der Zeit ist dieser imperial und eschatologisch bestimmte Reichsgedanke bis zu einem gewissen Grade auch für die politische Willensbildung des Adels leitend geworden, so daß er als spezifisch mittelalterliche Form deutschen Nationsbewußtseins angesehen werden kann. Das wirksamste, theoretisch formulierbare Integrationsprinzip war demzufolge nicht deutsch, sondern römisch geprägt; anders gewendet: Die Bildung von Reich und Nation hat sich auf politischer, nicht auf ethnischer Grundlage vollzogen." J. Ehlers; Die Entstehung des deutschen Reiches. München 1994. S. 21.

[61] Aufgrund ihrer Bedeutung für das Kaisertum war die „translatio imperii" eines der umstrittensten staatsrechtlichen Probleme des Mittelalters und vielfachen Wandlungen und Interpretationen unterworfen. Siehe W. Goez; Translatio Imperii. Tübingen 1958.

allem vom Papsttum abhängig, sondern mittels der kaiserlichen Amtsgenealogien und vor allem durch die Vierreiche-Lehre mit der gesamten Weltgeschichte verwoben.

1. Die Reichegenealogie

Im Verständnis des Mittelalters war das Heilige Römische Reich keine Neugründung *Karls* bzw. *Ottos des Großen gewesen*, sondern eine Fortsetzung des antiken Römischen Reiches. Dieses wiederum dachte man sich als Endglied einer Reichegenealogie, dessen Existenz eng mit der gesamten Weltgeschichte verwoben war.

Die für die mittelalterliche Geschichtsschreibung bestimmende Strukturierung welthistorischen Geschehens mittels eines Vierreiche-Modells geht auf die Kirchenschriftsteller des 4. und 5. nachchristlichen Jahrhunderts zurück, die wiederum ältere antike Reichemodelle mit den Visionen des alttestamentlichen Propheten *Daniel* verknüpft hatten.[62]

Orosius und *Hieronymus* hatten die ganze Weltgeschichte als Abfolge von vier Weltreichen dargestellt.[63] Das erste sei das Babylonische Reich gewesen, das bald nach der Zerstörung des Babylonischen Turmes von *Ninus* gegründet worden sei; *Ninus* galt als Begründer der Königsherrschaft und war letztendlich Ahnherr aller späterer Kaiser. Dessen Herrschaft sei unter *Cyrus* durch das Assyrische bzw. Persische Reich abgelöst worden.[64] Dieses habe *Alexander der Große* zerstört und durch das Dritte, nur kurzlebige Griechische Reich ersetzt. Dieses wiederum sei vom Römischen Imperium abgelöst worden, als dessen Begründer *Julius Caesar* (100 - 44 v. u. Z.) galt.

Dem Glauben an die Vierreiche-Lehre verdankte das Heilige Römische Reich während des ganzen Mittelalters und darüber hinaus letztlich seine Existenz. Denn seit *Tertullian* (um 150 - 230) herrschte die Ansicht vor, daß das Römische Reich das vierte und letzte der Weltreiche sei. Von seinem Fortbestand sei auch das Weiterbestehen der Welt abhängig, sein Untergang würde mit der drohenden Apokalypse zusammenfallen.[65]

Das antike Römische Reich war im Bewußtsein der mittelalterlichen Chronisten niemals untergegangen, sondern durch mehrere Übertragungen zuerst auf die griechisch-

---

[62] Buch Daniel II, 1 - 15, bzw. VII, 14.

[63] „Wo die Zahl der Weltreiche auf vier begrenzt wird, faßt man entweder Meder und Perser zusammen oder man zählt die Meder mit zur ersten Monarchie. Die erste Möglichkeit ist durch Bibel und Danielkommentar des Hieronymus der Folgezeit besonders nahegelegt worden; die abweichende Deutung des Orosius (Assyrii-Medi-Persi, Africani, Graeci-Macedones, Romani) wurde durch das ganze Mittelalter hindurch nur gelegentlich aufgegriffen." W. Goez; Translatio Imperii; a.a.O. S. 367.

[64] Aus dem Zwang heraus, immer vier besondere Reiche aus den vielen der Weltgeschichte herauszuheben, findet sich in der mittelalterlichen und frühneuzeitlichen Literatur v. a. die Benennung der ersten beiden Reiche vielfach abgewandelt. Der Stadtschreiber von Oppenheim Jacob Köbel brachte 1540 folgende Reihung: „Erst Reich: Babylonisch und Orientalisch Regiment ... Das ander Reich / ist das Carthagisch Reich gewesen ... Das Dritt Reich Macedonisch Regiment ... Das. 4. Reich: Rom." Jacob Köbel; Glaubliche Offenbarung / wie vil fürtrefflicher Reych und Kayserthumb auff erdtrich gewesen ... Augsburg 1540. O. S.

[65] „Dem vierten Reich, das mit dem Römischen Reich identifiziert wurde, folgte ebenfalls der Weltuntergang. Die „translatio imperii" vom Römischen Reich zur eigenen Zeit war deshalb existenznotwendig. Sein Untergang hätte andernfalls zugleich den Weltuntergang bedeutet." J. Schlobach; Zyklentheorie und Epochenmetaphorik. München 1980. S. 45.

byzantinischen Kaiser und schließlich unter *Karl dem Großen* (768 - 814) auf die Franken bzw. Deutschen übergegangen.

Karl der Große war das entscheidende Bindeglied zwischen dem römisch-byzantinischen und dem fränkisch-deutschen Kaisertum. Durch ihn sei das Römische Reich erneuert und, ohne seine Identität einzubüßen[66], bis zum Ende der Welt jenseits der Alpen etabliert worden. Die deutschen Kaiser des Spätmittelalters verstanden sich deshalb nicht nur als Nachfolger *Karls*, sondern auch der römischen Caesaren. Sie fühlten sich als Erben und Bewahrer einer großen Tradition und letztlich auch für die Weiterexistenz der Welt verantwortlich.[67]

2. Kaisergenealogien im Mittelalter

Diese ideelle Kontinuität des mittelalterlichen Regnum Teutonicum mit den früheren Reichen findet vor allem in den Kaisergenealogien ihren Ausdruck. Diese waren im Verlaufe des Mittelalters vielfältigen Wandlungen unterworfen, insbesondere was ihren jeweiligen Ahnherrn und ihre Länge anbelangt. Im Hochmittelalter begannen sie meist mit *Karl dem Großen*, im Spätmittelalter hingegen fast immer mit *Julius Caesar*.

Die Ottonen, Salier und Staufer hatten jeweils über Generationen hinweg das Reich regiert. Sie hatten sich meist noch damit begnügt, ihre Genealogien bis auf *Widukind*, *Otto* bzw. *Karl den Großen* zurückzuführen[68], ohne hierfür die römischen Vorgänger bemühen zu müssen. Das Ende des staufischen Kaisertums in der Mitte des 13. Jahrhunderts bedeutete auch das Ende einer langen Kaisertradition. Das knapp 20-jährige Interregnum führte zu einer schweren Legitimationskrise des römisch-deutschen König- bzw. Kaisertums, die sich unter anderem auch in der inhaltlichen Neukonzeption der kaiserlichen Amtsgenealogien manifestiert hat.

---

[66] „Die Lehre von den vier Weltreichen implizierte die Annahme, daß das Römische Reich unter Karl dem Großen bzw. in seiner Nachfolge in deutschen Besitz übergewechselt war, ohne dadurch seine Identität einzubüßen." A. Seifert; Rückzug der bibl. Prophetie von der neueren Geschichte. Köln - Wien 1990. S. 38.

[67] „Aber mit der Erneuerung der patristischen Bildung im karolingischen Reich und vollends mit der Erneuerung des Imperiums durch Karl den Großen gewinnt sie (die Viereiche-Lehre/ d. Verf.) wieder für Jahrhunderte nahezu kanonische Geltung, nur nunmehr auf das neue römische Reich bezogen. Die Idee der „Translatio Imperii", der Fortsetzung des römischen Reiches im Imperium Karls und seiner Nachfolger, ist nur aus dieser Geschichtsvorstellung heraus begreiflich. Die Erneuerung des Kaisertums durch Otto I. erfolgte aller Wahrscheinlichkeit nach unter dem unmittelbaren, nachweisbaren Einfluß dieses Glaubens, daß das römische Imperium bestehen muß, wenn nicht der Antichrist und das Weltende kommen soll. Während der drei Jahrhunderte der deutschen Kaiserzeit wird dem Imperium immer wieder von Historikern, Dichtern, Publizisten, Politikern und Theologen diese seine eschatologische Bedeutung bestätigt." H. Grundmann; Die Grundzüge der mittelalterl. Geschichtsanschauungen. In: Archiv für Kulturgeschichte 24. 1934. S. 332.

[68] Zum Beleg zwei Beispiele: a) In die gotische Verglasung des nördlichen Seitenschiffes des Straßburger Münsters wurden die aus der Zeit um 1180 / 90 stammenden Reste (?) einer älteren Herrscherserie mit großen Standfiguren eingefügt; sie umfaßte ursprünglich zwölf deutsche Kaiser und Könige von Heinrich I. bis zu Friedrich I. Barbarossa. b) Der um 1200 / 1215 entstandene Karlsschrein in Aachen begann mit dem Sohn Karls des Großen, Ludwig dem Frommen und umfaßte insgesamt 16 deutsche Herrscher. Siehe U. Nilgen; Amtsgenealogie; a.a.O. S. 217.

Nach dem Interregnum wurden rund 150 Jahre lang die deutschen Könige aus den verschiedensten Adelsfamilien gewählt. Könige wie *Rudolf von Habsburg* (1273 -91) galten in den Augen ihrer Gegner als Parvenus. Sie waren Emporkömmlinge ohne eigene große Familientradition und sahen sich gezwungen, sich durch genealogische Fiktionen zu legitimieren. Je brüchiger die kaiserliche Tradition gegen Ende des Mittelalters wurde, desto bedeutender wurde in den Genealogien der Bezug auf Rom.

Aufgrund ihrer Wichtigkeit für das Weltgeschehen waren die Amtsgenealogien der Kaiser die ersten „profanen" Genealogien, die im Mittelalter in den unterschiedlichsten Kunstgattungen realisiert wurden. Ein frühes Beispiel für eine allmählich „gewachsene" Genealogie ist die Grablege der Salischen Kaiser in der Krypta des Speyerer Domes, angelegt in den 1030er Jahren. Ein monumentales Beispiel für eine „künstliche", das heißt im Nachhinein angelegte Kaisergenealogie sind die um 1180 geschaffenen Glasfenster im Straßburger Münster, wo zwölf deutsche Kaiser in Ganzfigur von *Heinrich I.* an dargestellt und auf den thronenden *Karl den Großen* bezogen waren.[69]

Der von luxemburgischen Grafen abstammende *Karl IV.* (1346 - 78) trat als erster römisch-deutscher Kaiser durch monumentale, künstlerisch gestaltete genealogische Unternehmungen hervor. Er beauftragte in seiner Hauptstadt Prag Künstler mit der Anfertigung dreier umfangreicher Ahnengalerien, um seine genealogischen Defizite zu kompensieren. Eine sollte seine Vorgänger in der böhmischen Königswürde, eine zweite seinen eigenen „Stamm", eine dritte seine kaiserliche Amtsgenealogie vorführen.[70]

Zwischen 1353 und 1355 ließ sich *Karl* im Hauptsaal seines Prager Königspalastes circa 120 seiner Vorgänger im Kaiseramt auf Tafelbildern darstellen, die nicht nur die römischen Caesaren, sondern auch die Gründer der früheren Reiche, nämlich *Ninus*, *Cyrus* und *Alexander den Großen* umfaßten.[71] Zum ersten Mal ließ hier ein deutscher Kaiser in seinen Repräsentations- und Empfangsräumen seine Amtsvorgänger in großem Format bildlich aufreihen, um so seinen Anspruch auf die Kaiserwürde zu bekunden.[72]

Die Präsentation der kaiserlichen Amtsvorgänger in Form von Wandbildern scheint bei den Nachfolgern *Karls IV.* keine Nachahmung gefunden zu haben. Hierzu bediente man sich bis ins späte 15. Jahrhundert hinein ausschließlich des Mediums der Buchmalerei.

Illustrierte Kaiserchroniken, die neben den Weltchroniken der geeignete Ort für die Reihung der Kaiser darstellten, hatte es in Deutschland bereits seit dem Hochmittelalter gegeben, deren Vorbilder sind wiederum in der byzantinischen Buchmalerei zu suchen.[73]

Im Mittelalter waren für die Kaisergenealogien unterschiedliche Darstellungsformen entwickelt worden, die bislang noch nicht systematisch untersucht worden sind. Aus dem

---

[69] Siehe F. Zschokke; Die romanischen Glasgemälde des Straßburger Münsters. Basel 1942.

[70] Siehe J. Homolka; Zu den ikonographischen Programmen Karls IV. In: Ausst.-Kat. „Die Parler und der Schöne Stil 1350 - 1400." Hrsg. von A. Legner. Köln 1978. Bd. II. S. 610 ff.

[71] Siehe P. E. Schramm / H. Fillitz; Denkmale der deut. Könige und Kaiser II. München 1978.

[72] Ungefähr gleichzeitig entstand im großen Saal auf Burg Karlstein in Form von Wandmalereien Karls Stammlinie, die 56 oder 57 seiner väterlichen Ahnen umfaßte und den geraden Deszent der Luxemburger bis zu Karl IV. selbst behaupten sollte; eine kontinuierliche Abfolge einander ablösender hochberühmter Ahnen, die aus dem gesamten Fundus mittelalterlicher Genealogen zusammengestückelt worden waren. Diese Genealogie wurde bereits während der Hussitenkriege beschädigt und Ende des 16. Jhs. gänzlich vernichtet. Sie ist uns aber durch Abschriften und einige Kopien bekannt. Siehe K. Stejskal; Die Rekonstruktion des Luxemburger Stammbaums auf Burg Karlstein. In: Umeni 1978. S. 535 - 562.

[73] Bereits in spätantiken Weltchroniken, z. B. dem bald nach 412 entstandenen „Chronicon Alexandrinum" hatte es Reihenbilder der lateinisch-römischen, lakedämonischen, makedonischen und lydischen Könige gegeben." Cl. A. Meier; Chronicon Pictum; a.a.O. S. 19.

mir bekannten Bildmaterial habe ich zwei Typen extrapoliert: Erstens den Typus der hintereinander gereihten sitzenden und / oder stehenden Ganzfiguren, wie sie sich in der 1431 angefertigten Abschrift des am Ende des 14. Jahrhunderts verfaßten „Libellus Augustalis" finden. Dort sind die Kaiser von *Caesar* bis zu den Luxemburgern auf Einzelblättern in Deckfarbenmalerei ohne Anspruch auf authentische Bildnisse aufgeführt.[74] Zweitens den häufiger vorkommenden Typus der Ahnentafel, die auf einer oder wenigen Seiten eine Vielzahl von Rundmedaillons oder Kreisen zusammendrängt, in die schematisierte Physiognomien oder auch nur Namen eingepaßt sind. Diese Kreise werden in unterschiedlichster Kombination und Anordnung durch Linien so miteinander verbunden, daß sich daraus genealogische Zusammenhänge ablesen lassen.[75]

3. Die Kaisergenealogien in den Inkunabeln der Buchkunst

Aufgrund ihrer politischen Wichtigkeit finden sich kaiserliche Genealogien auch schon in den Inkunabeln der Buchdruckerkunst. Gemeinsam ist diesen allen, daß sie weniger propagandistischen Zwecken als mehr der Belehrung und Information dienten. Die ersten gedruckten Kaisergenealogien waren, wenn überhaupt, nur äußerst sparsam illustriert und zeigten die gleichen Darstellungsformen wie die früheren gemalten Handschriften.[76] In Werner Rolevincks „Fasciculus temporum" von 1480 werden die Kaiser von *Caesar* bis *Friedrich III.* (1440 / 52 - 93) nur namentlich und jeweils mit einer Kurzbiografie aufgeführt. Jeder Name ist von einem Ring umgeben, der isoliert für sich ohne eine Verknüpfung zu den anderen steht. Die Kaisergenealogie wird nicht separat dargeboten, sondern ist eng mit der Papstreihe verknüpft: jeweils zwei oder drei Kurzbiografien der Kaiser wechseln mit denen der simultan regierenden Päpste ab.

Das 1475 gedruckte „Rudimentum Novitiorum" beginnt wie eine Weltchronik mit Bildern aus der Genesis. Erst nach einigen Seiten taucht als erster Kaisername *Cirus* auf. Auf dem folgenden Blatt hebt sich aus dem Gewirr der Ketten bildenden Ringe, die die Namen syrischer und ägyptischer Könige umkreisen, deutlich *Alexander der Große* durch seine rechteckige Umrahmung heraus (Abb. 3). Den linken Bildrand säumen in zwei Reihen angeordnete Namen von griechischen und alttestamentlichen Gelehrten, den rechten eine Liste mit Namen altrömischer Herrscher und Feldherren. Letztere kulminiert unten in dem kleinen Holzschnitt des thronenden *Julius Caesar*, der gleich einer mittelalterlichen Kaisergestalt mit Bügelkrone, Schwert und Reichsapfel auf einer breiten Bank thront. Die kleinen Szenen auf dem folgenden Blatt sind ganz dem Geschehen um die Geburt Christi gewidmet und verweisen das Bild des zweiten römischen Kaisers *Augustus* wiederum an den rechten unteren Rand. Erst auf dem nächsten Blatt setzt mit

---

[74] Siehe R. Prieur; „Die Teutschen"; a.a.O. S. 130.

[75] Cl. A. Meier schreibt zu den im 11. Jahrhundert (im „Chronicon Universale" des Frutolf von Michelsberg (+ 1103) erstmals in Deutschland nachweisbaren Typus genealogischer Darstellung in Form variabel angeordneter kleiner Medaillonbildnisse: „Diese prägende Art der Darstellungsweise wird ... für lange Zeit maßgebend sein und parallel zu andersartigen genealogischen Schemata und Bilderreihen existieren." Cl. A. Meier; Chronicon; a.a.O. S. 267.

[76] Diese Werke fallen nach der Klassifikation von J. C. Gatterer unter die „Genealogischen Geschichtsbücher", da deren „genealogisch-historischer Text nicht blos die gewöhnlichen Familienbegebenheiten, sondern vollständige Lebensbeschreibungen, und bey regierenden Häusern, die ganze Regierungsgeschichte eines jeden Regenten enthält." J. C. Gatterer; Handbuch; a.a.O. S. 59.

dem römischen Kaiser *Claudius* (41 - 54 n.u.Z.) eine kontinuierliche klare Reihung ein, die bis zum regierenden Habsburger *Friedrich III.* fortgeführt ist.[77] Diese Kaiserreihe steht aber nicht isoliert auf den einzelnen Blättern, sondern läuft parallel zu zwei vertikal angeordneten genealogischen Ketten von Päpsten und Gelehrten, die deren Zeitgenossenschaft anzeigen sollen (Abb. 4). Abgesehen von den ersten Seiten finden sich auf den folgenden nur am oberen Blattrand figürliche Schemen, nämlich jeweils das eines mittig plazierten thronenden Kaisers, das genau dem *Caesars* entspricht, eines sitzenden Papstes und das eines schreibenden Gelehrten. Diese Figürchen sind auf allen nachfolgenden Blättern identisch, das heißt außer den Namen wurden alle vom gleichen Holzstock gedruckt. Die nach unten fortlaufenden, teils kettenförmig miteinander verschlungenen Kreise sind ausschließlich beschriftet und variieren in ihrer Anzahl. Eine Untergliederung der Kaisergenealogie nach nationalen Kriterien ist nicht vorhanden.

Johann Bämlers 1476 in Augsburg gedruckte „Chronik von allen Kaisern und Königen und Päpsten enthielt vier Holzschnitte, darunter nur einen thronenden Kaiser.[78] Ebenso sparsam waren die beiden Chroniken illustriert, die 1480 in Augsburg erschienen.[79]

Auch die von *Fridericus de Lancironi* verfaßte „Chronica von allen Kaisern" war mit Ausnahme eines dem Titelblatt vorgelegten Holzschnittes unbebildert geblieben.[80] Hier wurden lediglich nach einem Abriß der Reichetheorie und der stadtrömischen Geschichte die Kaiserbiografien von *Augustus* bis *Friedrich III.* aneinandergereiht.

In der 1493 in Nürnberg erschienenen „Schedelschen Weltchronik" waltet zwar eine ganz andere Ökonomie hinsichtlich der Bildausstattung - es ist die am reichsten illustrierte Publikation des 15. Jahrhunderts überhaupt - doch verrät sie dieselbe Gleichgültigkeit gegenüber der individuellen Wiedergabe von Persönlichkeiten wie die oben genannten Druckwerke. Dort werden die Kaiser aller vier Weltreiche bis zum im gleichen Jahr verstorbenen *Friedrich III.* mit Abbildungen präsentiert. Doch sind die in Randleisten neben dem Text plazierten „lineae" der Kaiser unzusammenhängend über das ganze Buch verstreut, unterbrochen von einer Vielzahl von Papst-, Bischofs- und Fürstengenealogien sowie Städte- und szenischen Darstellungen. Alle diese relativ kleinen, in Holz geschnittenen Halbfiguren waren kaum mehr als Symbole, lediglich auf die Wiedergabe der traditionellen Kaiserinsignien Krone, Reichsapfel und Szepter bedacht. Die Gesichter stellten nichts mehr denn frei erfundene, mit wenigen Strichen entworfene Typen dar. Wie ihre Vorbilder in der mittelalterlichen Buchmalerei lassen auch alle diese gedruckten Kaiserbildnisse keine individuellen Merkmale erkennen. Sie waren somit

---

[77] Sämtliche figürliche Darstellungen dieses Buches sind abgebildet in Illustrated Bartsch, Bd. 80 suppl. S. 294 ff. sowie in A. Schramm; Bilderschmuck der Frühdrucke; Bd. 10 - Die Drucker in Lübeck / Lucas Brandis. S. 3 ff.

[78] Siehe A. Schramm; Bilderschmuck; Bd. 3. Abb. 3 zeigt einen thronenden Kaiser / Abb. 229 das „Schweißtuch der Veronika"/ Abb. 478 den schlafenden Kaiser Sigismund / Abb. 481 die sog. „Gregorsmesse".

[79] Johann Bämler (oder Jacob von Königshofen?); Chronica von allen Keysern und Künigen die seyd der Christi Gepurdt geregieret und gereichssnet haben. Augsburg 1480. Abb.: A. Schramm; Bilderschmuck; Bd. 2, Nr. 542 / 543. In Illustrated Bartsch Bd. 82 supplement; S. 254 findet sich nur die Abbildung mit dem Papst. Die von Johann Schönsperger verfaßte „Chronica von Kaisern und Päpsten", 1487 in Augsburg gedruckt, enthielt nach Illustrated Bartsch Bd. 86, die gleichen Holzschnitte.

[80] Fridericus de Lancironi; Chronica von allen Kaisern seit Christi Geburt. Kaiser Sigmunds Reformation. Kaiser Friedrichs III. Reformation ... Auch die von Kaiser Friedrich III. initiierte, von Thomas Ebendorfer verfaßte „Chronica regum Romanorum" war eine unbebilderte Vitensammlung. Siehe P. Joachimsen; Geschichtsauffassung; a.a.O. S. 202.

austauschbar und finden sich über die einzelnen Reiche hinweg jeweils mehrmals verwendet. Das Bild *Julius Caesars* beispielsweise wurde vom selben Holzstock gedruckt wie das des Karolingers *Ludwig II.* (Abb. 5)

Allen illustrierten Kaisergenealogien vor 1500 ist nicht nur die Gleichgültigkeit hinsichtlich der Authentizität der Gesichter und historischen Kostüme gemein. Sie reihen auch die Amtsvorgänger des deutschen Kaisers ungeachtet ihrer Nationalität ohne wahrnehmbare Unterbrechung von *Julius Caesar* an aneinander. Das heißt der Bezug zu Rom, das „Römische" des deutschen Kaisertums ist den Deutschen am Ende des 15. Jahrhunderts sehr wichtig und noch überhaupt kein Problem.[81] Meist sind sogar die Kaisergenealogien noch eng mit der Amtsgenealogie der Päpste verknüpft. Dies änderte sich jedoch in den nächsten Jahrzehnten, wenn auch dieser Prozeß durch die Übernahme italienisch-römischer Formen und Anregungen in den Illustrationen verdeckt wird.

IV. Der Einfluß des Humanismus auf die Genealogien

1. Caesaren- und Kaisergenealogien

Erst im Zuge des Humanismus begann man größeren Wert auf die Darstellung der Individualität historischer Persönlichkeiten und die Authentizität der Bildnisse zu legen. Dieser allgemeine, die ganze Bildnis- und Porträtkunst betreffende Prozeß läßt sich auch bei den Genealogien mit einer gewissen Verzögerung beobachten.

In Italien hatte man schon Jahrzehnte zuvor begonnen, antike Texte durch Bilder zu illustrieren, die nach antiken Münzvorlagen kopiert waren. So kursierten dort mehrere illuminierte Handschriften von *Suetons* „Caesarenleben" die die einzelnen Kaiserviten jeweils durch mehrere nach Münzvorlagen kopierte szenische Darstellungen sowie ein Kaiserporträt illustrierten.[82]

Diese von mir als „Caesarengenealogien" bezeichneten Werke sind typisch italienische Produkte, die von den in Deutschland entstandenen Kaisergenealogien strikt zu unterscheiden sind. Diese zwei Gattungen lassen das ganz anders geartete Interesse der beiden Länder am antiken Rom beispielhaft erkennen.

Beide Gattungen enthielten im 15. und 16. Jahrhundert zwar immer die zwölf Caesaren, doch unterscheiden sie sich neben ihrer Länge vor allem durch ihre Intention und Funktion.

---

[81] Johann Bämler schrieb bezeichnenderweise in seiner Chronik von 1476 nach einem kurzen Abriß der Vierreiche-Lehre: „Das vierde und das mächtigest reych vieng an zu rome da es noch ist." J. Bämler; Chronik; a.a.O. Textseite 1.

[82] Gaius Suetonius Tranquillus (75 - 160) diente u. a. Kaiser Hadrian als Sekretär. Seine Lebensbeschreibungen der ersten zwölf römischen Kaiser (De vita Caesarum) sind als einziges seiner Werke vollständig erhalten. Während der Renaissance entstanden in Italien eine Reihe prächtig illuminierter Sueton-Ausgaben. Ein Beispiel bei J. G. Alexander; Buchmalerei der ital. Renaissance im 15. Jh. München 1977. Dort ist eine Seite aus einer italienischen Sueton-Ausgabe des späten 15. Jhs. abgebildet, die vermutlich von Lauro Padovano illuminiert wurde. Die Seite gehört zum „Leben des Augustus" und ist mit mehreren nach antiken Vorlagen kopierten Münzbildern, u. a. auch einem Profilbildnis des Augustus, geschmückt.

Die Caesarengenealogien sind hauptsächlich Ausdruck humanistischer Bildung und Interesses. Der antike Schriftsteller *C. Suetonius Tranquillius* (um 70 - 140) hatte die Biografien der ersten zwölf römischen Caesaren von *Caesar* bis *Domitian* (81 - 96 n. u. Z.) verfaßt, die eine wichtige Quelle für die Geschichte der frühen römischen Kaiserzeit darstellen. Die „Caesarenleben" gehörten jedoch auch wegen *Suetons* Charakterisierungskunst und Stilistik zum Bildungskanon des italienischen Humanismus. Sie waren das ganze Mittelalter über bekannt und wurden 1470 erstmals in Italien gedruckt.[83] Die italienischen Caesarengenealogien umfassen immer nur die in den „Caesarenleben" beschriebenen zwölf ersten römischen Kaiser. Sie sind ein abgeschlossenes Dutzend, dem im Gegensatz zu den Kaisergenealogien zwar meist noch einige ebenfalls von *Sueton* beschriebene Verwandte, aber keine weiteren Nachfolger im Kaiseramt angehängt wurden. In den republikanisch gesinnten Städten Italiens scheint man den von *Sueton* teils als grausam und tyrannisch beschriebenen Caesaren wenig Sympathie entgegengebracht zu haben. Anders als in der Buchmalerei finden sich unter den freskierten Zyklen „Berühmter Männer" in italienischen Rathäusern und Palästen jeweils nur einzelne, als vorbildlich empfundene Caesaren wie *Augustus*, niemals jedoch das ganze Dutzend.[84]
An Kaisergenealogien hatten die Italiener des 15. und frühen 16. Jahrhunderts kaum ein Interesse. Sie hatten sich schon völlig von der Idee eines universalen, von den Deutschen geführten „Reiches" befreit und lehnten den Anspruch der deutschen Kaiser, Nachfolger der antiken Caesaren zu sein, entrüstet ab.[85] Die Kaisergenealogien wurden beinahe ausschließlich in Deutschland angefertigt und sind als ambitiöse Amtsgenealogien zu verstehen. Sie sollten die römisch-deutschen Kaiser mit ihren ideellen antik-römischen Amtsvorgängern verknüpfen. Sie sind Konstrukte der mittelalterlichen Geschichtsauffassung, die die zahlreichen Kontinuitätsbrüche in der antiken wie mittelalterlichen Kaisergeschichte genealogisch verschleierten. Sie referieren am Anfang meist die Vierreiche-Lehre und sind in erster Linie ein politisches Instrumentarium, mit dem eine Kontinuität mit dem antik-römischen Reich bekundet und damit verwobene politische Ansprüche, auch in Italien, erhoben werden sollten.

2. Maximilians I. „Kaiserbuch"

Ein Beispiel für den propagandistischen Charakter der Kaisergenealogien und deren Veränderung durch den Humanismus stellt das niemals vollendete „Kaiserbuch" *Maximilians I.* dar.
Spätestens seit dem Tod seines Vaters *Friedrichs III.* 1493 strebte *Maximilian I.*, bereits seit 1486 erwählter Römischer König[86], die diesem traditionell zustehende Kaiser-

---

[83] Einleitung von R. Till (Hrsg.); Sueton - Caesarenleben. Leipzig 1936. S. XXXV.
[84] H. Böcker-Dursch; Zyklen berühmter Männer in der Bildkunst Italiens. München 1973.
[85] „In Deutschland wird auch im Zeitalter der Renaissance der alte Reichsgedanke hochgehalten - in Italien steht man ihm fremd gegenüber, wenn man ihn nicht sogar ausdrücklich ablehnt ... Biondo und Machiavelli wenden sich mehr oder weniger offen gegen ein auch Italien übergeordnetes Kaisertum - für Wimpfeling und seine Gefährten steht die besondere Würde des Römischen Reiches, das durch die göttliche Vorsehung der deutschen Nation zuteil wurde, außer jedem Zweifel." W. Goez; Translatio; a.a.O. S. 248.
[86] „Der deutsche König des Spätmittelalters nannte sich in seinen Urkunden rex Romanorum, r o m i s c h e r k u n i g. In dieser Titulatur kommt bereits zum Ausdruck, wo die Grundlagen und das Selbstverständnis dieses Königtums zu suchen sind." K. F. Krieger; König, Reich und

krönung in Rom an. Aufgrund der komplizierten politischen Gesamtkonstellation und der fortwährenden Kriege in Italien mußte er diesem heißbegehrten Ziel über 15 Jahre lang ergebnislos hinterherjagen.

Um seinen Anspruch auf die Kaiserkrone ideologisch zu untermauern, plante *Maximilian* seit etwa 1500 die Herausgabe eines „Kaiserbuches", das alle Römischen Kaiser von *Julius Caesar* an in Text und Bild vorführen und schließlich mit seiner Person enden sollte.[87] Durch diese „Amtsgenealogie", eine kontinuierliche Aneinanderreihung von Viten und Bildnissen aller seiner Vorgänger im Kaiseramt, wollte *Maximilian* seinen Anspruch auf die Würde des Römischen Kaisers aller Welt publik machen.

Sicherlich war es der Augsburger Humanist *Konrad Peutinger* (1465 - 1547), der *Maximilian* dazu anregte, den italienischen Beispielen zu folgen und das geplante Kaiserbuch durch authentische Münzporträts auszustatten.[88] Er vermittelte dem Künstler *Hans Burgkmair dem Älteren* (1473 - 1531) spätestens 1504 den Auftrag, Risse zu den entsprechenden Holzschnitten anzufertigen.[89]

Heute existieren nur noch 20 Holzschnitte, die genau die zwölf in *Suetons* „Caesarenleben" beschriebenen antik-römischen Kaiser sowie einige von deren Anverwandten wie *Drusus* oder *Marc Anton* umfassen. Sie zeigen jeweils ein Kaiserporträt in Profilansicht, das in ein Rundmedaillon ohne Legende eingepaßt ist und seitlich von sich rollendem Blattwerk eingekeilt wird (Abb. 6). Die mit wenigen Strichen gezeichneten, auf wenige herausstechende Gesichtsmerkmale verdichteten Porträtbüsten stehen isoliert auf weißem Grund und zeigen Burgkmairs Bemühen, die Plastizität der Vorlagen grafisch umzusetzen.

Dodgson hielt diese Bilder für Illustrationen einer Caesarengenealogie[90], doch hat die neuere Forschung inzwischen klargestellt, daß diese nur die Reste eines viel umfassenderen Kaiserbuches sein müssen. „Bei diesen 20 Holzschnitten handelt es sich aber offenbar nur um einen Bruchteil des von Burgkmair für das „Kaiserbuch" geschaffenen Bildmaterials. Etwa 102 Holzschnitte bzw. Holzstöcke (formae oder stoecklin) werden in einer weiteren Liste als vorhanden bezeichnet", sind aber nicht mehr erhalten. [91] Außerdem wies T. Falk nach, daß *Peutinger* über 100 Kaiserbiografien zu diesem Zweck verfaßt hatte.

Burgkmair war somit der erste deutsche Künstler, der für seine Caesarenporträts antike Münzen als Vorlagen benutzen konnte, die ihm vermutlich von *Peutinger* zur Verfügung gestellt worden waren. *Burgkmair* mußte diese Reliefvorlagen lediglich getreu kopierend grafisch umsetzen. Die Münzen gaben Profilansicht, Ausschnitt und Dimension der einzelnen Bildnisse vor.

Reichsreform im Spätmittelalter. München 1992. S. 5.
[87] T. Falk; Hans Burgkmair - Das graphische Werk. Augsburg 1973. S. 2. Zum Projekt des „Kaiserbuches" siehe auch T. Falk; H. Burgkmair. München 1968. S. 46 ff.
[88] K. Peutinger war der berühmteste Humanist Augsburgs um 1500 und Berater Kaiser Maximilians. 1505 publizierte er die erste gedruckte Sammlung von Deutschland gefundenen römischen Inschriften.
[89] Hans Burgkmair der Ältere wurde 1473 in Augsburg als Sohn des Malers Thoman Burgkmair geboren u. hinterließ seinem Sohn Hans bei seinem Tod 1531 einen großen Werkstattbetrieb. Er war sowohl als Maler als auch Grafiker tätig und neben Dürer einer der ersten deut. Künstler, in dessen Werk sich starke Einflüsse der italienischen Renaissance zeigen.
[90] C. Dodgson; Die Caesarenköpfe, eine unbeschriebene Folge von Holzschnitten Hans Burgkmairs d. Ä. In: Ausst.-Kat. „Augsburger Kunst der Spätgotik und Renaissance." Augsburg 1928, Bd. 2, S. 226. Dodgson kannte nur 17 der Holzschnitte.
[91] T. Falk; Hans Burgkmair. München 1968. S. 46.

Trotz dieser immensen Vorarbeiten von *Peutinger* und *Burgkmair* scheint *Maximilian* nach seiner eher blamablen Selbstausrufung zum Kaiser 1508 in Trient sein Interesse an einer Publikation einer bebilderten Amtsgenealogie, an einer illustrierten Aufreihung und Beschreibung seiner Vorgänger im Kaiseramt, verloren zu haben. Bei seinem gespannten Verhältnis zu den Päpsten und Italienern schien eine ideelle Bezugnahme auf Rom, ob in Form einer Amtsgenealogie oder Stammlinie, nicht opportun. Jedenfalls gab er dieses ehrgeizige Projekt auf, was als bemerkenswerter Bruch mit der römischen Tradition des deutschen Kaisertums zu werten ist. [92]

Maximilians Verzicht auf das Kaiserbuch hatte zur Folge, daß nicht dieses frühe Druckprojekt des Augsburger Humanismus, sondern ein italienisches Vitenwerk die Bildvorlagen für einige deutsche Kaisergenealogien des 16. Jahrhunderts lieferte: *Andrea Fuvios* „Illustrium Imagines" aus dem Jahr 1517 war das erste gedruckte illustrierte Vitenwerk überhaupt und enthält eine Vielzahl von nach Münzen geschnittenen Bildnissen hauptsächlich in Profilansicht. Diese zeigen neben Persönlichkeiten vornehmlich der antik-römischen Geschichte auch einige mittelalterliche deutsche Kaiser (Abb. 7). Dieses aus humanistischem Interesse heraus, ohne jede genealogische Absicht verfaßte Buch begründete in Deutschland einen fast 100 Jahre verbindlichen, zumindest in der Druckgrafik den Caesaren- und Kaisergenealogien vorbehaltenen Bildnistypus: die nach einer authentischen Vorlage - meist einer antiken bzw. mittelalterlichen Münze - kopierte, in einen Tondo oder eine Ovalform eingepaßte Profilbüste.[93]

3. Die Deutschen - Erben oder Erzfeinde Roms ?

Der Humanismus hatte jedoch nicht nur Konsequenzen für die formale Ausgestaltung der Kaisergenealogien; vielmehr zwang er den Deutschen in den ersten beiden Jahrzehnten des 16. Jahrhunderts eine radikale Umorientierung ihrer historischen Leitbilder und damit ihrer vermeintlichen Stellung in der Weltgeschichte auf.

Durch die Genealogie, das einfache Prinzip der Aneinanderreihung von Herrschern war es möglich, eine nahtlose Verbindung von deutscher Kaisergeschichte und römischer bzw. alttestamentlicher Geschichte herzustellen. Die „translatio imperii" durch *Karl* bzw. *Otto den Großen* ermöglichte jedoch nicht nur eine Scheinkontinuität über die problematischste Nahtstelle der Kaisergeschichte hinweg, nämlich die zwischen den griechisch-byzantinischen Kaisern und *Karl dem Großen*. Sie implizierte auch eine Aneignung der antik-römischen Geschichte durch die Deutschen. Diese verstanden sich nicht nur als legitime Nachfolger der römischen Caesaren im Kaiseramt, sondern auch als wahre Erben der Geschichte des antiken Rom. Aus Unkenntnis der Existenz der antiken Germanen identifizierten sich die Deutschen bis um 1500, wenn es um „antike" Geschichte ging, mit den römischen Kaisern. Sie banden sich über die Kaiser- und nicht

---

[92] P. Joachimsen charakterisiert die erhalten gebliebenen Manuscripte Peutingers folgendermaßen: „So ist auch sein Kaiserbuch ein buntscheckiges Ding geworden, schwankend zwischen Genealogie, Biographensammlung und Regestenwerk, und man merkt es den vielen Entwürfen und den zahllosen Korrekturen, die auch in den Reinschriften noch angebracht sind, an." P. Joachimsen; Geschichtsauffassung; a.a.O. S. 205.
[93] Zur Rezeption der von Ugo da Carpi gefertigten Kaiserprofilbildnisse in Andrea Fulvios „Illustrium Imagines" in deutschen Chroniken und Genealogien siehe R. Prieur: „Bis 1571 also, bis zur Kölner Ausgabe der Ursberger Chronik, blieben die 1517 zum ersten Mal veröffentlichten Kaiserbildnisse des Ugo da Carpi vorbildlich." R. Prieur; „Die Teutschen"; a.a.O. S. 193.

über eine gemeinsame Volksgeschichte in die Weltgeschichte ein. Erst mit *Karl* bzw. *Otto dem Großen*, durch die „translatio imperii", wurden die Kaiser deutsch, und erst mit ihnen begann eine gemeinsame Geschichte der deutschen Stämme. Die Geschichte der Deutschen war im Verständnis des Mittelalters in ihren Anfängen nicht autochthon, sondern wurde als bruchlose Fortsetzung der römisch-imperialen Tradition aufgefaßt.

Ein typisches Beispiel für diese genealogische Verknüpfung von römischer und deutscher Geschichte und diese Identifikation mit den antiken Caesaren bietet die bereits erwähnte „Kaiserchronik" von *Fridericus de Lancironi* (1480). Nach einem kurzen Abriß der Viereiche-Lehre erzählt sie die Geschichte der Stadt Rom seit ihrer Gründung durch *Saturn*, um nach einer Schilderung von Königsherrschaft und Republik zu *Caesar* und der Begründung des römischen Kaisertums überzugehen. An die Biografien der antiken römischen Kaiser werden die der griechisch-byzantinischen angeschlossen. Nach einer Päpstegenealogie und einer kurzen französisch-fränkischen Zwischenphase der Karolinger sei das „Reich" unter *Otto dem Großen* an die Deutschen gekommen und seither - die deutsche Kaiserreihe endet mit dem damals regierenden Habsburger *Friedrich III.* - in deutschen Landen geblieben.

Die römische Invasion ins „teutsche land" unter *Augustus* wird nur knapp erwähnt, eine klare Parteinahme für die Römer oder Teutschen ist kaum eruierbar: „Darnach fur der vorgenant Tyberius in teutsche land an den reyn die wolten dem keiser auch nit den zins geben. Darumb strit der vorgenant Tyberius mit den teutsche bei der statt Augsburg - und wz der großt schedlichest streyt den römern den sy ye gehabt hetten. wenn die römer ward mer dann XXX-tausent erschlagen und waren all vast gutt burger gesessen zu rom, und der teutschen sechs tausent und gesigten die teutschen ... Zu lößte überkam Tyberius die teutsche dz sy de keiser mußten gehorsam sein." [94]

Eine ähnliche Unkenntnis der antiken Germanengeschichte in Deutschland vor 1500 findet man in der Schedelschen Weltchronik von 1493. Auch ihren Verfassern sind weder *Ariovist* noch *Arminius* bekannt. In der Biografie *Caesars* wird nur dessen „gallisch streitt" genannt, ohne gegenüber seinen anderen Kriegen besonders hervorgehoben zu werden. In der Beschreibung von Kaiser *Augustus* heißt es, ganz aus dessen Perspektive gesehen, zur „deutschen" Geschichte nur: „Item das Rieß. Die Lechfelder und pirgisch volck bezwungen. Und die einlewff der Temimarckischen ( ) und auch die teutschen uber den fluß Albim auffgehebt und hingenommen. Und andere ungeruewige völcker zu gehorsam gebracht."[95] Erst nach dem Ende der Weltgeschichte und der Schilderung des Jüngsten Gerichtes wird nochmals in einem Anhang, und auch da nur äußerst kurz, auf das antike Germanien rekurriert. „Es wer zelang hie zebeschreiben was un füg, beschwerde und verdrießß die Teutschen den römern haben bewest. dann wiewol die teutschen ye beweyln dem römischen glück gewichen haben so haben sie doch darnach die römer, die Gallier, die Frantzosen, die Hispanier, die Hungern und andere mancherlay vöckere offtmal bestritten un syglich uberwunden ... " [96]

Ein großes Interesse der deutschen Autoren an den Germanen der Antike ist aus diesen knappen Angaben schwerlich herauszulesen.

Erst die Wiederentdeckung der antiken Schriftsteller seit Beginn des 16. Jahrhunderts machte den deutschen Humanisten die Existenz der antiken Bewohner ihres Landes, der Germanen, bekannt und bewußt. Zwar wurde die Klage, daß die antiken Autoren so wenig über die Germanen berichteten, zu einem Topos der deutschen Humanisten. Doch

---

[94] Fridericus de Lancironi; Chronica von allen Kaisern; a.a.O. Blatt X rec + ver.
[95] Schedelsche Weltchronik; Nachdruck; a.a.O. Blatt XCIII rec.
[96] Ebd. Blatt CCLXVII ver.

genügten die relativ spärlich überlieferten Quellen, um eine Besiedlung Deutschlands zu antiker Zeit zu belegen und über eine Identifikation mit den Germanen das deutsche Geschichtsdenken nachhaltig zu nationalisieren. Der Einfluß der antiken Schriften auf die Genese der frühneuzeitlichen Nationalismen in Europa ist Gegenstand einer kaum überschaubaren Fülle von politisch-historischen Studien. Es ist unbestritten, daß ohne die Rezeption der antiken Autoren der Nationalisierungsprozeß des 16. Jahrhunderts kaum möglich gewesen wäre.[97] Viele heutige Autoren ignorieren jedoch die genealogischen Denkstrukturen ihrer humanistischen Vorgänger und unterliegen der irrtümlichen Annahme, daß die Rezeption der taciteischen „Germania" und anderer antiker Schriften sofort zu einer Übernahme antiker Denkmuster geführt habe.[98] Dies war bis zu einem gewissen Grade im Italien des 15. Jahrhunderts der Fall, nicht jedoch nördlich der Alpen. Hier wurden zwar auch die Informationen der antiken Schriftsteller begierig aufgenommen, aber in der Geschichtsschreibung fast immer nur im Rahmen herkömmlicher genealogischer Konstruktionen verwendet.

Durch die Rezeption der antiken und zeitgenössischen italienischen Literatur seit etwa 1500 sahen sich die Deutschen gezwungen, das Verhältnis zu ihrer Geschichte neu zu bestimmen. Sie konnten sich nicht gleichzeitig mit den Germanen u n d den römischen Caesaren identifizieren und sahen sich gezwungen, die Germanen in ihre Geschichte einzugliedern. Dieser Konstruktionsprozeß einer autochthonen deutschen Geschichte vollzog sich anfänglich auf zwei verschiedenen sozialen Ebenen. Deshalb läßt er sich auch in zwei unterschiedlichen Gattungen von Genealogien nachvollziehen: den Völkergenealogien einerseits, den Kaisergenealogien andererseits. In beiden Gattungen wurde ein anderes Problem abgearbeitet: in der einen die Frage nach dem Ursprung des deutschen Volkes, in der anderen das Verhältnis der Deutschen zu ihrer römischen Kaisertradition. Das erste Problem betraf die ferne Vorzeit und blieb sehr lange biblischen Denkmustern verhaftet. Das zweite konzentrierte sich auf die römisch-antike Epoche und nährte sich vornehmlich aus den lateinischen Klassikern.

---

[97] H. Münkler beispielsweise schreibt, daß „die Wiederentdeckung der klassischen historiographisch-ethnographischen Literatur und deren humanistische Lektüre nicht als Quellen und Dokumente aus einer längst vergangenen Zeit, sondern in unmittelbarem Bezug zur Gegenwart ein Perzeptionsmuster konstituiert haben, das die Nationalisierung Europas überhaupt erst möglich gemacht hat." H. Münkler; Nationale Mythen, 1997; S. 133. In direktem Anschluß hält es Münkler für bemerkenswert, „daß auch die biblischen Berichte, insbesondere die des Alten Testaments, zunehmend in den nationalen Diskurs einbezogen wurden und dort, ähnlich wie die historiographisch-ethnographische Literatur der Antike, als politische Mythen fungierten." Edb. S. 133. Der Prozeß verlief aber wohl anders; d. h. die antiken Autoren mußten in das traditionelle biblisch-christliche Geschichtsbild eingepaßt werden!

[98] So geht keiner der verschiedenen Aufsätze in dem von H. Beumann und W. Schröder herausgegebenen Sammelband „Aspekte der Nationenbildung im Mittelalter." Sigmaringen 1978, auf das Genealogie-Problem ein.

4. Fehlende Differenzierungen

Die Rezeption der antiken Autoren, insbesondere der Schriften *Caesars* und *Tacitus*' (um 54 - 120)[99], führte keineswegs zu einer sofortigen Klärung des deutschen Ahnenpools. Denn die antiken Autoren erwähnten eine Vielzahl von Völkerschaften, deren genealogische Beziehungen untereinander bis heute ungeklärt sind. Besonders schwierig erwies sich die Differenzierung zwischen den Kelten und Germanen bzw. Galliern - den Vorfahren der Deutschen und Franzosen - ein Problem, das so alt ist wie deren überlieferte Geschichte. Denn bis heute basiert unsere Kenntnis der keltischen und germanischen Geschichte, abgesehen von archäologischen Funden, vor allem auf antiken Schriftquellen. Doch bereits den antiken Autoren waren die Unterschiede zwischen den einzelnen Barbarenvölkern meist nicht bewußt oder schlichtweg egal.[100]

Gaius Julius Caesar ist der älteste überlieferte Autor, der erstmals, wenn auch nach unseren Maßstäben sehr oberflächlich, zwischen Kelten / Galliern und Germanen differenzierte. In seinem „Gallischen Krieg" brachte er die rechts des Rheins wohnenden Germanen in Bezug zu den 102 / 101 v. u. Z. vernichteten Kimbern und beschrieb die Bewohner Germaniens als etwas primitiver, wilder und kriegerischer als diejenigen Galliens.[101] Auch der griechische Geograf *Strabo* (um 63 v.u.Z. - 19 n.u.Z.), der viele seiner Informationen aus *Caesar* und den verlorenen Schriften des *Poseidonios* schöpfte, machte keine allzu großen Unterschiede zwischen den Kelten links und den Germanen rechts des Rheines. Er bezeichnete diese lediglich als „noch leidenschaftlicher, noch wilder und noch blonder" als jene.[102]

---

[99] Die von dem römischen Ritter und Geschichtsschreiber Publius Cornelius Tacitus um 98 n. u. Z. auf der Grundlage älterer Berichte und mündlicher Schilderungen verfaßte "Germania" ist die bedeutendste Schilderung der einzelnen Stämme Germaniens sowie deren Sitten und Lebensgebräuche. Während bei Caesar und anderen Autoren ethnografische Notizen über die nichtitalischen Völkerschaften nur ergänzender Bestandteil hauptsächlich militärisch-politischer Berichterstattung sind, geht es in dieser 46 Kapitel umfassenden Schrift einzig um die Kultur und Lebensweise der Völkerschaften, die zur Zeit des Tacitus das Gebiet zwischen Rhein, Donau bis über die Elbe hinaus bewohnten. Während des Mittelalters war die Wirkung der Germania als Geschichtsquelle sehr begrenzt; vor 1450 scheint sie nur einmal, nämlich in Rudolf von Fuldas „Translatio S. Alexandri" im 9. Jahrhundert benutzt worden zu sein. „Dies war die einzige nachweisbare Benutzung der „Germania" im ganzen Mittelalter." P. Amelung; Das Bild des Deutschen. München 1964. Anm. 138 .
Zur Rezeption der „Germania" siehe L. Krapf; Germanenmythos und Reichsideologie. Tübingen 1979. Das Bekanntwerden der „Germania" in Deutschland wird in der Literatur unterschiedlich datiert. Schama setzt die deutsche Rezeption sehr früh an: 1473 eine latein. Ausgabe in Nürnberg, eine erste deutschsprachige Ausgabe 1496 in Leipzig. S. Schama; Landscape and Memory. New York 1995. S. 77. Etter datiert die erste deutsche Übersetzung von Eberlin von Günzburg auf 1526. E. L. Etter; Tacitus in der Geistesgeschichte des 16. und 17. Jhs. Basel - Stuttgart 1966. S. 150.
[100] Z. B. Cassius Dio: „Einzelne keltische Stämme nämlich, die wir Germanen nennen, haben das ganze Keltenland am Rhein in Besitz genommen und bewirkt, daß es Germanien genannt wird." Zit. nach W. Capelle; Das alte Germanien. Jena 1937. S.87.
[101] Caesar; Der Gallische Krieg. 6. Buch, Kap. 21 - 24.
[102] „Gleich östlich vom Lande der Kelten, jenseits des Rheines, haben die Germanen ihr Siedlungsgebiet. Sie sind ein wenig verschieden vom keltischen Volk, denn sie sind leidenschaftlicher, größer und blonder. Doch sonst sind sie ihnen an Gestalt, an Sinnesart und Lebenswandel fast gleich. Deswegen scheinen mir auch die Römer mit Recht den Namen gegeben zu haben, weil sie sie als echte Kelten bezeichnen wollten. Denn in der Sprache der Römer bedeutet das

War bereits vielen antiken Autoren der Unterschied zwischen den einzelnen Barbarenvölkern nicht geläufig, so brachten die mittelalterlichen Chronisten durch Abschreibungsfehler und Gleichsetzung ähnlicher Namen noch mehr Verwirrung in diese Fragen. Schon *Cassiodor* (um 490 - 583) hatte die Goten mit den thrakischen Geten[103] und Skythen verwechselt, *Isidor von Sevilla* (um 565 - 636) und viele andere folgten ihm darin.[104] So wurden die im späten 2. Jahrhundert v. u. Z. erstmals erwähnten germanischen Cimbern besonders oft mit dem bereits von Homer erwähnten, um 600 v. u. Z. vernichteten kaukasischen Nomadenvolk der Kimmerier verwechselt, ein Irrtum, der die Vorstellung vom großen Altertum der Germanen bestärkte.[105] Ebenso häufig wurden die um 180 v. u. Z. ausgerotteten, um Bologna ansässigen keltischen Boier mit den erst seit dem 6. nachchristlichen Jahrhundert in Quellen greifbaren Bayern identifiziert.[106]

Aufgrund dieser chaotischen, im Mittelalter noch mehr verwirrten Überlieferung ist es kein Wunder, daß sich die Deutschen bis weit ins 18. Jahrhundert hinein nicht nur mit den von *Caesar* und *Tacitus* als Germanen bezeichneten Völkern zwischen Rhein, Donau und Nordsee identifizierten, sondern mit fast allen Barbarenvölkern, die von Norden her in die antike Welt eingebrochen waren. Die Bezeichnungen „Germania" und „Germanien" waren laut *Tacitus* relativ spät aufgekommene Namen, doch mußten im Verständnis der deutschen Humanisten Land und Leute ja schon vorher existiert haben.[107]

Wort „Germane" die „Echten" oder „Unverfälschten." Strabo; zit. nach Caesar, Germanisches Tagebuch. Mit ergänzenden Berichten aus Strabo, Plutarch und Plinius. Hrsg. von J. Weisweiler. Bielefeld / Leipzig 1938. S. 41.

[103] Die Geten siedelten an der unteren Donau und wurden sowohl von Darius im 4. Jh. v.u.Z. als auch von Domitian und Trajan im 1. Jh. n. u. Z. besiegt. Von den zu den Ostgermanen gerechneten Goten nimmt man an, daß sie um die Zeitenwende an der unteren Weichsel siedelten und sich um 150 n.u.Z. zum Schwarzen Meer wandten und von da weiter westwärts zogen.

[104] Siehe A. Borst; Turmbau, a.a.O. S. 428 bzw. 446. Irenicus übernahm wie fast alle Irrtümer auch diesen: „Gotthos ac Getas esse germanos ac de eor. origine" F. Irenicus; Exegeseos, a.a.O. Überschrift zu Kap. XXVII.

[105] Siehe den „Arbor Gentium" bei F. Irenicus (Abb. 9) oder 1589 bei Erpoldus Lindenbruch: „Und anfenglichs haben die Cimbri sich bey dem Bosphoro Cimmerio / und den grossen Seen, welche die alten Paludem Maerotidem genennet, jenseith Thraciam ... des Tanais ursprung niedergelassen ... " E. Lindenbruch; Chronica von dem Scheutzlichen Kriege, welchen die Cimbri mit dem Römischen Volcke ... " Hamburg 1589. Blatt A II ver.

[106] Zum Beispiel der durchaus quellenkritisch arbeitende Enea Silvio in seiner „Germania": „Aus antiken Quellen rief Enea als erster die Ahnen der Bayern, die keltischen Bojer, herbei. Sie kamen nicht von Noahs armenischen Landeplatz." A. Borst; Turmbau; a.a.O. S. 970. Noch 1695 schrieb Joh. L. Gottfried: „Es schreiben etliche, daß die Bayern von den alten Völckern Boji entsprungen seyen." J. L. Gottfried; Vermehrte Archontologia Cosmica. Frankfurt 1695. S. 71. Joh. Boemus verwirrte Awaren und Boier mit den Bayern: „Bavaria Germaniae provincia ab Avaribus Hunorum reliquiis: qui Noricis expulsis in ea terra consedere adiecta B littera appellatur. Baioaria etiam a Boijs Cisalpinae Galliae populis hic loci aliquando moratis dicitur, Noricum olim fuit ... " J. Boemus; Mores, leges et Ritus ... Augsburg 1520. Kap. 18: De Bavaria, Blatt LXI ver.

[107] So schrieb Sebastian Franck: „und Cornelius Tacitus zeugt, das der nam Germanie erst neuwlich zu seiner Zeit sei auff kommen, und hat man die Teutschen und ir geschicht vormals under dem namen Galli, Celte, Sciten und Sarmatien verstanden, und was die teutschen habenn thon, das hat man den oberzelten völckern zugeschrieben. Daher ist auß unwissennheitt und enderung der namen der teutschen that dahinden bliben. Die Griechen haben Germaniam und Galliam mit einem namen Gallatiam, die Innwoner Galaten genent, von wegen Herculis, der teutschenn Gott, der auß Galathea ist gewesen ..." S. Franck; Germaniae Chronicon; a.a.O. Vorrede. S. 284.

Dieser Hinweis des *Tacitus* verführte die deutschen Humanisten dazu, aus dem antiken Völkerchaos eine stimmige Genealogie der Deutschen bis hin zu den von *Caesar* erwähnten Germanen extrapolieren zu wollen.

Es ist hier nicht der Ort, alle diesbezüglichen Irrtümer der deutschen Humanisten aufzuzeigen; ich beschränke mich auf wenige Beispiele: Franciscus Irenicus trug mit seinen 1518 erschienenen "Germaniae exegeseos" viel zu einer weiteren Verwirrung der Völkergenealogien bei. So versuchte er in mehreren Kapiteln nachzuweisen, daß die Begriffe „Kelten", „Scythen", „Sarmaten" und „Gallier" nichts anderes als frühere Bezeichnungen für die Germanen gewesen seien.[108] Genauso krass äußerte sich die Tendenz, das ganze antike Barbarentreiben der deutschen Geschichte zuzuschlagen, bei dem erfindungsreichen bayrischen Geschichtsschreiber *Johann Turmair* (1477 - 1534): In seiner 1533 erstmals in deutsch erschienenen, mehrmals nachgedruckten "Bayrischen Chronik" vereinnahmte *Turmair* fast alle antiken Barbarenvölker als nur anders genannte Vorfahren der Deutschen. Im 99. Kapitel "Was die alten der Teutschen näm sein und von wan si herkomen " zählt er zwölf antike Bezeichnungen für die "Teutschen" auf, wobei der Begriff „Germanen" erst an siebter Stelle genannt wird. All die Raubzüge und Kriege der Skythen, Galater, Kelten und Thraker gegen die mediterrane Welt werden bei ihm als d e u t s c h e Frühgeschichte vorgeführt. Die Vorfahren der Deutschen hätten nicht nur gegen König *Philipp* und *Alexander den Großen*, sondern auch gegen die Kapitolinischen Gänse und auf Seiten *Hannibals* gegen Rom gekämpft.[109]

Erschwerend für die Rezeption der antiken Geschichte wirkte sich auch die damalige chaotische Chronologie aus. *Johann Turmair* beispielsweise ordnete *Tacitus* ins fünfte vorchristliche Jahrhundert ein.[110]

Eine erste Differenzierung zwischen Germanen einerseits, Galliern und Kelten andererseits, nahm der Erasmus-Schüler *Beatus Rhenanus* (um 1485 - 1547) vor.[111] In seinen 1531 in Basel erschienenen „Rerum Germanicarum libri tres" kam er zu Ergebnissen, die mit unserer heutigen Vorstellung in den Grundzügen übereinstimmen.[112] Er verzichtete

---

[108] F. Irenicus; Germaniae exegeseos; a.a.O. Ich begnüge mich hier mit der Angabe einiger Kapitelüberschriften des 2. Buches: Kap. XII: Germania sub Celtis comprehensam. Kap. XIII: Germania olim etiam Scythae appellationibus ac Sarmatiae fuisse subiectam. Kap. XXXVII: Omnes illos pene fuisse Germanos, qs authores iuxta Maeotide consedisse innuerunt, ut Saxones, Cimbros, Dacos. Zu Irenicus siehe auch F. L. Borchardt; German antiquity; a.a.O. S. 144 ff. Joachimsen nannte die von Irenicus referierte Urgeschichte „das Abenteuerlichste, was die deutsche humanistische Geschichtsschreibung bis dahin hervorgebracht hatte." P. Joachimsen; Geschichtsauffassung; a.a.O. S. 175.

[109] Ein weiteres Beispiel für die Vereinnahmung der keltischen Geschichte bietet der Schweizer Gelehrte Huldric Mutius (1496 - 1571), der in seinem 1539 in Basel erschienenen Buch „De Germanorum prima origine, moribus, institutis et rebus gestis" u. a. schrieb: „Annis 364 post Romam conditam Senones, Suevi, & ii qui nunc Helvetii vocantur, Italia ingressi sunt hostiliter, duce Brenno, ... gratia novarum sedium quaerendarum patria propter intestinas seditiones & rapinas reliquetes." S. 11. Auch Sebastian Franck begann seine „Chronika des gantzen Teutschen Lands" mit dem Keltenführer Brennus.

[110] „Und als Cornelius Tacitus in dem Buch, das er von den Teutschen vor vier hundert unnd zwanzig Jahren vor Christi Geburt geschrieben hat ... " J. Turmair; Chronika, S. 75 / 76.

[111] Beatus Rhenanus wurde um 1485 in Schlettstadt / Elsaß geboren und starb 1547 in Straßburg. Er war einer der bedeutsamsten deutschen Humanisten und Publizisten. Er tendierte anfangs zur Reformation, wandte sich aber nach dem Bauernkrieg von Luther ab.

[112] Beatus Rhenanus; Rerum Germanicarum libri tres. (Drei Bücher über germanische Angelegenheiten) Basel 1531. Neuauflagen Basel 1551 / Straßburg 1610 / Ulm 1693.

ausdrücklich auf die Erörterung von Ursprungshypothesen und ebenso auf die biblischen Prämissen. Mit einer Ausnahme benutzte er ausschließlich Quellen, in denen von „Germanien" die Rede war. Seine Autoritäten hießen *Caesar* und *Tacitus*.
Die kritischen Einwände des *Beatus* fanden lange Zeit wenig Resonanz.[113] Diese Nichtbeachtung hatte zur Konsequenz, daß bis ins 18. Jahrhundert hinein in der Altertumsforschung die Differenzierung zwischen Kelten und Germanen zu ganz verschiedenen Ergebnissen führte. Auch die Zugehörigkeit einzelner Völkerschaften zu diesen oder jenen war ein essentielles Problem der Altertumsforschung bis ins 18. Jahrhundert[114] hinein und ist es teils bis heute geblieben.[115]

Trotz dieses antiken Ahnenwirrwarrs kristallisierte sich noch zu Kaiser *Maximilians I.* Regierungszeit eine ganz klare Tendenz heraus: der antirömische Komplex. Mit welchen antiken Barbarenvölkern sich die Deutschen auch identifizierten; fast alle waren Angstfeinde Roms gewesen, waren als Bedrohung und Gegner der römischen Republik bzw. Caesaren beschrieben worden.[116] Eine besondere Rolle in diesem Prozeß spielten *Ariovist*, der im „Gallischen Krieg" beschriebene germanische Herausforderer *Caesars*, und vor allem der Cherusker *Arminius* und die Schlacht im Teutoburger Wald im Jahr 9 n. u. Z. Die eigene antike Geschichte wurde seit Beginn des 16. Jahrhunderts nicht mehr von Rom, aus der Perspektive der römischen Kaiser gesehen, sondern aus der der Bewohner der Wälder Germaniens. *Caesar* und *Augustus* verloren ihren Status als Idole und Repräsentanten der „eigenen" Tradition. Sie wurden darin abgelöst von deren erbitterten Feinden, den Germanen. Diese Identifikation mit den antiken Germanen mußte früher oder später zwangsläufig auch Konsequenzen für das Verhältnis der Deutschen zur römischen Tradition ihrer Kaiser haben.

Der Reichsritter *Ulrich von Hutten* (1488 - 1523) war der wortgewaltigste Propagandist der Weg-von-Rom - Bewegung vor *Luther*. Er betrieb in der politischen Sphäre des Kaisertums das, was *Luther* durch seine Haßtiraden gegen den Papst und die Römische Kirche vollendete: die politische und religiöse Befreiung der Deutschen aus ihrer Abhängigkeit von Papsttum und Rom. In *Huttens* Schriften zeigt sich seit 1515 eine bemerkenswerte Präferenz des Wortes „natio" anstelle von „imperium". Die mittelalterlichen imperialen Vorstellungen der Deutschen als kaiserliche Herren und Beschützer eines übernationalen Reiches wurden von deutscher Seite allmählich aufgegeben und auf ein auf die „Teutsche Nation" beschränktes Kaisertum reduziert.[117]

---

[113] „So war Beatus Rhenanus nicht geeignet, Schule zu machen, und er hat keine gemacht." P. Joachimsen; Geschichtsauffassung; S. 146.

[114] In „Zedlers Großem Universallexikon" heißt es unter dem Stichwort „Gallia": „Strabo bezeuget, daß schon zu denen ältesten Zeiten alle abendländischen Völcker Celtae oder Celto-Scythae genennet worden. Die Illyrici, Norici und Vindelici werden gleichfalls vor Celten gehalten, desgleichen auch alle Völcker, so weiland an beyden Ufern des Rheins gewohnet."

[115] Über die Schwierigkeiten einer genauen Differenzierung von Kelten und Germanen referiert G. Herm; Die Kelten. Reinbek 1977, v. a. im Kap.: Germanen, die keltischsten aller Kelten? S. 90 ff. Ebenso W. Hilgers: „Bei den Stämmen beiderseits des Rheins besteht daher oft Ungewißheit darüber, ob sie den Kelten oder den Germanen zuzurechnen sind. Waren z.B. die Treverer ein keltisches oder ein germanisches, keltisiertes Volk ?" W. Hilgers; Deutsche Frühzeit. Frankfurt - Berlin - Wien 1976. S. 10.

[116] „Als Faustregel gilt, daß alle Feinde Roms grundsätzlich als „Deutsche" gelten, was überdies den Vorzug hat, den Deutschen einen gewaltigen Machtbereich doch wenigstens in grauer Vorzeit zu sichern." C. R. Brühl; Deutschland - Frankreich. Köln - Wien 1990. S. 75.

[117] „Erst als Hutten das Unrealistische seiner imperialistischen Vorstellungen erkennt, verliert imperium an Attraktivität und wird bald völlig durch natio ersetzt." H. Scheuer; Ulrich von

Hutten war der erste, der *Arminius* nicht nur zu einem historischen Helden erklärte, sondern ihn auch zur Leitfigur in der zeitgenössischen Auseinandersetzung mit Rom erhob.[118] In seinem zwischen 1516 / 19 verfaßten „Arminius Dialogus" führte er diesen als *Alexander*, *Scipio* und *Hannibal* gleichrangigen Feldherren vor, der „für die Freiheit mit den Römern kämpfte und den Sieg davontrug."[119]

Das erste künstlerische Zeugnis dieser ideologischen Umorientierung findet sich in einer Holzschnittbordüre *Ambrosius Holbeins* (um 1494 - nach 1519) aus dem Jahr 1517 (Abb. 8). Diese wurde als Titelblattumrahmung für verschiedene Bücher benutzt, unter anderem für die von *Beatus Rhenanus* besorgte Erstausgabe der für die Überlieferung der Varusschlacht äußerst wichtigen Schrift „Römische Geschichte" des *Velleius Paterculus*.[120] Nur die schmale Kopfleiste bezieht sich auf die für die Römer so vernichtende Schlacht. Hier werden erstmals Krieger eindeutig als „Germanen" bezeichnet und im Kampf gegen die antiken Römer gezeigt. Auf dem schmalen friesartigen Bildfeld stehen sich die namentlich als *Arminius* und *Varus* bezeichneten Feldherren in geringem Abstand breitbeinig gegenüber, während hinter diesen deren Soldaten aufeinanderprallen. *Arminius* und die *germani* werden im Kostüm und mit der Bewaffnung der Landsknechte des frühen 16. Jahrhunderts vorgeführt. *Varus* hingegen scheint durch seine Lorica durchaus antik-römisch eingekleidet.[121] Der Konflikt zwischen Germanen und Römern wird nicht historisiert, in zeitlicher Ferne ausgetragen, sondern in der Gegenwart erneut ausgefochten. *Holbeins* Holzschnitt ist kein Historienbild, sondern eine aktuelle Kampfansage an das zeitgenössische Rom am Vorabend der Reformation. Zwar vermied es *Holbein*, *Arminius* mit *Augustus*, dem Kaiser selbst, zu konfrontieren; doch geriet fortan die römische Tradition des deutschen Kaisers ins Kreuzfeuer der Kritik.

Wie im Folgenden zu zeigen sein wird, waren die deutschen Humanisten brennend daran interessiert, eine kontinuierliche, mit dem biblischen Weltbild harmonierende völkisch-

---

Hutten: Kaisertum und deutsche Nation. In: Daphnis Bd. 2, Heft 2, 1973, S.154. Diese Verengung des Imperiums auf das deutsche Reichsgebiet war ein langwieriger Prozeß, der bis in die 1470er Jahre zurückzuverfolgen ist. Seit dieser Zeit findet sich in offiziellen Reichsakten, z. B. den Reichstagsabschieden, an den Titel „Heiliges Römisches Reich" der Zusatz „Teutscher Nation" hinzugefügt. Siehe dazu A. Schröcker; Die Deutsche Nation. Beobachtungen zur politischen Propaganda des ausgehenden 15. Jahrhunderts. Lübeck 1974. „Im Terminus Deutsche Nation sollte sich ein einheitlicher Block (der Reichsstände/d. Verf.) gegenüber Papst und Kurie ausdrücken ... " S. 29.
[118] „Die Wahl des Helden Arminius offenbart Huttens Überwindung der mittelalterlich- universalistischen Auffassung. Denn nun wird die Geschichte der Deutschen nicht mehr nur als ein Machtkampf um das römische Imperium interpretiert, sondern als Selbstbehauptung und Verteidigung nationaler Würde gegen fremde Eindringlinge." H. Scheuer; U. v. Hutten; a.a.O. S. 154.
[119] Zit. nach der deut. Übersetzung bei H. G. Roloff; Der Arminius des Ulrich von Hutten. In: R. Wiegels / W. Woesler; Arminius. Paderborn - München 1995. S. 223.
[120] Siehe F. Hieronymus; Oberrheinische Buchillustration. S. 246 ff. Diese Titelbordüre wurde auch für mehrere andere bei Johannes Froben in Basel erschienene Publikationen verwendet, z. B. die zweite Ausgabe der Übersetzung des Neuen Testamentes von Erasmus 1519. Abb.: Erasmus von Rotterdam - Die Aktualität seines Denkens. Hrsg. J. S. Weiland. Hamburg 1988. S.103.
[121] In verschiedenen Geschichtsbüchern der ersten Hälfte des 16. Jhs. finden sich mehrere Illustrationen mit „Germanenschlachten" in Landsknechtkostümen, z. B. in J. Stumpffs „Eydgnoschafft Chronick", wo auf einem von H. Vogtherr d. Ä. gerissenen Holzschnitt die nach links abgedrängten „Germanen" Ariovists sich gegen Caesars Truppen verteidigen; letztere sind nur durch den einköpfigen Adler ihrer Fahne identifizierbar. Blatt 25 ver.

deutsche Genealogie zu erstellen. Sie waren so sehr von der Einbindung und Sendung der Deutschen in der Weltgeschichte überzeugt, glaubten so sehr an den biblischen Schöpfungsmythos und die Anciennität ihrer Vorfahren, daß sie sich nicht damit begnügen konnten, sich nur bis zu den Germanen bzw. *Caesar* zurückzuverfolgen. Die Weltgeschichte zählte vier Reiche und reichte im christlichen Verständnis viel weiter in die Vorzeit, bis in die Anfänge der Welt und der Menschheit zurück. *Caesar* und *Tacitus* hatten erst relativ spät, in neutestamentlicher Zeit gelebt und bestätigten lediglich, daß damals zwischen Donau und Nordsee, Rhein und Elbe eine Vielzahl von Völkerschaften gelebt hatte, die „Germanen" genannt worden seien. Doch waren die römischen Autoren an den Genealogien der Barbaren wenig interessiert gewesen und überlieferten über die Verwandtschaft der Germanen mit früheren Barbarenvölkern so gut wie nichts.

Ganz allgemein kann deshalb konstatiert werden, daß sich die Auseinandersetzung der in genealogischen Denkmustern verharrenden deutschen Humanisten mit den antiken Texten darauf konzentrierte, Kontinuität in die eigene völkische Genealogie zu bringen. Die Antike wurde den deutschen Gelehrten nicht zum Urgrund einer deutschen Geschichte, sondern blieb nur eine - wenn auch wichtige - Zwischenstation zu ihren vermeintlich biblischen Ursprüngen.[122] Während sich die Italiener ihr gewaltiges kulturelles Erbe aneigneten und sich intensiv mit den reichen Überresten der antiken Römer auseinandersetzten, waren ihre deutschen Zeitgenossen mehr damit beschäftigt, ihre chaotische Ahnenreihe zu klären. Dabei half ihnen ein Buch, das kurz vor 1500 in Italien pub-liziert worden war und mittels genealogischer Konstruktionen eine geniale Verknüpfung von biblischer Frühzeit und germanischer Antike offerierte.

V. Der Pseudo-Berosus

1. Die Fälschungen des Annius von Viterbo

Während die Rezeption der antiken Geschichtsschreiber das Verhältnis der Deutschen zu Rom stark beeinflußte, wurde die frühneuzeitliche deutsche Ursprungsdiskussion von keiner antiken Quelle, sondern von einer in Italien ausgebrüteten Fälschung bestimmt. Obwohl diese bereits in den 1930er Jahren[123] und zuletzt von H. Münkler[124] diskutiert wurde, ist ihre weitreichende Bedeutung für die Konzeption des deutschen Nationalismus bis ins 18. Jahrhundert hinein immer noch nicht ausreichend erkannt und beschrie-

---

[122] „The Reformation, in fact, brought a complete return to the divinely motivated conception of history that had prevailed in ecclesiastical tradition from Augustine and Orosius through the Middle Ages. This was true of Catholic as well as Protestant historians. Bishop Bossuet, writing in the late seventeenth century, agreed perfectly on this point at least with the first Protestant reformers." W. K. Ferguson; The Renaissance; a.a.O. S. 47.

[123] In der Literatur der 1930er Jahre wurde der Einfluß des Pseudo-Berosus verharmlost. U. Paul bringt zwar eine (unvollständige) Auflistung der Berosus-Rezeption, kommt aber zu dem Schluß: „Wesentliche Neuigkeiten vermochte Annius den Deutschen nicht zu bieten." U. Paul; Studien zur Geschichte des deutschen Nationalbewußtseins im Zeitalter des Humanismus und der Reformation. Berlin 1936. S. 127 bzw. S. 122.

[124] H. Münkler / H. Grünberger; Nationale Identität im Diskurs der deutschen Humanisten. In: H. Berding (Hrsg.); Nationales Bewußtsein und kollektive Identität. Frankfurt 1994.

ben. Dabei enthüllt die Rezeptionsgeschichte dieses Buches eine lange währende deutsche Selbsttäuschung, die noch heute im Begriff der „Deutschstämmigkeit" nachwirkt.

Es war für die Humanisten der Zeit um 1500 nicht immer einfach, bei der Flut von Entdeckungen antiker Schriften Authentisches von weniger Echtem zu scheiden und den Wert von Quellen richtig einzuschätzen. Und so glückte es einem italienischen Geistlichen am Ende des 15. Jahrhunderts, auf dem Markt der antiken Neufunde eine Reihe von selbst verfaßten Fälschungen als sensationelle Entdeckung zu lancieren.

Der in den 1430er Jahren geborene *Giovanni Nanni*[125] war früh dem für seine Gelehrsamkeit bekannten Dominikanerorden in Florenz beigetreten. Er hatte sich dank seines genealogischen Erfindungsreichtums bereits in ganz Italien einen Namen gemacht, als er 1493 von *Papst Alexander VI.* (1492 - 1503) zum Chefzensor des Vatikans ernannt wurde. Fünf Jahre später veröffentlichte *Nanni*, der seinen Zeitgenossen eher unter dem Namen *Annius von Viterbo* geläufig war, in Venedig ein Buch, das bald in ganz Europa für Aufsehen sorgte. Diese „Neulich ans Licht gebrachten ältesten Autoren" beinhalteten eine Sammlung von bislang unbekannten Texten und Fragmenten alter Autoren, die *Annius* selbst verfaßt hatte, seinen Lesern aber als Entdeckungen antiker Schriften präsentierte.[126] Der Leser fand in diesem Werk allerhand Sagenhaftes wie Berichte über die erste Stadt der Welt vor der Sintflut oder den Ort des Paradieses. Begleitend ließ *Annius* im selben Jahr in Rom einen Kommentarband[127] erscheinen, um seine oft nur in Bruchstücken dargereichten „Funde" zu erläutern und ihnen durch Querverweise auf etablierte antike Autoren Glaubwürdigkeit zu sichern.

Vor allem die fünf Bücher „Berosi Babylonii Antiquitatem", die *Annius* dem zur Zeit *Alexanders des Großen* lebenden babylonischen Priester *Berosus*[128] zuschrieb, fanden eine ungeheure Resonanz. Denn dieser falsche (Pseudo-) Berosus lieferte nicht nur Informationen über die Frühgeschichte der Europäer, die der Diskussion über die Ursprünge der europäischen Nationen ungeheure Impulse verliehen. Er thematisierte darüber hinaus die in der mittelalterlichen Weltchronistik immer wieder erörterte, äußerst problematische Nahtstelle zwischen den biblischen Noaniden und den Ursprüngen der Europäer. Genau in das oben beschriebene mittelalterliche Regionen- und Völkerchaos schien der Pseudo-Berosus eine verständliche klare Ordnung zu bringen. Er ging vom biblischen Schöpfungsmythos aus und verknüpfte diesen durch raffinierte genealogische Konstruktionen mit der europäischen Frühgeschichte.

In den ersten drei Büchern läßt *Annius* seinen falschen *Berosus* vor allem über die Ereignisse vor und unmittelbar nach der Sintflut berichten. Die Chaldäer galten als uralt

---

[125] Ein - vermutlich nur fiktives - Bildnis des Annius von Viterbo findet sich in S. Münsters Cosmographia, 1544, Lib. II, S. 272.

[126] G. Nanni; Auctores vetustissimi nuper in lucem editi. Venedig 1498. Ich zitiere aus der als „Historia Antiqua" betitelten Ausgabe Antwerpen 1552.

[127] G. Nanni; Berosi sacerdotis Chaldaici Antiquitatum Italiae ac totius orbis libri quinque, Commentarijs Joannis Annij Viterbensis ... Antwerpen 1552 (1. Ausgabe Rom 1498).

[128] „Quod Berosus floruit circa tempore Alexandri Magni, qui patria Babylonicus, dignitate Chaldaeus, scripsit librum Atheniensibus, ad emendandos antiquitatum complurimos errores." Ebd. Proemium.
Berosus war ein hellenisierter babylonischer Priester, der um 330 - 250 v. u. Z. lebte und eine Geschichte Babylons in drei Büchern verfaßt hatte, die durch Alexander Polyhistor bruchstückhaft überliefert ist und bereits von Flavius Josephus als Quelle für die Ereignisse vor und nach der Sintflut herangezogen worden war.

und zudem in der Nähe des Landeplatzes der Arche Noah ansässig, sodaß ihrem Priester *Berosus* eine große Autorität in diesen Dingen beizumessen war. Ihm zufolge sei *Noah* wegen der schnellen Vermehrung seiner Nachkommenschaft und der dadurch hervorgerufenen Nahrungsknappheit gezwungen gewesen, seine Söhne und deren Clans auf die Suche nach neuen Siedlungsgebieten auszusenden. Unter anderem habe *Nimrod* die Stadt Babylon gegründet, deren Volk und König als die ersten gewürdigt werden müßten. Im Jahr 131 nach der Sintflut habe dieser mit dem babylonischen Turmbau begonnen, dessen Zweck laut *Berosus* darin bestehen sollte, die Zerstreuung der Menschen zu verhindern. Erst nach dem Scheitern dieses Unternehmens durch Gottes Strafgericht seien die Erdteile besiedelt worden, worüber *Annius* im vierten Buch Genaueres zu berichten wußte. [129]

Janus - der von *Annius* willkürlich mit *Noah* gleichgesetzte altrömische Gott des Anfangs - habe *Cham* und dessen Nachfahren nach Ägypten und Nordafrika geschickt, während er den Stammvater der Semiten *Sem* im Nahen Osten angesiedelt habe. Folgte *Annius* hier noch ganz der mitttelalterlichen Tradition, so ist seine Besiedelungstheorie Europas weitgehend erfunden. In Europa habe *Noah* vier Könige eingesetzt: *Tuiscon* als König der Sarmater zwischen Don (Tanais) und Rhein, *Comerus Gallus* als König von Italien. *Samotes* habe das Keltenland eingenommen, *Iubal* hingegen Spanien.[130] Schließlich habe er noch ein fünftes Königreich, Griechenland genannt, hinzugefügt.

Was *Annius* mit der Herausgabe dieser Fälschungen eigentlich beabsichtigt hatte, ist in der Literatur umstritten. Münkler vermutet, die „Historia Antiqua" sei ein Auftragswerk Papst *Alexanders VI.* gewesen, „das für die Aufteilung der noch nicht bekannten Welt zwischen Spanien und Portugal Grundlagenforschung betreiben sollte, indem es umfassende Auskunft über die Herkunft der Völker gab."[131] Krapf hingegen interpretiert es überzeugender als Produkt inneritalienischer Querelen: es sollte die von den italienischen Humanisten diskutierte These, inwieweit die römische Kultur von der griechischen abhängig sei, zugunsten einer kulturellen Autonomie Italiens beein-

---

[129] „Multiplicatum est in immensum genus humanum, & ad coparandas novas sedes necessitas compellabant. Tum Janus pater adhortus est homines principes ad quaerendas novas sedes, & communem coetum inter homines agendum & aedificandas urbes. Designavit itaque illas tres partes orbis, Asiam, Africam, & Europam, ut ante diluvium viderat. Singulis autem his principibus singulas partes, ad quas irent partitus, ipse per totum orbem colonias se traducturum pollicitus est.
Itaque Nymbrotum creavit Babyloniae Saturnu primum, ut ibi primum aedificaret cum coloniis suis. Quare Nymbrotus assumpto filio Jove Belo, cum colonis furatus est Rituales Jonis Sagi, & cum populo venit in campum Sennaar, ubi designavit urbem & fundavit maxima turrim anno salutatis ab aquis CXXXI. regnavitque ibi annis LVI . & deduxit turrim ad altitudinem & magnitudinem montium, in signum atque monumentum, quod primus in orbe terrarum est populus Babaylonicus, & regnum regnorum dici debet ... Ab exordio huius Janus pater misit in Aegyptum cum colonis Cham Exnuim ... " G. Nanni; Historia Antiqua. Lib. IIII, S. 14 / 15.
[130] „In Europa regem Sarmathiae fecit Thuyschonem a Tanai ad Rhenum, iunctique sunt illi omnes filii Istri & Moese cum fratribus suis, ab Adula monte usque in Meambriam ponticam. Sub his tenuerunt Tyras, Arcadius, Aemathius. Italiam tenuit Comerus Gallus. Samotes possedit Celtas : & Jubal occupavit Celtiberos." Ebd. S.15. Tubal galt seit Flavius Josephus als Ahnherr der Iberer; folglich übernahm Annius einige seiner Völkergenealogien einfach aus der älteren Tradition.
[131] H. Münkler / H. Grünberger, 1994, S. 234. Stichhaltige Argumente und entsprechende zeitgenössische Belege bietet Münkler zur Stützung seiner These nicht.

flussen.[132] Jedenfalls war *Annius'* Schriften auch zu entnehmen, daß Italien und die anderen europäischen Reiche älter als die griechische Kultur seien und sich völlig unabhängig von dieser entwickelt hätten.

In Italien fanden *Annius'* Phantastereien kaum Resonanz. Denn sie standen in krassem Widerspruch zur eigenen römischen Mythologie und Tradition und wurden durch textkritische Methoden bald als Fälschungen durchschaut.[133] Ungeheuer war hingegen ihr Einfluß nördlich der Alpen, wo ihnen selbst ein so kritischer Humanist wie *Erasmus von Rotterdam* einigen Glauben schenkte.[134] In Deutschland stieß vor allem die im „Kommentar zu Buch IV" näher erläuterte germanische Fürstengenealogie auf größtes Interesse.

Mit großem Geschick hatte *Annius* die Informationen der antiken Autoren in das traditionelle mittelalterlich-christliche Weltbild integriert und diese sich in vielen Punkten widersprechenden Quellen in genialer Weise miteinander kombiniert. So stammen seine Informationen über die germanische Ahnenreihe von *Plinius d. Ä. (23 - 79)* und vor allem aus der „Germania". *Tacitus* hatte über die Herkunft der Germanen folgendes notiert: „Sie feiern in alten Liedern, den einzigen Denkmälern ihrer Überlieferung und Geschichte, einen erdgeborenen Gott Tuisto und seinen Sohn Mannus, den Urvater und Begründer ihres Stammes. Mannus habe drei Söhne gehabt, nach denen die Völker nächst dem Nordmeer Ingävonen, die im Innern Herminonen, die übrigen Istävonen genannt würden. Andere behaupten ... es habe mehr Söhne des Gottes, also auch mehr Volksbezeichnungen gegeben, Marsen, Gambrivier, Sueben, Vandilier, und das seien echte alte Namen ... "[135]

---

[132] „Während es nicht einfach ist, herauszufinden, a n wen sich Nanni mit seinem Werk wenden wollte, liegt einigermaßen deutlich zutage, g e g e n wen er sich in seinem Traktat richtete, denn die Polemik gegen jede Form griechischen Anspruchs auf kulturelle Errungenschaften und Prioritäten zieht sich durch den ganzen Kommentar." L. Krapf; a.a.O. S. 66. Die Frage nach dem größeren Altertum der mittelmeerischen Kulturen, das Problem, wer von wem befruchtet worden sei, wurde zwischen 1500 und 1700 sehr intensiv diskutiert. Auch Borchardt betont die antigriechische Tendenz in Nannis Werk: „It was, in part, programmatic and prejudiced. The programm included the establishment of independent origins and ancestries for all the known peoples of the West. Its prejudice included violently anti-Greek feelings." F. L. Borchardt; German antiquity; a.a.O. S. 90.

[133] So hatte der venezianische Bibliothekar Marco Antonio Coccio (um 1436 - 1506), auch Sabellicus genannt, Annius als „unverschämten Lügner" bezeichnet. A. Borst, Turmbau, a.a.O. S. 1104. Zur Rezeption des Pseudo-Berosus in Europa siehe auch R. Weiss; The Renaissance Discovery of Classical Antiquity. Oxford 1969. v. a. S. 86 & S. 120. Weiss nennt auch einige italienische Humanisten wie Fra Mariano, die auf Nanni hereinfielen (S. 86). Immerhin inspirierte Nanni das Programm der Osiris- bzw. Apisfresken, die Pinturicchio im Appartamento Borgia des Vatikan malte. Siehe A. Lhotsky; Apis Colonna; a.a.O. S. 222.

[134] „Though several of Annius' Italian contemporaries saw through the fraud, Erasmus did not. And when he reluctantly entered into the questions posed by the genealogy of Jesus given in Luke 3, he drew on Annius' Text of Pseudo-Philo's Breviarum de temporis as well as on his notes; see Novum Instrumentum, Basel 1516 II, 326. True, Erasmus had no love for Annius or his ideas ... but he retained the Annian material in the third and later editions of his Annotationes." Contemporaries of Erasmus. Hrsg. von Peter G. Bietenholz. Toronto- Buffalo- London 1985. Bd. I. Stichwort: Johannes Annius.

[135] Tacitus; Germania; Kap. 3. G. Nanni: „Germania tota in quinque genera dividitur, ut ait Plinius in 4 nat. historiae cap. 15. Genera, inquit, Germanorum sunt quinq. Primum Vandali ... " Commentaria, S. 92.

Annius konstruierte aus diesen mit einem gewissen Vorbehalt vorgetragenen chronologisch u n d regional differenzierten Informationen eine ganz dem Geschmack und Bedürfnis der Zeit entsprechende Stammväterreihe nach biblischem Muster: *Thuyscon* ist ihm der von einem nicht näher genannten Nachkommen *Noahs* gezeugte Stammvater der Germanen (Germanorum & Sarmatum pater), der nach Europa eingewandert sei und dieses zwischen Rhein und Don in Besitz genommen habe. Ihm sei dessen Sohn *Mannus* im Regiment gefolgt. Die drei von *Tacitus* erwähnten Stammväter der Ingaevonen, Istävonen und Herminonen mutieren im Pseudo-Berosus zu drei aufeinanderfolgenden Königen. Die anderen bei *Tacitus* noch in diesem Zusammenhang erwähnten Stammesnamen werden, ganz im Usus der Zeit, als Ableitungen vom Namen eines Führers oder Stammvaters gedeutet und als *Marsus - Gambrivus - Suevus - Vandalus -* hintereinander gereiht. Drei weitere Gestalten - *Hunnus, Hercules* und *Teutanes* - machen das magische Dutzend voll.[136] Nur *Herkules* wird von *Tacitus* wirklich erwähnt, er soll in Germanien gewesen sein.[137] Der fiktive Stammvater der Hunnen *Hunnus* als auch *Teutanes* sind hingegen rein diffamierende Ergänzungen des *Annius*, um das Fürstendutzend zu komplettieren und den Deutschen ihr ewiges Barbarentum vorzuhalten.[138]

Um diese angeblichen germanischen Herrscher zeitlich zu verorten und ihnen den Anschein eines hohen, eines biblischen Alters zu verleihen, werden sie von *Annius* immer wieder mit den Genealogien anderer Völker und Reiche verknüpft: so habe *Thuyscons* Sohn *Mannus* im Jahre vier der babylonischen Königin *Semiramis* regiert"[139], wodurch dem Leser eine Simultanität, ein gleich großes Altertum von Deutschen und biblischen Völkern suggeriert wurde.

Für *Annius* war die germanische Herrscherreihe eine unter mehreren, sie spielte in seinem genealogischen Gewebe eher eine Nebenrolle. Für die deutschen Humanisten jedoch war diese natürlich von primärem Interesse. Hatten sie sich bis dahin höchstens über Sprache und das Reich geeint gefühlt, waren sie sich einer gemeinsamen völkischen Herkunft äußerst unsicher, so fanden sie hier erstmals einen über die Stammesgrenzen reichenden gesamtnationalen Ursprung in Form eines gemeinsamen Stammvaters. Hier bot sich ihnen eine Brücke zwischen biblischer und antiker Zeit und wenigstens ansatzweise eine Kontinuität in der sonst eher chaotischen, ohne rechten Zusammenhang erscheinenden Barbarengeschichte. Und vor allem bestätigte der Pseudo-Berosus das große Alter der deutschen Nation, ihren biblischen Ursprung.

Die Resonanz dieses Buches in Mitteleuropa war gewaltig, vor allem in Frankreich[140] und noch mehr in Deutschland.[141] Speziell hier wirkte es mehr als 200 Jahre lang auf das nationale Geschichtsverständnis ein.

---

[136] „ Porro Thuyscon tam Beroso quam Cornelio Tacito testibus, fuit author Germaniae, cuius haec posteritas." Ebd. S. 61.

[137] „Fuisse apud eos et Herculem memorant, primumque omnium virorum fortium ituri in proelia canunt ... " Tacitus, Germania. Kap. 3.

[138] „Teutates" war nach Marcus Annaeus Lucanus (39 - 65 n. u. Z.) einer der drei gallischen Götter, die durch Menschenopfer befriedigt werden mußten. Er wurde von römischen Autoren sowohl mit Merkur als auch mit Mars identifiziert. Siehe: S. u. P. Botheroyd; Lexikon der keltischen Mythologie. München 1992. „Teutates" findet sich gelegentlich auch im mittelalterlichen Schrifttum, z. B. der Ebersheimer Chronik. Siehe A. Borst; Turmbau; a.a.O. S. 827.

[139] „Anno VI Semiramidis apud Rheni Sarmates regnavit filius Thuysconis Mannus, & apud Janigenas Rezenuos ... " G. Nanni, Historia Antiqua, S. 19.

[140] Th. Maissen charakterisiert die von Annius konstruierte gallisch-französische Herrschergenealogie so: „Durch die Erfindung zahlreicher eponymer Herrscher gelingt es Annio, all die widersprüchlichen antiken und mittelalterlichen Mitteilungen zur „Gallia" (nach Galates) und

Schon bald nach der Erstveröffentlichung 1498 wurden *Annius'* Phantastereien in den deutschen Humanistenkreisen bekannt. *Konrad Celtis* lernte ihn noch im selben Jahr kennen und war von seiner Echtheit überzeugt.[142] 1501 lassen sich in *Heinrich Bebels* „Rede an Maximilian" Einflüsse des Pseudo-Berosus nachweisen.[143] Bekannt wurde er vor allem durch *Konrad Peutingers* „Tischgespräche", dem ersten deutschen Versuch, die Angaben von *Tacitus* und dem Pseudo-Berosus - ganz im Sinne von *Annius* - zu synthetisieren.[144] Spätestens ab 1515 ist er allen deutschen Autoren, die sich mit germanischen Angelegenheiten befassen, bekannt. Zwar gab es auch ablehnende Stimmen: 1531 wurde sowohl von *Beatus Rhenanus*[145] wie von *Philipp Melanchthon* (1497 - 1560) die Echtheit der Berosischen Behauptungen bestritten.[146] Die führenden Köpfe des Protestantismus nahmen ihn nicht ernst und begnügten sich damit, die deutschen Ursprünge auf die traditionelle Japhetgenealogie zurückzuführen.[147] Dennoch scheint diese Kritik bis ins 17. Jahrhundert in Deutschland nur bei wenigen Gelehrten Beachtung gefunden zu haben. Der Glaube an das biblische Alter der deutschen Nation, an ihren Ursprung in alttestamentlicher Zeit wurde, vor allem in den populärwissenschaftlichen Chroniken, 200 Jahre lang tradiert.

---

späteren „Francia" (nach Francus) in seine Konstruktion zu integrieren: Von einem Dryus sind die dank Caesar berühmten Druiden abgeleitet, ein Celtus bringt die Bezeichnung „Celti" ein, Paris gründet die gleichnamige Stadt ... Was Frankreich im Besonderen anbetrifft, so löst Annio - bewußt oder unbewußt - das Dilemma, an dem seine italienischen Vorgänger gescheitert sind: Der Übergang von der gallischen zur fränkischen Geschichte muß nicht mühsam im 4. oder 5. Jahrhundert konstruiert werden, sondern die Verwebung erfolgt schon lange vor Christi Geburt." Th. Maissen. Legende; a.a.O. S. 340 / 341. Zur Wirkung des Berosus in Frankreich siehe: E. Asher; National Myths in Renaissance France. Edinburgh 1993.

[141] „Annius`s influence in Germany in this time was quite widespread. Despite the fact that the fraud was exposed early and often, it continued to find believers, even among the most distinguished humanists in Germany." F. L. Borchardt; German Antiquity; a.a.O. S. 90. A. Borst spricht von „einer der erfolgreichsten und folgenschwersten Fälschungen der Weltliteratur." A. Borst; Turmbau; a.a.O. S. 975. Münkler / Grünberger sprechen von „mindestens 25 Ausgaben in Italien, den Niederlanden, Frankreich und im Imperium der deutschen Nation bis 1551." S. 233 / 234. Der Katalog der Herzog-August-Bibliothek Wolfenbüttel führt darüber hinaus noch weitere Ausgaben auf : Antwerpen 1552; Leiden 1560; Heidelberg 1599; Wittenberg 1612.

[142] L. Krapf; Germanenmythos; a.a.O. S. 87.

[143] „Inde Teutones dicti vulgo Tuytsch a Tuyscone, testis est antiquissimus scriptor Berosus sacerdos Babilonicus, qui refert Noe Janum dictu ab exordio regni Babilonici ... " H. Bebel; Oratio ad Maximilianum. Zit. nach Schardius; a.a.O. S. 231.

[144] Konrad Peutinger, Sermones Convivales: de mirandis Germanie antiquitatibus. Straßburg 1506 (Erstausgabe).

[145] In seinem Germania-Kommentar von 1519 hatte Beatus dem Pseudo-Berosus noch Glauben geschenkt. Siehe P. Joachimsen; Geschichtsauffassung; a.a.O. S. 127 / 128.

[146] „Omitto fabulas, quae sunt apud Berosum de ortu Tuisconis et aliorum." Philipp Melanchthon; Commentarius in Taciti Germaniam. Cap. II. Zit. nach: Corpus Reformatorum, Bd. XVII. S. 622.

[147] Martin Luther schrieb: „Wir Deutsche sind doch Japhets Erstgeborene." Zit. nach A. Borst, Turmbau; a.a.O. S. 1065. Auch der protestantische Geschichtsprofessor Reiner Reineck (1541-1595) hielt den Pseudo-Berosus für unglaubwürdig. Bezüglich der Quellen über das Assyrische Reich schrieb er: „ ... Josephum, Berosus, qui tamen maxima ex parte fabulosus est ... " R. Reineck; Methodus; a.a.O. Blatt 18 ver.

Annius hatte allerdings die genaue Identität *Thuyscons* bzw. dessen Verwandtschaftsverhältnis zu *Noah* und damit die Ansippung der frühen Deutschen an die Noaniden im unklaren belassen. Genau an dieser Frage entzündete sich eine langandauernde Diskussion, da sie das größere Altertum der Deutschen, ihren höheren Rang gegenüber den anderen europäischen Nationen betraf. Bedauerlicherweise war der Pseudo-Berosus genau an diesem Punkt äußerst nebulös: „und ebenso elf Nachfolger aus der Nachkommenschaft Tuiscons, von denen es insgesamt 44 an der Zahl gab. Zwei von ihnen sind erwähnt, da Noah sie aus der Nachkommenschaft Tuiscons als Söhne annahm, und sie so in seinen Stamm stellte, aber nicht die anderen Neffen, und dadurch seien die Germanen und Sarmaten, die nun von den Lateinern und Galliern Thuiscones genannt werden, bevorzugt." [148]

Die Verwirrung, die Mitte der 1520er Jahre über die Identität *Tuiscons* und damit die Herkunft der Deutschen insgesamt herrschte, spricht sich bei dem viel gelesenen und häufig nachgedruckten bayrischen Geschichtsschreiber *Johann Turmair* offen aus: „Etlich sagen er sey ein Sun Noe, und ein vatter der Sthacmatter und Teutschen gewest. Etlich sagen, er sey nur ein angenommener Sun Noe gewest, aber ein natürlicher Sun Japhets, und ein leiblicher Bruder Gomers, von dem auch die Gallier und Teutschen her sollen kommen ..." [149]

Schon früh wurde der Versuch unternommen, *Tuiscon* mit einem der bekannten Noaniden zu identifizieren. Der Reichsritter und Publizist *Ulrich von Hutten* scheint der erste gewesen zu sein, der *Tuiscon* mit *Ascenaz*, einem Urenkel *Noahs*, gleichsetzte.[150] Dieser Meinung schlossen sich viele Autoren an, da ihre Begründung, die Juden würden die Deutschen „aschkenazi" nennen, wesentlich mehr ratio für sich hatte als die meisten anderern Hypothesen.[151] Spätestens 1531 kanonisierte der bibeltreue „Praeceptor Ger-

---

[148] „Et item XI successores posteritas Thuysconis, erunt omnes numero quadraginta quatuor. Sed notada sunt duo, quod Noa sibi in filios adoptavit Thysconis posteritatem, & ideo in eius arbore poniuntur & non aliorum nepotes, in quo praecellunt Germani & Sarmatae, qui dicitur nunc Thuysci a Latinis & Gallis ... Sarmatae autem populi sunt Poloni, Gothi, Russi, Prussiani & Daci ... " G. Nanni, Commentaria, S. 61 / 62.

[149] J. Turmair; Chronica . Nürnberg 1541. Kap.: „Von dem Tuitscon der Teutschen ersten König, mit sampt seinen mitverwanten." O. S.

[150] „Exibilande sunt fabulosae apud Berosum de ortu Tuisconis & aliorum illud ad modum credibile est, Gomer filium Japhet, fuisse autorem gentis Cimmeriae, quae est cimbrica quae bonam partem lateris septentrionalis complevit. Et ab hoc ortos esse Germanos opinor. Fuit ei filius Ascanes, ad hunc referunt Judei nostram originem, secuti affinitatem nominis." Arminius Dialogus Huttenicus, continens res Arminii in Germania gestas P. Cornelii Taciti, de moribus & populis Germaniae, libellus. Hutten verfaßte den Dialog bereits zwischen 1516 - 19, gedruckt wurde er postum 1529. Th. Bieder nennt A. Althamer als Ersten, der Tuiscon mit Ascenaz identifizierte (a.a.O. S. 26); ebenso van de Waal; Drie Eeuwen; S. 164. A. Borst hält Turmair für den Vater der Gomer-Aschkenaz-Genealogie; Turmbau; a.a.O. S. 1059.

[151] „Asch ist teutsch gewesen, hat von im Polen und Preussen etwan vor vil jaren Aschaburg gehaissen, wie Ptolemäus anzaigt; von im sollen ir herkommen haben die Gotlender, also sagen Josephus, Eusebius und S. Hieronimus. Haist in latein Ascanius, die heilig schrift nent in Askenest, davon die ietzigen Juden uns Teutschen noch Askenest nennen ... " J. Turmair; Bayrische Chronik. München 1882. Buch I, Kap. 9: „Was für helden und künig mit dem erzkünig Tuitscho gezogen sein" (S. 65). Turmair erfand auch noch einige andere Informationen über den deutschen Stammvater, z. B. daß er 131 Jahre nach der Sintflut mit 30 Helden und „viel Volk" nach Germanien aufgebrochen sei und daß er im Jahre 307 nach der Sintflut 200jährig gestorben sei. Ebd. S. 63 bzw. 86.

maniae" *Philipp Melanchthon* in seinem Germania-Kommentar die These der Identität von *Tuiscon* und *Ascenaz* für den Protestantismus, konnte aber dadurch den Einfluß des Pseudo-Berosus nicht völlig neutralisieren.[152] Die genaue Identität *Tuiscons* blieb noch lange ein ungelöstes Problem, zum Beispiel für *Matthias Quad von Kinckelbach*: „etliche sagen also davon, Tuiscon und Ascenes sind zween unterschiedliche Menner / dan aus Cor. Tacitus und Beroso wissen wir, das Tuisco ein Sohn Noe gewesen / nach der Sündfluß von dem weib Araxa gezeuget, vom Vatter in Europam geschickt ... "[153]

Diese Randbemerkung im Pseudo-Berosus über die Adoption zweier Nachfahren *Tuiscons* als Söhne *Noahs* wurde von den deutschen Humanisten vor allem deshalb immer besonders hervorgehoben, um Ansprüche auf einen deutschen Vorrang in Europa zu begründen. Denn das ältere Volk dünkte sich gegenüber den angeblich Jüngeren erhaben. So heißt es wiederum in *Johann Turmairs* „Chronica": „Und da er dise ding alle auffs fleissigest vollendet, setzet er den Tuiscomem den Risen, den er nach dem Syndtflus geborn het, zum ersten König in Europam, dann man sagt, das Noe nach dem Syndtflus fünff und viertzig kinder oder suene gezeuget habe. Er nam auch desselben Tuiscons kinder und nachkomen für eygen an, als die tapfferisten. Er ubergab auch dem Tuisconi und seinen mitgenossen den grösten theyl Europe ... "[154] Der deutsche Anspruch, das älteste Volk in Europa zu sein, war vor allem gegen die Franzosen gerichtet, die man als degenerierte Abkömmlinge der Germanen betrachtete: „Wiewol nun die ietzigen Franzosen unser geschlecht unnd Teutsche vonn ursprung seind, so habenn sie doch villeicht auß verenderung deß himels weit von der teutschen gemüt und gestalt apostafiert", schrieb *Sebastian Franck* 1538.[155] Dieser Abstammungsdünkel wurde noch lange Zeit ständig repetiert und dadurch zu einer Art Glaubensgewißheit. So heißt es in der „Chorographie und Histori Teutscher Nation" des Calvinisten *Jacob Schopper* von 1582: „Er schreibt auch alda, daß Noe deß Tuisconis Nachkömmling an Kindstatt angenommen hab, und andere Enckel nicht. Darumb sie denn auch in deß Noe Geschlecht Register gesetzt worden, und darinn fürtreffen die Teutschen und Sarmatae die Welschen und Frantzosen."[156] Der deutsche Anspruch, die erste Nation in Europa zu sein, beruhte während des 16. Jahrhunderts immer weniger auf der „Nachfolge Roms" und der verblassenden Reichsidee als auf dem vom Pseudo-Berosus abgeleiteten Anspruch, enger mit *Noah* verwandt zu sein als die anderen Europäer. Die Deutschen seien das europäische Stammvolk schlechthin, direkt aus *Noah* entsprungen.[157] Ihr Stammvater habe als erster Europa in

---

[152] „Illud admodum credibile est, Gomer filium Japhet, fuisse autorem gentis Cimmeriae, quae est Cimbrica, quae bonam partem lateris septentrionalis complevit. Et ab hoc ortos esse Germanos opinor. Fuit ei filius A s c a n e s, ad hunc referunt Judaei nostram originem, secuti affinitatem nominis. Nam prima syllaba articulum continet, T u i s c o n e s, die A s c a e s. Reliquas etymologias omitto. Caeterum recte divinat Rhenanus." Ph. Melanchthon; Commentarius; cap. II. Zit. nach Corpus Reformatorum, Bd. XVII; a.a.O. S. 622.
[153] Matthias Quad von Kinckelbach; Teutscher Nation Herligkeitt. Köln 1609. S. 1.
[154] Johann Turmair, Chronica. Von ursprung, herkomen, und thaten der uhralten Teutschen ... Nürnberg 1541. Vorwort.
[155] Sebastian Franck; Vorrede zum „Germaniae Chronicon". Zit. nach A. E. Berger; Deutsche Kunstprosa der Lutherzeit. Leipzig 1942. S. 281. Ähnlich hatte es schon in Heinrich Bebels „Rede an Maximilian" von 1505 geklungen: „Qui Galli, etsi hodierno die sint nostrum genus & a Germanis maiori ex parte descenderint: adeo tamen degeneraverunt ... " Zit. nach Schardius; Historicum Opus; a.a.O. S. 225.
[156] Jacob Schopper, Chorographie und Histori Teutscher Nation. Frankfurt 1582. S. 15.
[157] Irenicus führte, nicht völlig zu Unrecht, wenn auch auf falschen Quellen wie dem Berosus ruhend, den ganzen europäischen Adel auf deutsche Ursprünge zurück: „Vestra nobilitas totum

Besitz genommen, während die Stammväter der anderen europäischen Völker erst später eingewandert wären oder nur Ableger der Germanen seien.

2. Tacitus und Annius

Ungefähr zeitgleich mit der taciteischen „Germania" wurde auch der Pseudo-Berosus in Deutschland bekannt; die Rezeption der beiden Bücher lief nahezu parallel.[158] Selbstverständlich beeinflußte der Pseudo-Berosus die Lesart der deutschen Humanisten bezüglich des antiken Büchleins ganz entscheidend. *Jacob Wimphelings* „Epitoma rerum Germanicarum" (1505) scheint die einzige literarische Auseinandersetzung mit der taciteischen „Germania" im vorreformatorischen Deutschland gewesen zu sein, die ohne Kenntnis des Pseudo-Berosus stattgefunden hat.[159] Wimpheling ist vor *Beatus Rhenanus* der einzige, der eine deutsche Geschichte bei den antiken Barbaren beginnen läßt und die biblische Vorgeschichte völlig ausspart. Doch bereits das für die Erforschung des Germanentums zweite grundlegende Werk, *Konrad Peutingers* "Tischgespräche"[160], verknüpfte die beiden Schriften genau so, wie *Annius* es in seinen „Kommentaren" vorgegeben hatte: Auf dem Pseudo-Berosus baut die frühe, die biblische Geschichte bis zu *Tuiscons* Nachkommen auf. Erst daran schließt sich der Versuch an, das antike Germanien genauer zu umgrenzen, beispielsweise die Zugehörigkeit der Belger und Helvetier zu den Germanen oder Galliern zu bestimmen. Das antike Germanien stellt in dieser kleinen Schrift nur eine Etappe zwischen dem Heute und dem biblischen Geschehen dar, bildet aber keineswegs den Anfang einer deutschen Geschichte.

Dank *Annius*` Raffinesse ließen sich die Angaben des *Tacitus* und des Pseudo-Berosus hinsichtlich der deutschen Frühgeschichte rein chronologisch ohne Schwierigkeiten miteinander verbinden. Doch gab es zwischen den beiden Autoren auch widersprüchliche Aussagen, die nicht miteinander in Kongruenz zu bringen waren und letztlich im unterschiedlichen Weltverständnis von Antike und Bibel begründet waren.

Die Diskussion über die Ursprünge der deutschen Nation, die seit dem frühen 16. Jahrhundert eine neue Wertigkeit erfuhr, war nur Teil eines viel allgemeineren geistesgeschichtlichen Prozesses und spiegelt dessen Probleme beispielhaft wider.

---

pene orbem ut fons uberrimus inundavit, ut nulla gens, nulla regio sit, q non nobilitatem suam a vobis habere gaudeat, iactet et letet. Quis en (?) Manfredos & ceteros totius Italiae nobilissimos, vestro sydere natos ignorat; & idem Capan9, nulla Italie, Gallie, Hispaniae alicuiius amplitudinis gentem esse asserit, quae non germanicae origine sibi laudi ducat. A nobis, refertee Justi. li Xxiiii. p Galatos tota asia populis infusa est. A Gotthis tota Lombardia, Italia ac Hispania. A Saxonibus Anglia Britannica. A Francis Gallia. Tot nationes libero & solido aio nostram suspiciunt originem. Et nos alio nostro erogamus, nec deest nobis auctoritas custodiedi ortus nostri synceritate ... " F. Irenicus; Exegeseos; a.a.O. Blatt LVI ver.
[158] Th. Bieder berichtet von einem Sammelband von 1511, in dem neben den Gedichten des Konrad Celtis sowohl ein unkommentierter „Berosus" als auch die Germania eingebunden waren. Th. Bieder, Germanenforschung; a.a.O. S. 15, Anm. 1.
[159] J. Wimpheling; Epitoma rerum Germanicarum. Straßburg 1506. Bei der Abfassung seiner fünf Jahre früheren „Germania" war Wimpheling nur Campanos Rede und Enea Silvios „Germania", nicht aber das taciteische Original bekannt. Siehe L. Krapf; Germanenmythos; a.a.O. S. 102 ff.
[160] K. Peutinger; Sermones Convivales. de mirandis Germanie antiquitatibus. Straßburg 1506.

Humanismus und Renaissance führten nicht sofort zu einer Säkularisierung des Denkens und Überwindung des christlich-mittelalterlichen Weltbildes. Vielmehr konkurrierten antike und christliche Welterklärungsmodelle über 200 Jahre lang miteinander. Die Versuche, diese miteinander in Übereinstimmung zu bringen, sollten noch zu den absonderlichsten Hypothesen führen. Allgemein kann zumindest im Bereich der Humaniora konstatiert werden, daß bis zum Beginn des 18. Jahrhunderts das biblische Geschichtsmodell einen festen verbindlichen Rahmen vorgab, innerhalb dessen sich in partikularen Bereichen antike Anschauungen und Fragestellungen artikulieren konnten.[161]

Ein Indiz für den seit Beginn des 16. Jahrhunderts aufbrechenden Antagonismus von antiker und christlicher Weltanschauung ist das 1499 erstmals in Latein erschienene, von dem päpstlichen Beamten *Polydorus Urbinas Vergilius*[162] verfaßte „De Rerum Inventoribus." Dieses Werk stellte einen Versuch von kirchlicher Seite dar, die als häretisch empfundenen, das christliche Weltbild in seinen Fundamenten zersetzenden antiken Theorien zu widerlegen. Es fand in Europa weite Verbreitung und erschien mit entsprechender Verzögerung, von *Nicolaus von Weil* übersetzt, 1537 in Augsburg auch in deutscher Sprache.[163] Dieses mit Holzschnitten von *Christoph Weiditz* (um 1500 - 1559) reich illustrierte Werk versucht, den Ursprung der Welt und einer Vielzahl kultureller Errungenschaften - den Gesetzen und Wissenschaften, dem Krieg und den Handwerken - zu ergründen, wobei jeweils verschiedene antike Theorien der traditionellen christlichen Auffassung gegenüber gestellt werden. Selbstverständlich dominiert die Tendenz, die antiken Theorien zu verwerfen und die christliche Version zu bekräftigen.

So werden im zweiten Kapitel des ersten Buches „Von anfang der Dingen" verschiedene antike Theorien über den Ursprung der Welt mit dem biblischen Schöpfungsbericht konfrontiert: *Thales Milesius, Hyppasus Metapontinus* und Andere hätten den Ursprung aller irdischen Dinge aus dem Wasser, dem Feuer oder den vier Elementen erklärt. „Aber der Epicurus / wöllicher seine gärten auß des Democriti Brünnen hat gewässert / der setzet zwen anfang / ein ergreiffliches oder sichtbarlichs ding / und ein gantz läres dinge ... / Das sichtbar oder greifflichs ding / will er das Atomi (das ist) ainiche zertailung nit annamend ...

Seyend die ding von der Weißgelerten leut maynungen gesagt. Nu wöllen wir jetzt anzeygen / was die heyligen geschrifften innhaltend/ auf das man nicht achte / wir seyend der vernunfft / oder der warheyt gar unthailhafftig. Derselben hat Got alle ding erstlich auß nichte gemacht / wie Moses bezeugt ..."[164]

---

[161] Dieses Problem wird ausführlich geschildert von K. Scholder; Ursprünge und Probleme der Bibelkritik im 17. Jahrhundert. München 1966. Allerdings setzt Scholder die Korrosion des mittelalterlichen biblischen Geschichtsbildes viel zu spät an bzw. übersieht, daß vor der Reformation v. a. in Italien bereits eine sehr säkulare Geschichtsbetrachtung vorherrschte, die dann allerdings durch Reformation und Gegenreformation wieder zugunsten biblischer Modelle unterdrückt wurde.

[162] Polydorus Urbinas Vergilius (+ 1555) war Kammermeister Papst Alexanders VI. und wurde zu Beginn des 16. Jahrhunderts nach England geschickt, um dort den Peterspfennig einzusammeln. Er schrieb u. a. eine „Geschichte Englands" und eine Sprichwörtersammlung.

[163] Polydorus Urbinas Vergilius; Von den Erfyndern der dyngen. Translation: Nicolaus von Weil. Augsburg 1537. Der Katalog der Herzog-August-Bibliothek listet über zehn verschiedene lateinische Ausgaben auf: die erste 1505 in Paris, die letzte 1671 in Amsterdam.

[164] Ebd. Blatt III ver / IIII rec. Ein ähnlicher Tenor herrscht in einer 1535 anonym erschienenen „Chronica". Dort heißt es in Kapitel 1: „Ein kurtz beschreibung vonn dem Geschöpff der welt" u. a.: „ Epicurus lert die welt hab ein anfang wie ein ander thier unnd gewechs. Aristoteles saget / die welt hab kein anfang / so werd sie auch kein end haben wie auch das menschlich

Auch hinsichtlich des Ursprungs der anderen Dinge entscheidet sich *Polidorus* für die christliche Version. So heißt es im 17. Kapitel über „Wer erstlich der gestirnen kunst Astrologia ... erfunden hab" unter anderem: „Die Aegyptier sagend, sie sey erstlich von inen erfunden worden, etlich aber von Mercurio ... Aber eben der selb (Diodorus/der Verf.) inn dem fünfften buch leret / das Actinus der nun Solis habe die erkantnus der Astrologie oder der sternen bey inen auffgebracht, wölliches der Clemens erstlich den Chaldeyern / darnach den Egyptiern zurechnet. Josephus aber inn dem ersten buch der alten geschichten / zaygt klärlich an / wie der Abraham erstlich die kunst der gestyrnen / so ehr von seinen vorfarenn empfangen / als wir hernach sagen werden ..."[165] Nicht *Ceres*, wie *Ovid* behauptete, sondern Gott habe den Menschen zum ersten Mal Recht und Gesetz gegeben, und nur dort, wo das Christentum keine Erklärungen anbot, z. B. in Kapitel 24 „ Von ursprung des gemels / und wer am ersten die Farben erfunden / oder mit dem Bensel gemalt habe", blieben die antiken Autoren unwidersprochen.

Auch *Johannes Boemus*, der in seinem 1520 erschienenen Werk „Mores, Leges, et Ritus omnium gentium" die erste alle bekannten Völker der Welt umfassende deutsche Ethnografie lieferte, diskutierte den biblischen Schöpfungsmythos und die ganz anders gearteten antiken Anschauungen und entschied sich schließlich für die christliche Auffassung. Während er in seinem ersten Kapitel „Die wahre Meinung der Theologen über die Ursprünge der Menschheit" den christlichen Schöpfungsmythos mit *Adam* und *Eva* referiert, weist er in seinem zweiten Kapitel „Die falsche Meinung der Ethnologen über die Ursprünge der Menschheit" die antiken Meinungen, daß die verschiedenen Völker auch unterschiedliche Ursprünge gehabt hätten, entschieden zurück.[166]

Dieser geisteswissenschaftliche Antagonismus ist kennzeichnend für die Epoche zwischen 1500 und 1700 und spiegelt sich auch in der Diskussion der Humanisten über die Ursprünge der europäischen Nationen wider.

Denn auch *Annius*' Pseudo-Berosus und die antiken Autoren enthielten eine Reihe widersprüchlicher Aussagen über die Germanen, die die deutschen Humanisten verunsicherten und ihnen Anlaß zu weitausgreifenden Spekulationen gaben. Vor allem in zwei

---

geschlecht. Die Griechen haben erkennet / das vor anfang aller ding / ein wesen und unzerteylte form gewesen sey / und nach dem das einig wesen sich hab außgeteilt hab die welt dise ordnung und gestalt empfangen. Ein jeder hat ein besondere meinung. Plato / timeus / un Strabo ... Numenius heyßt Platonem ein Attischen Mosen der alle ding ein außfluß auß gott nent. Nun dieser einig Gott hat durch seyn weisheit und wort als durch ein instrument alle ding erschaffen ..." Chronica / Beschreibung und gemeyne anzeyge / vonn aller Welt herkommen / Fürnämen Landen ... Frankfurt 1535. S. 1.

[165] Polydorus; Von den Erfyndern; a.a.O. Blatt XXIIII rec.

[166] Johannes Boemus; Mores, Leges, et Ritus omnium gentium. Augsburg 1520. Cap. I : De origine homines opinio Theologorum vera (fol. VI ver). Cap. II : De origine homines opinio Ethnicorum falsa: „Veteres vero illi Philosophi, qui praeter veri numinis cognitionem, ante multa saecula naturam & historias traderunt. de homines origine aliter senserunt. Quidam enim mundum ingenitum & incorruptibilem & genus humanum ab aeterno extitisse: neq. habuisse ortus principum credidere. Quidam genitum corruptibilemq arbitrati. & homines dixerunt generationis initium tempore esse sortitos. Nam a rerum primordio & coelum & terram unicam habuisse ideam immixta eorum natura. Exinde distinctis invicem corporibus coepisse mundu, hunc ordinem, quem videmus ..." fol. VII ver. Eine 2. Auflage erschien 1561 in Lyon oder Leiden (Lugduni ?). Biografische Angaben über Boemus konnte ich nicht finden. Im Vorwort nennt Boemus neben vielen antiken Autoren auch Tacitus und den Berosus.

Punkten schieden sich die Geister: erstens war die geografische Herkunft der Germanen umstritten; zweitens ihr zivilisatorisches Niveau.

3. Skandinavien oder Vorderasien ?

Die Frage, die die deutschen Humanisten am meisten bewegte, war selbstverständlich die nach der Eingesessenheit der Deutschen. Die berosianische Einwanderungstheorie ging von der traditionellen biblisch-christlichen Anschauung aus, daß die Deutschen wie alle anderen Völker auch aus Vorderasien eingewandert seien. Dem widersprach die einleitende Bemerkung des *Tacitus*, die Germanen seien „indigenae", Ureingeborene bzw. in Urzeiten auf Schiffen vom Nordmeer gekommen.[167] Wer *Tacitus* und andere antike Autoren als Autorität anerkannte, war im Zwiespalt, ob sie Eingeborene oder Eingewanderte seien. Jedenfalls war laut *Tacitus* nicht Vorderasien, sondern Skandinavien bzw. das Nordmeer die Urheimat der Germanen.

Eröffnet wurde die Auseinandersetzung zwischen Einwanderungs- und Eingeborenenthese durch den Tübinger Professor *Heinrich Bebel*, der in seinem 1500 erschienen Traktat „Demonstratio Germanos esse indigenas" die von *Enea Silvio de Piccolomini* (1405 - 1464)[168] Jahrzehnte vorher verbreitete These zurückwies, die Deutschen seien eingewandert.[169] Auch *Konrad Celtis* und *Jakob Wimpheling* betonten die Ureinwohnerschaft der Germanen, eine kontinuierliche Besiedelung Deutschlands seit Urzeiten. Weniger entschieden in dieser Frage blieb hingegen *Franciskus Irenicus* in seinen „Zwölf Bänden einer Beschreibung Germaniens" von 1518, dem bis dahin umfangreichsten Versuch, die Urgründe der deutschen Nation zu erhellen. Geschichtsschreibung war für *Irenicus* wie für die meisten seiner deutschen Zeitgenossen immer noch gleichbedeutend mit der Konstruktion von Genealogien. Den verwandtschaftlichen Zusammenhängen zwischen den vielen Völkern, der Frage, wer von wem abstamme, den As- und Deszendenzen der verschiedenen Stämme galt sein ganzes Interesse. Germanien war ihm selbstverständlich die am frühesten besiedelte Gegend Europas.[170] Bezüglich der Ursprungsfrage konnte er

---

[167] „Ipsos Germanos indigenas crediderim minimeque aliarum gentium adventibus et hospitiis mixtos, quia nec terra olim, sed classibus advehebantur, qui mutare sedes quaerebant, et inmensus ultra utque sic dixerim adversus Oceanus raris ab orbe nostro navibus aditur. Quis porro praeter periculum horridi et ignoti maris Asia aut Africa aut Italia relicta Germaniam peteret informem terris, asperam caelo, tristem cultu aspectuque, nisi si patria sit ?" Tacitus; Germania. Kap. 2.

[168] Enea Silvio war seit 1442 Sekretär des späteren Kaisers Friedrich III. und seit 1458 Papst (Pius II.). 1458 hatte er seine „Germania" publiziert, eine auf antiken Quellen und eigener Anschauung basierende historische Landesbeschreibung Deutschlands. Siehe P. Joachimsen; Geschichtsauffassung; a.a.O. S. 32 ff.

[169] „Germanos esse autochthones, hoc est, indigenas, preter caeteros affirmat Cor. Tacitus ... Hodie tamen o Corneli Germania est, non solum non informis terris, & tristu aspectu, verum etiam cultissima." H. Bebel; Demonstratio. Zit. nach Schardius, Historicum Opus; a.a.O. S. 238. Ungefähr gleichzeitig verfaßte auch Konrad Celtis sein häufig nachgedrucktes Gedicht „Gens invicta manet", in dem es u. a. heißt: „Indigena: haud alia ducens primordia gente. Sed coelo producta suo ... " Zit. nach A. Althamer; Comm. Germ. in Taciti Libellum; a.a. O. Blatt 5 rec. „Bebel ist der ausführlichste Kommentator der These, daß die Deutschen Eingeborene und damit Ureinwohner des von ihnen besiedelten Territoriums seien." H. Münkler / H. Grünberger; Nationale Identität; a.a.O. S. 227.

[170] „Nulla ergo totius Europe regia Germania antiquior, non Greci, non Asiani, non Latina." F.

sich aber nicht entscheiden, ob er mehr den antiken Autoren und *Konrad Celtis* Glauben schenken sollte oder mehr dem Pseudo-Berosus, der ausdrücklich die Bibel darin bestätigt hatte, daß *Noah* und dessen Clan die einzig Überlebenden der Sintflut gewesen seien, ein anderer Urzweig der Menschheit folglich auch nicht bestehen könne. [171] Für die Skandinavientheorie spreche hingegen die Tatsache, daß dieses weit im Norden gelegene Land den meisten antiken Schriftstellern einfach nicht bekannt gewesen sei, aber Autoren wie *Stephanus Byzantius* die ersten Sitze einiger Barbarenvölker wie den Goten beim Dnjepr bzw. Maetius lokalisiert hätten.[172] Zeugnis seiner Verlegenheit sind zwei Stammtafeln in den „Exegeseos", deren eine den Ursprung der Germanen in Skandinavien ortet (Abb. 9), die andere aber von *Noah* herleitet (Abb. 10).

Die beiden genealogischen Tafeln des *Irenicus* sind wie die vielen anderen in seinem Buch ornamental angelegt, wodurch ihre Lesbarkeit erschwert wird. Eine Vielzahl von Kreisen ist jeweils über die ganze Blattfläche gestreut. Jeder Kreis umschließt einen Namen und wird durch geschwungene Linien so mit den anderen Kreisen verknüpft, daß sich aus deren Nacheinander eine Abkunft (Deszendenz) ergibt. Auf beiden Tafeln findet sich jeweils mittig am oberen Blattrand der Ausgangspunkt: „Scandia insula" bzw. „Noa". Von diesen beiden Urkreisen zweigen sich nach unten fast ohne weitere Zwischenverbindungen die einzelnen Stränge ab. Die Nordtafel ist eine Völkertafel (arbor gentium) und bestimmt den Ursprung der europäischen Völker rein geografisch. Die zweite Tafel weist hingegen nur Personennamen auf und geht von einem menschlichen Stammvater aus.

Die Nordgenealogie veranschaulicht die bereits erwähnte Konfusion, die wegen der Gleichsetzung ähnlicher Namen, des chronologischen Wirrwarrs und banaler Lesefehler über die antiken Barbarenvölker herrschte; sie spiegelt in ihrer unklaren grafischen Darstellung die Widersprüchlichkeiten des Textes wider. Acht geschwungene Linien sprossen vom Fußpunkt des Urkreises aus, fünf davon enden bereits in der ersten und zweiten Deszendenz; darunter die kleinasiatischen „Cimmerer", von denen die ähnlich lautenden „Cimbri" (Kimbern) abstammen sollen. Daneben finden sich seitlich zwei kleinere und ein in der Mittelachse zentrierter größerer Komplex. Links sind die Schweden angeordnet; von ihnen sollen die Dänen, Bulgarer und Nor(t)mannen herkommen. Rechts sind

---

Irenicus; Exegeseos; Blatt XXVI ver. Siehe auch F. L. Borchardt; German antiquity; a.a.O. S. 144 / 145.

[171] Ebd. 2. Buch, Kap. I: De antiquitate germanorum Principu & Germaniae, & q Germani indigenae sint. „Germani indigene apud antiqs credebat, qd Curadus Celt. illo carmine indicavit, secut Sypotinu Martialis enarratore. Gens invicta manet toto notissima mundo. Indigena, haud alia ducens primordia gente Sed coelo pducta suo ... Veru posthabitis illis de liramentis ex authoribus pstanticribus veritate integra indagabo. Diluvio facto hoim gnatio tota (Noa iunctis filiis & uxore exceptis) defecerat. Chaldaei igit a Noa oriunt, & post diluviu incipientes oibus natioibus originem ex Noa psuadet. Berosus ergo Chaldaeoru maximus, q. & a Josepho adeo celebratus est; li ii scribit, Noa post diluviu cu Araxa uxore genuisse Tuiscone germanoru patre & Sarmatu, inde ... " Blatt XXVI rec + ver.

[172] „Scandia insula priscis authoribus incognita fuit, ex illa insula venisse Barbaros illos prisci authoribus non calluerunt. Unde qdam antiquorum multos apud Maeotide scribut sedes primos tenuisse, vel penes Borsthene. Ignorato itaq loco vero, Maeotide noiaverunt, vel aliu locu nobile septentri onalem. Et ut in re veru illud sit, Stephanus Byzantius nobis argumento erit, qui gotthos iuxta Maeotiden consedisse primitus voluit, ut graeca verba eius prius adduximus, ubi eos tot auctoribus e Scandia venisse diximus. Ide Stephanus Dacos iuxta Borysthenem consedisse ait, quos (ut patuit) e Scandia deducunt, ita & Dionysius graecus author ... " Ebd. Cap. XXXVII, Blatt XX rec.

die S(c)laven und Alanen plaziert, aus deren Verbindung die Polen und Böhmen entsprungen seien. Am wichtigsten ist der „gotische Kreis". Er ist nur durch eine kurze Gerade mit dem „Urkreis" (Scandia Insula) verbunden und hat die umfangreichste Deszendenz. Die „Gothi" werden von *Irenicus* wie von den zeitgenössischen italienischen Autoren mit den Deutschen identifiziert.[173] Von ihnen zweigen sich hauptsächlich aus der Völkerwanderungszeit bekannte Namen ab: neben Gepiden, Langobarden und Wandalen finden sich auch die Daker und Hunnen. Die Spanier und Gallier finden sich, über die Westgoten verknüpft, ebenso als späte Nachfahren der Goten wie die Bayern und Turcilinger. Das Fehlen so wichtiger Stämme wie der Franken auf dieser Völkertafel erklärt sich durch *Irenicus*` Glauben an deren traditionellem trojanischen Ursprungsmythos.

Die biblisch-germanische Stammtafel beruht offensichtlich auf dem Pseudo-Berosus. Aus *Noahs* zwei Ehen entspringen mehrere Linien. Von *Axara* stammt nur ein *Scythus* als Stammvater der Skythen ab; aus der Verbindung mit *Pandora* erwachsen sechs Söhne: neben den biblisch verbürgten *Sem*, *Cham* und *Japhet* auch ein *Oceanus*, *Iapetus* und der deutsche Urvater *Tuiscon*. Dessen Nachfolger schließen sich genau in der vom Pseudo-Berosus vorgegebenen Reihenfolge an. Allerdings dichtete *Irenicus* dem *Wandalus* noch eine „andere Gattin" an, aus deren Ehe er *Trebeta*, den fiktiven Gründer der Stadt Trier und der Treverer, entspringen ließ. Bemerkenswert ist, daß die Filiationen der anderen Noah-Söhne erstmals verkürzt dargestellt oder ausgespart sind - *Japhets* Kreis endet am rechten Rand ohne Nachfolge. Nicht mehr die zur Heilsgeschichte vermittelnde Genealogie *Sems* ist dem Gelehrten wichtig, sondern die einzig für die deutsche Vergangenheit relevante Nachkommenschaft *Tuiscons*. Verglichen mit den Noanidentafeln des späten 15. Jahrhunderts stellt diejenige von *Irenicus* ein bedeutsames Zeugnis für den Nationalisierungsprozeß dar, der in den ersten zwei Jahrzehnten des 16. Jahrhunderts in Deutschland stattgefunden hat.

Irenicus überließ es dem Leser, sich für eine der beiden Theorien zu entscheiden: „Hier hast du, werter Leser, zwei Genealogien der alten Germanen, die sich gewaltig voneinander unterscheiden; welcher du anhängst, überlassen wir deinem Fleiß."[174] Für welche der beiden Tafeln der Leser sich auch entscheiden mochte: die große Nähe der Deutschen zum Ursprung war ihm - sei sie über die antiken „Gothi" oder den noanidischen *Tuiscon* vermittelt - gewiß.

Ein entschiedener Vertreter der „Eingeborenentheorie" war *Andreas Althamer*, der 1529 in Nürnberg einen Germaniakommentar publizierte. Obwohl er den Pseudo-Berosus als Quelle heranzog, ignorierte er dessen Einwanderungstheorie und berief sich in diesem Punkt ganz auf *Tacitus*. *Tuiscon* ist ihm der aus der Verbindung von *Janus* und *Vesta* bzw. von Himmel und Erde entsprossene Stammvater aller Germanen.[175] *Mannus*` hoher Respekt bei den Germanen zeige sich in der häufigen Benennung nach ihm - Alemanen, Marcomanen, Bidermanen (!). Unter dessen Nachfolgern sei es zu einer star-

---

[173] „Gotthos ac Getas esse germanos ac de eor. Origine." Ebd. Überschrift zu Kap. XXVII.
[174] „Habes hic candide lector duas genealogias veteru germanorum maxime a se invicem tamen discrepantes, cui tn adhaereas tuae industriae reliquimus. Una Berosi Annii Viterbiensis ac Cornelii Taciti. Altera annalium nostrorum ac Gresmundi est, ambae a Noa germanis originem pollicentur." Ebd. Blatt LVII ver.
[175] A. Althamer; In Corneliu Tacitu Rom ... Nürnberg 1529. „Ioannes Annius Viterbiensis li: 15 Germanos non Graeci fabulosi, sed Janus & Vesta: sive coelum & terra cum Tuiscone filio genuit ut Berosus scribit." Blatt 5 ver. Zu Althamer siehe P. Joachimsen; Geschichtsauffassung; a.a.O. S. 146.

ken Verzweigung der germanischen Stämme gekommen; als Nachfahren der Herminonen beispielsweise gelten ihm die Sueven, Hermandurer, Chatten, Cherusker, aus denen wiederum die Böhmen, Meißener, Lausitzer, Schlesier, Sachsen und Thüringer entsprungen seien.[176]

Seine Insistenz auf der Eingeborenentheorie führt *Althamer* konsequenterweise auch zu einer radikalen Ablehnung all jener dynastischen Herkunftsfabeln und Stammesmythen, die den Ursprung in ferne Gefilde verlegen: Läppisch seien all jene fabulösen Kommentare, die „einen Großteil der Völker Germaniens von den Griechen, Römern sowie anderen Nomaden abstammen lassen. Es gibt welche, die selbst den Ursprung der Schwaben und Sachsen auf die Makedonier zurückführen; die Franken und Sicambrer von den Griechen und Trojanern. Ein Großteil unseres Adels führt seine Anfänge auf die Römer zurück. Aber wir übergehen diese wolkigen Träumereien und Ammenmärchen; wir schenken eher unserem älteren und beglaubigtem Autor *Tacitus* Glauben: nämlich, daß die Germanen wahre Germanen, aber keine Fremden oder Eingewanderte sind."[177] *Althamer* schloß sich darin dem bereits verstorbenen Hamburger Geschichtsschreiber *Albert Krantz* an, der erstmals alle mittelalterlichen Herkunftsfabeln der Sachsen verworfen hatte und diese von den bei *Tacitus* erwähnten Chatten herzuleiten versuchte.[178] Dadurch hatte *Krantz* den Prozeß einer Nationalisierung der Stammes- und Adelsgenealogien eingeleitet.

Sowohl die Vorderasien- als auch die Skandinavientheorie fanden ihre Anhänger in Deutschland. Für *Annius* sprach, daß er hinsichtlich des deutschen Ursprungs im Einklang mit der Heiligen Schrift stand. Außerdem ermöglichte er den Deutschen eine Einbindung in die Weltgeschichte ohne Kaisertum und bezeugte ihnen ein hohes, ein biblisches Alter. *Tacitus* hingegen beließ die Ursprünge der Deutschen letzthin im Dunkeln. Er war jedoch insofern attraktiv, als auch er sie jeder Abstammung von einem anderen Volk ledig glaubte und sie nicht als vagabundierende Nomaden, sondern als bodenständige Ureinwohner gelten ließ.

---

[176] „Herminones vero quorum pars Suevi, Hermanduri, Catti, Cherusci, plinio li.4 ca 14 hohie, ut coniectura est, sunt Boemi, Misnenses, Lusati, Slesite, Saxones, & Thuringi Hermionum meminet etiam pomp Mela li.3 Berosus in 5." Ebd. Blatt 6 rec.

[177] „A tuiscone parente orti, suam stirpem mirum in modum auxerunt ; synaeri & vere Germani, minime alterius gentis colluvione contaminati. Frivolu itaq; commentum est nullaq. auctoritate fulatum eoru qui fabulantur. Magnam partem Germaniae populorum a Graecis, aut Romanis, siuc aliis peregrinis gentibus descendisse. Sunt enimqui Suevoru et Saxonu origine ad Macedones referant : Francorum & Sicambrum ad Graecos & Troyanos : Bona pars nobilium nostratium ad Romanos refert initium, Verum nos mittamus istas nugacißimas nugas & anile commentum; Cornelio nostro ut pote vetusto & recepto autori potius fidem dabimus: qui germanos vere germanos, id est: non alienos aut adventitos." Ebd. Blatt 4 ver + 5 rec.

[178] Nachdem Krantz in seiner „Praefatio" alle herkömmlichen Spekulationen aufgelistet hat, schreibt er: „Multu enim tribuo testimonio Taciti, Germaniae diligentissimi inquisitoris, qui indigenas putat esse gentes Germanorum. Verba ipsius ponenda sunt, Ipsos, inquit, Germanos indigenas crediderim ... Ergo quae multa Tacitus de Cattis praeclara commemorat, gentis Saxonum propria esse contendo ... " A. Krantz; Rerum Germanicarum Historici Clariss. Saxonia. Frankfurt 1580. S. 3. Diese Frankfurter Ausgabe enthält mehrere Werke von Krantz, die Erstauflage der „Saxonia" erschien 1519. Albert Krantz, dessen Geburtsdatum unbekannt ist, „war ein Historicus und eifriger catholischer Theologus von Hamburg." 1482 wurde er Rektor in Rostock, er starb 1517. Krantz war laut „Jöchers Gelehrtenlexicon" der „erste, der die deutsche Historie von den vielen Fabeln säuberte."

4. Die Urväter - Weise oder Wilde ?

Der zweite große Widerspruch zwischen *Tacitus* und *Annius* betraf das Problem der Primitivität der Germanen und damit der frühen Menschheit überhaupt. Auch hierüber gingen biblische und antik-römische Vorstellungen weit auseinander.

Wie die mittelalterlichen Chronisten ging auch *Annius* von der auf der Bibel und *Flavius Josephus* basierenden Anschauung aus, daß Urvater *Adam* ein von Gott geschaffenes perfektes Wesen voller Weisheit gewesen sei und daß die frühe Menschheit - im Vergleich zum Spätmittelalter - ein hohes zivilisatorisches Niveau gehabt habe.[179]

Der Mensch des Mittelalters konnte sich die Protagonisten des Alten Testamentes, die er verehrte, nicht anders als weise und würdig vorstellen, während er sich und die eigene Zeit im Vergleich dazu als degeneriert und minderwertig erachtete. Die deutschen Humanisten des frühen 16. Jahrhunderts waren noch dem biblisch-christlichen Weltverständnis verhaftet, die Vorstellung eines primitiven Urzustandes der Menschheit oder eines zyklischen Verlaufes der Weltgeschichte war ihnen noch wenig vertraut.[180] Und

---

[179] Diese mittelalterliche Meinung vom hohen zivilisatorischen Niveau der frühen Menschheit blieb im Rahmen der „Historia Sacra" sowohl bei Katholiken wie Protestanten bis zum Ende des 17. Jhs. vorherrschend. Immer wenn es um Weltgeschichte ging, war der Ursprung göttlich und das biblische Geschichtsbild verbindlich. Nur innerhalb der „Historia profana", einer partikularen oder regionalen Geschichtsschreibung, waren zumindest seit dem späten 15. Jh. andere Meinungen möglich. Ich führe zwei Autoren an, um diese Thesen zu belegen:
Der protestantische Helmstedter Geschichtsprofessor Reiner Reineccius (1541 - 1595) hielt in seiner 1583 publizierten historischen Methodologie, darin getreu der mittelalterlichen Tradition folgend, Adam für ein gottbegnadetes Universalgenie, das samt seiner Nachkommenschaft bereits im Besitz von Sprache, Wissenschaften und Künsten gewesen sei. Ich begnüge mich damit, hier die Überschrift des zweiten Kapitels seiner „Historia ecclesiastica" zu zitieren: „Primum HOMINIS statum eiusque, & incredibilem sapientiam: quippe qui conditus dicatur ad imaginem Dei: qui Dominus constitutus sit in terram & omnes animantes ... " R. Reineccius; Methodus Legendi Cognoscendique Historiam tam sacram quam profanam. Helmstedt 1583. Blatt 9 ver.
Noch 1675 gab der in ganz Europa wegen seiner Gelehrtheit berühmte Jesuit Athanasius Kircher (1601 - 1680) ein dreibändiges, üppig illustriertes Werk heraus, das allein der Analyse des hohen Kulturzustandes der Menschheit bis zum Babylonischen Turmbau gewidmet war. In seiner „Arca Noe" schilderte Kircher Urvater Adam als Lehrherrn des ganzen zukünftigen Menschengeschlechtes und die vorsintflutliche Menschheitsgeschichte als Blütezeit der Künste und Wissenschaften. Im 2. Kapitel seines ersten Buches „Über den Zustand der Dinge vor der Sintflut" schreibt Kircher u. a.: „Artes tamen & scientias humano generi necessarias maxime floruisse, quempiam ambigere nolim, cum ab Adamo infusa a DEO ipsi omni rerum naturalium cognitione & scientia, abunde fuerint instructi, circa naturam elementorum, metallorum e Terra eruendorum, fundendorum, & in usum publicum praeparandorum modum & rationem; Architectonicam quoque, Musicam & Mathematicam docuisse, sat superque ex capite quarto Genesis pateat ... " Über Adam schreibt Kircher u. a.: „Cum etiam Adamus totius humani generis Doctor esset futurus ... " A. Kircher; Arca Noe in tres libros digesta. Amsterdam 1675. S. 4 - 5 bzw. S. 162. Kircher wurde 1601 in der Nähe von Fulda geboren und starb 1680 als Leiter des von ihm gegründeten „Museo Kircheriano" in Rom. Er war Polyhistor und v. a. Orientalist; er erfand u. a. die „Laterna magica" und verfaßte eine Autobiografie.

[180] „Die Annahme einer streng determinierten, zyklischen Naturgesetzlichkeit unendlicher Bewegung in der Zeit widersprach grundsätzlich der christlichen Überzeugung von Gottes Wirken in Natur und Geschichte und von der Endlichkeit alles Irdischen. Der Absolutheitsanspruch der christlichen Religion machte darüberhinaus auch unmöglich, die eigene Zeit als wertgleich mit vergangenen oder noch folgenden Zyklen des Auf- und Abstiegs zu begreifen.

Annius bestärkte sie in ihrem Glauben. Er nährte die traditionelle biblische Vorstellung vom hohen zivilisatorischen Niveau der Altvorderen, und bescheinigte dieses auch ausdrücklich den germanischen Stammvätern: „Es ist wahr, wie mehrere Autoren überliefern, daß der Beginn der Philosophie und Wissenschaften nicht bei den Griechen, sondern zur gleichen Zeit bei den ältesten Phöniziern, Assyrern, Chaldäern, Janingern, Spaniern, Samotern sowie bei den Germanen und Ägyptern entsprang." [181]

Dagegen hatten *Tacitus* und die römischen Geschichtsschreiber ein klares Bewußtsein von der allmählichen Höherentwicklung der menschlichen Zivilisation aus primitivsten Anfängen heraus. Dieses griechische Modell menschlicher Kulturentwicklung war von dem römischen Dichter *Lucrez* (um 94 - 55 v.u.Z.) in dem Lehrgedicht „De rerum natura" beispielhaft formuliert worden und prägte das römische Denken bis in die Spätantike hinein. Autoren wie *Caesar*, *Vitruv* oder *Plinius d. Ä.* waren von dem Bewußtsein erfüllt, daß Griechenland bzw. Rom den Höhepunkt menschlicher Zivilisation verkörperten. Sie sahen auf die nördlichen Barbaren als Menschen zweiter Klasse herab und sträubten sich gegen die Vorstellung, mit diesen im Ursprung vereint gewesen zu sein.

Der Einfluß dieser antiken Entwicklungstheorien läßt sich seit dem späten 15. Jahrhundert in verschiedenen Gattungen von Chroniken feststellen. Antike Anschauungen äußerten sich vorerst aber nur in partikularen Bereichen, außerhalb der säkular aufgefaßten Weltgeschichte. Die Widersprüche zwischen antiken und biblischen Vorstellungen waren aber um die Mitte des 16. Jahrhunderts so kraß geworden, daß seitens der protestantischen Geschichtstheorie eine Unterscheidung in eine „Historia Sacra" und eine „Historia Profana" bzw. Universal- und Regionalgeschichte vorgenommen werden mußte, um diese zu entschärfen. [182]

Annius' Pseudo-Berosus korrespondierte gänzlich mit der mittelalterlichen Vorstellung von der frühen Menschheit, den weisen Vorvätern, während *Tacitus* die Germanen trotz aller moralischen Idealisierung[183] als Wilde, als auf primitivem zivilisatorischem Niveau lebend, beschrieb: „Selbst Bruchsteine und Ziegel sind ihnen unbekannt; überall verwenden sie ungefüges Holz, unbekümmert um Gefallen und Ansehen ... Auch graben sie unterirdische Höhlen und legen eine dichte Dungschicht darüber hin: als Zuflucht für den Winter und als Vorratsspeicher." [184]

Obwohl *Annius* wie alle mittelalterlichen Chronisten solchen Fragen relativ wenig Raum zumaß, behauptete er an manchen Stellen genau das Gegenteil von *Tacitus*. Schrieb dieser: „Denn ihre (der Germanen / der Verf.) Arbeit wetteifert nicht mit der

---

Die nur durch Transzendenz überwindbare Endlichkeit der Geschichte schloß ein auf die irdische Zukunft bezogenes Zyklendenken aus." J. Schlobach; Zyklentheorie und Epochenmetaphorik. München 1980. S.42.

[181] „Ut complures autores tradunt, verum est, quod philosophiae initium et litterarum simul non a Graecis, sed antiquissimis Phenicibus, Assyris, Caldeis, Janigenis, Hispanis et Samotheis atque Germanis et Egyptis emanavit." G. Nanni, Commentaria.

[182] Zum Prozeß der zunehmenden Differenzierung in eine Heils- und eine weltliche Geschichte bzw. eine „historia universalis" und die „historiae particulares" in der protestantischen Geschichtsschreibung siehe A. Klempt; Die Säkularisierung der universalhistorischen Auffassung des 16. und 17. Jahrhunderts. Göttingen - Berlin - Frankfurt 1960. S. 17 ff.

[183] Der Text der „Germania" „ließ zwei widersprechende Dekontextualisierungen zu ... Primitivität, die Tacitus einmal unter positiven, einmal unter negativen Vorzeichen gesehen hatte, konnte entsprechend als moralische Integrität oder als Barbarei verstanden werden." L. Krapf; Germanenmythos; a.a.O. S. 48.

[184] Tacitus; Germania; Kap. 16.

Fruchtbarkeit und der Ausdehnung ihres Bodens, etwa so, daß sie Obstgärten anlegen, Wiesen ausscheiden, Gärten bewässern würden; einzig Getreide fordern sie der Erde ab."[185] Bei *Annius* hieß es hingegen: „Zu *Suevus*` Vater *Gabrivius* kam *Osiris* und lehrte sie Bäume beschneiden und Früchte anzubauen, und darüber hinaus verweisen wir auf das erste Buch des *Diodorus*, in dem er bestätigt, daß dort, wo keine Weinstöcke wuchsen, sie *Osiris* lehrte, aus gebrannten Kräutern Wein zu machen." [186]

Die deutschen Humanisten reagierten unterschiedlich auf den Vorwurf der antiken Autoren und zeitgenössischen Italiener, daß ihre Vorfahren, die Germanen, Barbaren gewesen seien. Einige wie der Schweizer *Huldric Mutius* oder der Sachse *Reiner Reineccius* sperrten sich gegen diese Meinung und wollten die eigenen Ahnen nicht als unzivilisiert oder unwürdig vorgestellt wissen.[187] Fast alle schenkten in dieser Hinsicht jedoch mehr dem *Tacitus* Glauben, da dieser darüber wesentlich ausführlicher und anschaulicher berichtet hatte als der Pseudo-Berosus. Die meisten akzeptierten diese Schmach, bemühten sich aber, wie bereits *Enea Silvio*, den Unterschied zwischen dem Einst und Jetzt (olim-nunc) zu betonen; so zum Beispiel *Johannes Boemus* oder *Georg Spalatin*. Generell widmeten sie dem Problem der Kultur der Germanen verständlicherweise wenig Aufmerksamkeit. Denn worauf hätte sich mangels sichtbarer germanischer Kulturzeugnisse das Selbstbewußtsein der deutschen Humanisten gründen sollen? Ehrlich gestanden sie seit den 1520er Jahren fast immer ein, daß ihre germanischen Vorfahren nicht sehr zivilisiert gewesen waren. Die deutschen Humanisten übersetzten sich *Tacitus*` Beschreibung in ihre eigene Vorstellungswelt, und das klang dann so: „Germania ist ettwan gewesen ein rauh unbeuwig fruchtloß land, mit grobem volck besetzt, welche sich einfeltig vonn dem vihe also nehreten, brauchten weder gold, kunst, noch silber, Nun ist es aber also zugericht ... Teutschen haben etwan in groben Barbarischen

---

[185] Ebd. Kap. 26.

[186] „Ad huius Patrem Gabrivius venisse Ossiridem et docuisse arbores putare et frumentariam atque cernosam superius diximus ex Diodoro in primo libro asserente ubi vites non nascuntur, docuisse Ossiridem conficere vinum ex ordeo et herbis." Zit. nach U. Paul ; Studien; a.a.O. S. 126.

[187] H. Mutius, auch er ein gläubiger Berosusanhänger, schrieb 1539: „De his Tacitus scribit, quod aliquando supra modu inculti barbari fuerint, in sordibus & magnis sudoribus a prima iuventute educati, in omnis domo, inquit, nudi & sordidi ... Haec fere ad verbu Tacitus de moribus Germanorum. Sunt & alia apud alios autores ex quibus coijere licet, de moru severitate & institutis ita tetricis ut tamen non per omnia honesta disciplina caruerint. Scribunt quidam, olim Germanas mulieres fortiter pro patria pugnasse, & iam laboratib. In dubij Martis periculo viris in multis non vulgaribus prelius prompte viriliterq. Fortes auxiliares manus attulisse, res aliquando pene fractas aliquando restituisse. Et ab incunabilis liberos ad arma educare et exercere solitos. Que consuetudo adhuc nostro tempore durat ... " H. Mutius; De Germanorum prima origine, moribus, institutis, legibus. Basel 1539. S. 6. R. Reineccius setzt sich in seinem „Methodus" von 1583 mit dem Barbarenvorwurf auseinander und hält ihm die Existenz alter Lieder der Germanen und ein allmähliches Einsickern griechischer Wissenschaften nach Germanien entgegen: „Apud Germanos sua etiamnum aetate tam viros quam foeminas litterarum secreta ignorasse, prodidit in Germania sua Tacitus. Eosdem tamen rerum memoriae, seu Historiae, iam inde ab initio mirisce studuisse, de carminibus illis antiquis, quae itidem Tacitus nominavit, & sola annalium usum praestitisse ait, evidens sit. Nec improbarim, quod ab alijs traditum est, ut reliquam Druidum disciplinam, ita & Graecas litteras paulatim in Germaniam propagatos. Sane maioribus nostris non ignotas fuisse, coniecturae multae addocent ... " Methodus; a.a.O. Blatt 43 ver.

sitten gelebt, sich zerrißner schnöder kleydung gebraucht, unnd des gefengs des wildbrets, und des feldgebews genehrt, freisam und kriegsbegirige menschen ... " [188]

5. Das erste Germanenbild?

In der älteren Literatur ist immer wieder versucht worden, das erste nachantike Germanenbild zu bestimmen, ohne daß die methodischen Schwierigkeiten, die sich diesem Unterfangen in den Weg stellen, reflektiert worden wären.

Die Hauptschwierigkeit liegt in den genealogischen Denkstrukturen dieser Zeit. Die Germanen wurden eben meist nicht als autochthones Volk mit einem eigenen völkischen Ursprung begriffen, sondern in den biblischen Schöpfungsmythos eingebunden und als Nachkommen *Noahs* angesehen. Zu dem Zeitpunkt, als der Begriff „Germane" auftauchte, hatten diese im Verständnis der spätmittelalterlichen Gelehrten schon eine längere Geschichte unter anderen Namen hinter sich. Diese Auffassung zeigt sich in *Annius'* Pseudo-Berosus ebenso wie beim fränkischen Trojanermythos. Sind *Tuiscon* und *Mannus* als „Germanen" zu klassifizieren, da sie bereits als mythische Figuren bei *Tacitus* erwähnt werden? Oder können die Mitglieder des Volkes der „Sygambrer", die in der um 1510 illuminierten Handschrift „Der Zaiger" von *Jakob Mennel* in der Bauerntracht des frühen 16. Jahrhunderts gezeigt werden und die angeblich nach ihrer Einwanderung nach Deutschland „Franken" genannt wurden, als „Germanen" aufgefaßt werden? Aufgrund der damaligen äußerst ungenauen und extensiven Auslegung des Germanenbegriffes läßt sich dessen erste Visualisierung unmöglich eindeutig bestimmen.

Zudem ist in Betracht zu ziehen, daß Holzschnitte aus wirtschaftlichen Erwägungen oftmals für ganz verschiedene Zwecke eingesetzt wurden. Das von Girke als „die älteste Darstellung von Germanen aus der humanistischen Zeit"[189] bezeichnete Titelblatt der Erstausgabe von *Konrad Peutingers* „Sermones Convivales" hat Stemmermann als be-

---

[188] Anonym; Chronica / Beschreibung und gemeyne anzeyge, vonn aller Welt herkommen, Fürnämen Landen. Frankfurt 1535. Kap.: Von Germania / irer bildniß / gelegenheyt. Blatt V ver. bzw. Kap.: „von Germania / unnd der Teutschen leben ... auß Cornelio Tacito unnd anderen." Blatt VI ver. Der hinzugefügte Kupferstich zeigt drei Landsknechte des 16. Jhs. S. Münster betonte im fünften Buch seiner „Cosmographey" (Erstauflage 1544), in dem die „Teutsche Nation" beschrieben wird, die Kulturarbeit der germanischen Vorfahren: „dann es trifft an die Ehr unsers Vatterlandes und unser Vorfahren, so vor 1000. jahren das Land eynbewohnt haben, unnd durch manch Mittel Person uns geboren, und durch viel harte Arbeit das Reich und eynöd Erdtrich, wie sie es denn wild und wüst gefunden, geschlacht und fruchtbar gemacht. Sie haben uns fürgefochten, und unserhalb übel zeit gehabt, biß sie das unerbawen Erdrich zugericht haben, und zu Menschlicher Wohnung geschickt gemacht ... " S. Münster; Cosmographia oder Beschreibung der gantzen Welt. Nachdruck der Ausgabe von 1628. Lindau 1984. S. 599 / 600. Matthias Quad von Kinkelbach schrieb 1609: „An statt der schewren hatten sie Erdgruben / legten ihre eingesamlete fruchten darein / decktens mit stroh oder mist zu. Ihre kleidung war schlecht und einfeltig / doch haben ihrer etlich peltzwerck von den Thierhäuten und Vellen getragen die Weiber haben ihre arme gantz bloß gelassen / deßgleichen fornen herab biß auf die bruste. Die alten Historici ruhmen die alten Teutschen wegen ihrer stercke und streitbarkeit die sich dermassen in kriegshendel beflissen / das sie den Ackerbaw und hausarbeit den weiberen befehlen theten ... " M. Quad v. Kinkelbach; Teutscher Nation Herligkeitt. Köln 1609. Cap. III. Von art / natur / und Complexion der Einwohner Germanie. S. 13

[189] G. Girke; Die Tracht der Germanen in der frühgeschichtlichen Zeit. Leipzig 1922. S. 123.

reits in anderem Zusammenhang verwendete Adam-und-Eva-Darstellung identifiziert.[190] Auch die von Stemmermann als die „frühesten uns bekannten Germanendarstellungen der humanistischen Epoche" bezeichneten Illustrationen in *Sigmund Meisterlins* Augsburger Chronik von 1522 sind problematisch, da *Meisterlins* Perspektive regional beschränkt ist und die schwäbische Geschichte bereits lange vor *Brennus* beginnen läßt.[191] Die Illustration zur „Gründung Augsburgs" hat nur regionale, aber keine germanischen oder nationalen Bezüge. Sie ist ganz auf Augsburg und das Schwabenland eingeengt.

Die Einsicht in den niederen Kulturzustand der antiken Germanen dürfte ein wesentlicher Grund dafür sein, daß trotz der doch sehr intensiven wissenschaftlichen Diskussion in der Buchillustration so wenige Germanenbilder existieren. Sicherlich erklärt sich diese Absenz auch dadurch, daß die Diskussion über die deutsche Frühzeit fast ausschließlich auf Latein geführt wurde und wissenschaftliche Literatur vor 1550 meist unbebildert geblieben war.[192]

Nur in wenigen Büchern dieser Zeit findet man Hinweise darauf, warum sie überhaupt illustriert worden sind. Eine Ausnahme bildet *Johann Magnus*` Buch über die nordischen Völker, das selbst mit einigen hundert kleinen Holzschnitten ausgestattet ist. Im Vorwort schreibt der Autor, daß ein Bild nicht nur dem Vergnügen diene, sondern vor allem die Erinnerung konserviere und dem Betrachter ständig die historischen Taten vor Augen stelle. Selbst die Bilder, die bekannte Verbrechen darstellten, würden letztendlich zum Studium des Guten und zur Arbeit ermuntern. *Magnus* unterstreicht den pädagogischen Wert von Bildern und meint, daß der Geist der Heranwachsenden durch bildlich vorgestellte große Taten gleichsam erfüllt würde und diese zu mehr Eifer antreibe.[193] Eine ähnliche Meinung äußerte, bezogen auf die römischen Caesaren, *Diethelm Keller* im Vorwort seiner Kaisergenealogie von 1558: hübsche Gesichter von guten Fürsten würden den Betrachter zu Tugend und Redlichkeit ermahnen; die Tyrannen und Schurken wären jedoch sogleich an ihren häßlichen Gesichtern erkenntlich.[194]

---

[190] „Schon die Umschrift des Bildes „In sudore vultus tui, vesceris pane tuo, Genesis 3" ist verdächtig. Ein Vergleich mit der Darstellung von Adam und Eva nach der Vertreibung aus dem Paradies in Hartmann Schedels Weltchronik ergibt, daß das Bild auf der Titelseite der „Sermones" Adam und Eva darstellt ... Das Bild der „Sermones" ist also ohne Zusammenhang mit dem Inhalt der Schrift vom Drucker als Schmuck auf das Titelblatt gesetzt worden, eine Gewohnheit, der man in dieser Zeit öfter beggegnen kann ..." H. Stemmermann; Vorgeschichtsforschung; a.a.O. S. 15.

[191] Ebd. S. 15.

[192] „Lateinische Bücher wurden weit weniger illustriert, die Ursache ist wohl im verschiedenen Bildungsniveau der Leser zu suchen." Gerla Rohm, zit. nach R. Prieur; a.a.O. S. 288. Dort auch weitere Spekulationen über die Motive der Illustrierung von Büchern des 16. Jhs.

[193] „Pictura enim non modo gratiam habet, & mirificam delectationem exhibet, sed praeteritarum rerum memoriam conservat, & historiam rerum gestarum ante oculos perpetuo praesert. Quinetiam videndo picturas, in quibus praeclara facinora exprimuntur, excitamur ad studia laudis, & magna negotia obeunda. Veluti si adolescentes insignis alicuius historiae memoriam, fixis in pictura oculis, intento animo complexi fuerint, vehementi ardore accenduntur ad studia imortalis gloriae consequendae : immo etiam hinc fundamentum magnarum artium elicitur, quo a pueritia quisque sagacior redditur ad optimas quasque disciplinas capessendas, quemadmodum Plato, ac Cicero ... " Johann Magnus; De gentibus septentrionalibus, earumque diversis statibus ... Rom 1555. Praefatio, S. 2 / 3.

[194] „Dann so er sicht ein hüpsch angsicht eines Fürsten / oder einer anderen person / die sich eerlich wol unnd recht gehalten hat / als die bildtnuß Augusti, Titi, Nerve, Adriani, Traiani, Constantini / Caroli Magni und anderer / gibt es jn frylich ( ) ein reitzung und krefftige

Exkurs: Die Wilden Männer

Von Simon Schama ist jüngst die These vertreten worden, daß es durch die Rezeption der taciteischen „Germania" zu einer idealisierenden Neuformulierung der Wilden Leute- bzw. Wilden Männer-Darstellungen in der spätmittelalterlichen Kunst gekommen sei. In diesen habe man geschönte Germanen zu erkennen, mit denen unsere Vorfahren des 16. Jahrhunderts ihren Hang zu Wald, Wildnis und geistig-zivilisatorischer Primitivität zu erkennen gegeben hätten.[195] Diese These möchte ich zurückweisen, da ich in keinem der Bücher, in denen germanisch-nationale Zusammenhänge diskutiert wurden, auch nur eine einzige Wilde Leute-Illustration finden konnte.

Wilde Leute finden sich in der Kunst des 14. bis 16. Jahrhunderts von Frankreich bis Schweden, sie sind kein deutsches, sondern ein europäisches Phänomen.[196] Ihr Spezifikum ist meist eine den ganzen Leib bedeckende Körperbehaarung. Wie Tiere sind sie einzig durch ihr eigenes Fell bekleidet und oftmals mit Keulen und ähnlichem primitiven Gerät ausgestattet. Der Wilde Mann findet sich in den unterschiedlichsten ikonografischen Zusammenhängen und bedarf folglich einer entsprechend differenzierten Betrachtung.

In den meisten Fällen tauchen die Wilden Männer als Schildhalter auf und dienen dazu, Anciennität vorzutäuschen und das große Altertum der von ihnen flankierten Wappen zu bekunden (Abb. 11). Ein Wilder Mann kann aber auch wie auf *Dürers* Kupferstich von 1503 (Abb. 12), wo er seine Funktion als Schildhalter des Todes aufgegeben hat und eine Nürnberger Braut bedrängt, als nordisches Äquivalent zu den mittelmeerischen Satyrn aufgefaßt werden. In diesem Fall symbolisiert er das ungezügelte Ausleben

---

vermanung zu tugend / frommkeit und redligkeit. Dargägen so er list von Caio Caligula, Nerone, Domitiano / Maximino / Maxentio / ... und anderen / und hiermit auch jre bildtnussen beschauwet / bedunckt jn glych / sam die tyranney / schalkheit und alle bosheit inen zu dem angesicht herruß lüchte ... " D. Keller; Kunstliche und aigentliche bildtnussen der Rhömischen Keyseren. Zürich 1558. Vorwort.

[195] „But beginning in the later part of the fifteenth century - the same period that saw the reappearance of the G e r m a n i a - wild men were made over into exemplars of the virtuous and natural life ... In other words, the wild men and the ancient Germans had merged together in the imagined woodland home. The adversary, after all, was the same: the court and city culture of the Latin south ... " S. Schama; Landscape and Memory. New York 1995. S. 97. Schama baut diese These auf einem Aufsatz von Larry Silver auf. Die beiden bei ihm gezeigten Bildbeispiele: ein Wilder Mann von Martin Schongauer als Wappenhalter und ein Wilde Leute-Paar mit Kindern von H. L. Schäufelein stehen bei ihm ohne konkreten Textbezug. Schongauer war bereits 1491, noch vor Bekanntwerden der Germania in Deutschland, gestorben; Schäufeleins Bild diente als Illustration eines Gedichtes, in dem das „Goldene Zeitalter" verherrlicht wurde, ohne jeden nationalen Bezug: „Ach Gott wie ist verderbt all Welt / Seyd nun die Welt ist so vertrogen, Mit untrew, list gantz uberzogen / So seyen wir gangen darauß, Halten in wildem Walde Hauß / Mit unsern unerzogen kinden, Das uns die falsch Welt nit mög finden ... " Zit. nach M. Geisberg; The German Single-Leaf Woodcut 1500 - 1550; Bd. III, S. 1055. Der polemische Charakter von Schamas Buch zeigt sich auch darin, daß er ohne Erklärung Radierungen aus dem rund 100 Jahre später publizierten, in ganz anderen geistigen Zusammenhängen entstandenen Werk „Germania Antiqua" von Philipp Cluver abbildet. Schamas Buch liegt auch in deutscher Übersetzung vor: „Der Traum von der Wildnis". München 1996.

[196] Ich erwähne hier zum Beleg das Wappen des Jean de Maléstroit mit Wildem Mann in den „Chroniques de France" von 1477. Abb.: O. Neubecker; Heraldik. Luzern 1990. S. 196 / 197.

sexueller Phantasien und Triebe.[197] Der Wilde Mann dürfte darüber hinaus sicherlich auch als Gegenfigur zum Ritter verstanden worden sein[198], als primitiver Vorfahre des einfachen Volkes[199], das im Gegensatz zu den Adligen keinen Ahnenkult betrieb und deshalb die eigene Herkunft nüchterner einzuschätzen wußte.

Wie die meisten Autoren ignoriert auch Schama die genealogische Denkstruktur und den biblisch-mittelalterlichen Geschichtshorizont der deutschen Humanisten des frühen 16. Jahrhunderts. Die Germanen *Caesars* und *Tacitus*` wurden eben nicht am Beginn einer deutschen Geschichte angesiedelt, sondern waren relativ späte, der eigenen Zeit nahe Ahnen, die zur Zeit *Christi*, also am Beginn des „Vierten Reiches" gelebt hatten. Die Wilden Männer dagegen gehören einer zeitlich nicht näher bestimmten, aber sehr fernen Vergangenheit an. Anders als die Wilden Leute wurden die Germanen vor dem Ende des 16. Jahrhunderts niemals in Arkadien oder in einem Goldenen Zeitalter angesiedelt, auch wenn Elemente solcher Topoi anklingen mögen. Das Goldene Zeitalter lag lange vor der Erfindung des Krieges und der Königreiche, man vermutete es vor dem Babylonischen Turmbau und nahe am Ursprung der Menschheit.[200] Die Germanen wähnte man dagegen als relativ späte Ahnen, die für ihre Kriegslüsternheit berüchtigt und eher den Härten des Ehernen Zeitalters angepaßt waren.

Außerdem wurden die Wilden Männer niemals in einem politischen, in einem nationalen Kontext diskutiert. Sie gehören einer allgemein-menschlichen Sphäre, der Zeit v o r der babylonischen Völkerscheidung an.

Im Gegensatz zu den Italienern, die stolz auf ihr nationales Kulturerbe waren und sich dieses intensiv anzueignen strebten, schämten sich die Deutschen des 16. Jahrhunderts eher ihrer germanischen Vorfahren. Doch dachten sie weniger in kulturellen Kategorien

---

[197] R. Bernheimer behandelte das Thema „Wilde Leute" bisher am differenziertesten und sah diese ebenso in keinerlei „nationalem" Kontext. Er untersuchte dieses Motiv unter sechs verschiedenen Aspekten: 1. The natural history of the Wild Man / 2. His mythological personality / 3. His theatrical embodiment / 4. The learned aspect / 5. The erotic connotations / 6. His heraldic role. Dürers Kupferstich interpretiert er als moralisierendes Hochzeitsbild, das zum Ausdruck bringen soll, daß selbst die Höhepunkte des Lebens vom Tode beschattet werden: „ Dürer`s intention was thus to show that even and precisely when life is at its greatest height and amplitude, as it is on the wedding day, it may be cut short." R. Bernheimer; Wild men in the Middle Ages. Cambridge / Mass. 1952. S. 184.

[198] Der Ausst.-Kat. „Der Mensch um 1500." Berlin 1977, nimmt solch eine Differenzierung vor und bringt unter Punkt b „Der Wilde Mann als Gegenfigur zum Ritter." S. 162.

[199] „Die Behaartheit schenkt den mittelalterlichen, wilden Leuten jenes von der kultivierten Gesellschaft abweichende Merkmal, das im Sinne eines primitivistischen, „heimischen Exotismus" ausgelegt werden konnte und als solches in das künstlerische Vokabular aufgenommen worden ist." G. Pochat; Der Exotismus während des Mittelalters und der Renaissance. Stockholm 1970.

[200] F. Landsberg schreibt über Pompeius Trogus, der um 20 v. u. Z. die erste, nur in Auszügen überlieferte römische Universalgeschichte schrieb: „Neben der Idee der translatio und der epochalen Stellung des Kaisers Augustus wurde noch ein drittes Moment der pompeianischen Geschichtsschau wichtiges Glied des mittelalterlichen Bildes; das ist seine Urzeittheorie. Zu Beginn seines ersten Buches setzt er eine Schilderung des saeculum aureum, in dem die Völker unter Königen lebten, die nicht die ambitio popularis, sondern die spectata inter bonos moderatio zu dieser Höhe emporgefügt hat: fines imperii tueri magis quam proferre mos erat. Dieses Idyll zerstörte als erster Ninus, der die „alte" und „gleichsam eingeborene" Art nova imperii cupidate mutavit; denn er überzog als erster die Nachbarvölker mit Krieg. Die Geschichte der Menschheit stellt so eine Dekadenz, einen Abstieg dar; der erste Herrscher eines Weltreiches „änderte die eingeborene Sitte." F. Landsberg; Das Bild der alten Geschichte in mittelalterlichen Weltchroniken. Berlin 1934. S. 10.

als in Genealogien. Ihnen war es wichtiger, das älteste denn das kultivierteste Volk in Europa zu sein. Aus diesem besonderen Interesse heraus erklärt sich die Tatsache, daß bildliche Darstellungen von Germanen in der deutschen Kunst des 16. Jahrhunderts fast nur in einer spezifischen Bildgenealogie, nämlich der Tuiscongenealogie, zu finden sind.

Teil II: Die Tuiscongenealogien

VI. Die Tuiscongenealogie von 1543

Die erste Bildgenealogie, die einen nichtbiblischen gemeinsamen Urvater aller Deutschen proklamierte, erschien 1543 in Nürnberg. Sie beginnt mit dem mythischen Stammvater der Germanen *Tuiscon* und endet mit dem Begründer des fränkisch-deutschen Kaisertums *Karl dem Großen*. Waren die fiktiven deutschen Stammväter des *Annius von Viterbo* bis dahin nur einer kleinen, des Lesens kundigen Gelehrtenschar bekannt, so wurden sie erst jetzt durch ihre bildliche Darstellung in Deutschland richtig populär. Diese erste deutsch-nationale Bildgenealogie ist Ausdruck einer politisch-ideologischen Krise des Heiligen Römischen Reiches Deutscher Nation, die durch den Humanismus und die Reformation verursacht worden war. Denn durch *Luthers* Revolte gegen den Papst war nicht nur der Katholizismus, die einheitliche Religion der deutschen Reichsstände in Frage gestellt. Auch das römisch-deutsche Kaisertum, das bis dahin ideeller Mittelpunkt des Reiches gewesen war, konnte seine Neutralität gegenüber den sich herausbildenden Religionsparteien nicht länger bewahren. Es blieb römisch-katholisch und vermochte es nicht mehr, die zentrifugalen Kräfte zu integrieren.

1. Die politische Situation im Reich zu Beginn der 1540er Jahre

Die erste Tuiscongenealogie entstand vermutlich erst kurz vor oder in der ersten Phase des Nürnberger Reichstages, der Anfang Februar 1543 begann.[201] Sie ist vermutlich die einzige bleibende künstlerische Frucht dieser hochpolitischen Zusammenkunft, die ansonsten kaum Spuren im Gedächtnis der Nachwelt hinterlassen hat.[202] Wegen der vielen ungelösten Probleme hatten sich zwischen den beiden entscheidenden Augsburger

---

[201] Der Reichstag dauerte vom 31. Januar bis Ende April 1543. Es war der letzte im Alten Reich, der in Nürnberg stattfand. A. Kircher charakterisiert die damalige politische Situation wie folgt: „Ferdinand I.,(der den im Ausland weilenden Karl V. vertrat und der von den Ständen eine Türkenhilfe forderte / der Verf.) fand kein Entgegenkommen. Die protestantischen Fürsten verlangten Zugeständnisse in der Religionsfrage und die Städte forderten stärkere Mitbeteiligung an den Beratungen über Steuerangelegenheiten. So lähmte die schleichende Krisis der ständischen Zwietracht und der religiösen Zerrissenheit jedes wirksame Vorgehen im Reich und gegenüber den Türken." A. Kircher, Deutsche Kaiser in Nürnberg 1500 - 1612. Nürnberg 1955. S. 73. Eine identische Einschätzung bei Eugen Franz; Nürnberg, Kaiser und Reich. München 1930. S. 157.
[202] Die seit Ende letzten Jahrhunderts laufende Publikation der Reichstagsakten des 16. Jhs. scheint diesen Reichstag bisher ausgespart zu haben. Deutsche Reichstagsakten, Jüngere Reihe - unter Karl V. Bd. 1 - 4. Bearbeitet von August Kluckhohn. O.O. 1893 - 1905./ Mehrere weitere Publikationen von Reichstagsakten bis zu W. Steglich (Bearbeiter); Dt. Reichstagsakten, Jüngere Reihe, 1971 ff.

Reichstagen von 1530 und 1555 die Reichsversammlungen gehäuft. Auch dieser Nürnberger Reichstag hatte wie die anderen zuvor mit hochgespannten Erwartungen auf Einigung begonnen, aber schon bald wieder die unüberbrückbaren Gegensätze im Reich offenkundig werden lassen. Obwohl der Kaiser mit Frankreich im Krieg lag und von Südosten permanent die türkische Gefahr drohte, fanden die katholischen und protestantischen Stände keinerlei Konsens über die brennenden Konflikte im Innern und Äußern des Reiches. Die religiöse Spaltung erschien den Zeitgenossen noch nicht als endgültig. Kaiser *Karl V.* (1520 - 1556) und sein Bruder, der Römische König *Ferdinand I.*, schienen zwar der Forderung der protestantischen Opposition „Nationalkonzil gegen Türkenhilfe" zusehends geneigter.[203] Sie sträubten sich aber immer noch gegen eine permanente reichsrechtliche Anerkennung des Protestantismus, der sich zu dieser Zeit rasant ausbreitete und eine Vielzahl von Konflikten zwischen den Ständen heraufbeschwor.

Das Reich war aber nicht nur in religiöser Hinsicht, in Katholiken und Protestanten gespalten. Aktueller Entstehungsanlaß der ersten Tuiscongenealogie dürfte der auch noch drohende Zerfall des protestantischen Lagers gewesen sein, die sich infolge des Feldzuges der Führer des Schmalkaldischen Bundes gegen den katholischen Fürsten *Heinrich von Braunschweig-Wolfenbüttel* (1514 - 1568) seit Ende 1541 abgezeichnet hatte. *Heinrich* hatte sein Fürstentum gewaltsam rekatholisiert und war, auch wegen der persönlichen Animositäten gegen *Philipp von Hessen* (1504 - 67) und den sächsischen Kurfürsten Johann Friedrich (1503 - 1554)[204], von diesen ohne Abstimmung mit den anderen Bundesmitgliedern gewaltsam aus seinem Land verjagt worden. Sein Herzogtum wurde über fünf Jahre lang ohne verfassungsrechtliche Legitimation besetzt gehalten, was zu erheblichen Spannungen nicht nur zwischen Protestanten und Katholiken, sondern auch unter den Mitgliedern des Schmalkaldischen Bundes führte und den Zusammenhalt unter den Protestanten insgesamt gefährdete. „Dieser militärische Schlag strafte den erklärtermaßen auf Verteidigung ausgerichteten Schmalkaldischen Bunde Lügen und fügte ihm eine tiefe Wunde zu, weil nun Zwietracht und vermehrtes Mißtrauen zwischen Norden und Süden, zwischen den Städten und Fürsten gesät wurde. Vor allem aber hatte man Kaiser Karl V. einen vortrefflichen Anlaß geliefert, die deutsche Frage mit Waffengewalt zu lösen."[205]

Es ist vermutlich der Besorgnis eines Gelegenheitspoeten über diese prekäre politische Situation zu danken, daß die bereits von *Melanchthon* als Hirngespinst entlarvte Pseudo-Berosianische Germanengenealogie noch relativ spät - 45 Jahre nach der Erstveröffentlichung - zu einer ungeheuren Popularität und Nachwirkung kam. *Tuiscon* und seine Nachfolger wurden nun nicht nur Gegenstand dichterischer Phantasie, sondern erstmals

---

[203] „König Ferdinand sowohl als (der Kanzler Karls V./ d.Verf.) Granvella sprachen im Sinne der Begütigung und Friedenserhaltung gegen die Protestanten, da sich große gegenseitige Erbitterung zwischen dem katholischen und protestantischen Theile der Reichsstände zeigte." F. B. von Bucholtz; Geschichte der Regierung Ferdinands I. Wien 1831 - 38. Bd. V. S. 18.

[204] Aus Georg Spalatins Streitschrift gegen Herzog Heinrich geht hervor, daß diese Animositäten auch durch genealogische Rangstreitigkeiten bedingt waren bzw. kaschiert wurden: „Der Hertzog Heinrich zu Braunschweig / sich unterstehet hoch zu rühmen / und uber den jtzigen Churfürsten zu Sachssen / zu erheben / Als solten seine Vorfarn / bessers / elders / und edlers herkommens / denn des Churfürsten zu Sachssen / sein ... " G. Spalatin; Chronica und Herkomen der Churfürst/ und Fürsten / des löblichen Haus zu Sachsen / Gegen Hertzog Heinrich zu Braunschweig / welcher sich den Jüngern nennet, herkomen. Wittenberg 1541. O. S.

[205] Th. Brady; Zwischen Gott und Mammon. Berlin 1996. S. 217.

auch von Künstlern ins Bild gesetzt und gelangten so aus der Enge der Gelehrtenstuben hinaus in eine hochpolitisierte breite Öffentlichkeit.

2. Burkhard Waldis

Der um 1495 im hessischen Allenstein geborene Dichter *Burkhard Waldis* wird 1522 erstmals als Mönch im Dienste des Erzbischofs Jasper von Linden in Riga in einer Quelle erwähnt.[206] Auf einer Gesandtschaftsreise nach Rom 1523 / 24 wurde er, wie wenige Jahre zuvor *Martin Luther*, von den dortigen Verhältnissen zutiefst schockiert und politisiert. Diese Reiseerfahrung, die ihm die ungeheure Diskrepanz von katholischer Lehrmeinung und realer moralischer Verwilderung im päpstlichen Rom anschaulich vor Augen gebracht hatte, machte ihn zeitlebens zu einem Italienverächter und überzeugten Anhänger der Reformation. Zurück in Riga legte er konsequenterweise die Mönchskutte ab und betätigte sich fortan erfolgreich in einem bürgerlichen Beruf als Zinngießer. Seine Beteiligung an den Versuchen, das Rigaer Erzstift zu säkularisieren und dem Protestantismus zuzuführen, brachte ihn 1536 ins Gefängnis. Erst 1540 wurde er, nach schweren Folterungen, auf Druck des protestantischen Oppositionsführers, des Landgrafen *Philipp von Hessen*, entlassen. Nach einem kurzen Studienaufenthalt an der Universität Wittenberg im Winter 1541 schloß er sich dem Gefolge *Philipps* an und diente fortan dessen Zweitfrau *Margarete von der Saal* als Kaplan. Er unterstützte die Politik *Philipps* publizistisch durch Pamphlete und satirische Gedichte, u. a. auch gegen *Heinrich von Wolfenbüttel*, den er als „wilden Man von Wolfenbuttel" bezeichnete. Von seinem Herrn und Protektor erhielt *Waldis* 1544 die hessische Probstei Abterode als Pfründe. Verdienste erwarb er sich vor allem durch seine Übersetzung der Psalmen und seine Bearbeitung der Fabeln des *Äsop*, Nachruhm einzig durch seine Reime auf die germanischen Stammväter.

3. Die Publikation von 1543

Während des Nürnberger Reichstages 1543 gab *Waldis* bei dem renommiertesten Verleger der Stadt, *Hans Goldenmund dem Älteren*, eine Broschüre heraus, betitelt „Vom Ursprung und Herkumen der zwölff ersten alten König und Fürsten Deutscher Nation."[207] Inspiriert wurde dieser Titel vermutlich von der fast gleichnamigen deutschen Ausgabe von *Johann Turmairs* Chronik, die knapp zwei Jahre zuvor in Nürnberg gedruckt worden war.[208] *Waldis* schmale Broschüre beinhaltet nach einer kurzen Eloge an *Karl V.* zwölf ganzseitige Holzschnitte, denen jeweils ein erläuterndes, von *Waldis* verfaßtes Gedicht gegenübergestellt ist. Ein längerer „Lobspruch der alten Deutschen" hängt an.

---

[206] Die umfangreichste Biografie über Waldis verfaßte Gustav Milchsack; Burkhard Waldis. Ergänzungsheft zu: Neudrucke deut. Litteraturwerke des XVI. u. XVII. Jhs. No.30. Halle 1881.
[207] Burkhard Waldis; Vom Ursprung und Herkumen der zwölff ersten alten König und Fürsten Deutscher Nation, wie und zu welchen zeytten ir yeder regiert hat. Nürnberg 1543.
[208] Johann Turmair; Von ursprung, herkomen, und thaten, der uhralten Teutschen. Item auch von den ersten alten teutschen Königen und iren manlichen Thaten, Glauben, Religion und Landsbreuchen. Nürnberg MCXLI.

Das Titelblatt ist lediglich mit einer kleinen Holzschnitt-Vignette geschmückt, die die Imprese *Karls V.* zeigt: die zwei Säulen des *Herkules*, zwischen die der doppelköpfige Reichsadler eingespannt ist. Bemerkenswerter Weise fehlt aber dessen Devise „Plus Ultra", die *Karls* Ansprüche auf Südamerika bekundete. Durch diese Vignette und die einleitende Eloge erscheint Kaiser *Karl V.*, der selbst nicht auf dem Reichstag anwesend war, als Adressat dieser Broschüre. In Deutschland war dieser der deutschen Sprache kaum mächtige Habsburger zwar fast immer als „Teutscher" betrachtet worden, doch behagte vielen Politikern im Reich der Einfluß seiner ausländischen Berater nicht. Es verwundert daher kaum, daß zwischen den verfeindeten Parteien auch versucht wurde, nicht nur auf ständischer, sondern auch auf nationaler Grundlage Gemeinsamkeiten zu suchen, um den von Italienern und Spaniern beratenen Kaiser in seinen Ansprüchen zu beschränken. So heißt es, daß auf dem Reichstag „wegen Erhaltung der Freiheit der Reichsstände gegen die von Ausländern dem Kaiser gegebenen Rathschläge vertraulich" zwischen dem katholischen Augsburger Bischof *Christoph von Stadion* und sächsischen Gesandten verhandelt worden sei.[209]

Nach einem einseitigen Einleitungstext folgt eine Bildgenealogie, die zwölf männliche Ganzfiguren umfaßt. Diese werden jeweils durch einen circa 50 Zeilen umfassenden Reim beschrieben. Erst im Anschluß an diese bebilderten Gedichte erfahren wir in einem knapp 300 Zeilen langen gereimten „Lobspruch" etwas von der Absicht des Herausgebers. Die Broschüre ist keine protestantische Streitschrift gegen Kaiser und Katholizismus, sondern ein glühender Appell des Patrioten *Waldis* nach Einigkeit und Sammlung der deutschen Kräfte. Er fühlt sich nicht ohne Grund von Frankreich bedroht, das seit 1542 wieder mit *Karl V.* Krieg führte und mit den gefährlichsten Widersachern der Christenheit, den Türken paktierte.[210] *Waldis* will den Deutschen die angeblichen Tugenden ihrer Vorfahren in ihren Kämpfen gegen die Römer als mahnendes Vorbild vor Augen stellen: „Solch Exempel solten bewegen / Und uns zur freydigkeyt erregen / Das wir eun mal ein hertz auch nehmen / Dem vatterlandt zu hülffe kemen ... "[211] *Waldis* vergleicht Kaiser *Karl V.* mit dem Markomannenfürsten *Marbod* (8 v.u.Z. - 41), der der „Deutschen ehr und freyheyt erhalten" habe. Der Kaiser wird aufgrund seiner Kämpfe gegen Frankreich, den Papst und die Türken ruhmvoll hervorgehoben.

Waldis benennt im Lobspruch nur *Tacitus* als historische Quelle, doch geht diese Genealogie - sieht man von den letzten drei Gestalten *Ariovist*, *Arminius* und dem „ersten Deutschen Kaiser *Carolus Magnus*" ab - letztendlich auf den Pseudo-Berosus zurück. Ob *Waldis* diesen auch im Originaltext kannte, läßt sich kaum entscheiden; jedenfalls sind einige Namen gegenüber dem Pseudo-Berosus etwas verändert.[212]

Die zwölf Holzschnitte zeigen erhebliche stilistische Unterschiede, sodaß man sicher davon ausgehen kann, daß sie von mehreren Nürnberger Grafikern hergestellt worden sind. Die Vergabe dieses relativ kleinen Auftrags an mehrere Künstler läßt auf eine über-

---

[209] F. B. von Bucholtz; Geschichte; a.a.O. S. 17 / 18.
[210] „Und alle tugent unser alten / Im brauch und rechten schwanck erhalten / Und sonderlich, weyl yetzt die zeyt / Der erbfeindt uns auß haß und neydt / Des Türcken Tyranney zu treybt / der uns drawt, und feindtlich zu schreybt / Hefftig und blüttig in uns setzt / Sein waffen, spieß, und Sebel wetzt ... " Zit. nach G. Milchsack; B. Waldis; a.a.O. S. 47.
[211] Zit. nach ebd. S. 50.
[212] Die Ansicht von F. Gotthelf „Bis zu unbedeutenden Einzelheiten hat Waldis von Althamer den Stoff zu seinen Versen entlehnt", ist falsch, denn sein Hauptargument, nur bei Althamer hätte sich zu dieser Zeit eine Identität von Tuiscon und Ascenaz gefunden, ist nicht begründet, ich verweise auf Melanchthons Germania-Kommentar von 1531.

eilte Anfertigung des Werkes schließen. Wie aus den Nürnberger Ratsverlässen hervorgeht, wurde das Werk bereits Ende Februar 1543 dem zensierenden Nürnberger Rat vorgelegt. Dieser billigte diese Publikation nicht nur nach wenigen Tagen, sondern förderte diese sogar und „verehrte" dem Verleger *Guldenmund* eine kleine Summe dafür.[213]

Nürnberg war 1524 als erste bedeutende Reichsstadt zur Reformation übergetreten, aber niemals Mitglied des Schmalkaldischen Bundes, des protestantischen Schutz- und Verteidigungsbündnisses geworden. Der Nürnberger Rat versuchte, sich beiden Religionsparteien anzudienen und eine vermittelnde Stellung zwischen katholischem Kaiser und protestantischer Opposition einzunehmen: Nürnberg wollte zugleich „lutherisch und kaisertreu" sein. Es wollte den Kaiser und die Katholiken nicht verprellen und zugleich alle seine protestantischen Errungenschaften behalten. Dem Stadtrat war an Ausgleich und Friedenswahrung gelegen. Deshalb unterstützte er solche Publikationen, die an das Gemeinschaftsgefühl appellierten und Einigkeit zwischen den Konfessionen anmahnten. Die nur insgesamt 20 Seiten umfassende Broschüre wurde vermutlich auf dem Reichstag vertrieben.[214] Zum Teil wurde sie aber auch in andere Druckwerke politisch-nationalen Inhalts mit eingebunden und fand so ihren Weg zu den interessierten Kreisen im ganzen Reich.[215] Sie machte den Gedanken einer gemeinsamen biblisch-germanischen Herkunft aller Deutschen, der bis dahin nur den Gelehrten geläufig gewesen war, erstmals in weiten Kreisen populär.

Die Kunsthistoriker wußten mit diesen Holzschnitten bisher kaum mehr anzufangen, als sie verschiedenen Künstlern zuzuschreiben, während die literarische Quelle unbekannt blieb und auch die politische Funktion dieser Holzschnitte nicht hinterfragt wurde.[216]

---

[213] In den Nürnberger Ratsverlässen ist zu Waldis` Broschüre folgendes vermerkt: 22. Februar 1543: „Des Guldenmunds ererte mappa etlicher alter keiser contrafacturen besichtigen lassen, was ime dagegen zu verehren; und morgen wider furlegen." Am 27. Februar 1543 folgt: „Hannsen Guldenmund seiner vererten kaiser-contrafactur halben hingegen mit 10 f. verehrn lassen." Zit. nach Th. Hampe; Nürnberger Ratsverläße über Kunst und Künstler. Quellenschriften für Kunstgeschichte und Kunsttechnik des Mittelalters und der Neuzeit. Neue Folge XI. Band. Wien - Leipzig 1904. Bd. I. Nr. 2722 und Nr. 2723. Zum Vergleich: 1526 erhielt Dürer für die „Vier Apostel" 100 fl. vom Nürnberger Rat. Siehe M. Mende; Das alte Nürnberger Rathaus. Nürnberg 1979. S. 64.

[214] In den Berichten italienischer Gesandter auf dem Reichstag konnte ich keinen Hinweis auf diese Publikation finden. Nuntiaturberichte aus Deutschland 1533 - 59, Abt. 1, Bd. 7 (1541 - 44). Bearbeitet von L. Cardauns. Berlin 1912 / 15.

[215] B. Rhenanus erwähnt in einem Brief an Matthias Erb vom 29. Juli des Jahres, daß er die Reihe der Germanenfürsten in einer Neuausgabe des „Sachsenspiegel" eingebunden fand: „De Speculo legum Saxonico codex est emendo, una cum Constitutionibus feudalis Othonis primi, quod Wichtbild appellant, item de imaginibus primorum vetustissimorum Germaniae principum, Tuisconis, Manni, Wigewonis, Heriwonis, Eusterwonis, Marsi, Gambrinii, Suevi, ceterorum, pro principe vestro emendis curam adhibe." Zit. nach A. Horawitz & K. Hartfelder (Hrsg.); Der Briefwechsel des Beatus Rhenanus. Leipzig 1886. Nr. 368. S. 502. Auch das Exemplar der HAB Wolfenbüttel ist mit anderen Büchern politischen Inhalts, z. B. Georg Spalatins` "Chronica und Herkomen der Churfürst / und Fürsten / des löblichen Haus zu Sachssen". Wittenberg 1541; und B. Rhenanus` "Rerum Germanicarum" zusammengebunden. In den überlieferten Quellen zu den Umbauarbeiten des Nürnberger Rathauses 1505 - 1521 und 1613 ist von diesen Germanenfürsten nirgends die Rede. Siehe M. Mende; Nürnberger Rathaus; a.a.O.

[216] H. van de Waal hat zwar bereits 1952 zum ersten Mal diese Broschüre mit dem Pseudo-Berosus in Verbindung gebracht, wurde aber bisher von der deutschen Forschung nicht zur Kenntnis genommen. So heißt es in der letzten Publikation über diese Holzschnitte: „Man hat bisher vergeblich über Entstehungszeit und Quelle der zwölf Könige gerätselt ... " Ilse O` Dell;

Die historisch-politische Literatur hingegen erwähnt zwar immer wieder diese Bilder, ohne aber diese Quellen auf ihren Aussagewert hin zu überprüfen.[217]

Nur das erste Blatt, das *Tuiscon* zeigt, ist signiert. Unten links befinden sich ein Balleisen und ein Klöpfel mit dem Monogramm *Peter Flötners* „ P F " (Abb. 13). Die Zuschreibungen der anderen Blätter an verschiedene Künstler sind seit 100 Jahren in der kunsthistorischen Literatur umstritten.[218] Sie beruhen einzig auf stilkritischen Untersuchungen, können jedoch nicht durch Schriftquellen belegt werden.[219]

Die beteiligten Künstler sahen sich vor das Problem gestellt, aus den äußerst dürren schriftlichen Angaben des *Waldis* eine neue Ikonografie schaffen zu müssen. Sie scheinen sich kaum verständigt zu haben und handhaben dieses Problem unterschiedlich. Spezifische Bildvorlagen für die Pseudo-Berosianischen Germanenfürsten waren bis zu diesem Zeitpunkt noch nicht vorhanden. Einige der Holzschnitte sind kreative Neuschöpfungen, die eigens für diesen Zweck geschaffen worden sind. Der Großteil jedoch wurde einfach nach älteren, geeignet erscheinenden Holzschnitten kopiert. *Hans Guldenmund* war zu dieser Zeit nicht nur der bedeutendste Verleger in Nürnberg, sondern vertrieb auch die Druckerzeugnisse anderer auswärtiger Werkstätten, sodaß er einen großen Fundus an Bildvorlagen besessen haben dürfte.[220]

„Tuiscon" und „Gambrinus" zwischen 1543 und 1585. In: Zeitschrift für Schweizerische Archäologie und Kunstgeschichte, Bd. 50, 1993, Heft 4, S. 358. Van de Waal widmete den Holzschnitten bei Waldis, die in den Niederlanden kaum Bedeutung hatten, nur eine knappe Seite. Van de Waal; Drie eeuwen; a.a.O. S. 164 / 165.

[217] Zuletzt H. Münkler / H. Grünberger; Nationale Identität; a.a.O. S. 247 / 248.

[218] In der älteren Literatur, z. B. bei J. Reimers; Peter Flötner nach seinen Handzeichnungen und Holzschnitten. München-Leipzig 1890, und C. Dodgson; Catalogue of early German and Flemish Woodcuts; London 1903 / 11, S. 534 / 535 wurden alle Peter Flötner zugeschrieben, während die späteren Publikationen sehr unterschiedliche Zuschreibungen vornehmen. Den ausführlichsten Zuschreibungsversuch lieferte K. Lange; Peter Flötner, Berlin 1897. Ferner beziehe ich mich auf die Zuschreibungen von H. Röttinger; Peter Flettners Holzschnitte. Straßburg 1916. Max Geisberg; Die deutsche Buchillustration; a.a.O. 2. Jg. Heft 1. E. F. Bange; Peter Flötner. Leipzig 1926, und Illustrated Bartsch, verschiedene Bände. Zuletzt versuchte R. Prieur, die Figuren einzelnen Künstlern zuzuordnen. Sie übernahm die bereits in der Literatur genannten Namen und schrieb die Hälfte der Blätter - jene, für die sie Vorlagen ausfindig machen konnte - alle Erhard Schoen zu. Sollte meine These richtig sein, daß die Holzschnitte in großer Eile Anfang des Jahres 1543 angefertigt wurden, so ist diese ganze Diskussion Makulatur: E. Schoen, dem von allen Autoren mehrere der Holzschnitte zugeschrieben wurden, starb laut Thieme-Becker bereits 1542.

[219] Aus verschiedenen Gründen beteilige ich mich hier ausdrücklich nicht an dieser Zuschreibungsdiskussion. Erstens sind alle der genannten Künstler, ausgenommen P. Flötner und V. Solis, nur als Handwerker einzuordnen, deren Persönlichkeit kaum faßbar ist. Zudem sind die Zuschreibungen nicht nur hinsichtlich dieser zwölf Holzschnitte, sondern eines Großteils der deutschen Grafik in der Mitte des 16. Jhs. umstritten, sodaß es schwerfällt, gesichertes Vergleichsmaterial zu finden. Hinzu kommt, daß durch das Schneiden der Risse durch spezialisierte Handwerker ein weiterer stilistischer Unsicherheitsfaktor gegeben ist.

[220] „The range of Guldenmund`s output was considerable. During the 1530s he became the premier publisher of broadsheets in Nuremberg. Most of them bore texts by Hans Sachs ... " D. Landau & P. Parshall; The Renaissance Print 1470 - 1550. New Haven - London 1994. S. 223 - 231. U. Timann beschreibt v. a. den wirtschaftlichen und organisatorischen Aspekt der Guldenmund-Werkstatt, ohne auf die Waldis`sche Publikation näher einzugehen. U. Timann; Untersuchungen zu Nürnberger Holzschnitt und Briefmalerei in der ersten Hälfte des 16. Jhs. Münster - Hamburg 1993.

4. Die Holzschnitte von 1543

1.) Tuiscon aller Deutschen Vatter

Der in der antiken Literatur einzig von *Tacitus* erwähnte mythische Stammvater der Germanen *Tuiscon* eröffnet die Reihe. Wie bei *Annius* stellt er das Verbindungsglied zwischen den biblischen Noaniden und den Germanen dar. Dem Pseudo-Berosus zufolge soll er der erste gewesen sein, der von Vorderasien nach Mitteleuropa eingewandert sei. Wie schon bei *Hutten*, *Turmair* und *Althamer* wird der deutsche Stammvater im Begleitvers mit dem Urenkel *Noahs* identifiziert: „Ascenas den man nennet Tuiscon / Derselbig war des Gomers son / Den Japhet nach der Sindflud gebar / Wie solchs die Schrifft bezeuget klar ... "[221] Der deutsche Urvater wird hier nicht wie beim Pseudo-Berosus als direkter Sproß von *Noah* genannt, sondern als dessen Urenkel. Die Identität von *Tuiscon* = *Ascenaz* entspricht zwar der protestantischen Auffassung des deutschen Ursprungs. Doch übernahm *Waldis* von *Annius* den Gedanken einer längeren Stammlinie germanischer Fürsten. *Tuiscon* wird mit dem Turm zu Babel und der Sprachverwirrung in Zusammenhang gebracht und als Ahnherr der deutschen Sprache bezeichnet, die er entsprechend der mittelalterlichen Auffassung als in einem einmaligen Akt entstanden glaubte: „Da das gebew ward auff gefürt / Und die sprachen daselb verwirt / Blib bey Tuiscon die Deutsche sprach / Und bey seinem geschlecht hernach ..." Er soll nicht allein in das ihm von *Noah* zugewiesene Territorium, das „Deutsche land" eingewandert sein, sondern „mit allen die von seinem Stam."

Die Art der Umsetzung des Begleittextes in ein Bild läßt *Peter Flötner* als wachen und denkenden Künstler erscheinen. Um 1490 im Schweizer Thurgau geboren, fand *Flötner* seine Ausbildung in der Daucherwerkstatt in Augsburg. Nach einer vermuteten, archivalisch aber nicht belegbaren Italienreise siedelte er sich 1522 in Nürnberg an, wo er 1546, im Todesjahr *Luthers*, gestorben ist.

Auf den ersten Blick wirkt der greise *Tuiscon* wie ein alttestamentlicher Patriarch oder Prophet (Abb. 13). Er ist dem Betrachter frontal zugewandt und dreht sich nur leicht nach rechts. Sein Haupt ist fast völlig kahl, das durch wenige Striche angedeutete Gesicht wird von einer Stirnlocke und einem lang herabwallenden Bart umrahmt. Ausgeprägte Stirnfalten und Tränensäcke unter den Augen markieren sein hohes Alter. Sein Blick ist direkt auf den Betrachter gerichtet. *Tuiscon* trägt eine Toga, deren Balteus in Schüsselfalten herunterfällt. Darunter ist ein Hirtenbeutel mit einer Quaste zu sehen. Die Toga fällt jedoch, ganz im Gegensatz zu den gotischen Patriarchenfiguren, nur bis knapp unter die Knie und gibt so den Blick auf enganliegende Beinkleider frei, die bis an die Knöchel reichen und unterhalb der Wade mit einem Strick festgeschnürt sind. Die Sandalen laufen vorn spitz wie Schnabelschuhe zu und sind über dem Rist mit Schleifen festgebunden. Die rechte Hand ist bis in Brusthöhe erhoben. Es ist nicht klar erkennbar, ob er sich mit ihr den Bart zupft oder mit Zeigefinger und Daumen ein „0" formt.[222] Seine linke Hand ist ebenfalls bis auf Brusthöhe gehoben, aber durch die Toga sorgsam verhüllt.

---

[221] B. Waldis; Begleitgedicht zum Tuiscon.

[222] Diese Gebärde wurde einzig von dem Illustrator des an späterer Stelle zu besprechenden Werkes von Wolfgang Latz übernommen, sodaß ich ihr keine besondere Bedeutung zuerkennen möchte.

Da die kolorierten Exemplare durch die Farbgebung einige weitere Informationen liefern, ziehe ich für die Besprechung der einzelnen Figuren die *Waldis*-Broschüre der Staatsbibliothek Berlin heran.[223] In diesem ist die Toga *Tuiscons* samt den Ärmeln mit einem dunklen Rubinrot eingefärbt, während die Beinkleider weiß gelassen sind und dadurch extra betont werden. Die Schnüre sind im selben Rot gehalten; Haare und Bart grau. Die Hirtentasche ist grellgelb und die Quaste grün.

Den Germanenbeschreibungen des *Tacitus*, der in der Randleiste von Waldis' Begleitgedicht ausdrücklich genannt wird, entspricht Flötners *Tuiscon* jedenfalls kaum. *Tacitus* hatte über das Aussehen der Germanen folgendes notiert: „Als Überwurf tragen alle einen kurzen Rock, der von einer Spange, wo sie mangelt, von einem Dorn zusammengehalten wird. Sonst unbedeckt, verbringen sie ganze Tage am Herdfeuer. Nur sehr Wohlhabende haben zudem noch ein Kleid, das aber nicht, wie bei den Sarmatern und Parthern weit herabfließt, sondern eng anliegt und jedes Glied hervortreten läßt. Man trägt auch Pelze, nächst den Stromgrenzen ziemlich achtlos; weiter im Innern wenden sie besondere Sorgfalt daran, weil ihnen kein Handel anderen Putz bringt. Sie wählen unter dem Wild und verbrämen die abgezogenen Hüllen mit dem gefleckten Fell von Tieren, die am Nordmeer und an unbekannten Gestaden daheim sind. Frauen tragen sich nicht anders als Männer; nur gehen sie gewöhnlich in Linnengewänder gehüllt, die mit roten Säumen verziert sind. Ihre Kleidung läuft oben nicht in Ärmel aus; Schultern und Arme sind bloß, aber auch ein Teil der Brust bleibt unverhüllt."[224]

In *Flötners* Gestaltung des *Tuiscon* wurde nicht diese taciteische Germanenbeschreibung wirksam, sondern eher die traditionell mittelalterliche Anschauung von den weisen Vorvätern der Frühzeit, die auch der Pseudo-Berosus vertreten hatte. *Annius* hatte *Tuiscon* als Gesetzgeber bezeichnet[225], *Turmair*, dessen Chronik inspirierend auf *Waldis* gewirkt haben muß, hatte ihm sogar die Erfindung der Schrift angemaßt.[226] Beide Autoren ließen *Tuiscon* als gleichrangig mit den alttestamentlichen Weisen aus dem Vorderen Orient erscheinen, und deren Aussehen stand den Nürnberger Künstlern in Gestalt der Propheten und Apostel zuhauf an den Portalen und Pfeilern ihrer gotischen Kirchen vor Augen (Abb. 14). Vermutlich hat *Flötner* eine solche Gewändefigur zum Vorbild für seinen deutschen Stammvater genommen. Die Schüsselfalten des *Tuiscon* lassen eine Entstehungszeit des plastischen Vorbildes in der ersten Hälfte des 14. Jahrhunderts vermuten.[227] Allerdings ist anzunehmen, daß sich *Flötner* sehr frei an solch einem gotischen

---

[223] Die Kolorierung der Exemplare in der Berliner und Münchner Staatsbibliothek ist, was Farbgebung und -auftrag anbelangt, identisch. Vermutlich wurden 1543 von einem Briefmaler in einem Zug mehrere Exemplare koloriert.

[224] Tacitus; Germania; Kap. 17.

[225] „Anno huius Nini quarto Thuyscon Gygas, Sarmatas legibus format apud Rhenum. Idipsum agit Jubal apud Celtiberos, & Samotes apud Rhenum ... " G. Nanni; Historia Antiqua. S. 18.

[226] Turmair schrieb in dem Kapitel „Von Buchstaben und geschrifft der alten Teutschen": „Es schreiben auch etlich wie der Tuiscon Buchstaben erfunden hab / die nachmals in Griechenlandt bracht seind / und dieser waren sechszehn / auff der Form und figur / wie her hernach volget: A B C Delta ... " Turmair; Von ursprung; a.a.O. O.S.

[227] H. van de Waal vermutete ein byzantinisches Vorbild für den Tuiscon Flötners, doch muß man sicher nicht von solchen zeitlich wie räumlich weit entfernten Anregungen ausgehen. „Een uitzondering vormt de merkwaardige Tuiscon, een gebaarde, in lang gewaad gehulde grijsaard, wiens linkerhand in een slip van zijn gewaad is gewickkelt. Deze eigenaardigheid, alsmede de geheele houding maakt het waarschijnlijk, dat het een of andere Byzantijnsche voorbeeld direct of indirect hier zijn invloed deed gelden." H. van de Waal; Drie eeuwen; a.a.O. S. 164 / 165.

Vorbild orientiert hat.[228] Denn *Tuiscon* steht im klassischen Kontrapost vor uns, der dem gotischen Vorbild sicher fehlte. *Flötner* war nicht nur als Ornament- und Figurenentwerfer tätig, sondern vor allem als Bildschnitzer und Modelleur. Sein plastisches Empfinden wirkte sich auch bei der Gestaltung seiner grafischen Figuren aus. Er ging von deren Körperlichkeit aus und modellierte diese durch Gewand und Faltenwurf. *Tuiscon* steht in antiker Pose vor uns, auch wenn der Gesichtstyp, die Haartracht und Gewandung im mittelalterlichen Verständnis alttestamentlich sind.

Flötners Gedankengang bei der Gestaltung dieser Figur dürfte ungefähr folgender gewesen sein: War der deutsche Stammvater wirklich ein direkter Nachfahre *Noahs* und bald nach der Sintflut nach Europa eingewandert, so mußte er ähnlich wie dieser gewandet gewesen sein. Einzig durch die enggeknöpften Ärmel, die Beinkleider und die Schuhe kommen Elemente in die Gestaltung des *Tuiscon*, die den gotischen Figuren fremd sind. Denn deren Obergewand reicht immer mindestens bis zu den meist unbeschuhten Füßen herab oder verdeckt diese ganz. Diese doch sehr auffällige Betonung der Beinkleider könnte ein Versuch *Flötners gewesen sein*, ein spezifisch „germanisches" Element in die ansonsten alttestamentlich wirkende Figur zu bringen.[229] Vermutlich wurde er hierzu von *Turmair* inspiriert, der, die antiken Autoren frei ergänzend, den Persönlichkeiten unter den Germanen „enge kleyder, die wir hosen und Joppen nennen" zugebilligt hatte.[230]

Jedenfalls gleicht Flötners *Tuiscon* keinem eng in Einklang mit der Natur lebenden Wilden, der halbnackt oder mit Fellen bekleidet ist. Sein deutscher Stammvater ist ganz der taciteischen Vorstellungswelt vom nordischen unzivilisierten Barbaren entrückt und als alttestamentlicher Weiser gestaltet. Seine Kostümierung mit Toga und den Arm- und Beinkleidern entspricht genau der Synthese von biblischen und antiken Quellen, die von *Annius* vorgegeben worden war.

2.) Mannus der Erst teutsche König

---

[228] Weder bei K. Martin; Die Nürnberger Steinplastik im 14. Jahrhundert. Berlin 1929, noch bei eigenen Erkundungen in Nürnberg konnte ich ein genaues Vorbild ausmachen.

[229] R. Prieur bespricht zwar nicht Flötners Tuiscon, aber eine ziemlich genaue Kopie von diesem bei W. Latz äußerst nebulös folgendermaßen: „Die Bundschuhe und die weiten, an den Waden zusammengeschnürten Hosenbeine entsprechen ebenso wie der lange Kittel und der übergeworfene Mantel als solcher der vor allem in römischen Reliefs der Triumphbögen überlieferten Kleidung der Germanen. Der Mantel wird aber in der Art getragen, die der einer römischen Toga entspricht; die engen Ärmel des darunter getragenen Kittels wiederum entsprechen mit ihren vielen kleinen Knöpfen der Mode des ausgehenden 14. Jahrhunderts. Alles in allem werden also Elemente sehr verschiedener, aber doch eben vergangener Zeiten vermengt, so daß leicht der Eindruck des Altertümlichen entsteht. Hierzu kommt, daß Kleidung, Stellung und Körperhaltung des Mannes Darstellungen von alttestamentarischen Propheten am nächsten kommt, so daß in den Augen des damaligen Betrachters das Bild eindeutig als Vergegenwärtigung eines Vertreters aus uralter Zeit erscheinen konnte." R. Prieur; „Die Teutschen"; a.a.O. S. 41. Leider benennt Prieur keine genaue römische Reliefdarstellung. Flötners Kenntnis von antiken Germanendarstellungen wäre in Deutschland zu dieser Zeit außergewöhnlich, ich halte sie für unwahrscheinlich.

[230] Johann Turmair; Chronik 1541; Kap.: Von Speis, Tranck, Kleydung der gar alten Teutschen. „Die reichen und mechtigen hetten ein unterscheid / nicht mit weyten / sonder mit engen kleydern / die wir hosen und Joppen nennen ... " G. Girke schreibt zu Turmairs Chronik: „Er bringt also mehr als Tacitus und Bohemus, indem er der Hosen besonders Erwähnung tut." G. Girke; Die Tracht der Germanen; a.a.O. S. 123.

Mannus wird im Vers des *Waldis* als Nachfolger *Tuiscons* beschrieben, der nach dessen Tod in ganz Deutschland ein Regiment, eine Herrschaft begründet habe: „Da faßt er ihn ein Regiment / damit das Reich nit wurd zerstreut / ... / Er hat gelebt mit seinen lewten / Zu des Ertzvatters Abrams zeytten / Da Semiramis die Königin / Das gros Caldaisch Reich het in ... "

Im Gegensatz zu seinem friedfertig erscheinenden Vater tritt *Mannus* bewaffnet und in Rüstung auf (Abb. 15). Die Figur ist leicht nach rechts gedreht, während das Haupt gegenläufig nach links blickt. Auf dem Kopf trägt er einen Helm mit aufgesetzter Zackenkrone und ledernem Nackenschirm. Das nur durch wenige Striche skizzierte, altersmäßig kaum einzuschätzende Gesicht wird vom Helm beschattet und von einem lang wallenden Vollbart umrahmt. Der Oberkörper wird durch ein Kettenhemd und einen vorgeschnallten, die Brust nur teilweise bedeckenden Harnisch geschützt. Dieser ist an seinem oberen Rand gewellt, läuft mittig oben spitz zu und wird durch zwei Riemen über der Schulter festgebunden. Unterhalb der umgürteten Taille läuft er in abgerundeten Lederstreifen aus. Unter diesen quellen spitz zulaufende, die Schenkel bedeckende, schuppenartig übereinander gelegte Lamellen herab. Die Beine stecken in einer relativ eng anliegenden Hose und knieabwärts in eisengewirkten Bandagen, die Füße wiederum in strumpfartigen Schuhen, die hinten bis zur Kniekehle hinauf reichen. Seine Bewaffnung beschränkt sich auf einen in der Linken senkrecht gehaltenen Spieß mit Stachelkeule und einen mit der rechten Hentze umgriffenen Krummdolch.

Die Rüstung und Bewaffnung des *Mannus* entsprechen bis auf wenige Details der Figur Nr. 17 der Pappenheimschen Chronik , die den angeblich im 12. Jahrhundert lebenden *Eberhard von Waldburg* darstellen sollte (Abb. 16).[231] *Mannus* ist jedoch anders positioniert. Er ist dem Betrachter fast frontal zugedreht und entspricht dadurch mehr dem traditionellen Schema genealogischer Herrscherdarstellung als sein seitwärts gewandtes und im Profil gezeigtes Vorbild. Der anatomisch falsch aufsitzende Kopf von *Burgkmairs* Vorlage erscheint korrigiert und ist durch eine Zackenkrone ergänzt.

Auf den kolorierten Exemplaren ist der Bart von *Mannus* rotorange eingefärbt. Die Rüstung ist, außer wenigen rot hervorgehobenen Teilen wie den Ärmeln und der Quaste an der Hellebarde, ganz in Grau gehalten.

Ohne Zweifel soll *Mannus* als bewaffneter König erscheinen. Laut *Waldis* führte er das Regiment seines Vaters weiter und konsolidierte es, „damit das Reich nit wurd zutrent ..." Sein gegenüber *Tuiscon* äußerst martialischer Habitus könnte den Bruch markieren, den die menschliche Kultur nach Meinung der mittelalterlichen Chronisten schon bald nach der Katastrophe des Babylonischen Turmbaus erfahren hatte. Die Synchronisation von *Mannus* und *Semiramis*, die *Waldis* aus dem Pseudo-Berosus übernommen hatte, dürfte bei den damaligen Zeitgenossen eine ganz bestimmte Assoziation beschworen haben:

Obwohl *Flavius Josephus* die Erfindung der Eisengewinnung und der Rüstungen dem Kain-Nachfahren *Tubal* angelastet hatte, Eisenrüstungen also schon lange vor dem Babelturm existent waren, galt während des Mittelalters meist *Ninus*, der Gatte der *Semiramis*, als Begründer des Königtums und erster Gewaltherrscher, der den Krieg, das kol-

---

[231] Auf diese Vorlage hat erstmals H. Zimmermann; H. Burgkmairs Holzschnittfolge; a.a.O. S. 62 hingewiesen. Zimmermann versuchte, einzelne Komponenten der Figur als Entlehnungen aus Burgkmairs Maximilian-Genealogie zu eruieren; z. B. hielt sie Helm und Kopf von L. 5, die Beine von L. 10 entlehnt. Zur Pappenheim-Chronik siehe M. Geisberg; Die dt. Buchillustration; a.a.O. Jg. II, Heft 8 & 9. München 1932.

lektive Töten, unter die Menschen gebracht habe.[232] Auch *Annius* hatte *Ninus* als denjenigen bezeichnet, der den Krieg erfunden habe.[233] Diese Meinung war auch in der Mitte des 16. Jahrhunderts noch unter den deutschen Gelehrten verbreitet.[234] *Mannus*, Zeitgenosse des *Ninus* und erster König in Germanien, konnte folglich als dessen nationales Äquivalent aufgefaßt werden und mußte zwangsläufig als bewaffneter Krieger dargestellt werden.

Die Bewaffnung und Rüstung des *Mannus* ist aber eines Königs gänzlich unwürdig und unstandesgemäß. Allein die Zackenkrone, die gegenüber dem Vorbild ergänzt ist, deutet seinen königlichen Rang an. Diese war jedoch in Mitteleuropa niemals gebräuchlich und diente in der Ikonografie des 16. Jahrhunderts dazu, das Altertum oder auch Orientalische eines Herrschers auszudrücken.[235] Sie ist ein Zeichen, mit dem man zeitliche Distanz andeuten konnte, und findet sich auch bei den folgenden drei Figuren als einziges königliches Herrschaftszeichen. Ansonsten entspricht seine Ausrüstung und Bewaffnung nicht einmal den Standards gut gerüsteter Kriegsknechte der Mitte des 16. Jahrhunderts.

Es erhebt sich die Frage, ob in dieser veralteten, völlig unstandesgemäßen Kostümierung nicht ansatzweise ein historisierendes Denken, ein Bewußtsein von der Verschiedenheit der eigenen Gegenwart von der früherer Epochen zu erkennen ist? In der oben genannten Literatur hat man sich bislang immer damit begnügt, die Rüstung von *Mannus* und der ihm folgenden zehn Gestalten pauschal als „mittelalterlich" zu bezeichnen.[236] Betrachtet man sich die Reihe jedoch insgesamt, so läßt sich durchaus eine gewisse Differenzierung bei den Rüstungen erkennen.

---

[232] Diese Vorstellung vom Ursprung des Krieges wurde vermutlich von dem aus Südgallien stammenden Historiker Pompeius Trogus begründet, der um 20 v. u. Z. in seiner „Historiae Philippicae", der ersten Universalgeschichte in der römischen Literatur, das Ende des Goldenen Zeitalters mit Ninus in Verbindung gebracht hatte. Siehe hierzu F. Landsberg; Das Bild der alten Geschichte; a.a.O. S. 10.

[233] „Tertius Rex Babylonicae a nostris scribitur Ninus, Jovis Beli filius, & regnavit annis quinquaginta duobus. Hic omnibus suis viribus sumptis, armis patris sui Jovis Beli omnibus bellum intulit, nulli parcens, & Sabatium Sagam, quod effet in omnium desiderio, omni studio ad interitum quaeritabat." G. Nanni; Berosi Bab. Ant. Kap.: Ninus Tertius Babyloniae Rex. S. 18. Die gleiche Auffassung verbreitete Annius in seiner ebenfalls in der „Historia Antiqua" abgedruckten Fiktion „Fabius Pictor." Dort hieß es im ersten Buch über das Goldene Zeitalter: „Circa finem aurei saeculi, primus olim Ninus rex Assyrorum hos aureos mores nova regnandi cupiditate mutavit, & primus limites transgressus ..." Zit. nach der Ausgabe Antwerpen 1552. S. 413.

[234] In Wolfgang Latz` 1557 erstmals ediertem „De Gentium aliquot migrationibus" wird die Erfindung des Krieges fast wörtlich von Nanni übernommen: „Circa finem aurei saeculi (inquit) primus omnium Ninus rex Assyrorum, hos aureos mores nova regnandi cupiditate mutavit: & primus limites transgressus, bella finitimis movit, & totius Asiae populos perdomuit ..." S. 17. In Sigmund Meisterlins „Augsburger Chronik" hieß es in Buch 2, Kap. 2: „Wie die menschen an fyengent zu Kryegen in der welt: ... der ye fürnemlichait des Künigs Niny gab ain ursach zu Unruh machen die welt, Unnd nach jm seyn weib Semiramis. Wann von in namen ain Exempel die anderen wietrych Solliches an zu fahen ... " a.a.O. Blatt V ver.

[235] Zackenkronen finden sich auf Münzporträts der römischen Kaiser des ersten nachchristlichen Jhs. (siehe Abb. 7 und 41), aber auch in der Kunst des frühen 16. Jhs., z. B. bei Burgkmair: vgl. seinen Jupiter in der Reihe der Planetengötter oder seinen Clodoveus der Maximiliansgenealogie.

[236] Z. B. H. van de Waal: „De houtsneden vertoonen alle een stande figuur in fantasisch-middeleeuwsche wapenrusting. Een uitzondering vormt de merkwaardige Tuiscon ... " Drie Eeuwen; a.a.O. S. 164.

Ein Bewußtsein von Mode, von althergebrachtem und neuem Gewand ist schon seit dem 13. Jahrhundert literarisch belegt. Eine neuartige, gegen die Konvention verstossende Tracht war bereits seit dieser Zeit ein Mittel der Jugend gewesen, sich vom Kostüm der älteren Generation abzugrenzen.[237] Auch die schnelle Entwicklung in der Kriegstechnik während des 15. und 16. Jahrhunderts erzwang eine schnelle Anpassung in der Bewaffnung der Soldaten und dadurch auch einen für die Zeitgenossen wahrnehmbaren Wandel in der Rüstung. War das Bewußtsein von der Entwicklung des Waffenwesens über die Jahrhunderte auch wenig differenziert, so zeigen doch die Bilder bei *Waldis* ein gewisses Verständnis hinsichtlich der Antiquiertheit oder Modernität der Rüstungen. Der hellebardenartige Spieß des *Mannus* mag zwar zu dieser Zeit noch in Gebrauch gewesen sein, aber höchstens als Provisorium und Notbehelf der unteren, eigentlich waffenlosen Schichten, beispielsweise der Bauern. Wer es sich leisten konnte, trug Mitte des 16. Jahrhunderts kein Kettenhemd mehr, sondern einen Plattenharnisch und eiserne Arm- und Beinröhren. Auch die übrige Ausstattung des *Mannus* orientiert sich nicht an fürstlichen Rüstungen des 16. Jahrhunderts. Insgesamt erscheint der fiktive erste deutsche König wie ein schlecht bewaffneter Kriegsknecht.

In der ersten Hälfte des 16. Jahrhunderts finden sich in der Literatur gelegentlich Hinweise darauf, daß man sich die „uralten Fürsten" der Deutschen ungefähr so vorstellte wie die jetzigen zeitgenössischen Angehörigen der niederen Stände. Den großen zeitlichen Abstand zu den Germanen versuchte man sich in den gegenwärtigen sozialen Unterschieden, die sich ja vor allem auch in Bekleidung und Rüstung manifestierten, vorzustellen. Die germanischen Fürsten wähnte man ähnlich angezogen wie die gegenwärtigen Kriegsknechte oder Bauern. *Johann Turmair* beispielsweise glaubte, die taciteische Beschreibung der Kleidung der alten Germanen bei den Bauern seiner Zeit wiederfinden zu können. Im Kapitel „Von Speis, Tranck, Kleydung der gar alten Teutschen" seiner 1541 gedruckten Chronik, die zweifellos von *Tacitus* inspiriert ist, schrieb er unter anderem: „Weyter hetten sie gar ein schlechte kleydung / dann etwa trug einer Zwilch an, etwa macheten sie in kleyder aus den heuten und belgen der wilden thier, die sie selbs fiengen / als der Füchsen / Wölff / Meuß / Jltis / Eychorn sc. Sie trugen aber zu meyst Wolffs beltz. Die reichen und mechtigen hetten ein unterscheid / nicht mit weyten / sonder mit engen kleydern / die wir hosen und Joppen nennen. Solcher kleydung betragen sich noch die Bawrßlewt / und die auff den Dörffern daussen wönen / auch die Hofleut so vor unser zeit gewesen seind ..."[238] Die „reichen und mechtigen" viel früherer Zeiten stellte man sich also in einem Gewand vor, wie man es noch bei den zeitgenössischen Unterschichten sehen konnte, während man sich das frühere einfache Volk nur in Felle gehüllt dachte.

Eine entsprechende soziale Differenzierung findet sich auch in der „Germania". *Tacitus* hatte keine soziale Gleichheit bei den Germanen behauptet, sondern durchaus auf Unterschiede, auch in der Bewaffnung, hingewiesen: „Selbst Eisen haben sie nicht allzuviel, wie ihre Waffen zum Angriff zeigen. Wenige führen Schwerter oder längere Spieße;

---

[237] Siehe H. Kühnel (Hrsg.); Bildwörterbuch der Kleidung und Rüstung. Stuttgart 1992. Einleitung: Kleidung und Gesellschaft im Mittelalter.
[238] Johann Turmair; Chronik 1541. O. S. Ähnlich heißt es in der „Schweizer Chronik" von Johann Stumpff aus dem Jahr 1548, der stark von Turmair abhängig ist: „Die menner wared bekleidet mit hocketen oder mit waappenröcken von grobem Tuch ... Ire waaffen warend etwas geringer und thättiger dann bey unsern zeyten: all ire rüstung was peurisch / nichts gemalets oder wybischs hatted sy." J. Stumpff; Gemeiner loblicher Eydgnoschafft ... Chronick. Zürich 1548. Blatt 23 ver + 24 rec.

meist brauchen sie Speere ... Panzer haben sie kaum, Helme aus Erz oder Leder nur einer und der andere ..."[239]
Die Menschen des 16. Jahrhunderts gingen von ihrer eigenen Anschauung aus und übersetzten sich diese Beschreibung des *Tacitus* entsprechend. *Sebastian Münster* deutete 1544 in seiner „Cosmographia" die in der „Germania" beschriebenen sozialen Unterschiede folgendermaßen: „Man hat lange zeit gemeynt, ihr Erdtrich bringe gar kein Metall, Gold, Sylber oder Eysen, darumb auch die Teutschen vor langen zeiten haben nicht viel Schwerdter gebraucht, sonder lange Stangen, daran sie machten ein kurtz Eysen. Desgleichen die Ritter brauchten ein Schilt und ein Speer, aber die zu Fuß stritten, behalfen sich vast mit Bögen. Sie giengen bloß in Streit, oder legten ein kurtze Gyppen an ihren Leib. Sie pflegten gar keines Geschmucks oder Geziered, dann daß sie ihre Schilt mit hüpschen Farben underschieden. Wenig waren im gantzen hauffen die sich mit Pantzer und eysen Hüten verwahreten."[240] Und diese Wenigen waren selbstverständlich die Edlen. Auch *Mannus* trägt zwar Panzerung und einen „Hut" aus Metall, doch ist er mit verhältnismäßig wenig Eisen ausgestattet. Es ist deshalb anzunehmen, daß der Künstler bzw. Herausgeber bewußt keine Bildvorlage eines ganz in Eisen gerüsteten Ritters oder Fürsten gewählt hat, wie sie zuhauf, unter anderem auch in der Pappenheimschen Chronik, zu finden gewesen wären. Er setzte die eines antiquiert und mangelhaft ausgerüsteten Kriegsknechtes, der bar jeden Schmuckes ist, an die zweite Stelle. Die sozial deklassierende Ausrüstung des *Mannus* stellte für den Künstler ein Mittel dar, die große historische Distanz des fiktiven ersten teutschen Königs zum Heute auszudrücken. Ihm war es folglich wichtiger, das große Altertum des *Mannus* darzustellen als dessen königliche Würde. Eine Berücksichtigung der taciteischen „Germania" bei der Auswahl des Vorbildes dieser Figur kann also angenommen werden. Auch die folgenden Figuren drei, vier und sechs entsprechen dieser Auffassung, während die letzten Figuren meist zeitgenössische Plattenharnische tragen.
Im Gegensatz zu seinem stark verzeichneten Vorbild erscheint die Figur, die von allen Autoren übereinstimmend *Erhard Schoen* zugeschrieben wurde, anatomisch richtig proportioniert und plastisch besser erfaßt.[241]

3.) Wygewon König der nidern Deutschen

Diese Figur wird von *Waldis* als erstgeborener Sohn des *Mannus* bezeichnet, unter dem das Land der Germanen dreigeteilt worden wäre; wobei er die „nidern Landt ... Auff beyden Seiten an dem Meer" erhalten habe. Er soll gleichzeitig mit dem orientalischen Herrscher *Zameus V.* regiert haben, zu der Zeit, als „Isaac die thewrung flohe." Seine einzigen bemerkenswerten Eigenschaften sind laut *Waldis* Einfalt und Frömmigkeit gewesen.[242]

---

[239] Tacitus; Germania; Kap. 6.
[240] Sebastian Münster; Cosmographia oder Beschreibung der gantzen Welt. Facsimile-Nachdruck nach dem Original Basel 1628. Lindau 1984. S. 614 / 615. Einen Abschnitt weiter heißt es: „Ihr Kleid war ein Zwilche Gyppe, die hehfteten sie zu mit einem Dorn, wann sie sonst nichts hatten. Man mocht doch die Reichen erkennen bey ihrem Kleid: dann sie trugen nicht weite, sonder enge Kleider, die gemessen waren nach grösse und kleine der Gliedern ... " S. 615.
[241] Illustrated Bartsch, Vol. 13 commentary, 080a, S. 210.
[242] Nanni nannte ihn Inghaevon, Turmair Ingevon.

Das Bild zeigt einen breitbeinigen, leicht nach links gedrehten Krieger mit langem Bart, der den Kopf nach rechts wendet, wodurch die Figur ein starkes Bewegungsmoment erhält (Abb. 17). Er trägt eine Kugelbrust und einen kurzen, aus Plättchen gefügten eisernen Rock, darunter ein Kettenhemd. Die Schultern und Beine sind ebenfalls eisengeschient, die Kniescheiben mit einem Dorn versehen. Er trägt wesentlich mehr Metall als sein Vorgänger, entspricht aber ebenso wenig seinem „königlichen" Rang, wie folgender Vergleich veranschaulichen soll :
Der Regensburger Künstler *Michael Ostendorfer* (um 1495 - 1559) hat nur wenige Jahre später, um die Zeit des Schmalkaldischen Krieges, König *Ferdinand I.* in einem Holzschnitt in einem repräsentativen Kostümharnisch dargestellt (Abb. 18). Mit Ausnahme des Kopfes, der nur mit einer Mütze bedeckt ist, steckt *Ferdinand* ganz in für die Zeit modernen fürstlichen Eisenkleidern. Eine teilweise grafierte, sich über dem Bauch leicht vorwölbende Harnischbrust samt Harnischkragen und Brechrändern hüllen seinen Oberkörper ein, eisernes Armzeug und Hentzen, Beinröhren und Kuhmäuler seine Extremitäten. Schwebscheiben an den Achseln, Arm- und Kniekacheln erlauben dem Gepanzerten eine gewisse Beweglichkeit. Außergewöhnlich an *Ferdinands* Rüstung ist lediglich der eiserne Faltenrock, der in dieser Form nur in wenigen Exemplaren in habsburgischen Werkstätten hergestellt worden war.[243] Verglichen mit *Ferdinand* wirkt *Wygewon* durch sein Kettenhemd und das teils nur mit Stricken festgebundene Armzeug ärmlich und unzureichend gerüstet. Es ist also anzunehmen, daß das große Altertum dieser fiktiven Fürsten durch eine veraltete und unstandesgemäße Rüstung zum Ausdruck gebracht werden sollte. Lediglich durch die Zackenkronen wird ihr königlicher Rang markiert.
Diese Figur wurde von allen Autoren übereinstimmend *Erhard Schoen* zugeschrieben.

4.) Heriwon König der mittel Deutschen

Nach *Waldis* lebte *Heriwon* zu der Zeit „oder kurtz zuvorn / da es Joseph in Ägypten glückt / Seim vatter Jacob Botten schickt ... " Anders als bei *Annius* und *Turmair* tritt er bei *Waldis* bereits an vierter Stelle, noch vor *Eusterwon* bzw. *Istevon*, auf.
Heriwons Erbteil wird folgendermaßen umgrenzt: „Ein theil Westphalen und die Hessen / Hartzländer disseits der Elb gesessen / Düringer, Meissen und Lusitzer / Die Böhmen und die Schlesier / Und was derselb Kreyß vermocht ... "[244]
Auch *Heriwon* wirkt alles andere als „königlich" (Abb. 19). Unter einem bis über den Bauch ragenden Brustharnisch ist ein kurzer, nur bis zu den nackten Oberschenkeln reichender Stoffrock sichtbar, die Unterbeine sind eisengeschient, ein weiter Umhang hinterfängt den Umriß der Gestalt. Das nur knapp angedeutete Gesicht wird von langem Bart und einem breitkrempigen Hut mit Zackenband umrahmt.
Bereits Roettinger[245] hat darauf hingewiesen, daß diese Figur, die von allen Autoren *Erhard Schoen* zugeschrieben wurde[246], sowie zwei weitere dieser Reihe nur in Details

---

[243] Siehe H. Kühnel; Bildwörterbuch; a.a.O. Stichwort: Faltenrockharnisch.
[244] Eine fast identische Zuordnung dieser Stämme zu den Hermiones findet sich bei A. Althamer: „Hermiones vero quorum pars Suevi, Hermanduri, Cathi, Cherusci plinio li 4 ca 14 hodie ut coniectura est, sunt Boemi, Misnenses, Lusati, Slesite, Saxones & Thuringi ... " A. Althamer; Commentaria Germaniae; a.a.O. Blatt 5.
[245] H. Roettinger; P. Flettners Holzschnitte; a.a.O. S. 6. Von Daniel Hopfer wurden die „Die drei boesten Juden" und die „Drei gute Cristen" bereits früher kopiert, wenn auch räumlich von-

abweichende Kopien nach *Hans Burgkmairs* zwischen 1516 - 1519 angefertigter Holzschnittfolge der „Neun Helden und Heldinnen" sind.[247] *Heriwon* entspricht in Habitus und Gewandung dem *Rex Davit* auf dem Holzschnitt *Die drei boesten Iuden* (Abb. 20), doch vereinfachte ihn der Künstler in einigen Details: die Seitenverkehrung durch den Nachstich findet sich nur zum Teil wieder, die reiche Ornamentierung des Davidschen` Harnischs wird auf ein in Bauchhöhe liegendes Arabeskenmotiv reduziert. Vor allem aber fehlt das Wappen, dessen Bild - eine Harfe - eines der traditionellen Attribute des ersten jüdischen Königs darstellt. Die Übernahme der Burgkmairschen *König David*-Figur für diese germanische Königsreihe verwundert angesichts von dessen Wichtigkeit für das abendländische Königtum zwar nicht.[248] Doch daß diese ausgerechnet für den *Heriwon* herangezogen wird, könnte sich eventuell durch *Annius*` kurzen Text erklären. Denn dieser hatte ihn als kriegerischen Mann mit wilder Gesinnung bezeichnet, der gleichzeitig mit dem Keltenkönig *Bardus*, dem fiktiven Erfinder der Musik, gelebt haben soll.[249] Dieser Hinweis auf den musikalischen Zeitgenossen des *Heriwon* könnte ein Motiv für die Auswahl gerade dieser Vorlage gewesen sein. Dadurch ließe sich auch das Fehlen jeden Hinweises auf das äußerst Wilde, das *Annius* dem *Herminon* zugeschrieben hatte, erklären.

5.) Eusterwon König der obern Deutschen

Der dritte Sohn des *Mannus* lebte laut *Waldis* „wie ich von ihm liß / Zur zeyt Königs Osiridis ... " Da er laut *Waldis* der „kleinst von dreien" gewesen sei, habe er das größte Herrschaftsgebiet bekommen: „Berg, Cleve, Geldren, Westphaln ein Ort / Hat alls zu seinem Reich gehort / Beyern, und welchs jetzt Schwaben heißt / Ihm unterthänign Ghorsam leißt / Der Necker, Schwartzwald und das Brißkaw / Die Pfaltz, Francken, und das Rinckaw ... "
Frontal und breitbeinig steht uns die altväterisch-würdige Gestalt des *Eusterwon* in prunkender Rüstung gegenüber (Abb. 21). Seine Rechte umfaßt souverän das seitlich neben ihm plazierte Langschwert, seine Linke ist spitzwinkelig in die Hüfte gestemmt. Eine reich ornamentierte Haube mit überdimensionierten Ohrklappen und einer quergestellten Criste sitzt auf seinem Kopf, ein langer gepflegter Bart wallt bis zu seinem ornamentierten Muskelpanzer herunter. Auch Arme und Beine sind eisengeschient; ein bis zum Boden fallender Mantel hinterfängt den fast gänzlich gepanzerten Körper. Auf den

---

einder isoliert. Siehe Illustrated Bartsch; Vol. 17.
[246] Illustrated Bartsch, Vol. 13 commentary, 080 c, S. 211.
[247] Das Thema der „Neun Helden" war im 14. Jahrhundert in Frankreich entstanden und sollte den Rittern geeignete Leitbilder anbieten. Es war bereits vor Burgkmair in Augsburg bekannt: es fand sich innerhalb eines größeren Zyklus in der Bemalung der Amtsstube des Weberhauses von 1457. Siehe T. Falk; Burgkmair 1973; a.a.O. Kat.-Nr. 111, u. H. Böcker-Dursch; Zyklen; a.a.O.
[248] „Die Figur des Königs David wies im christlichen Bereich von Anfang an auf den weltlichen Herrscher hin. Die David-Vergleichung ist schon bei Ambrosius vorgebildet, der Theodosius mit David vergleicht ... Auch in den folgenden Jahrhunderten werden immer wieder Herrscher und Fürsten mit dem Davidsnamen belegt. Wenngleich das Material dazu noch der Sammlung bedarf, ist es doch eindeutig, daß sich viele Herrscher des Mittelalters als David betrachteten." H. Steger; David - Rex et Propheta. Nürnberg 1961. S. 127 / 128.
[249] „Apud Thuyscones regnavit Herminon, vir ferox armis, & apud Celtas Bardus, inventione carminu & Musica apud illos inclytus ... " G. Nanni, Historia Antiqua. S. 21.

kolorierten Exemplaren hat er einen rötlichen Bart und einen weinroten Mantel, während die Rüstung grau eingefärbt ist und nur durch einige vergoldete Details belebt wird. *Eusterwon* tritt fast wie ein zeitgenössischer Fürst in Kriegsmontur auf. Nur die Kopfbedeckung will nicht dazu passen, sie allein verleiht ihm etwas Fremdes und Distanziertes.[250]

Die drei letztgenannten Könige werden als Söhne des *Mannus* und Regenten verschiedener Regionen; das heißt als simultan regierende Fürsten vorgeführt. Durch die Hintereinanderreihung und vor allem durch die Begleitgedichte wird jedoch eher ein zeitliches Nacheinander und somit eine Stammlinie suggeriert. So habe *Heriwon* gelebt „Da Aralius trug die Kron, Des grossen Reichs zu Babylon", während es bei *Eusterwon* heißt: „lebte zur Zeit König Osiridis, Da der regiert mit hohem rhumb, Das groß Caldeisch Keyserthumb."

6.) Marsus König im Niderlandt

Der Sohn des *Erdwoners* wird von *Waldis* als frischer und wohlgetaner Jüngling beschrieben, der fröhlich und sportlich gewesen sei und „mit seinem Bogen, Schwerdt und Barsen / Schützt die Stormarn und Diethmarsen / Die Friesen, Worsten, Holsten, Dehnen / Thet all zu seinem Reich gewehnen ... "

Auch für diese leicht nach links gedrehte Figur, die mit Kugelbrust, einem Bauchreifen mit kurzer Schöße und einem in unterschiedlich langen Zaddeln herabhängendem Kettenhemd bekleidet ist (Abb. 22) wurde wiederum auf eine Vorlage aus der Pappenheimschen Chronik zurückgegriffen. Dort findet sich als Nr. 30 *Eberhard Truchsaß*, der „Anno Tausend Zweihundert und Ain und Zwanzig Jahr" unter Kaiser Friedrich II. gelebt haben soll (Abb. 23). Diese Figur wiederum ist bereits eine genaue Kopie des *Methello*, der Nr. 21 der Burgkmairschen Maximiliansgenealogie (Abb. 24).[251] Erhard Schoen hat diesen *Eberhard Truchsaß* ziemlich genau kopiert.[252] *Marsus* steht lediglich seitenverkehrt. Im Gegensatz zu seinen langbärtigen greisenhaften Vorgängern stellt er einen durch dichtes, relativ kurz geschnittenes Haar sowie die Gesichtszüge jung wirkenden Krieger vor, der auf seinem Haupt keinen Helm, sondern nur eine Zackenkrone trägt. Lediglich der Schild und - kaum sichtbar - der Bogen, der zukünftig das wichtigste Attribut des *Marsus* werden sollte, sind ergänzt.

7.) Gambrivius König in Brabant / Flandern

Gambrivius wird von *Waldis* zeitgleich mit *Belochus* gesetzt und als „streng und ernst von sitten" beschrieben, zugleich aber - welch Widerspruch - als Erfinder des Bieres be-

---

[250] Ein ähnlicher Kopfschmuck findet sich bei *Ebimelech* und *Goliath* in der E. Schoen zugeschriebenen Reihe der „12 schrecklichen Tyrannen des Alten Testaments" von 1531, die das Gedicht „Schandenport" von Hans Sachs illustrieren sollten. Abb. in Illustrated Bartsch; Bd. 13 comm., E. Schoen; S. 245. C. Dodgson schrieb diese Halbfigurenreihe P. Flötner zu. Siehe „Catalogue of early German and Flemish Woodcuts". Bd. I, S. 532 / 33. Röttinger u. Prieur schreiben das Blatt Hans Brosamer, Geisberg hingegen dem in der Literatur als „Pseudo-Schoen" bekannten Niclas Stoer (Nürnberg um 1500 - 1562 / 63) zu.
[251] Hinweis von R. Prieur; „Die Teutschen"; a.a.O. S. 228.
[252] Von Röttinger, Geisberg und Bartsch Erhard Schoen zugeschrieben.

zeichnet: „Er hat auß Gersten Maltz gemacht / Und das Bierbräuwen erst erdacht / Wie er solchs von Osiride / Gelehrnet hatt / und von Iside ..." [253]

Dankbar hat der Künstler die wenigen Hinweise des *Waldis* als Bildelemente in seine Komposition aufgenommen. *Gambrivius* steht nicht isoliert auf einer schmalen Bodenplatte, sondern zwischen einer Garbe Gerste links und einem Stein, auf dem ein phantastischer Helm mit aufgesetztem Drachen und hohem Federbusch liegt (Abb. 25). Die Figur trägt einen Feldküriß, einen um 1525 entwickelten kompletten Reiterharnisch. Nur das über die Kastenbrust gelegte gezaddelte Kettenhemd, die Dorne auf den Kniebuckeln sowie der lange Bart dürften befremdend auf die Zeitgenossen gewirkt haben. Die Gestalt wirkt gekrümmt; das zerfurchte breitgesichtige Haupt trägt oben einen Hopfenkranz, was ihn wie eine nordische Entsprechung zum mediterranen, meist nur leichtbeschürzten Weingott *Bacchus* erscheinen läßt.

Gambrivius ist die zeichnerisch schwächste Figur, vor allem was die Anatomie anbelangt. Er wird teils dem *Niclas Stoer*, teils *Hans Brosamer* zugeschrieben.[254] Der Körper sitzt unorganisch in der Rüstung, der viel zu groß geratene Kopf ist beinahe so hoch wie der ganze Oberkörper, die Arme setzen viel zu tief an den weit herabhängenden Schultern an.

8.) Suevus ein Ahnherr aller Swaben

Ein *Suevus* wird im antiken Schrifttum nirgends erwähnt; er ist wie *Marsus* oder *Wandalus* ein Konstrukt des *Annius*, der diesen Namen von dem bei *Tacitus* erwähnten Stammesnamen der Sueben abgeleitet hatte. [255]

Suevus tritt wie ein zeitgenössischer Adliger in Kriegsrüstung auf (Abb. 26). Sein Unterkörper ist frontal zum Betrachter gewandt, während der Oberkörper eine vom rechten Arm unterstützte Drehung nach links vollzieht und den Kopf im Profil wiedergibt. Von der Taille bis zu den Knien bedeckt ein in Falten gelegter Stoffrock den gänzlich in eiserne Rüstung gelegten Körper. Sein Haupt ist unbedeckt und zeigt die am Hinterkopf zusammengeknoteten Haare. Das linke Bein ist schräg auf eine Erdscholle gestützt, die Füße sind in Kuhmäuler gezwängt, die linke Hentze preßt den Griff eines langen Schwertes an die Hüfte. Auf dem kolorierten Exemplar hat *Suevus* strohgelbes Haar. Die Rüstung ist wie die der vorgenannten Figuren in einem stumpfen Grau gehalten, die Schürze sticht durch ihr knalliges Rot besonders heraus, der Wappenschild blieb von der Kolorierung ausgespart.

Das Bild unterscheidet sich von den meisten anderen darin, daß sowohl ein landschaftlicher Hintergrund ausgestaltet als auch die obere Hälfte links durch ein Wappen, rechts durch eine Wolkenformation ausgefüllt werden. Der untere Bildgrund zeigt, von den Beinen des *Suevus* überschnitten, einen sein Feld pflügenden Bauern. Am linken Bildrand ist ein Bauernhaus angeschnitten; weit hinten in der hügeligen Landschaft ist ein Dorf zu erkennen.

---

[253] Bei G. Nanni hieß es nur knapp: „Eius annis apud Thuyscones regnavit Gambrivius, vir ferocis animi. Apud Aemathios ... " Historia Antiqua. S. 22.

[254] M. Geisberg: N. Stoer / Röttinger: H. Brosamer.

[255] „A tempore Baleo, IX, Rex Assyrorum ... apud Thuyscones regnat Sevus, & apud Celtas Celte: a quo nomen habuerunt montes illorum maximi a conflagratione silvarum, qui dividunt Celtas & Celtiberos ... " G. Nanni; Historia Antiqua. S. 23.

Diese Figur ist die einzige der Reihe, die von *Waldis* in ihrem Äußeren etwas genauer beschrieben wird: „Suevus, der erst und Edle Swab / Ein kühner held und schöner knab / Grow augen, weissen layb; gelb haar / Ein vatter aller Swaben war."
Die auffällige Haartracht läßt auf des Künstlers Kenntnis der taciteischen „Germania" schließen, wo ungewöhnlich ausführlich auf die Haartracht der Sueben eingegangen wird: „Ein Stammeszeichen bildet das seitwärts gekämmte, in einen Knoten geschlungene Haar: dadurch unterscheiden sich die Sueben von den übrigen Germanen und die suebischen Freien von ihren Knechten ... Bei den Sueben aber streichen sie noch, wenn sie grau sind, das widerstrebende Haar zurück und binden es, oft gerade über dem Scheitel, zusammen; Vornehme tragen es noch kunstvoller hergerichtet. Das ist nun wohl Putz, aber ein Unschuldiger; denn nicht um Liebe und Gegenliebe geht es ihnen, sondern mit solcher Sorgfalt schmücken sie sich, um größer und schrecklicher auszusehen in den Augen der Feinde." [256] Der Künstler nahm von diesen Angaben des *Waldis* bzw. *Tacitus* nicht nur hinsichtlich der Frisur Notiz; auch der Schurz könnte von der „Germania" inspiriert sein. Ansonsten ließ er aber alle anderen Informationen des *Tacitus* über die Germanenkleidung außer acht und steckte ihn stattdessen in eine zeitgenössische Rüstung.
Vielleicht kannte der Künstler auch *Lucas Cranach d. Ä.* Holzschnitt *Der Heilige Georg* von 1506 (Abb. 27). Die Rüstung entspricht in beiden Fällen dem Standard des frühen 16. Jahrhunderts, auch Habitus und Haltung der Figuren ähneln sich. Bemerkenswert ist der gleichfalls nach oben und nicht - wie bei *Tacitus* herausgelesen werden könnte - seitlich gebundene Haarschopf und die ähnlich gekräuselten Koteletten. Eine Darstellung des *Hl. Georg*, des frühchristlichen Märtyrers und Patrons der Ritter, hätte sich jedenfalls wie die „Drei guten Cristen" von *Burgkmair* als positiv besetztes Vorbild für einen dieser Fürsten angeboten.
Die Existenz des pflügenden Bauern erklärt sich aus dem Begleitvers des *Waldis*: „Drumb sie stets hundert tausent man / zu feld mochten in rüstung han / Die andern daheim den acker erthen / Sich und dselben davon ernerthen / Damit man stets das kriegen trieb / Und das pflügen nicht nachblib." Dieser Vierzeiler wiederum könnte von *Sebastian Francks* „Chronika des gantzen teutschen Lands" (1539) inspiriert worden sein, wo es in der Vorrede heißt: „Zur Zeit des Suevi / der Schwaben Künig hat in Germania des Pflügens Gott, wie Peutinger bezeugt den Gottesdienst innehabt ... " [257]
Das *Suevus*-Blatt zeigt zum erstenmal ein Wappen: die drei Löwen des Herzogtums Schwaben, die unter anderem auch Bestandteil des gevierten Wappens der Truchsesse von Waldburg waren. Die Wahl dieses heraldischen Zeichens bedarf wegen der damals vermuteten völkischen Identität von Sueben und Schwaben keiner Erläuterung.[258]

9.) Wandalus der Wenden König

Wandalus wird von *Waldis* als „der erst und edle Wend" vorgestellt, der mit seinem Geschlecht auf beiden Seiten der Weichsel gesiedelt habe. Die Gleichsetzung von Wandalen und Wenden war ein im 16. Jahrhundert weitverbreiteter Irrtum, dem nicht nur der hamburgische Geschichtsschreiber *Albert Krantz* oder *Melanchthon* aufgesessen wa-

---

[256] Tacitus, Germania, Kap. 38.
[257] S. Franck; Germaniae Chronicon. Zit. nach H. Stemmermann; Frühgeschichtsforschung; a.a.O. S. 40
[258] Dieser Holzschnitt wurde von Röttinger, Hollstein und Geisberg Peter Flötner zugeschrieben.

ren.[259] Erst nach der Auswanderung der Wenden hätten laut *Waldis* die „Poln, Zechen, Sclaven" diese Gebiete besiedelt.

Der Charakter der *Virgil Solis* zugeschrieben Figurist ein ganz anderer als der seiner Vorgänger, die mit Ausnahme *Tuiscons* alle in Kampfmontur vorgestellt werden (Abb. 28).[260] Denn *Wandalus* tritt wie ein zeitgenössischer Fürst in eleganter Hofkleidung auf. Er ist ungerüstet, trägt einen hohen Filzhut mit Straußenfeder und teils hochgezogener Krempe; sein Haar ist in einem Netz zusammengebunden. Er ist in einen reich bestickten knielangen Mantel gehüllt, dazu trägt er Schnabelschuhe. In seiner Linken hält er ein zusammengerolltes Schriftstück; ein breites kurzes Krummschwert wird unter dem Mantel sichtbar. Die Gestalt ist in eine Landschaft mit einer zeitgenössischen Höhenburg gestellt und wendet sich leicht nach links, wo ihm zu Füßen ein Wappenschild mit einem weißen, aufrecht schreitenden Löwen mit Doppelschwanz - der Löwe von Böhmen[261] - lehnt. Auf dem kolorierten Exemplar ist sein Mantel rot, sein Wams blau, die Krone gelb eingefärbt. Das Wappen zeigt einen weißen Löwen auf rotorangem Grund.

Domanig glaubte, in einem der relativ kleinen Holzschnitte für die 1534 in Wien publizierte „Hungern Chronika" ein Vorbild für diese Gestalt aufgespürt zu haben.[262] Dort findet sich eine Szene, wo der Hunnenkönig *Attila* den von rechts kommenden Papst *Leo I.* mit Gefolge empfängt. *Attila* trägt zwar einen ähnlich dekorierten Mantel, doch läßt die winzige Figur sonst wenig Übereinstimmung mit *Wandalus* erkennen.

Dennoch ist dieser Verweis auf Ungarn nicht völlig abwegig. *Ferdinand I.* war zu dieser Zeit wenigstens formell König der beiden Reiche Böhmen und Ungarn und damit das gegenwärtige Oberhaupt der Gebiete, die einst *Wandalus* innegehabt haben soll. Der Habsburger sollte sich als Nachfolger dieses fiktiven Fürsten angesprochen fühlen und sich mit diesem identifizieren. *Ferdinand* vertrat seinen Bruder *Karl V.* auf dem Reichstag und dürfte einer der Hauptadressaten von *Waldis`* Broschüre gewesen sein. Er war seit seiner Wahl zum Römischen König 1531 auch der designierte Nachfolger *Karls* im Kaiseramt und dazu bestimmt, einstmal die Geschicke des Reiches zu lenken.

Aus diesem Grund fällt *Wandalus* durch seinen eleganten Habitus ganz aus dieser Reihe. In solch einer modischen Zivilkleidung hätte sich ein zeitgenössischer Fürst durchaus auf dem Reichstag präsentieren können. *Wandalus* ist außer *Tuiscon* der einzige in der Reihe, der nicht mit der Hand an das Schwert greift oder zum Krieg gerüstet ist. Er allein wird in Festtagskleidung präsentiert und umfaßt statt einer Waffe eine Schriftrolle. Seine Friedfertigkeit wird dadurch deutlich signalisiert.

---

[259] „Vandalos recensent inter Germanos Plinius et Cornelius, ideoque sunt, qui contendunt, Vandalos nequaquam esse Slavos, seu, ut vocant, Wenden ... " Ph. Melanchthon; In Cornelii Taciti... Commentarius. Zit. nach Corpus Reformatorum, Bd. XVII. S.623.
[260] Übereinstimmend von Röttinger und Geisberg.
[261] Der schreitende Löwe war eines der beliebtesten Wappentiere; der „Böhmische Löwe" zeichnet sich jedoch eindeutig durch seinen gespaltenen Schwanz aus. Siehe O. Neubecker; Heraldik. Luzern 1990. S. 91.
[262] K. Domanig; P. Flötner als Plastiker und Medailleur. In: Jb. des Allerhöchsten Kaiserhauses; Bd. 16. Wien 1895. Domanig schrieb Flötner die Holzschnitte in der „Hungern Chronica" zu und baute auf seinen Fehlzuschreibungen die These auf, daß die „12 uralten Fürsten" des Waldis schon vor 1534 entstanden wären. Ich stimme Dodgson zu, der meint: „the resemblance seems to me too slight to warrant any such conclusion." C. Dodgson; Catalogue; a.a.O. Bd. I, S. 527.

Mit dem *Wandalus* läßt *Waldis* die vom Pseudo-Berosus konstruierte mythische Ahnenreihe enden. Die letzten von *Annius* erwähnten Gestalten *Hunnus, Hercules* und *Teutanes* sind eliminiert und durch drei historisch verbürgte „reale" Persönlichkeiten aus der deutschen Geschichte ersetzt. Aufschlußreich ist, welche Figuren ausgeschieden wurden. Die Hunnen genossen schon damals nicht den besten Ruf, *Beatus Rhenanus* hatte sie als die „barbarischsten Barbaren" bezeichnet.[263] *Hercules* mag sich aufgrund seiner „Internationalität" nicht in diese nationale Reihe eingefügt haben. *Teutanes* war obskur und übel beleumundet. Statt dieser negativ besetzten Gestalten tauchen nun idealisierte Helden auf: zwei bekannte Namen aus dem germanischen Altertum und der erste römisch-deutsche Kaiser. Nahtlos wird der pseudo-berosianische Mythos mit der historisch verbürgten antiken Germanengeschichte verknüpft. Diese erscheint als Epoche zwischen völkischem Ursprung und dem Beginn des deutschen Kaisertums, der eigenen Gegenwart.

10.) Ariovist ein König aller Deutschen

Ariovist ist der erste Germane, der uns in römischen Quellen wenigstens in groben Zügen als Persönlichkeit geschildert wird. *Caesar* beschreibt ihn als hochmütigen und verschlagenen Gegner, der, von den gallischen Arvernern und Sequanern um Hilfe gebeten, mit seinen Truppen den Rhein überschritten hatte und nun selbst Gallien mit Eroberung bedrohte. Er war von *Caesar* vernichtend geschlagen und über den Rhein zurückgetrieben worden, wodurch der germanischen Expansion über den Oberrhein vorerst ein Ende gesetzt war. [264]

Im Gegensatz zu seinen unmittelbaren Vorgängern wird *Ariovist* als gesamtdeutscher König vorgestellt.[265] Er übernimmt die Funktion, die regional-partikularistischen Vorgänger wieder zu einem gemeinsamen nationalen, wenn auch völlig fiktiven Königtum zusammenzuführen. Er habe laut *Waldis* mit wechselndem Kriegsglück gegen „Kaiser Julius" gestritten und „gantz Franckreich in gehabt." Er und nicht *Arminius*, der in dieser Reihe - wie zu dieser Zeit üblich - nur als sächsischer Fürst bezeichnet wird, gilt *Waldis* als „Streiter für die deutsche Freiheit." [266]

Auch an dieser Figur erinnert überhaupt nichts an die Beschreibungen *Caesars* oder *Tacitus*` (Abb. 29). Bis auf wenige Details sehen wir hier eine genaue Kopie von *Burgkmairs Kinig Artus* auf dessen Holzschnitt „Drei Gut Cristen" (Abb. 30). Dort waren *Karl der Große*, Herzog *Gottfried von Bouillon* (+ 1100) und der britannisch-keltische König *Artus* (6. Jahrhundert) als die fürstlich-tugendhaften Vorbilder des mittelalterlichen Rittertums auf einem Blatt vereint. *Artus* wiederum ist eine Paraphrase einer der Figuren aus *Burgkmairs* Maximilian-Genealogie.[267] Der Künstler korrigierte aber die

---

[263] „Hunnos, quod omnes testantur, Barbaroru barbarissimos turpissimosque in Panegyrico quem Anthemio Caesari dicavit, Sidonius exacte depingit, liijs versibus ... " B. Rhenanus; Rerum Germanicarum; a.a.O. S. 110.
[264] Caesar; Der Gallische Krieg; a.a.O. I , 31 - 54.
[265] Jacob Wimpheling (1450 - 1528) hatte Ariovist als „ersten König der Germanen" bezeichnet. Siehe A. Borst; Turmbau; a.a.O. S. 1054.
[266] „Das macht sein Ritterliches streytten / Als zu des Keysers Julii zeytten / Von dem er auch vil kampffs erlitten / Offt für die Deutsche freyheit gstritten." B. Waldis; Vers zum *Ariovist*.
[267] „Für den König Artus scheint ein Kopf und in einzelnen Rüstungsteilen eine Anlehnung an Fr. 86 stattgefunden zu haben." H. Zimmermann; Burgkmairs Genealogie; a.a.O. S. 60.

gekrümmte Haltung des Vorbildes und straffte seinen *Ariovist* zu repräsentativer Pose. Das Drei Kronen-Wappen wurde unverändert übernommen, wenn auch der Schild etwas anders geformt und plaziert ist. Dieses Wappenbild kann leicht zu Verwechslungen führen. Traditionell gehört es dem keltisch-britischen Sagenkönig *Artus* an. Es wurde aber auch in *Sebastian Münsters*` lateinischer Ausgabe der „Cosmographia" von 1550 als schwedisches Wappen, als „Stockholmia regia civitatis" aufgeführt.[268] Drei Kronen kommen aber auch im Wappen des Elsaß vor[269] und dürften von *Virgil Solis*[270] auch in diesem Sinne gebraucht worden sein, um auf das Aufmarschgebiet des *Ariovist* gegen die römischen Truppen hinzuweisen.

Sicher empfand man diese Gestalt in der Mitte des 16. Jahrhunderts bereits als veraltet und antiquiert, denn Kastenbrust und Tonnenrock waren um die Mitte des 15. Jahrhunderts gebräuchlich, aber nicht mehr einhundert Jahre später. Auf dem kolorierten Exemplar trägt *Ariovist* braunes Haar und eine mausgraue Rüstung mit goldenen Arm- und Schulterscheiben sowie einem Cingulum.

Ein Vergleich mit der wenige Jahre zuvor entstandenen Radierung des *Antonio Fantuzzi*, die ein Denkmalsprojekt für den gallischen Heerführer *Vercingetorix*, den Zeitgenossen des *Ariovist*, zeigt, soll die bedeutsamen Unterschiede zur italienischen Rezeption der antiken Barbaren beleuchten (Abb. 31).

Exkurs: Der antike Barbar in der Kunst der italienischen Renaissance

Im Gegensatz zu Deutschland hatte sich im Laufe des 15. Jahrhunderts in Italien bereits ein säkularisiertes, ganz auf die Geschichte Roms bezogenes und von biblischen Prämissen bereinigtes Geschichtsbewußtsein herausgebildet, das auch das kulturelle Gefälle zwischen den antiken Römern und den Barbaren nüchtern und selbstsicher konstatierte.

Dieses ganz andere italienische Geschichtsbewußtsein fand seine Entsprechung auch in den Barbarendarstellungen der italienischen Künstler. Diesen standen in Form der antiken Monumente Kunstwerke vor Augen, die ein authentisches Aussehen der Barbaren überlieferten. Diese wurden von den italienischen Künstlern vielfach kopiert, was eine ganze Anzahl von noch erhaltenen Nachzeichnungen beweist, und in deren Werken zitiert oder paraphrasiert.[271] Wie bereits in der Antike findet sich in der italienischen Renaissancekunst der Barbar wiederum meist nur in der Rolle des Erschlagenen, Gefangenen oder Gedemütigten wieder.

Ein Paradebeispiel für die Rezeption der antiken Kunst während der Hochrenaissance ist das gewaltige Fresko der „Konstantinsschlacht" in der *Sala di Costantino* im Vatikan,

---

[268] Siehe S. Münster; Cosmographia Universalis. Basel 1550. S. 838. Das Drei Kronen-Wappen auf blauem Feld war seit dem 14. Jh. das einheitliche Landeswappen Schwedens (siehe Abb. 11). Im Mittelalter wurde es traditionell König Artus zugeordnet. Siehe G. Oswald; Lexikon der Heraldik. S. 105 / 106.

[269] Z. B. in Virgil Solis` Wappenbüchlein, Nürnberg 1555.

[270] M. Geisberg und Illustrated Bartsch schrieben diese Figur E. Schoen, Röttinger dagegen dem V. Solis zu.

[271] P. P. Bober & R. O. Rubinstein; Renaissance Artists and Antique Sculpture. A handbook of sources. Oxford 1986. (Wounded and Dying Gauls and Persians: Katalog-Nr. 148 - 154; Battles of Romans against Gauls and Barbarians: Kat.Nr. 156 - 157 ; und v. a. Part Two, Roma Triumphans: Kap. 1, 2, 3).

das selbst Teil eines größeren Zyklus über das Leben *Konstantins des Großen* ist (Abb. 32). Nach *Vasari* gehen die Entwürfe auf *Raffael* zurück, doch wurde es durch *Giulio Romano* und dessen Mitarbeiter ausgeführt und 1524 vollendet. Im Zentrum des Bildes, das die für das Christentum so entscheidende Schlacht an der Milvischen Brücke am 28. Oktober 312 schildert, ist der berittene *Konstantin* am Ufer des Tiber zu sehen, während sein Gegner *Maxentius* vor ihm in den Fluten ertrinkt. Am linken und rechten unteren Bildrand finden sich mehrere kämpfende bzw. bereits erschlagene Barbaren, die als Hilfstruppen *Konstantins* an der Schlacht beteiligt waren. Der Entwurf des Bildes beruht auf einer genauen Kenntnis der literarischen Quellen und Topografie dieses Ereignisses. „An realistischer Treue läßt die Darstellung, was das rein Sachliche anbelangt, gewiß nichts zu wünschen; sie geht so weit, daß sogar eine Sonderung der einzelnen Truppenteile, nach Tracht, Bewaffnung und völkischem Habitus möglich ist ... dazwischen taucht auch viel buntes, reichlich Phantastisches auf, wofür es im Antikenvorrat gewiß keine Belege gibt."[272] *Vasari* nennt sogar die Kunstwerke, an denen sich *Giulio Romano* für seine detaillierten Darstellungen orientiert hatte: „Er lernte von den antiken Säulen des Trajan und Konstantin in Rom so viel, daß er sich dessen vielfach für die Trachten der Soldaten bediente, für die Waffen, Feldzeichen, Bastionen, Verschanzungen, Widder und alle anderen Kriegsgeräte ..."[273] *Giulio Romano* komponierte dieses Bild aus verschiedenen antiken Vorlagen zusammen und hielt sich dabei möglichst an die vorgegebenen Details. Er ergänzte aber vieles aus eigener Phantasie, vor allem bei der durch die antiken Vorbilder nicht vorgegebenen farblichen Ausgestaltung.

Am linken unteren Bildrand ist inmitten des Schlachtengetümmels ein erschlagener Barbar zu erkennen, der von einem Gegner ausgeplündert wird. Der seitlich, mit überkreuzten Beinen hingestreckte Barbar hält noch eine Standarte in seinen Händen. Er ist mit seinem zottigen Fellumhang und seinen langen blonden Haaren eindeutig als „nordischer Barbar" charakterisiert, wobei das Fehlen sämtlicher gallischer Attribute wie dem *torques*, einem Halsring, es wahrscheinlich macht, daß der Gefallene ein Germane sein soll.

Wesentlich weniger antikengetreu ist der um 1550 von *Michele Alberti* und *Giacomo Rocchetti*[274] gemalte Fries in der „Sala dei Trionfi di Mario" im römischen Konservatorenpalast (Abb. 33). Der Fries umzieht den ganzen Raum in ca 3 - 4, 5 Meter Höhe und schildert den Feldzug des *Marius* gegen die Kimbern im Jahr 101 v.u.Z., wobei ein Großteil des Frieses dem in der italienischen Renaissance so beliebten Motiv des Triumphzuges gewidmet ist. Vor den im Hintergrund erkennbaren antiken und zeitgenössischen römischen Gebäuden bewegt sich im vordersten Bildstreifen der Zug der gefangenen Barbaren nach rechts, bewacht und angetrieben von römischen Soldaten. Im Gegensatz zum vorhergehenden Beispiel entsprechen die Barbaren jedoch nicht antiken Vorlagen. Sie sind in unterschiedlich farbige Mäntel oder knielange Tuniken gehüllt und tragen verschiedenartige Mützen und Kappen. Abgesehen von wenigen Details wie den teils blonden Haaren und den unter den Tuniken getragenen Beinkleidern wird nur durch

---

[272] A. von Salis; Antike und Renaissance. Zürich 1947. S. 81 bzw. 80.
[273] Giorgio Vasari; Die Lebensbeschreibungen der berühmtesten Architekten, Bildhauer und Maler. Deutsch hrsg. von A. Gottschewski & G. Gronau. 4. Bd. Die mittelitalienischen Maler. Straßburg 1910. S. 295.
[274] Weder von M. Alberti noch von G. Rocchetti sind Lebensdaten bekannt, bei beiden findet sich in Thieme-Becker kein Hinweis auf den Senatorenpalast. Alberti gilt als Schüler des Daniele Ricciarelli da Volterra; Rocchetti (+ 1628) stammte aus Faenza und war Schüler Barochis.

die Benennung des Saales erkennbar, daß es sich bei diesen Gestalten um germanische Kimbern handeln soll.

Fantuzzi konnte zwar auf kein authentisches Bildnis des *Vercingetorix* zurückgreifen, doch waren ihm sicher solche antiken Reliefs bekannt.[275] Seine Radierung mit dem Idealbildnis des *Vercingetorix* basiert vermutlich auf einer Vorzeichnung von *Francesco Primaticcio* (1504 - 70). Sie war im Zuge der Ausgestaltung des Schlosses Fontainebleau für König *Franz I.* entstanden[276] und läßt solche Text- und Bildkenntnisse als sicher erscheinen.[277]

Vercingetorix ist als älterer Mann mit halblangem gelocktem Vollbart und Haupthaar gezeichnet. Er steht frontal, in ganzer Figur und leichter Schrittstellung vor uns und hält in seiner linken Hand einen Granatapfel, das Symbol politischer Einheit. Auf dem Kopf trägt er einen Lorbeerkranz, aus dem einer Krone gleich spitze Dorne nach oben ragen. Er ist in eine knapp knielange Tunika gekleidet, über die ein Sagum mittels einer Brosche über der linken Schulter befestigt ist. Bemerkenswert sind vor allem die mit Schnüren unterhalb der Knie, an Waden und Knöcheln festgebundenen hosenartigen Beinkleider sowie seine baren Füße.

Diese langen Beinkleider sind uns aus einigen antiken Reliefs, aber auch aus schriftlichen Beschreibungen überliefert[278], sie galten den Römern als „Zeichen des Barbarentums" schlechthin.[279] Sie sind von *Fantuzzi* wesentlich spezifischer gezeichnet als etwa bei *Flötners Tuiscon* und zudem nicht mit einer Toga, sondern mit Tunica und über der Schulter mittels Fibel bzw. Brosche fixiertem Sagum kombiniert. Die Kleidung des *Vercingetorix* entspricht folglich dem auf antiken Reliefs überlieferten Aussehen der Barbaren wesentlich eher als die des *Tuiscon*. Da sich König *Franz I.* mit dem Rebellenführer *Vercingetorix* in dessen Rolle als Einiger der gallischen Stämme identifizieren sollte, ist *Fantuzzis* Gestalt im Gegensatz zu den meisten anderen italienischen Barbarenbildern idealisiert.

Dank den überlieferten antiken Bildwerken und aufgrund eines moderneren Geschichtsbewußtseins entsprechen die Barbarenbilder der italienischen Renaissancekünstler unseren, gleichfalls von den antiken Bildwerken mitgeprägten Vorstellungen weit mehr als die Holzschnitte ihrer deutschen Zeitgenossen. Die Italiener zeigten die antiken Barbaren als Wilde, halbnackt oder in Felle gekleidet. Dadurch gaben sie ihrem Bewußtsein von der Superiorität der eigenen Kultur entsprechenden Ausdruck. Den deutschen Künstlern,

---

[275] Thieme-Becker erwähnt unter A. Fantuzzi 21 Blätter nach antiken Vorlagen.

[276] Siehe E. Panofsky; The iconography of the Galerie Francois Ier at Fontainebleau. In: Gazette des Beaux-Arts 1958, S. 113 ff, bes. S. 127 - 131. A. Fantuzzi war in Fontainebleau zwischen ca. 1537 - 50 unter Primaticcio tätig. Seine Radierung des Vercingetorix wird von Panofsky in Zusammenhang mit dem Bild „ L´Unité de l` état " in der Galerie Franz` I. gebracht, das Franz I. zwar in antik-römischem Kostüm, aber in ähnlicher Haltung und mit dem „Einheit" symbolisierenden Granatapfel zeigt.

[277] Die berühmte *Gemma Augustea*, eine der bedeutendsten antiken Gemmen überhaupt, befand sich zu diesem Zeitpunkt noch im Besitz von Fantuzzis Brotherrn König Franz I. Sie zeigt in der unteren Zone sowohl ein gefesseltes Kelten- als auch ein Germanenpaar (siehe Abb. 88).

[278] Der griechisch-sizilianische Geschichtsschreiber Diodorus Siculus schrieb im 1. Jh. v. u. Z. über das Aussehen der antiken Kelten: „Ihre Kleidung ist erstaunlich: sie besteht aus den gefärbten Chitones, die in allen Farben strahlen, und Hosen, die sie Brakes nennen. Mit Schnallen befestigen sie darüber gestreifte Mäntel, im Winter aus wolligem, im Sommer aus glattem Stoff, der mit kleinen, sehr bunten Rechtecken gemustert ist." Zit. nach E. Thiel; Geschichte des Kostüms. Berlin 1973. S. 72.

[279] Siehe ebd. S. 72. Dort sind auch einige entsprechende antike Reliefs abgebildet.

die in den Jahrzehnten nach der Reformation kaum noch Italien bereisten, waren bis zu *Joachim von Sandrarts* „Teutscher Academie" von 1675 - 79 kaum antike Kunstwerke bekannt, die Barbaren darstellten. Naiv schöpften sie aus ihrer unmittelbaren Anschauung und noch öfter aus grafischen Vorlagen. In ihrer Vorstellung begann mit *Arminius*, mit der Zeit um Christi Geburt, das eigene und letzte Zeitalter vor dem Antichrist. Sie stellten sich die germanischen Altvorderen, insbesondere die Fürsten, nicht wie Wilde, sondern eher wie mittelalterliche Ritter oder Kriegsknechte vor, deren Rüstung nicht mehr ganz den Ansprüchen der eigenen Zeit genügte.

11.) Arminius ein Fürst zu Sachssen

Der Cheruskerfürst *Arminius*, der im Jahre neun im Teutoburger Wald drei Legionen des *Varus* niedermetzeln ließ, war Anfang des 16. Jahrhunderts erstmals in einem deutschen Buch erwähnt worden, und zwar in der Chronik des *Nauclerus* von 1504.[280] *Johann Turmair* hatte ihn erstmals auf den deutschen Namen *Hermann* getauft.[281] Dieser willkürlich verliehene unhistorische Name geht auf die Eindeutschungsbemühungen der Gelehrten des 16. Jahrhunderts zurück, die die meist nur lateinisch überlieferten Namen der Germanen ins Deutsche zu übersetzen suchten. In dem häufig *Martin Luther* zugeschriebenen „Namenbüchlein" von 1537 (siehe Abb. 36) heißt es unter anderem: „Herman, von dem oben gesagt ist, den die Welschen verderbt *Arminius* aussprechen, ist so viel als ein Führer des Heeres oder ein Krieger." [282]

Franciscus Irenicus hatte in seinen „Germaniae Exegeseos" erstmals eine Ahnentafel germanischer Fürsten zu rekonstruieren versucht, in deren Zentrum *Arminius* und dessen

---

[280] Siehe H. Stemmermann; Frühgeschichtsforschung; a.a.O. S. 18.

[281] Im 28. Kap. von Turmairs „Bayrischer Chronik" heißt es: Von künig Hermann, dem fünften erzkünig in Germanien und teutschem Land: „Künig Herman wolt sein Teutschen das freiest volk in der ganzen welt machen, die all ander nation überziehen, von niemant überzogen sollen werden: gab demnach vil ordnung, die kriegsleut betreffend." Zit. nach der Ausgabe hrsg. von M. Lexer; Bd. 1, München 1882. S. 109. J. Ridé schreibt hingegen: „Wenn nicht Martin Luther selbst, wer käme denn in Frage als Erfinder dieses deutschen Namens, unter welchem Varus' Gegner und Überwinder in der Literatur Karriere gemacht hat. Vieles spricht für Johann Aventin ... Daß der Beweis nicht zwingend ist und das Problem noch offen ist, rührt daher, daß in Aventinus' deutschsprachigen Annalen die Form Herman meistens einen anderen mythischen germanischen Held bezeichnet und der geschichtliche Arminius E r r m a n (ohne H) genannt wird." J. Ridé; Arminius in der Sicht der deutschen Reformatoren. In: R. Wiegels / W. Woesler; Arminius; a.a.O. S. 240 / 241. Das Buch A. Doerners läßt die ganze Vorgeschichte des Arminius-Mythos vor dem 18. Jh. außer acht. A. Doerner; Politischer Mythos und symbolische Politik. Opladen 1995.

[282] J. G. Walch; Dr. Martin Luthers Sämtliche Schriften. Groß Oesingen 1987. Bd. 14. Spalte 734. Luther glaubte auch, daß die Bezeichnung „Germania" eigentlich „Hermannia" heißen müsse: „Denn es ist wahrscheinlich, daß sich die lateinischen Geschichtsschreiber in dem Buchstaben H geirrt und ihn für G angesehen und gelesen haben, oder auch daß sie ihn durch das Gehör nicht genugsam unterschieden haben, da ein stark aspiriertes H beinahe lautet wie der Buchstabe G. Daher halte ich dafür, daß unsere Nation ehemals Hermannia genannt worden sei, gleichwie auch jener überaus treffliche Anführer, der die Legionen des Augustus schlug ... " Zit. nach der Übersetzung ebd. Spalte 734. Zu dem Namenbüchlein „Aliquot nomina propria Germanorum", dessen Zuschreibung an Luther in der Literatur umstritten ist, siehe auch Ausstell.-Kat. „Die Brüder Grimm." Kassel 1985. Kat.-Nr. 345.

Gattin „*Tolludda*" (*Thusnelda*) standen (Abb. 35). Der Luthervertraute *Georg Spalatin* (1484 - 1545) publizierte 1535 den ersten längeren Traktat über *Arminius* und die Varusschlacht auf Deutsch, in dem er relativ emotionslos und sachlich die antiken Quellen zusammenfaßte. Darin bezeichnete er *Arminius* als „ein solcher Fürst und Helt der gantz Deudsch Nation errettet und befreiet het."[283] Der Cherusker genoß also Anfang der 1540er Jahre bereits eine gewisse Popularität, wird aber von *Waldis* nicht besonders hervorgehoben. Im Gegensatz zu *Ariovist*, der in den antiken Quellen - einzig *Caesar* - noch weniger als Persönlichkeit hervortritt, steht er nicht für die germanische Expansion über den Rhein, sondern als Verteidiger Germaniens gegen die Eroberungspläne Roms. Im 16. Jahrhundert galt er häufig als sächsischer Fürst, als historisches Vorbild für den Schutzherren der Reformation, den sächsischen Kurfürsten. Erst im 17. Jahrhundert wurde er von einigen Autoren noch spezifischer als Braunschweigischer Fürst bezeichnet.[284]

Arminius wird von *Waldis* als „junger Held" beschrieben, der „von leyb und gmüt wol auff erwachssen" gewesen sei. Er ist vom Hals abwärts ganz in einen zeitgenössischen Feldküriß mit Brustplatte und bis zu den Oberschenkeln reichender Schöße, Arm- und Beinröhren, Meuseln und Kniebuckeln sowie eiserne Kuhmäuler gepackt (Abb. 34). Er wird in leichtem Schritt nach rechts dargestellt. Sein gegenläufig zum Oberkörper nach links gewandtes Haupt sowie das in der Linken erhobene Schwert unterstützen das Bewegungsmotiv. Der breitkrempige Hut, dessen Rand von Bommeln besetzt ist, erzeugt in Kombination mit der Rüstung eine gewisse Irritation. Solche Art von Kopfbedeckung wurde zu dieser Zeit durchaus von Fürsten getragen, wie die Gemälde der „Heilige Mauritius" von *Simon Franck* (1529) oder *Lucas Cranachs* Gemälde „Judith an der Tafel des Holofernes" (1531) belegen.[285] Durch Hut und Leichnam mag der freudige Triumph über die Römer angezeigt werden, doch könnte der Künstler zu dieser ungewöhnlichen Kombination auch durch eine aus der Cranach-Werkstatt stammende Bildquelle inspiriert worden sein.

Wie *Suevus* ist auch *Arminius* nicht isoliert auf einer schmalen Bodenplatte vor neutralem Hintergrund plaziert, sondern steht vor einem auf dem Boden liegenden ent-

---

[283] Georg Spalatin; Von dem thewern Deutschen Fürsten Arminio: Ein kurtzer auszug aus glaubwirdigen lateinischen Historien. Wittenberg 1535. O. S. Dem Aufsatz von Ch. Andersson über die von Spalatin um 1530 verfaßte und reich bebilderte „Chronik der Sachsen und Thüringer" entnehme ich, daß in dieser früheren Chronik Arminius noch keine Rolle gespielt hat. Ch. Andersson; Die Spalatin-Chronik und ihre Illustrationen aus der Cranach-Werkstatt. In: Ausst.-Kat. „L. Cranach." Kronach - Leipzig 1994. S. 208 ff.

[284] In der Kaiserchronik Diethelm Kellers 1558 heißt es, daß Varus „mit list von Armenio der Teutschen Hauptman unnd Hertzogen auß Sagsen hindergangen" worden sei. D. Keller; Kunstliche bildtnussen." Zürich 1558. S. 48. Besonders J. Ridé hebt in seinem Aufsatz diesen Treuebruch des Arminius als Hindernis für eine Idealisierung des Arminius durch die Deutschen im 16. Jh. hervor. In: R. Wiegels / W. Woesner; Arminius; a.a.O. Andererseits titulierte 1657 J. L. Gottfrid in seiner „Historische Chronica" Arminius als „Herzog Herman zu Braunschweig." S. 308. Auch in den Radierungen J. J. Sandrarts für Lohensteins Staatsroman „Arminius" von 1688 / 89 taucht häufig das Welfenroß als Wappenbild des Arminius` auf.

[285] S. Francks „Heiliger Mauritius" ist als Seitenflügel Teil des Wandelaltars in der Marienkirche in Halle / S., der schwarzgesichtige Ritter trägt genau den gleichen Hut und einen modernen Harnisch. Abb.: R. Behrends; Einwirkung der Druckgrafik. Leipzig 1961. Abb. 166. Cranachs Ölgemälde zeigt im Vordergrund eine mit weißem Tuch gedeckte Tafel, die rechts von einigen Landsknechten umstanden wird. An der linken Seite sitzt Holofernes mit dem roten, von weißen Federbüscheln geschmückten Hut, aber ohne Rüstung und läßt sich von Lucretia bewirten.. Abb.: Ausst.-Kat. „Kunst und Reformation." Leipzig 1982. Tafel 29.

haupteten Körper und greift mit seiner rechten Hand in den Haarschopf eines langbärtigen Kopfes. Die Darstellung suggeriert durch das erhobene Schwert und die aus dem Körper schießende Flüssigkeit, daß *Arminius* eben die Enthauptung selbst vorgenommen habe.

Bis 1543 hatte sich für die Darstellung des *Arminius* noch keine feste Ikonografie herausgebildet. *Ambrosius Holbein* hatte 1517 zwar das erste Arminiusbild geschaffen, diesen aber in einem szenischen Zusammenhang wie einen zeitgenössischen Landsknechtführer dargestellt (siehe Abb. 8).

Gegenüber dem Prototyp erscheint dieser vermutlich von *Hans Brosamer* gerissene *Arminius* als Neuschöpfung. [286] Zwar berichtet *Velleius Paterculus*, und ihm folgend auch *Georg Spalatin* von der Schändung und Enthauptung des römischen Legionärsführers durch die Germanen. Nirgends steht jedoch in antiken Quellen geschrieben, daß *Arminius* diese blutige Tat selbst ausgeführt habe.[287] Das Motiv des abgeschlagenen Varushauptes könnte von einem Titelblatt angeregt sein, das wenige Jahre zuvor der oben erwähnten *Lutherschen* Schrift über die Etymologie der alten deutschen Namen vorgelegt war. Dieses aus vier einzelnen, in Holz geschnittenen Szenen bzw. Figuren zusammengesetzte Titelblatt zeigt seitlich des Titulus je eine stehende Ganzfigur (Abb. 36).[288] Links eine junge Frau im zeitgenössischen Festgewand mit Hut - ohne Zweifel als „Salome mit dem Haupt Johannes des Täufers" zu identifizieren. Ihr Pendant auf der rechten Seite stellt einen Landsknecht des 16. Jahrhunderts mit geschlitzter Hose dar, der vor dem ausblutenden Rumpf des gefesselten und geköpften Leichnams des *Johannes* steht und gerade sein Schwert zurück in die Scheide steckt. Vielleicht hat der Drucker der Wittenberger Schrift bzw. der für *Waldis* tätige Künstler aufgrund der motivischen Ähnlichkeit *Salome* mit der biblischen *Judith* (mit dem Haupt des *Holofernes*), der Befreierin ihres Volkes verwechselt und versucht, eine Parallele zwischen der jüdischen Heldin und *Arminius* zu ziehen. Jedenfalls kombinierte *Hans Brosamer* für seinen germanischen „Befreier" Details dieser beiden Titelblattfiguren. Von *Salome* übernahm er den festlichen Hut und den abgeschlagenen Kopf, vom Henker den zum Betrachter hin ausblutenden Rumpf. In den folgenden Jahrzehnten setzte sich das abgeschlagene Varushaupt als wichtigstes Attribut des *Arminius* durch, wobei der Leichnam des Römers meist weggelassen wurde.[289]

---

[286] Von Hollstein, Röttinger und Geisberg dem vor allem in Nürnberg, Frankfurt und Erfurt tätigen Hans Brosamer (um 1500 - 1552) zugeschrieben.

[287] G. Spalatin schrieb 1535 im Kapitel „Wie die Deutschen mit des Varus todten cörper gehandelt: Der Paterculus zeigt ferner an, das die Deudschen so ungütlich / so grimmiglich / mit der Römer Feldhauptman / Varus cörper gehandelt haben / das sie jn wol die helfft verbrant, Jm auch den kopff abgehawen / und dem König Maroboduns / und der König Maroboduns den kopff Vari forthan dem Römischen Keiser Tyberius zugeschickt habe ... " G. Spalatin; Von dem thewern Deutschen Fürsten Arminio; a.a.O. S. 14. Tacitus läßt lediglich einige Überlebende der Schlacht Jahre später berichten, daß Varus „sich mit unseliger Hand selbst den Todesstoß gegeben habe." Tacitus; Annalen; Buch I, 61.

[288] Die Titelbordüre des Luther zugeschriebenen Büchleins wird Nickel Schirlentz zugeschrieben. Siehe J. Luther; Die Titeleinfassungen der Reformationszeit. Leipzig 1909. Tafel 25.

[289] Auf einer Entwurfszeichnung für eine Pokalkuppa des in Augsburg und Nürnberg tätigen Ulrich Boas (1550 - 1623), datiert um 1580, erscheint auf dem Mittelfeld ein antikisch gekleideter Krieger mit einem abgeschlagenen Kopf in der Rechten und erhobenem Schwert in der Linken. Auch dies könnte eine Arminius-Darstellung sein. Abb.: Ausstell.-Kat. „Welt im Umbruch." Augsburg 1980. Bd. 2. S. 283.

Da die Rüstungen auf dem kolorierten Exemplar ganz in Grau gehalten sind, sticht das gelbe Haar des *Arminius*, das braune des *Varus* besonders in die Augen. Außer *Tuiscon* haben alle Germanenkönige blonde, rötliche oder auch braune Haare. Folglich wurde zumindest dieses von den antiken Autoren stets erwähnte „Rassemerkmal" bei der Kolorierung berücksichtigt.

12.) Carolus Magnus der erst Deutsche Keyser

Mit dem Begründer des fränkischen Kaisertums *Karl dem Großen* (800 - 814) schließt die Zwölferreihe ab. *Karl* wird als bärtiger alter Mann mit einer mitraförmigen Krone und seitlich geneigtem Haupt dargestellt (Abb. 37). Er ist gänzlich in Eisen gerüstet. Über die Schulter ist der Krönungsmantel gelegt. Mit seiner Rechten hebt er das Reichsschwert, mit seiner Linken stützt er sich auf seinen Wappenschild, der traditionell gespalten ist und den halbierten Reichsadler sowie die französischen Lilien zeigt. Die *Erhard Schoen* bzw. *Virgil Solis*[290] zugeschriebene Figur ist wie der *Ariovist* ein Zitat aus *Hans Burgkmairs* Holzschnitt „Drei gut Cristen" von 1519 (siehe Abb. 30).[291]

Zur Zeit *Burgkmairs* herrschte hinsichtlich der Kaiserikonografie eine gewisse Unsicherheit. Ein Vergleich mit *Dürers* wenige Jahre zuvor formuliertem *Karolus Magnus* für die Nürnberger Heiltumskammer soll dies belegen. *Dürers* zwischen 1510-13 in Öl gemaltes Idealbildnis ist, ebenso wie sein bewußt weniger repräsentativ gestaltetes Pendant Kaiser *Sigismund* (1368 - 1437), als Kniestück angelegt (Abb. 38).[292] Frontal und wuchtig füllt der ergrauende, in den Reichsornat gekleidete Herrscher das schmale Hochformat und stellt Reichsschwert und -apfel dicht an sich gezogen zur Schau. *Dürer* sollte ihn auf Weisung seines Auftraggebers, des Nürnberger Inneren Rates, möglichst authentisch mit den an diesem Ort aufbewahrten Reichskleinodien ausstatten. Deshalb trägt *Dürers Karl der Große* die in ottonischer Zeit angefertigte Plattenbügelkrone, was zu dieser Zeit außergewöhnlich ist.[293] *Dürer* erfand nur das porträthaft wirkende, Würde und Ernst ausstrahlende Antlitz, das stark an seine Wiener Zeichnung eines Hauptes *Christi* erinnert.[294] *Burgkmairs Karl* hingegen trägt die offiziellere Mitrakrone, unter seiner Dalmatika aber ein den damaligen Standards fürstlicher Kleidung nicht mehr

---

[290] Bartsch nennt E. Schoen, Röttinger und Geisberg V. Solis als ausführenden Künstler.

[291] Der *Caesar Carolus* auf dem „Drei Gut Cristen"-Holzschnitt ist wiederum in Kopf und einigen Rüstungsteilen eine Kopie nach einer der Figuren aus *Burgkmairs* Maximiliansgenealogie. Siehe H. Zimmermann; Max-Genealogie; a.a.O. S. 57.

[292] Kaiser Sigismund hatte 1423 durch die „Ewige Stiftung" Nürnberg als dauernden Aufbewahrungsort der Reichskleinodien bestimmt. Sie blieben dort bis 1796 und sind heute in Wien.

[293] E. Rosenthal stellte klar, daß zur Zeit Maximilians I. bei den Künstlern Unsicherheit über den Status der Doppelbügelkrone herrschte. Dürers Darstellung Karls mit der jetzt in Wien befindlichen Plattenkrone hält er im 15. U. 16. Jh. für eine Ausnahme. Earl E. Rosenthal; Die „Reichskrone", die „Wiener Krone" und die „Krone Karls des Großen" um 1520. In: Jb. der Kunsthistorischen Samml. in Wien; Bd. 66, Jg. 1970; S. 7 ff. Zur Ikonografie Karls des Großen in Mittelalter und Früher Neuzeit siehe: Ausst.-Kat. „Karl der Große." Aachen 1965.

[294] Eine genaue Beschreibung dieser zwei Bilder und ihrer Entstehungsumstände findet sich bei F. Anzelewsky; Albrecht Dürer - Das malerische Werk. Berlin 1971. S. 233 - 236. Die Inschrift auf dem Rahmen lautet: „Dis ist der gsalt und biltnus gleich / Kaiser Karlus der das Remisch reich / Den Teitschen under tenig macht ... " Beide Bilder wurden bereits 1526 ins Nürnberger Rathaus überführt.

genügendes Kettenhemd.[295] Auf den kolorierten Exemplaren ist sein Mantel gelb, die Rüstung grau eingefärbt.

Auf dem „Drei gut Cristen"-Holzschnitt war *Karl der Große* nicht isoliert und in seiner Funktion als Kaiser, sondern als christlicher Tugendheld dargestellt worden, der mit den beiden anderen Figuren kommuniziert. Als Einzelfigur wirkt er in der geneigten Haltung eher unangemessen und jedenfalls nicht der *Dürerschen* Auffassung verpflichtet.

4. Zusammenfassung der künstlerischen Aspekte

Der künstlerische Rang dieser zwölf Holzschnitte entspricht bei weitem nicht ihrem politischen Aussagewert. Nur vier der zwölf Blätter sind kreative Eigenleistungen, die extra für diese Genealogie von verschiedenen Künstlern, vermutlich in großer Eile angefertigt wurden. Diese konnten auf keine spezifische, bereits vorhandene antike oder mittelalterliche Ikonografie germanischer Ahnherren oder Fürsten zurückgreifen. Auch die Begleitverse lieferten kaum Anhaltspunkte für das Aussehen dieser zwölf zumeist fiktiven Gestalten. Vermutlich deshalb sind sie zum Großteil nicht mehr als Paraphrasen oder gar bloße Kopien nach früheren Bildvorlagen.

Aufgrund des zusammengestückelten Charakters dieser Genealogie ist es schwierig, eine klare Entwicklung hinsichtlich der Kostüme festzustellen, wie sie eine Aneinanderreihung von Personen aus mehreren Jahrhunderten erwarten ließe; doch ist eine solche zumindest im Ansatz erkennbar.

Der deutsche Stammvater *Tuiscon* tritt uns wie ein alttestamentlicher Patriarch entgegen, womit angedeutet werden soll, daß er aus dem Vorderen Orient stammt und noch in biblischer Zeit von dort ausgewandert war. Er präsentiert sich nicht als Wilder sondern als Weiser und steht als Kronzeuge dafür, daß die Deutschen angeblich von Vorderasien nach Europa gekommen seien. Die traditionell christlich-mittelalterliche Auffassung vom einheitlichen Völkerursprung prägte zu dieser Zeit das deutsche Bewußtsein stärker als die Skandinavientheorien der antiken und frühmittelalterlichen Autoren. *Mannus* und drei weitere Figuren werden, obwohl sämtlich als „Könige" bezeichnet, in unköniglichem, ja sogar unfürstlichem Habitus gezeigt. Ihre Rüstungen sind veraltet und nicht standes-, sondern eher einfachen Kriegsknechten gemäß. Nur durch die „orientalisch" besetzten Zackenkronen werden sie überhaupt als Könige erkennbar. Diese soziale Degradierung ist ein Stilmittel der Künstler, den Figuren den Anschein eines großen Altertums zu verleihen. Diesem Zweck dienen auch einige phantasievolle Kostümdetails, die besonders bei *Eusterwon* auffallen. Wie fast alle nachfolgenden Figuren trägt er keine Krone mehr, sondern eine den ganzen Körper bedeckende Eisenrüstung, die anstelle der Kronen den fürstlichen Stand ihrer Träger dokumentieren. Bei *Suevus* läßt sich in

---

[295] „Die Mitrakrone war seit der Mitte des 15. Jahrhunderts ... offiziell als Symbol des Kaisertums im Gegensatz zum Königtum anerkannt." E. Rosenthal; Die Reichskrone; a.a.O. S. 19. Rosenthal führt aus, daß im Spätmittelalter bei Kaiserdarstellungen meist die Doppelbügelkrone Verwendung fand, diese jedoch im Laufe der Zeit von den Königen Portugals, Frankreichs und Englands nachgeahmt wurde, sodaß sich um 1500 häufig neben der Doppelbügelkrone auch die von Kaiser Friedrich III. zur römischen Krönung 1452 neu eingeführte Mitrakrone zur Auszeichnung der Kaiser findet: „Es scheint, daß bei den Künstlern und beim Volk die Bedeutung der „kaiserlichen Bügel" in der ikonographischen Tradition fest verwurzelt war, daß aber die Mitrakrone in zunehmendem Maße gleiche Bedeutung erlangte." S. 20.

Gestalt des Haarschopfes die Kenntnis der taciteischen „Germania" nachweisen, doch entspricht seine Eisenpanzerung ansonsten ganz den Standards fürstlicher Kriegsrüstung dieser Zeit. Sein unmittelbarer Nachfolger *Wandalus* stellt uns ausnahmsweise keinen Krieger, sondern einen modisch gewandeten Edelmann in festlicher ziviler Kleidung vor.

Folgte bis dahin die Genealogie in ihrer Reihenfolge ganz den Vorgaben des Pseudo-Berosus, so treten ab dem zehnten Blatt nicht mehr die Fiktionen des *Annius`* auf, sondern historisch bezeugte Persönlichkeiten. An die rein fiktive, biblisch-berosianische Frühgeschichte schließt sich unmittelbar ein „mittleres Altertum" der Deutschen, die germanische Antike an. Die beiden germanischen Kriegsführer *Ariovist* und *Arminius* werden wie schwergepanzerte spätmittelalterliche Ritter dargestellt, als der eigenen Zeit entsprechend oder ihr zumindest in Kostüm und Rüstung nahe. Diese Gestaltung läßt sich folgendermaßen erklären. Im Verständnis der mittelalterlichen „Aetates-Lehre" begann das eigene fünfte und letzte Zeitalter mit der Geburt *Christi*, dem Zeitgenossen des *Arminius*. Trotz der vielen Jahrhunderte dazwischen glaubte man sich mit diesen in einem historischen Kontinuum. Die eigene Gegenwart war so durchtränkt von den Evangelien, daß nur eine weit vor *Christi* Geburt liegende Epoche als andersartig und fremd begriffen werden konnte. Aufgrund dieser Geschichtsauffassung, die noch kein „Mittelalter" kannte, sind die beiden Germanenfürsten wie zeitgenössische Adlige kostümiert. Nur ansatzweise ist ein historisierendes, zwischen der eigenen Zeit und früheren Epochen differenzierendes Bewußtsein zu erkennen. Wie in den Begleitversen, wo immer wieder auf das Rittertum rekurriert wird, soll ihr Adel und Kriegertum durch ein ritterliches Aussehen wiedergegeben werden.[296] *Waldis* selbst bezeichnete sie in seinem Lobspruch „als fürtreflich Edle personen." Dennoch ließ sich die widersprüchliche Zielsetzung - die Figuren alt und dennoch würdevoll aussehen zu lassen - insgesamt nicht lösen. Im Vergleich zu anderen zeitgleichen Königsgenealogien wirken zumindest einige der ersten Figuren wenig repräsentativ. Von einer Idealisierung der germanischen Vorfahren, selbst von „Königen", kann zumindest bei den meisten Figuren dieser ersten Tuiscongenealogie kaum die Rede sein.

Bemerkenswert ist, daß - anders als in der simultanen italienischen Kunst - bei diesen Nürnberger Holzschnitten keinerlei Kenntnis antiker Barbarendarstellungen festzustellen ist. Nur in zwei Fällen - bei *Tuiscon* und *Suevus* - kann der Einfluß der Germanenbeschreibungen des *Tacitus* nachgewiesen werden.

Insgesamt sind nur vier Wappen aufgeführt, und zwar ausschließlich bei den letzten fünf Figuren: das des Herzogtums Schwaben; der böhmischen Krone; des Elsaß` und das *Karls des Großen* - vier Wappen, zu denen die Habsburger besonderen Bezug hatten. Nur *Arminius*, hält, vielleicht weil ausdrücklich als *Fürst zu Sachssen* bezeichnet, keinen Wappenschild.

Durch den Austausch der letzten drei Figuren kombinierte *Waldis* drei Gattungen von Genealogien miteinander, die vorher immer isoliert voneinander thematisiert worden waren: die Völker-, die Fürsten- und die Kaisergenealogien. Die Tuiscongenealogie wird zwar in Form einer dynastischen Stammlinie mit singulären Ganzfiguren dargeboten. Sie ist aber inhaltlich eher den Völkergenealogien zuzuordnen, da sie letztlich auf den fiktiven Urvater aller Deutschen rekurriert. Sie inszeniert eine Revue von Vertretern verschiedener Regionen des Reiches, die durch deren fiktive Stammväter personifiziert und zu einer gesamtdeutschen Genealogie vereint werden. Und sie endet ausgerechnet genau

---

[296] Z. B. beim Ariovist: „Das macht sein Ritterliches streytten ... "; oder bei Marsus: „ ... .mit rennen braucht er Wunders viel / Und was sonst gehört zum Ritterspiel ... "

mit der Person, die in allen früheren Kaisergenealogien eine äußerst wichtige Scharnierfunktion inne gehabt hatte.

VII. Die Stammväter und das römisch-deutsche Kaisertum

1. Der politische Gehalt der Tuiscongenealogie

Waldis konstruierte in seinem Reim zu *Tuiscon* eine wenn auch schwammige Kontinuität vom deutschen Stammvater bis zu *Karl dem Großen*.[297] Über die rund 750 Jahre Geschichte, die zwischen dem Cheruskerfürsten *Arminius* und dem Frankenkaiser *Karl dem Großen* liegen, wird in *Waldis'* Begleittext genauso wenig ausgesagt wie über die zu dieser Zeit heftig umstrittenen Translationstheorien. Eine Begründung für diese erstmalige und äußerst aufschlußreiche Hintereinanderreihung von *Arminius* und *Karl* im Rahmen einer Genealogie erfährt der Leser nicht. Ihre Bedeutung wird erst klar, wenn man sich die Rolle *Karls* in den traditionellen Amtsgenealogien der deutschen Kaiser bewußt macht.[298]

Durch die Einbindung *Karls* in die Tuiscongenealogie wird zweifelsohne ein Bezug zu den Kaisergenealogien hergestellt. Denn *Karl der Große* war in allen früheren Kaisergenealogien entweder der Ausgangspunkt oder, wenn sie bis Rom oder noch weiter zurückreichten - das entscheidende Bindeglied zwischen den deutschen Kaisern einerseits, den früheren römischen und byzantinisch-griechischen Kaisern andererseits gewesen. Er galt nach mittelalterlicher Auffassung als derjenige, der die Übertragung der römischen Kaiserwürde auf die Deutschen bewerkstelligt hatte. Mit ihm setzte das „deutsche" Kaisertum und überhaupt erst eine gemeinsame Geschichte der deutschen Stämme ein. Nun wird hier erstmals in einer Genealogie *Karl der Große* nicht mehr an die römisch-byzantinischen Kaiser, sondern an deren Erzfeinde, an germanische Heerführer, angesippt. Nicht mehr *Caesar* und *Augustus*, sondern *Ariovist* und *Arminius* finden sich als unmittelbare Vorgänger des Frankenkönigs aufgeführt. Hier wird ein radikaler Bruch mit den traditionellen Kaisergenealogien vollzogen, indem die römischen Amtsvorgänger eliminiert und durch die vom Pseudo-Berosus angeregte biblisch-germanische Stammlinie ersetzt werden. Nichts erinnert mehr an die traditionelle „Nachfolge Roms" durch die deutschen Kaiser, an deren ideologische Abhängigkeit von ausländischen Mächten. In *Waldis'* Begleitreim zu *Karl* findet sich auffälligerweise auch keine Erwähnung Roms oder der Herkunft der „Monarchey des Keyserthumbs."[299] Das deutsche Kaisertum wird durch

---

[297] „Von dem wir uns all Deutschen nennen / Für unsern Herr und vatter kennen / Die alten haben Lieder gmacht / Ihn damit globt, und sein gedacht / Von kind zu kind, von lewt zu lewten / Biß zu des Keysers Caroli zeyten." B. Waldis.

[298] R. Prieur verkennt den Aussagegehalt dieser Tuiscongenealogie völlig: „Der Stolz auf den Verbleib der Kaiserwürde bei den Deutschen klingt hier deutlich an." R. Prieur; „Die Teutschen"; a.a.O. S. 171.

[299] „Erlangt von wegn seins hohen rhumbs / Die Monarchey des Keyserthumbs / Wölch er mit ehrn und grosser macht / Hat erstlich an die Deutschen bracht / Wölchs auch in ehrn in Deutschen landen / Hat bey acht hundert Jarn gestanden / Da es biß an das endt wol bleibt / Wie der Prophet Daniel schreybt ... "

diese Tuiscongenealogie erstmals ganz autochthon, nämlich germanisch begründet. Eine lange und würdige, aber nun als fremd und feindlich empfundene Tradition wird durch eine äußerst dürftige und obskure, aber national korrekte Genealogie „deutschstämmiger" Fürsten ersetzt.

Der hier in aller Konsequenz vollzogene Bruch mit der römischen Tradition des deutschen Kaisertums hatte sich schon unter Kaiser *Maximilian I.* angebahnt, wie ich am Beispiel seines Kaiserbuches bereits erläutert habe. Durch die gegen die Papstkirche, gegen R O M überhaupt gerichtete deutsche Reformation wurde die Befreiung des römisch-deutschen Kaisertums von päpstlicher Bevormundung, von ausländischer Mitsprache endgültig vollzogen. Dieser Prozeß einer „Nationalisierung des deutschen Kaisertums"[300] wurde durch die Wahl des „Spaniers" *Karl V.* zwar verkompliziert und verzögert.[301] Denn dessen Kaiseridee beruhte auf der längst veralteten mittelalterlichen Vorstellung eines einheitlichen christlichen Universalismus und einer engen Zusammenarbeit mit dem Papsttum. Doch setzte sich nach dessen Abdankung das deutsche Kaisertum, das heißt die Habsburger, genealogisch definitiv von Rom ab. Die Nachfolger *Karls V.* verzichteten nicht nur auf Romzug und päpstliche Approbation, sondern auch auf jede allzu enge genealogische Bezugnahme auf ihre römischen Amtsvorgänger.

Wegen der engen Durchdringung von geistlicher und weltlicher Macht hatte der protestantische Kampf gegen Rom, gegen den Papst und die katholische Kirche zwangsläufig auch Konsequenzen für das Kaisertum.[302] Die Rolle der „translatio imperii" und die Bedeutung des Papstes für die kaiserliche Legitimation waren auch schon in den Jahrhunderten zuvor Gegenstand erbitterter staatsrechtlicher Diskussionen und Polemiken gewesen. Bis ins 15. Jahrhundert hinein schien die Romfahrt zwingend für die römisch-deutschen Könige, erst die Krönung durch den Papst begründete letztlich die kaiserliche Legitimität. Die staatsrechtliche Bedeutung der päpstlichen Kaiserkrönung am Ende des 15. Jahrhunderts wird zwar von der heutigen Geschichtswissenschaft als relativ gering eingeschätzt.[303] Doch zeigen die jahrelangen Bemühungen Kaiser *Maximilians I.* um die päpstliche Anerkennung und Krönung in Rom, daß zu Beginn des 16. Jahrhunderts durchaus noch großer Wert auf diesen symbolischen Akt gelegt wurde. Als im Dezember 1516 Papst *Leo X.* die Unverzichtbarkeit der päpstlichen Zustimmung für die Kaiserwürde durch die Bulle „Pastor aeternus" erneut zu bekräftigen suchte, löste er dadurch in Deutschland eine Welle nationaler Empörung aus. Der Anspruch des Papstes

---

[300] Der Begriff „Nationalisierung des deutschen Kaisertums" taucht zwar gelegentlich in der Sekundärliteratur auf, scheint aber bisher noch nie speziell untersucht worden zu sein. H. Münkler spricht sogar von einer „nachdrücklichen Nationalisierung des Kaisertums", ohne aber näher auf dieses Problem einzugehen. H. Münkler, Nationale Mythen; a.a.O. S. 135. In der älteren Literatur scheint dieser Prozeß überhaupt nicht wahrgenommen worden zu sein. P. Rassow verwendet in seinen „Forschungen zur Reichsidee im 16. und 17. Jh." Köln 1958, keinen Gedanken darauf.

[301] Karl V. „verstand die Idee seines Kaisertums, ganz anders als viele deutsche Humanisten des späten 15. und 16. Jahrhunderts, keineswegs als „romfrei", sondern als auf die Verbindung mit dem Papsttum notwendig angewiesen." H. Duchhardt; Protestantisches Kaisertum und Altes Reich. Wiesbaden 1977. S. 10.

[302] „Der Anteil der Päpste an der Krönung zog die Institution zudem in die Problematik der konfessionellen Betrachtungsweise hinein. Der in den ersten Jahrzehnten der Reformation noch kaisertreue Luther verwarf die Lehre von der translatio imperii, um das Kaisertum aus der Bindung an die Päpste zu befreien." E. Pitz; Untergang des Mittelalters. Berlin 1987. S. 169.

[303] „War somit die rechtliche Bedeutung der Kaiserkrönung, zumindest nach königlicher und kurfürstlicher Auffassung, im Spätmittelalter eher gering ... " K.- F. Krieger; König; a.a.O. S. 7.

auf Mitsprache bei der anstehenden Kaiserwahl wurde als Einmischung in nationale Angelegenheiten aufgefaßt. Ein bedeutendes Zeugnis der Ablehnung dieser päpstlichen Ansprüche stellt die Schrift „Kurtzer außzug wie böslich die Bebste gegen den Deutschen Keisern yemals gehandelt" des Reichsritters *Ulrich von Hutten* dar, worin die Abhängigkeit der Kaiser von den Päpsten anhand vieler historischer Beispiele hinterfragt wurde.[304] *Luther* schlug mit seinem Pamphlet „ An den christlichen Adel deutscher Nation" von 1518 in die gleiche Kerbe. In dieser Streitschrift zweifelte *Luther* nicht nur die Rechtmäßigkeit der „translatio " des Römischen Reiches auf die Deutschen durch die Päpste an, sondern auch die Identität von antikem römischen und gegenwärtigem deutschen Reich: „Dem Kaiser zu Konstantinopel ist es (das Römische Reich / d.Verf.) genommen und uns Deutschen der Name und Titel desselben zugeschrieben; wir sind damit des Papstes Knechte geworden, und es ist nun ein anderes römisches Reich, das der Papst auf die Deutschen gebaut hat. Denn jenes, das erste, ist längst, wie gesagt, untergegangen."[305] *Luther* trennte hier klar zwischen dem antiken und dem gegenwärtigen deutschen Reich. Beide hätten außer dem Namen und Titel überhaupt nichts miteinander gemein. Die Päpste seien für die Legitimität eines Kaisers überflüssig, hätten ihre Funktion bei der Kaiserkrönung nur als Mittel zur Unterjochung der Deutschen mißbraucht. Die Tendenz der Protestanten und teils auch der Katholiken ging in den folgenden Jahren dahin, die Rolle des Papstes für die Legitimität des deutschen Kaisertums gänzlich zu verneinen.[306]

Der protestantische Kampf richtete sich aber nie gegen das Kaisertum an sich, sondern nur gegen dessen Abhängigkeit vom Papst einerseits, seine römische Tradition und Geschichte andererseits. [307] Das Kaisertum sollte in Deutschland weiter bestehen bleiben,

---

[304] „Danach aus alten Historien und geschichten der vorigen Keiser bericht zunemen / wie es denen etwan gegangen / So wird sich finden / das keinem Deutschen Kaiser / von Bebsten (es were denn zu irem eigen nutz geschehen) gleichs ye widerfaren ist / sonder sindt offt jemerlich uber ire hand gegeben trew und glauben / von inen betrogen uunnd verrhaten / allweg unter einem schein der geistlichkeit umbgefurt / und darnach zu spot und schanden bracht. Etliche auch für ire gethone wolthat / schendlich und bößlich gehandelt ... " Ulrich von Hutten; Kurtzer außzug wie böslich die Bebste gegen den Deutschen Keisern yemals gehandelt, das billich / auch nur umb der gewonheit willen / kein Keiser einigem Babst mehr vertrawen solt / Er wölle dann gern betrogen sein. Wien (?) 1545. S. 2 / 3.

[305] Zit. nach W. Goez; Translatio imperii; a.a.O. S. 282.

[306] Der Stadtschreiber zu Oppenheim Jacob Köbel schrieb in seiner „Glaubliche Offenbarung" von 1540, einer Art Reichstheorie, die v. a. auch die Institutionen und Zeremonien des Reiches behandelte, im Kapitel „Wo und wie ain Römischer König und Kayser / erwölt / bestettigt / unnd gekrönt werden soll: Zu dem zwayten / Sol man nach der erwölung unsern hayligen vatter dem Babst / die erwölte person anzaigen / Die vonn seiner hayligkayt erlernt / Bewert / und zu Römischen künig und künfftigen kayser / angenommen werden solle ... " J. Köbel; Glaubliche Offenbarung / wie vil fürtreffenlicher Reych und Kayserthumb auff erdtrich gewesen / wo das Römisch Reich herkomm / auß was ursach es zu den Edeln Teutschen verändert worden sey. Augsburg 1540.

[307] In der polemisch-politischen Reformationsgrafik finden sich mehrere Holzschnitte, die die Abhängigkeit des Kaisers vom Papsttum überspitzt formulieren. Ein frühes Beispiel ist der 1521 in der Cranach-Werkstatt entstandene Holzschnitt „Der Papst läßt sich vom Kaiser die Füße küssen", der zur antithetisch argumentierenden Reihe „Passional Christi und Antichristi" gehört. Er zeigt den thronenden Papst mit Klerikern, vor dem in der rechten Bildhälfte der Kaiser samt Gefolge demütig kniet. Abb.: „Ein Sack voll Ablaß." Hrsg. von G. Piltz. Berlin 1983. Abb. 23.

aber nunmehr deutsch sein und alles Römische daran, den Namen ausgenommen, eliminieren. Durch den Abfall der Protestanten von Rom und die Konfessionalisierung, die im Augsburger Religionsfrieden 1555 auch reichsrechtlich verankert worden war, waren die beiden wichtigsten ideologischen Grundlagen des spätmittelalterlichen Kaisertums, die religiöse Einheit der Christenheit und das römische Erbe, in Frage gestellt.[308] Nach der Abdankung *Karls V.* 1556 bedurfte das deutsche Kaisertum einer neuen Legitimation, wollte es nicht noch länger an den schon längst obsolet gewordenen ideologischen Grundlagen, zum Beispiel der Vierreiche-Lehre festhalten. Die faktische und rechtliche Teilung des Reiches Karls V. zwischen den spanischen und deutschen Habsburgern hatte zu einer definitiven Loslösung nicht-deutschsprachiger Gebiete wie Mailand oder Burgund vom Reich geführt. Das „römische" Reich der Deutschen war nun territorial im wesentlichen auf den deutschsprachigen Raum beschränkt.[309]

Zwei Alternativen boten sich zu einem vom Papst abhängigen römisch-katholischen Kaisertum und somit zur Politik *Karls V.* an:
Erstens die seit den späten 1520er Jahren immer wieder angestellten Überlegungen, ein protestantisches Kaisertum aufzurichten.[310] Dieses wäre zwar garantiert frei von jedem römischen Einfluß gewesen, hätte aber angesichts der kaum noch rückgängig zu machenden Religionsspaltung das Grundproblem nicht gelöst: die innere religiöse Zerrissenheit des Reiches zu überwinden bzw. das Reich erneut auf der Grundlage einer gemeinsamen Konfession aller Deutschen zu gründen.

Die zweite Möglichkeit bestand darin, das deutsche Reich auf der Basis gemeinsamer Abstammung seiner Bewohner zu begründen. Wenn die Deutschen schon nicht mehr in einer gemeinsamen Religion zusammenfanden, so sollten sie sich wenigstens ihrer gemeinsamen nationalen Herkunft in Gestalt ihres gemeinsamen Stammvaters erinnern. Ein germanisches Kaisertum mußte für Katholiken wie Protestanten, letztlich für alle Konfessionen akzeptabel erscheinen. Genau dieser Absicht entsprang die Nürnberger Tuiscongenealogie. Sie stellt eine nationale Alternative zu den traditionellen Kaisergenealogien mit deren Rombezug dar. Sie sieht das gegenwärtige deutsche Kaisertum nicht mehr in einer römischen, einer ausländischen Kontinuität. Statt dessen proklamiert sie ein aus eigenen völkisch-germanischen Ursprüngen entwachsendes Kaisertum, das noch älter zu sein beansprucht als das römische.[311]

Franciscus Irenicus hatte 1518, wie andere deutsche Humanisten auch, *Karl* nicht nur als „Germanen" reklamiert, sondern dessen Genealogie, die in Form einer vielkreisigen Familientafel angelegt war, direkt vor eine doppelseitige „Genealogia Imperatorum" plaziert. *Irenicus* ließ *Karls* Ahnentafel mit *Chlodwig* beginnen und mit *Karl* enden; die Im-

---

[308] „Mit dem Verlust der Einheit der Christenheit war die ihr (der Reichs-Idee / d. Verf.) zugeordnete christlich-römische Reichsidee inhaltlos geworden." P. Rassow; Forschungen zur Reichsidee im 16. und 17. Jh. Köln 1955. S. 15.

[309] Karl V. vererbte seinem Sohn Philipp II. von Spanien ehemalige Reichsteile wie das Herzogtum Mailand, Burgund und die Niederlande und trennte diese dadurch endgültig vom Reich ab. Sein seit 1547 bekannter Plan, die Kaiserkrone alternierend zwischen den spanischen und den deutschen Habsburgern wechseln zu lassen, rief den erbitterten Widerstand der deutschen Reichsfürsten hervor und erfüllte sich nicht.

[310] Siehe H. Duchhardt; Protestantisches Kaisertum; a.a.O. Kap. I.

[311] „Es sagen auch die unsern / das sich der Teutschen Reich 60 jar vor dem Babylonisch angefangen hat, das ist 71. Jar nach der Syndtflus ... " J. Turmair; Chronik 1541; a.a.O. Kap.: Von dem Tuitscon der Teutschen ersten König.

peratorentafel begann wiederum rechts oben mit *Karl*, in dessen Person die fränkisch-germanische Ahnenreihe und das deutsche Kaisertum eine Klammer fanden, und endete mit *Maximilian I*.[312]

Waldis` Tuiscongenealogie, die das deutsche Kaisertum nicht aus einer fränkischen, sondern aus einer biblisch-germanischen Stammlinie herleitet, steht zwar in dieser Form, nicht aber in ihrer Intention allein da. Ähnliche nationalkaiserliche Tendenzen finden sich auch im staatsrechtlichen Schrifttum der folgenden Jahrzehnte. Unter den Argumentationen, die darauf abzielten, die römische Tradition des Reiches zu neutralisieren, findet man auch diejenige, daß schon lange vor *Karl dem Großen* Germanen das Kaiseramt innegehabt hätten. Der Querdenker *Matthias Flaccius* (1520 - 75)[313] argumentierte 1566 in seinem weit verbreiteten Traktat „De Translatione Imperii Romani ad Germanos", daß schon dreimal zuvor das Reich an germanische Fürsten übertragen worden wäre, nämlich an den ostgermanischen Skiren *Odoaker* (433 - 493), den Ostgotenkönig *Theoderich* (471 - 526) und den ersten getauften Frankenkönig *Chlodwig*. Außerdem war *Flaccius* der Ansicht, daß Reiche nicht durch heilige Zeremonien übertragen, sondern durch Schwert und Kriegsrecht erobert würden, was als Absage an alle päpstlichen Mitspracherechte zu verstehen war. [314]

2. Die Kaisergenealogien zwischen 1520 und 1640

Dieser protestantische Kampf gegen Rom und alles Römische hatte Konsequenzen für die inhaltliche Konzeption der Kaisergenealogien, die auch das ganze 16. Jahrhundert hindurch noch in größerer Anzahl sowohl im traditionellen Medium der Deckfarbenmalerei wie in der Druckgrafik angefertigt wurden.[315] An diesen lassen sich die Auswirkun-

---

[312] F. Irenicus; Exegeseos; a.a.O. Auf Blatt LXIIII ver in Buch drei findet sich die Ahnentafel Karls d.Gr. Nach Blatt LXX die Doppelseite mit der „genealogia Imperatorum", die ca 170 Kreise mit Namen enthält, die wiederum in ca 20 Zeilen angeordnet sind. Diese ist keine Amtsgenealogie, sondern eine kaiserliche Familientafel, die auch Ehefrauen und Mütter aufführt.

[313] Der in Istrien geborene Matthias Flaccius Illyricus war ein unbequemer Geist und gilt durch seine „Magdeburger Centurien" als Begründer der protestantischen Kirchengeschichtsschreibung. Er studierte u. a. in Wittenberg und wurde 1544 Professor der hebräischen Sprache. Er schrieb nicht nur „viel Schriften wider die Römisch-Catholischen, Reformirten, Adiaphoristen, Andream Osiandrum, Victorinum Strigelium, Majorem, Schwenckfelden und andere", sondern brachte auch durch seine These, daß die Erbsünde selbst ein Wesen der Seele sei, „die gantze lutherische Kirche in Bewegung" (Jöchers Gelehrtenlexicon).

[314] „Cap. I; Quod Regna ac Imperia, non sacrificium ceremonijs, sed gladio ac jure belli transferri soleant ... Prima igitur translatio facta est sub Leone Bessicano Constantinopolitano Imperatore, circa annum CCCCLX in Othacarum aut Odoacrem a militibus Romanis, teste Alciato. Erat vero Othacarus genere quidem Germanus, aut Thuringus, ... (S. 22) Secunda translatio aut communicatio Imperij erga Germanos facta est a Zenone Imperatore Constantinopolitano, qui de consensu totius Senatus Imperiales adoptavit sibi Theodoricum Gothorum regem, qui sine controversia Germanus fuit ... (S. 26). Tertia communicatio Imperij Germanis facta est paulo post praecedente ab Anastasio Imperatore Constantinoplitano, qui de unanimi consensu totius senatus aut principum Imperij largitus est Augustale nomen ac dignitate Clodoveo regi Francorum, qui primus ex illis regibus baptizatus est." (S. 35 / 36) M. F. Illyricus; De translatione Imperii Romani ad Germanos. Basel 1566. Siehe dazu auch A. Seifert; Rückzug; a.a.O. S. 41.

[315] R. Prieur führt zwar in ihrem Literaturverzeichnis mindestens acht Kaiserchroniken des 16. Jhs. auf, schreibt aber unverständlicherweise: „Im späten 15. und im 16. Jh. tritt der Gedanke an

gen des deutschen Nationalismus auf das Kaisertum deutlicher ablesen als an irgend einem anderen Quellenmaterial. Formal folgen die gedruckten Kaisergenealogien weiterhin beinahe ausnahmslos dem Typus des in einen Tondo eingepaßten Profilbildnisses, wenn sie diesen auch durch unterschiedliche Rahmungen und Techniken zu variieren suchen. Inhaltlich lassen jedoch fast alle in Deutschland angefertigten Kaiserreihen nach 1560 einige bemerkenswerte Veränderungen erkennen.

Zwar beginnen auch das ganze 16. Jahrhundert hindurch die illustrierten Kaisergenealogien fast immer mit *Caesar*, mit dem antiken Imperium Romanum, während die früheren Kaiser bzw. Reiche nur kurz erwähnt werden. Doch wird seit den 1560er Jahren prononcierter nach der Abstammung der Kaiser, also zwischen derer römischer, byzantinischer und deutscher Herkunft unterschieden. Die Kaisergenealogien werden nun erstmals nach nationalen Kriterien separiert; das heißt die Kontinuität der deutschen Kaiser mit ihren byzantinischen und römischen Vorgängern wird bewußt unterbrochen.

Dieser Prozeß einer Nationalisierung der Kaisergenealogien vollzog sich in zwei Phasen. Bis in die 1540er Jahre hinein wurde in den Kaiserchroniken gegen die römischen Amtsvorgänger des Kaisers vor allem moralisch argumentiert. Erst danach war das Argument der Abstammung gewichtig genug, um zum bestimmenden Kriterium der Abgrenzung zu werden.

Die deutschen Kaiser des Spätmittelalters hatten die römischen Caesaren noch ganz naiv als ihre „vergöttlichten Vorfahren" verehrt und ihre Amtsgenealogien fast immer mit *Caesar* beginnen lassen.[316] Diese allgemeine Hochschätzung der kaiserlichen Amtsvorgänger verkehrte sich durch die Reformation in ihr Gegenteil. Denn die Protestanten nahmen zunehmend Anstoß an den moralischen Qualitäten der römischen Vorgänger des deutschen Kaisers. *Suetons* „Caesarenleben", die meist als Hauptquelle für die Biografien der ersten zwölf römischen Kaiser benutzt wurden, boten den Kritikern des Kaisertums Angriffsmöglichkeiten genug. *Sueton* hatte die Laster und Perversitäten der auf *Tiberius* folgenden Kaiser sachlich und offen beschrieben. Diese charakterlichen Schwächen waren in früheren Welt- und Kaiserchroniken zwar nicht unterschlagen, aber auch nicht besonders akzentuiert worden.[317] Durch die Reformation änderte sich dies.

Ein erstes Beispiel für die moralische Degradierung der römischen Amtsvorgänger der deutschen Kaiser ist die von dem Mainzer Humanisten *Johann Huttich* (um 1490 - 1544)[318] herausgegebene illustrierte Kaiserchronik, die erstmals 1525 erschien.[319] Dort

---

das Imperium, an das Heilige Römische Reich Deutscher Nation, bei den genealogischen Forschungen wenn nicht völlig, so doch weitgehend zurück. Dieses abstrakte Gebilde war zu dieser Zeit mehr eine Idee als ein wirklicher Machtfaktor ... " R. Prieur; „Die Teutschen"; a.a.O. S. 70.

[316] „Der König sprach von den römischen Kaisern als seinen „vergöttlichten Vorfahren", nostri divi predecessores." K. F. Krieger; König, Reich; a.a.O. S. 7.

[317] Als Beispiel bringe ich einen Auszug der Biografie Caligulas aus Lancironis Kaiserchronik von 1480: „Gayus des vorgenannten Tiberius sun reichßnet III jar und X monat er was gar ein unkeuscher böser man er beschlieff seine zwu schwester und machet an der einen schwester ein tocht die selben tochter beschlieff er auch. Er tät die edlen frawen die nit seinen willen wolten thun in ein offen hauß, da waren frawen innen die nit vil ere hetten. und musten da wider jr weiplich zucht und ere thun. und ließ sich anbeten als einen got. und ließ manigen unschuldigen man tödten. und traib vil muttwillens mit dem römern darumb erschlugen sie in in seinem palast als er ward xxxix jar alt." F. de Lancironi; Chronica von allen Kaisern; a.a.O. S. XI.

[318] Johann Huttich wurde um 1490 in Mainz geboren. Im „Dunkelmännerstreit" stand er auf der Seite Reuchlins; seit 1525 besaß er das Straßburger Bürgerrecht. Neben Konrad Peutinger und Peter Apian war er einer der ersten deutschen Humanisten, die sich mit den römisch-antiken

wurden die Biografien aller Römischen Kaiser von *Caesar* an bruchlos aneinandergereiht und mit entsprechenden Profilbildnissen illustriert. In der Vorrede schrieb *Huttich* ironisch, er gedenke, „die Tugenden der alten Kaiser als Vorbilder darzustellen", wobei er dank der von *Sueton* offen geschilderten moralischen Verfehlungen der Caesaren versichern konnte, daß er nichts an den Nachrichten der Alten verändert habe.[320] *Huttich* zog in seiner Chronik eine Parallele zwischen den Perversionen des zeitgenössischen Klerus und denen der antiken Caesaren. Er diffamierte jedoch die kaiserliche Tradition nur in ihrem römischen Teil, während die deutschen Kaiser des Mittelalters als moralische Vorbilder hingestellt wurden.[321] In der bereits ein Jahr später erschienenen zweiten, etwas veränderten Auflage wurde diese Kritik noch deutlicher durch Manipulationen der Kaiserporträts formuliert. Denn in den vermutlich von *Heinrich Vogtherr dem Älteren* (um 1490 - 1556) geschaffenen Randleisten waren die Caesarenporträts nicht mehr neutral neben die entsprechenden Kaiserviten gesetzt, sondern durch diffamierende emblematische Ergänzungen kommentiert worden. Zum Beispiel waren dem Bildnis des unkeuschen Kaisers *Domitian* Bocksköpfe - Sinnbilder der Geilheit - beigefügt worden, wodurch sein Lebenswandel bloßgestellt werden sollte.[322] Ob heutiges Papst- oder antikes Kaisertum: alles Römische war für die Protestanten gleichbedeutend mit Unmoral, der Hure Babylon bzw. dem Antichristen geworden.

Der Nürnberger Volksdichter *Hans Sachs* enthielt sich in seinem Kaisergedicht von 1530 solcher groben Vorwürfe und versuchte darin eher, den lutherischen Angriffen auf das Kaisertum die Spitze zu nehmen. Es war im Vorfeld des mit großen Hoffnungen auf Beilegung der Religionsspaltung erwarteten Augsburger Reichstages gereimt worden und zielte darauf ab, die „angfer sibn und zweintzig und hundert" kaiserlichen Vorgänger *Karls V.* von *Caesar* an in gute und böse Herrscher zu separieren.[323]

Überresten in Deutschland produktiv auseinandersetzten. 1520 gab er seine Sammlung römischer Altertümer aus Mainz und Umgebung heraus, die „Collectanea Antiquitatum in urbe, atque Agro Moguntino Repertarum." Das Buch enthielt außer dem Titelblatt nur 4 Holzschnitte.
[319] Johann Huttich; Imperatorum Romanorum Libellus. Straßburg 1525. Die erste Ausgabe war 1525 in lateinischer Sprache erschienen. Sie enthielt zumindest bei den ersten Caesaren auch Porträts der Verwandten; erst bei den Caesaren des 2. Jh. setzt eine „reine" Amtsgenealogie ein. 1526 folgte eine deutsche und eine zweite lateinische Ausgabe. Da ich keine der 1526-Auflagen einsehen konnte, verweise ich auf den Aufsatz von M. Lanckoronska; Des Johannes Huttichius Imperatorum Libellus als Dokument des Glaubenskampfes. In: Gutenberg-Jahrbuch 1965. Mainz 1965. „Unter dem Vorwand der römischen Kaisergeschichte verbarg sich ein Angriff auf den römischen Klerus, dessen Ausschreitungen denen der Caesaren glichen." S. 263.
[320] Zit. nach ebd. S. 264.
[321] Zu Karl dem Großen, dem kein Bildnis beigefügt wurde, heißt es beispielsweise: „Hic nulli superioru (?) principus, pietate, clementia, humanitate, virtute bellica, pacis studio, literarum deniq., eruditione, unquam cesserit. Habuit uxores plures Leutberga ... " Fol. 71 ver.
[322] „Zuweilen sind wiederkehrende schmale Leisten zu Häupten der Bildnisse angebracht, die in Rankenwerk jeweils Bocksköpfe, Löwenköpfe mit aufgerissenem Rachen, die Engelsköpfe zu verschlingen drohen, einen Totenkopf und andere allusive Bildzeichen aufweisen. Diese werden so eingefügt, daß sie in einem Sinnbezug zu den Texten stehen: Nero hat die Löwenköpfe, Claudius, den die eigene Mutter ein Ungeheuer und ein Greuel für die Menschheit nannte, den Totenkopf, Domitian, dessen Unkeuschheit nicht vor der Schändung seiner Nichte zurückschreckte, die Bocksköpfe, Sinnbilder der Geilheit." M. Lanckoronska; J. Huttichus; a.a.O. S. 265.
[323] Hans Sachs; Historia. All römisch kayser nach ordnung, wie lang yeder geregieret hat, zu welcher zeit, was sitten der gehabt und was todtes er gestorben sey, von dem ersten an biß auff den yetzigen großmechtigsten kayser Carolum 5. Abgedruckt in: Hans Sachs; Hrsg. von Adelbert von Keller, Tübingen 1870. Bd. 2, S. 353 -372.

Auch von katholischer Seite wurde Anfang der 1540er Jahre scharf gegen die Vorgänger des Kaisers agitiert. So stellte die 1540 bzw. 1541 erschienene, „mit keyserlicher und küniglicher Maiestät genaden und freiheiten" vor Nachdruck geschützte Kaiserchronik *Johannes Cuspinians* (1473 - 1529)[324] einige der Vorgänger *Karls des Großen* auffällig aggressiv an den Pranger.[325] *Cuspinians* Werk war ein verspäteter Ersatz für *Maximilians* nie vollendetes „Kaiserbuch" und atmete noch ganz den Anti-Romkomplex von dessen Hof. Ihr Erscheinen zu diesem Zeitpunkt ist Ausdruck der allgemeinen, auch von Kaiser *Karl V.* geteilten Frustration über die Weigerung der Päpste, das von den Protestanten immer wieder geforderte Konzil einzuberufen.[326] Diese ablehnende Haltung der Päpste wurde dahingehend interpretiert, daß diesen die deutsche Religionsspaltung ganz gelegen komme, da sie die deutsche Macht empfindlich schwäche.[327] Da die Protestanten die Autorität des Papstes nicht anerkannten, auf dessen Teilnahme gerne verzichteten und statt dessen ein auf Deutschland beschränktes N a t i o n a l -Konzil forderten, versuchten sie, Kaiser *Karl* aus dessen enger Rombindung zu lösen. Dieser Zeitpunkt schien zu Beginn der 1540er Jahre, als *Karl V.* entschlossen war, sich nicht mehr länger von den Päpsten hinhalten zu lassen und die Konzilsfrage in eigene Regie zu nehmen, besonders günstig.

Cuspinians Kaiserchronik beginnt ganz traditionell mit den römischen Caesaren und endet mit *Karl V.* bzw. dem Römischen König *Ferdinand I.* Er untergliederte seine Chronik jedoch in zwei Teile und ließ bemerkenswerterweise den zweiten Teil mit *Rudolf I.* beginnen. Anders als bei *Huttich* wurde von *Cuspinian* die Kritik nur im Text formuliert, während die Bilder selbst nicht verändert wurden. Aber auch *Cuspinian* kehrte die Unmoral der nichtdeutschen Amtsvorgänger der Kaiser auffällig aggressiv heraus. In den Biografien über die römischen Caesaren heißt es beispielsweise über *Caius Caesar* (*Caligula*) unter anderem: „In onkeuscheyt un geilheyt war er ganz onversettigt und onmenschlich gegen mannen und weibern."[328] Auch die unmittelbaren Vorgänger *Karls*

---

[324] J. Cuspinian hieß eigentlich Spießhaymer und wurde 1473 bei Schweinfurt geboren. Er studierte in Leipzig und Würzburg (Domschule) und war seit 1492 in Wien ansässig. Cuspinian war Vertrauter Kaiser Maximilians und erfüllte für diesen wichtige diplomatische Missionen.

[325] Johann Cuspinian; Ein außerleßne Chronicka von C. Julio Cesare dem ersten, biß auff Carolum quintum dieser zeit Rhoemischer Keyser, auch von allen Orientalischen und Türckischen Keysern. Straßburg 1541. Die lateinische Ausgabe war 1540 ebd. erschienen.

[326] Deutlich ist diese Frustration aus der von Caspar Hedion verfaßten „Vorred" zu Cuspinians Kaiserchronik herauszulesen: „ ... wie die Kirchen Christi mit onzelichen mißbreuchen beschwöret unnd verstöret seind, wie auch gegenwertige spaltungen in unser heyligen Religion Teutscher Nation / eyn endlich verderben trewe, wo sie nit sollten fürderlich abgewendet werden. Bißher aber haben wir die waren mittel / die kirchen wi & zu recht / und Teutsche Nation zu friden zu bringen / noch mit keynem rechten ernst fürgenomen ... "

[327] Der Geschichtsschreiber des Schmalkaldischen Bundes Johann Sleidan (1506 - 1556) formulierte die dem Papst unterstellte Absicht folgendermaßen: „Zu verhör will Er nit kommen, auß kainer andern ursachen, dann das Er aigentlich verhoffet, indem / das die Sach verzogen wirdt, und also ungeendet belaibt / baide Partheyen / in Teutscher Nation / sollen dermassen gegen ainander verbittert werden / das sy endtlich mit gewalt zusamen lauffen, und ainander gründtlich verderben." J. Sleidan; Ain beschaidner historischer / unschmählicher Bericht / an alle Churfürsten / Fürsten und Stennde deß Reichs. Von des Pabstums auf und abnemen / desselben geschicklichhait / unnd was endtlich darauß folgen mag. O. O. 1603. Blatt 219 ver.

[328] J. Cuspinian; Chronicka, a.a.O. S. 26.

des Großen, einige griechisch-byzantinische Kaiser, werden pauschal eher als „monstra dann Fürsten" beschrieben.[329]

Diese moralische Diffamierung der Amtsvorgänger des regierenden Kaisers sollte nicht diesen selbst, sondern die römische Herkunft und Tradition seines Amtes treffen. Kaiser und Reich sollten bleiben, aber ihre Probleme ohne jede Einmischung von Rom lösen. Kaiser und Reich sollten deutsch werden und alles Römische daran abstreifen. Die Idee des Reiches, seine Notwendigkeit für das Weiterbestehen der Welt im Rahmen des göttlichen Heilsplans wurde von den Reformatoren niemals hinterfragt, sondern durch die nun erneut intensiv diskutierte Viereiche-Lehre eher noch gestärkt.[330] Entsprechend der mittelalterlichen Tradition und ihrer Bibelgläubigkeit fürchteten auch die Protestanten, daß das Ende des Vierten, des Römischen Reiches, gleichbedeutend mit dem Ende der Welt sei; seine Existenz erschien unabdingbar für das Weiterbestehen der Welt.[331] Die Deutschen, Katholiken wie Protestanten, waren viel zu sehr von der traditionellen weltgeschichtlichen Bedeutung des Reiches überzeugt, als daß sie dieses einfach hätten aufgeben und dadurch den Weltuntergang verantworten können.[332] Außerdem schmeichelte es ihnen, Träger des Kaisertums, der immer noch angesehensten Monarchie Europas zu sein. Doch lehnten die Protestanten konsequenterweise alles „Römische" an ihm, jede Identität mit dem antiken Imperium, den Namen ausgenommen, entschieden ab.

In der Tat war die Kaiserkrönung *Karls V.* 1530 in Bologna die letzte gewesen, die auf italienischem Boden stattfand und durch den Papst vollzogen worden war. Keiner von *Karls* Nachfolgern legte noch Wert darauf, seine Kaiserwürde vom Papst bestätigen zu lassen. Die Habsburger, die mit einer einzigen Ausnahme alle weiteren Kaiser bis 1806 stellten, verzichteten zwar niemals auf den römischen Titel und behielten auch die traditionellen Kaiserinsignien bei. Doch genügte seit Kaiser *Ferdinand I.* (1556 - 1564) die Wahl des „Rex Romanorum in imperatorem promovendus" durch die deutschen Kurfürsten und die Krönung des Kaisers in Frankfurt, um aus dem erwählten Römischen König das Oberhaupt des „Heiligen Römischen Reiches Deutscher Nation" zu machen.

Damit soll nicht behauptet werden, daß *Waldis'* Genealogie unmittelbaren Einfluß auf die gesamte Kaiserikonografie gehabt hätte. Doch lassen die Kaisergenealogien in den folgenden Jahrzehnten inhaltlich bemerkenswerte Veränderungen erkennen, die auf die zunehmende Distanz der Deutschen zum Römischen und Byzantinischen, zu jeder Abhängigkeit von ausländischen Autoritäten und Traditionen zurückzuführen sind. Diese zweite Phase einer Nationalisierung des Kaisertums ist dadurch gekennzeichnet, daß in den Kaisergenealogien die Kaiser seit der Mitte des 16. Jahrhunderts erstmals säuberlich nach ihrer nationalen Herkunft voneinander separiert wurden.

---

[329] Ebd. S. 330.

[330] Wichtig für die Neuetablierung der Danielschen Viereiche-Lehre waren Melanchthon und v. a. das Werk von J. Sleidan „De Quattuor Summis Imperijs", das 1557 auch auf deutsch erschien: Beschreibung der vier Monarchien oder höchsten Regimenten. Leipzig 1557.

[331] So heißt es bei Jacob Köbel 1540: „Ir Teutschen habt das Römisch reich warlich / es steht in ewer hand ... behaltend und beschirment dz heilig Römisch reich / das euch bevolhen und vertraut ist von gantzer Christenheit / wie ir das inhabt / verachtent nicht die Astroloysch künfftig sage / Die also laut / ... Es sagt auch ein Prophezey. Das nit kommen soll der Endtchrist (das ist einer der wie Christum und sein glider sein wirt) es sey dann sach / das daz Römisch reich vorhin gantz abgangen und vertilckt sey ... " J. Köbel; Glaubliche Offenbarung; a.a.O. O. S.

[332] „Deutsche Lutheraner und römische Katholiken wetteiferten so, unter wechselseitigem Vorwurf der Majestätsbeleidigung, in Loyalitätsbekundungen für das Heilige Römische Reich, beide von der Annahme her, daß dies kein gewöhnlicher Staat, sondern die letzte der vier Weltmonarchien sei." A. Seifert; Rückzug der bibl. Prophetie; a.a.O. S. 44.

Die deutschen Autoren folgten darin eigentlich nur einer schon lange zuvor in Italien gängigen Tendenz, das mittelalterliche deutsche Kaisertum nicht in einer ungebrochenen Kontinuität mit dem antik-römischen zu betrachten. Dies wird zum Beispiel im „Annal Buch der Römischen Künigen / Burgermeysteren / und Keyseren" des *Heinrich von Eppendorff* deutlich, das lediglich eine Übersetzung der Kaisergenealogien des Venezianers *Giovanni Battista Egnatius* darstellte. Dieser hatte die antik-römischen, die byzantinischen und deutschen bzw. französischen Kaiser in drei separaten „Büchern" vorgestellt und zutiefst bedauert, daß in der Antike der Italiener „wesen so gar zu Boden gegangen / und verdorben / daß wir anderer und frembder hylff bedörfft haben / Rom ein wenig zu erhalten." [333]

Nach der Abdankung *Karls V.* 1556 erschienen innerhalb weniger Jahre gleich mehrere Kaisergenealogien, die die Aktualität der Kaiserfrage zu dieser Zeit bezeugen. Alle beginnen mit *Caesar* und reichen bis in die Gegenwart. Zwei davon sind eher der Numismatik denn der Genealogie zuzuordnen. Sie reihten die Kaiser noch ohne jeden sichtbaren Bruch aneinander.

Die „Epitome Thesauri Antiquitatum" des Mantuaner Künstlers und Antiquars *Jacobo da Strada* aus dem Jahr 1557 brachten zwar auch alle Kaiser mit Biografien und kleinen, nach Münzen kopierten Holzschnitten. Er hatte jedoch sein Werk, vermutlich auf Anregung der Caesarengenealogie *Enea Vicos* von 1548, mit mehreren Münzen nicht nur von jedem Herrscher, sondern auch von deren Verwandtschaft angereichert. [334]

Das 1558 in der Druckerei *Andreas Gesners* in Zürich herausgegebene illustrierte Werk „Kunstliche und aigentliche bildtnussen der Rhömischen Keyseren" von *Diethelm Keller* kompilierte die Werke von *Jacobo da Strada* und *Wilhelm Rovillius* und kann wie *Stradas* Werk streng genommen weder als Kaiserchronik noch als kaiserliche Amtsgenealogie bezeichnet werden.[335] Sie reichte zwar „von C. Julio an / biß auff Ferdinandum", brachte aber auch die Münzbilder der ganzen kaiserlichen Verwandtschaft mit ein. Zudem rückte er zwischen die byzantinischen und deutschen Kaiser die gesamte französische Königsreihe ein, um schließlich zu einem ganz allgemeinen Vitenwerk anzuschwellen, das auch *Dante*, die spanischen Könige und die Päpste umfaßte.

Eine reine Kaisergenealogie enthält dagegen das von dem Würzburger Kupferstecher *Hubert Goltz* (1526 - 83) angefertigte, dem nachmaligen Kaiser *Maximilian II.* gewidmete Werk „Lebendige Bilder" aus dem Jahr 1557.[336] Dort werden die deutschen Kaiser noch ohne Unterbrechung an die römischen Caesaren angereiht; nur im Register werden die römischen von den „Teutschen Keysern" geschieden.

Ebenfalls als eine reine Kaisergenealogie anzusehen ist der 1559 in Zürich erschienene riesige Foliant „Imperatorum Romanorum omnium." Dieser enthält erstmals eine bemer-

---

[333] Heinrich von Eppendorff; Annal Buch der Römischen Künigen. Straßburg 1545. Das „Erst Buch" beginnt mit Caesar und reicht bis Arcadius und Honorius, die jeweils mit Kurzbiografien ohne Illustration vorgestellt werden. Es endet mit dem Kapitel: „Wie Rom erstlich belageret von den Gotthis / mit lysten gewunnen / und geplündert." Im 3. Buch, Vorred wird Carolus der Gross als „ein Künig auß Franckreich" bezeichnet.

[334] Jacobo da Strada; Epitome Thesauri Antiquitatum, hoc est, Impp. Rom. Orientalium et Occidentalium Iconum, ex antiquis Numismatibus quam fidelisime deliniatarum. Zürich 1577.

[335] Diethelm Keller; Kunstliche bildtnussen; a.a.O. Zürich 1558.

[336] Hubert Goltzius; Lebendige Bilder, gar nach aller Keysern, von C. Julio Caesare, bisz auff Carolum V. und Ferdinandum seinem Bruder ... Antwerpen 1557. Das Werk erschien im gleichen Jahr auch in einer lateinischen Ausgabe. Zu diesem Werk und den verschiedenen veränderten Neuauflagen siehe: Ausstell.-Kat. „Archäologie der Antike"; a.a.O. S. 104 - 106.

kenswerte inhaltliche Dreiteilung, die sich zukünftig fast immer findet: Zuerst werden 40 römische Kaiser von *Caesar* bis *Konstantin*, dann 34 byzantinische Kaiser bis *Nicephorus*, und schließlich, unübersehbar als „Germanorum Imperatores" bezeichnet, 39 deutsche Kaiser von *Karl dem Großen* als Nummer eins bis zu *Karl V.* aufgeführt. Ausdrücklich heißt es im Vorwort dazu, daß die separate Zählung und Titulierung als *Deutsche* Kaiser deswegen vorgenommen worden sei, weil das von den römischen Bischöfen auf die Franken übertragene Reich etwas Neues gewesen sei.[337]

Der brandenburgische Gelehrte *Georg Sabinus* (1508 - 60) trennte nur im Titel seines „Catalogus Romanorum et Germanicorum Imperatorum" zwischen römischen und deutschen Kaisern, reihte diese im Buch selbst jedoch ohne wahrnehmbaren Bruch hintereinander.[338]

Die von dem „kayserlich gecrönten Poete" und späteren fürstlich-sächsischen Rat *Nicolaus Reusner* (1545 - nach 1595) in Leipzig herausgegebene bilderlose Kaisergenealogie enthält drei von verschiedenen Autoren verfaßte Kaiserreihen, die jeweils deutlich zwischen den Caesares Romani, den Caesares Graeci, Galli und Germani trennen.[339]

Auch in der am prachtvollsten ausgestatteten Kaiserchronik des 16. Jahrhunderts, die 1580 in Augsburg vollendet wurde, sind die „Imperatores Romani" klar von den „Imperatores Germanici" geschieden. [340] Sie widmet der Abstammung der Kaiser außerge-

---

[337] „Postrema claßis complectitur Imperatores Germanos a Carolo Magno ad Ferdinandum Austriacum. Hos separatim numeravi, & Imperatores Germanos inscripsi. Nam novum hoc fuit imperium a Romanis Pontificibus ad Francos delatum. Franci autem et si tum in Gallia sedes suas fixissent, Germani tamen natione & origine fuerunt." Imperatorum Romanorum omnium orientalium et occidentalium verissimae imagines ex antiquis numismatis quam fidelissimae delineatae. Addita cuiusque vitae Descriptione ex thesauro Jacobi Stradae. Zürich 1559. Vorwort. Dort wird als Grund für die Edition genannt, daß die viele früheren Kaiserbilder sehr klein gewesen seien und daß man sich zum Teil an Sadoleto, Huttich, Strada und Rovillus angelehnt habe. Auch in dieser Kaisergenealogie wird hinsichtlich der Unmoral der römischen Caesaren kein Blatt vor den Mund genommen.

[338] Georg Sabinus; Catalogus Romanorum et Germanicorum Imperatorum, et eorum effigies. A C. Julio Caesare usq. Ad Divum Ferdinandum Imperatorem. O.O. 1561. Nach dem byzantinischen Kaiser Constantinus VI. bricht zwar die byzantinische Kaiserreihe ab; doch heißt es dann lediglich: „Romanum Imperium a Graecis in Germanos transfertur." Danach schließt sich unmittelbar „Carolus Primuset Magnus Annos XIIII" mit einem fiktiven Frontalbildnis Karls an. Die Kaiser sind hier nicht durchnumeriert. G. Sabinus war „ein Poet" und seit 1536 der Schwiegersohn Philipp Melanchthons. Er wurde 1538 Prof. an der Universität Frankfurt / Oder und 1544 Rektor der Universität Königsberg.

[339] N. Reusner & G. Sabinus; Imperatorum ac Caesarum Romanorum, Ac. Julio Caesare, usque ad Maximilianum. Leipzig 1572. Quart; ohne Abb. Das Buch beginnt mit den von N. Reusner aufgelisteten „Romani Caesares", die bis zu Constantinus VI. aneinandergereiht sind. Nachdem diese römische Reihung abgeschlossen ist (Caesarum Romanorum Finis) folgt ab Seite 85 „Georgij Sabini Brandeburgensis (!) de Caesaribus Germanicis: Liber I beginnend mit Karl dem Großen. Ab Seite 133 folgen Tetrastichen von Ausonius Aurelianus und J. Micyllus über die römischen Caesaren; ab Seite 176 finden sich von C. Ursini Velii verfaßte Distichen „in caesares omnes, tam Romanos, quam Graecos, & Germanicos." In der ab S. 201 aufgeführten Tabelle wird nur zwischen den römisch-byzantinischen und den Imperatores Germanici, beginnend mit Karl dem Großen, unterschieden. Als „gallische Kaiser" werden einige Kreuzfahrer wie Gottfried von Bouillon genannt. Ab Seite 207 schließen noch zwei Habsburgergenealogien an.

[340] Effigierum Caesares opus per quam, elegans et admirandum Apellae elaboratum arte, invenies et ad singulos Caesares breviter annotatum, quid praecipue gesserit, quo tempore quisq. Regnaverit, & quandiu (!) vixerit. Absolutum Augustae Rhetiae. Anno MDLXXX. Wien, Öst.

wöhnlich großes Interesse und trennt die Kaiser säuberlich nach ihrer Nationalität in zwei Gruppen.[341] Nach einer kontinuierlichen Hintereinanderreihung der römischen und byzantinischen Kaiser bricht diese mit der Nr. 87, *Constantius* (+ 782) und einer kurzen Erwähnung des *Nicephorus* ab. Nach etlichen Leerblättern und deutlichem Verweis, daß nun etwas anderes folgt, beginnt mit *Karl dem Großen* als Nummer I eine Neuzählung der „Imperatores Germanici".[342] Zwar wird zwischen *Karl dem Großen* und den Ottonen eine Kontinuität suggeriert, doch wird die Brüchigkeit der deutschen Kaisertradition im Hochmittelalter in den Begleittexten keineswegs verschwiegen. Auf *Karl* läßt sie 48 deutsche Kaiser folgen.[343] Diese Kaiserchronik bekräftigt die Verpflichtung der Deutschen zur Fortführung des „Römischen" Kaisertums ebenfalls durch einen Verweis auf die Danielsche Viereiche-Lehre.[344]

Die von dem kaiserlichen Antiquar *Ottavio Strada a Rosberg* (um 1550 -um 1612)[345] zusammengestellte, mit einem Druckerprivilegium Kaiser *Matthias*` versehene und damit offiziell abgesegnete, 1615 in lateinischer Sprache publizierte Sammlung von Kaiserbiografien und -münzen ist eine erweiterte Fassung des Werks seines Vaters aus den 1560er Jahren und wie dieses mehr numismatisch als genealogisch interessiert.[346] Diese

---

Nationalbibliothek, Codex 15167.

[341] So heißt es beispielsweise in der Vita von Sylvius Otho: „Infecto Galba, a militibus electus est Otho & primus fuit Imperator, qui non Romano de sanguine natus" oder beim Imperator Romanus XXVIII Julius Philippus : „Arabs, obscuro genere natus. Hic primus ex Imperatoribus Romanis factis est Christianus ... "

[342] Nach einer kurzen Erklärung, weshalb Nicephorus und die folgenden byzantinischen Kaiser nicht als „römische" Kaiser aufgenommen wurden, folgt ein Blatt, auf dem lediglich steht: „Sequuntur iam Germanici Imperatores, qui post Carolum Magnum regnaverunt." Darauf folgt wieder ein Leerblatt. Die nächste, der Vita Karls des Großen gewidmeten Seite ist überschrieben: „Iam sequunt. Germanici Imperatores. 1. Imperator Carolus Magnus ... "

[343] Die Kurzbeschreibung dieser Kaiserchronik im Ausst.-Kat. „Karl der Große"; a.a.O. S. 546 bedarf einiger Korrekturen: Die Kaiser sind mit drei Ausnahmen nicht als römische Caesaren kostümiert, sondern - in ihrem „deutschen Teil"- z. T. auch in mittelalterlicher Rüstung. Das Bildnis des jungen Rudolf II. dürfte vom gleichen Künstler angefertigt worden sein, allerdings sind auf vielen Blättern auch verhältnismäßig viele künstlerische Schwachstellen, sodaß die Mitarbeit einer Werkstatt angenommen werden muß.

[344] Nachdem schon auf dem der Praefatiuncula folgenden Blatt auf die Vier Weltreiche verwiesen wird, heißt es auf dem folgenden: „Ipse Daniel in sua interpretatione somnium de statua refert quatuor Monarchias. Primam, Asyriorum sive Babylonicam: Secundum, Medorum et Persarum: Tertiam, Alexandri Magni et Graecorum: Quartam, Romanorum. Ab hac interpretatione et sententiae nemo est in orbe universo qui dissentiat: quam ipse etiam eventus atq. Historiae luculenter comprobant. De Monarchia tamen Romana plurimus illi sermo est ... Rursus fuerunt interdum miseri atq. Infelices Imperatores, crebris victi praelijs. Quod eo dicti putandum est, ut sciamus, ROMANUM IMPERIUM ultimum esse, a nemine, nisi Regno ipsius Christi, excindendum ... "

[345] Ottavio Strada a Rosberg war der Sohn des Numismatikers, Antiquars und Kunstagenten Jacobo Strada und seit 1565 Antiquarius im Dienste Kaiser Maximilians II., seit 1581 im Dienste Rudolfs II. Er war wie sein Vater auch selbst künstlerisch tätig. Der gleichnamige Sohn scheint nur als Verleger aufgetreten zu sein; er erhielt zwischen 1616 - 18 dreimal Geldzahlungen vom Nürnberger Rat: „Octavio della Strada soll man für sein dedicirt kunstbuch 100 goldfl. oder 200 f. müntz verehren". Th. Hampe; Nürnberger Ratsverlässe; a.a.O. Nr. 2922, 9. Okt. 1617.

[346] Ottavio Strada a Rosberg; De vitiis imperatorum et caesarum Romanorum, tam occidentalium quam orientalium. Frankfurt 1615. Das Werk zeigt bei jedem Kaiser meist mehrere Münzen (auch der Frauen bzw. Konkubinen), bei Caesar beispielsweise vier; es bildet immer Averse und

lateinische Erstausgabe kündigte zwar im Titel West- und Ostkaiser an, enthielt aber noch keine Unterteilung der Kaiser nach ihrer Nationalität. In der drei Jahre später erschienenen deutschen Ausgabe, die von *Ottavio Stradas* gleichnamigen Sohn ediert wurde, finden sich einige bemerkenswerte Veränderungen. Erstens enthält es zusätzlich ein von *Matthias Merian d. Ä.* radiertes Titelblatt, das die vier Begründer der Weltreiche zeigt und somit deutlich die Bedeutung der Vierreiche-Lehre hervorhebt (Abb. 39). Zweitens werden in Teil drei die „Teutschen Kaiser" seit *Karl dem Großen* von ihren nichtdeutschen Vorgängern deutlich separiert.[347] Im „Privilegium" fühlte sich der Herausgeber bemüßigt zu schreiben, „daß gedachtes Buch nichts ergerliches / oder der Catholischen Religion / unnd deß H. Römischen Reichs Ordtnungen oder guten Sitten zu wider / weder in der Praefation noch in dem Kontext / oder auff was weiß es geschehen kann ..." Die politische Atmosphäre war zu diesem Zeitpunkt im Reich schon derart gespannt, daß selbst bei der Konzeption solcher Kaisergenealogien höchste Vorsicht angeraten schien.

In dem bildlosen Traktat „Genealogischer Versuch, in sich haltend der roemisch Kaiserlichen" des Coburger Rhetorikprofessors *Johann Heinrich Hagelgans* (1606 - 1647) von 1640 werden die römischen Caesaren überhaupt nicht mehr erwähnt. Stattdessen wird direkt an den deutschen *Tuiscon*-Mythos *Karl der Große* angereiht, an diesen anschließend die Habsburger seit *Rudolf I.*[348]

Nur zwei von mir eingesehene Kaisergenealogien der zweiten Hälfte des 16. Jahrhunderts, die beide dem katholischen Lager zuzuordnen sind, weisen diese Scheidung nach nationalen Kriterien nicht auf:

Die 1565 von dem Augsburger Künstler *Georg Sorg* illustrierte Kaiserchronik enthält über einhundert mit Deckfarben gemalte Ganzfiguren von *Caesar* bis *Maximilian II.*, die ohne Numerierung und Erwähnung der Nationalität bruchlos aneinandergereiht sind. *Sebastian Wild*, dem Verfasser der Reime, scheint die Zugehörigkeit der Kaiser zum Christentum und die Güte ihres Regimentes wichtiger gewesen zu sein als deren nationale Herkunft, da unter ihren Namen meist „Einn Heidt" bzw. „Einn Christ" vermerkt ist.[349]

Reverse ab. In dieser lateinischen Ausgabe sind zwischen die griechischen und deutschen Kaiser noch die türkischen Sultane eingefügt.

[347] Ottavio Strada a Rosberg; Aller Römischen Keyser Leben und Thaten. Frankfurt 1618. Das dritte Theil, Darinnen alle Teutsche Kayser, welche das Römische Kayserthumb in Occident oder gegen Abendt und Nidergang verwaltet und regiert, sampt kurtzer Beschreibung ihrer Geburt, Regierung, Wandels, Lebens und Tods begriffen sind. (S. 475). Das genealogische Prinzip der einfachen Aneinanderreihung ist hier durchbrochen zugunsten der Menge der abgebildeten Münzen. Für beide Ausgaben scheint der Sohn Ottavio Geldgeschenke des Nürnberger Rates erhalten zu haben: „22. März 1616: Octavio de Strada (von Roßberg) soll man für sein buch De vitis impp. Zwey dutzent guldengroschen verehren und das buch in die bibliothek lifern. / 25. April 1618: Octavio de Strada soll man für sein presentirt kunstbuch ein dutzet guldengroschen verehren und ime die andern 44 exemplaria lassen." Th. Hampe; Ratsverlässe; a.a.O. Nr. 2760 + Nr. 2966.

[348] J. H. Hagelgans; Genealogischer Versuch, in sich haltend der roemisch Kaiserlichen, wie auch derer in Frankreich, Hispanie und Schweden königliche Stammregister. Nürnberg 1640. Die Kaisergenealogie von Lerchenfelds beginnt ebenfalls mit Karl dem Großen und endet mit dem damals regierenden Kaiser Karl VI. J. J. von Lerchenfeld; Naratio Historica. O. O. 1706.

[349] Diese unbetitelte Kaisergenealogie befindet sich in der Bayr. Staatsbibliothek München (Cod. Germ. 960). Die Handschrift umfaßt 128 Blatt. In der Widmung findet sich nicht nur eine Scheidung in römische und deutsche Kaiser, sondern auch eine antipäpstliche Polemik: „Volgen hierin Beschriben alle Römische und Theutsche Kaiser thaten unnd Leben Alle Römische

Die einzige gedruckte Kaisergenealogie des 16. Jahrhunderts, die keine Profilköpfe, sondern Halbfiguren abbildete, entstand fernab des Reichsgeschehens. Der bescheidene, dem polnischen König gewidmete Octavband floß aus der Feder des Frauenburgischen Kustoden *Thomas Treter* (1547 - 1610) und wurde 1590 in Rom gedruckt. Er enthält 157 künstlerisch anspruchslose, meist der Phantasie entsprungene Brustbilder von *Caesar* bis *Rudolf II.*, die ohne Unterbrechung aneinander gereiht sind. [350]

Eine empirische Untersuchung der Kaisergenealogien des 16. Jahrhunderts ergibt, daß seit Mitte des Saeculums die meisten inhaltlich einen bemerkenswerten Bruch aufweisen. Sie beginnen zwar wie die Kaiserchroniken zuvor immer mit den römischen Caesaren, reihen die deutschen Kaiser aber nicht mehr kontinuierlich an diese an. Stattdessen trennen sie die Römischen Kaiser säuberlich nach ihrer Nationalität voneinander ab. Dieser Bruch in der Kontinuität des Kaisertums, diese zunehmende Distanzierung der Deutschen zum römischen Erbe des Reiches und dessen römischer Vergangenheit wird im Medium der Genealogien in einzigartiger Weise nachvollziehbar. Die Nachfolger *Kaiser Karls V.*, vor allem *Ferdinand I.* und *Maximilian II.*, distanzierten sich von all ihren römischen Amtsvorgängern und ließen erst mit *Karl dem Großen* das neue Deutsche Reich beginnen. In der übrigen Kaiserikonografie, seien es Porträts, Triumphzüge oder -bögen, ist ein Bruch mit Rom hingegen nicht festzustellen. Eher trifft dort das Gegenteil zu. Denn bei diesen künstlerischen Aufgaben wurde, vor allem seit *Francesco Terzis* prächtig ausgestatteter Habsburgergenealogie von 1568, intensiver als selbst unter Kaiser *Maximilian I.* an römische Dekorationsformen angeknüpft.[351] Je mehr sich im 16. Jahrhundert die Deutschen ideologisch von der römischen Vergangenheit des Kaisertums distanzierten und sich ihrer germanischen Herkunft bewußt wurden, desto mehr schmückten sich ihre Kaiser mit Formen, die der zeitgenössischen römischen Kunst und Architektur entlehnt waren.

Kayser wert / So geregiert habenn auff ert / Zu Rom unnd auch im griechen land Zu Constantinopel genad, Auch wie sich nun durch verenderung / Viller kriegs unnd gelucks herschung / Auff die theutschen das Regimend / Das Reich unnd Kaiserthum hat gwend / Seit dem achthundertistenn Jar / Biß auff Fiertzig theutsch Kaiser gar / Bewachen ist unnd noch bestat ... Wie auch der Papst so untreulich / Gegen inn hab ehr zaiget sich / Offt mit gifft unnd ban zu Jn stach / Ir vil deten sich aller sach / Mit gewalt des Reichs understan ... " Die Aussage im Ausst.-Kat. „Augsburger Renaissance". Augsburg 1955, Kat.-Nr. 443: „Die Kaiserfiguren abhängig von Hans Burgkmairs Genealogie Kaiser Maximilians" trifft nur auf wenige Beispiele wie Friedrich III. und Maximilian II. zu.

[350] Romanorum Imperatorum effigies. Elogijs, ex diversis Scriptoribus, per Thomam Treterum. Rom 1590. Das 1599 in Leiden erschienene, teils auf Treter fußende „Imagines et vitae Imperatorum Romanorum" dürfte aus rein humanistischem Bildungsinteresse entstanden sein. Es enthält nur Münzporträts von Caesar an bis zu Constantinus und Irene (als Nr. 107) und bringt die byzantinischen und „westlichen" Kaiser von Karl dem Großen bis Rudolph III (sic) nur als jeweils separate Namensregister.

[351] Thomas da Kaufmann-Costa untersuchte in seiner Studie über die Kunstpolitik Maximilians II. und Rudolfs II. v. a. deren Triumphzüge, Leichenfeiern und Kunstkammern, aber nicht die Kaiser- bzw. Habsburgergenealogien dieser Zeit und nahm aufgrund des von ihm bearbeiteten Materials den von mir konstatierten Bruch in der Kaiseridee nicht wahr: „The funeral of Maximilian II. and the entries of Rudolf II. are thus both public expressions of the continuity of Hapsburg (!) reign, and of the power and virtue of the Emperor. They are thus public manifestations of imperial ideas well-known in the sixteenth century, cultural expressions of political ideas." Th. Kaufmann-Costa; Variations on the Imperial Theme. New York - London 1978. S.13.

Rein formal lassen die eben genannten Kaisergenealogien keine Nationalisierung erkennen, beispielsweise durch eine Ablehnung römischer Formen. Der in Italien neu begründete Bildnistypus des in einen Tondo eingepaßten Profilkopfes wurde in allen gedruckten Kaisergenealogien, zumindest bei den antik-römischen Kaisern, weiterhin gepflegt. Nur in den mit Deckfarben gemalten Kaiserreihen wurden Ganzfiguren bzw. Reiter bevorzugt, wobei aber auch hier das Profilbildnis dominiert.

In den gedruckten Genealogien zeigt sich eine große Spannbreite von Möglichkeiten, das an und für sich wenig variable Motiv eines Kopfprofiles immer wieder neu zu formulieren.

In den numismatisch ausgerichteten Werken wie *Jacobo Stradas* „Epitome Thesauri" konzentrierte sich der Fleiß der Autoren auf eine korrekte und detaillierte Wiedergabe der Münzbildnisse, weswegen diese Beispiele eher für den Archäologen von Interesse sind und hier nicht nochmals beschrieben werden sollen.[352] Die Münzliebhaber verzichteten gerne auf zusätzliche schmückende Rahmungen, die die Authentizität der Münzdarstellungen beeinträchtigten und die Aufmerksamkeit des Betrachters auf Nebensächliches ablenkten. Die mehr genealogisch ausgerichteten Kaiserchroniken hingegen lassen eine größere Variation in der Technik und vor allem der Rahmung erkennen, weshalb sie auch für den Kunsthistoriker von einigem Interesse sind.

Zu Jahrhundertbeginn waren die Rahmungen der Kaiserbildnisse in Deutschland, im Gegensatz zu den bereits sehr aufwendigen in *Andrea Fulvios* „Illustrium Imagines" sehr zurückhaltend und bescheiden: *Burgkmair* hatte sich noch damit begnügt, seine für *Peutingers* Kaiserbuch gerissenen Tondi seitlich durch zwei kleine floraleVoluten zu ergänzen, die von Kopf zu Kopf jeweils andere Blattformen zeigten (siehe Abb. 6). Die Profilköpfe selbst enthielten eine sehr sparsame, auf wenige stilisierte Linien reduzierte Binnenzeichnung, auf die Legende war verzichtet worden.

Johann Huttich ließ die Kaiserporträts für sein „Imperatorum Romanorum Libellus" nach den Vorlagen bei *Andrea Fulvio* kopieren. Sie waren wie diese im Weißlinienschnitt angelegt, beschränkten sich auf die Wiedergabe weniger prägnanter Linien und verzichteten auf deren prächtige Rahmung.

Die Kaiserbildnisse, die *Heinrich Vogtherr der Ältere* für *Cuspinians* Kaiserchronik gerissen hatte und die auch anderweitig Verwendung fanden, sind ebenfalls im Weißlinienschnitt angefertigt und heben die weißen, nur durch wenige Linien angedeuteten Gesichtszüge deutlich von dem schwarzen Untergrund ab (Abb. 40).[353] Um die Legende ist zusätzlich ein schmückender Kranz aus Pflanzenblättern gelegt, der von Münzporträt zu Münzporträt variiert.

Der Würzburger Grafiker *Hubert Goltz* (1526 - 83) war der erste, der seine 155 Kaiserbildnisse dreifarbig anlegte, indem er für jedes Porträt zwei Holzstöcke schuf. Um den Münzcharakter und damit die Authentizität seiner Bilder deutlich hervorzuheben, umgab er seine Profilköpfe nicht nur mit einer Legende und einem Astragalrand, sondern legte den Untergrund meist ockerfarben an, um die Metallfarbe der Münzen zu imitieren. Auf diesen farbigen Grund mit weißen Aussparungen wurde mit einem zweiten Holzstock

---

[352] R. Prieur beschrieb bereits die Verwendung von Münz- oder medaillenförmigen Darstellungen einiger Kaiserchroniken und anderer Geschichtswerke des 16. Jhs. R. Prieur; „Die Teutschen"; a.a.O. S. 183 ff. Eine Analyse der Vitenbücher mit Münzbildnissen des 16. und 17. Jhs. nach archäologischen Gesichtspunkten findet momentan durch Herrn Volker Heenes am Archäolog. Institut der HU Berlin statt.

[353] Johann Cuspinian; Ein außerleßne Chronicka; a.a.O. Die Holzschnitte werden von Thieme-Becker H. Vogtherr d. J. zugeschrieben.

die Kaiserphysiognomie in Schwarz konturiert (Abb. 41).[354] Durch die ausgesparten Stellen, die als Weißhöhungen fungierten, und die feineren Schraffen in der Binnenzeichnung erreichte er eine wesentlich größere Plastizität der Gesichter als seine Vorläufer.

Die 1559 von *Andreas Gesner* publizierte Kaisergenealogie brachte, im Unterschied zu dem bescheidenen Vorgänger von *D. Keller*, 118 überdimensionierte Holzschnitte. Die von *Manuel Deutsch d. J.* (1525 - 71) gerissenen Kaiserporträts in Medaillonform waren erstmals nach dem Vorbild *Andrea Fulvios* nicht nur von einer Legende umgeben, sondern auch von einer aufwendigen architektonischen Umrahmung in Form von Ädikulen (Abb. 42). Diese setzten sich aus zwei seitlich angebrachten Säulen in deutscher Renaissance-Manier, einem sich verkröpfenden Gesims sowie einer Sockelzone zusammen. Oben war der Name des Kaisers samt seiner Nationalität, unten ein Lobspruch angebracht.

Im Gegensatz zu den gedruckten Kaisergenealogien beschränkten sich die in Deckfarbenmalerei gefertigten Kaiserbildnisse nicht auf die Büste, sondern bevorzugten die Ganzfigur.

Die von *Georg Sorg* illustrierte Augsburger Kaiserchronik von 1565 stellt uns die Römischen Kaiser ausschließlich in ganzer Figur vor.[355] Fast alle Kaiser stehen auf einer rot-weiß oder grün-weiß gekachelten Bodenfläche; nur in wenigen Fällen wird auch ein Hintergrund angedeutet.[356] *Sorg* vermied eine schematische Aneinanderreihung und bemühte sich darum, jeder Figur eine andere Haltung zu verleihen. Die meisten stehen in den unterschiedlichsten Posen vor uns, auch eine Rückansicht findet sich. Kaiser *Maximius* (Nr. 30) liegt gar ermordet mit einem Schwert im Bauch am Boden.

Wie bei *Caesar* sind die Köpfe fast aller römischen Caesaren im Profil wiedergegeben (Abb. 43). Auch *Sorg* dürfte Münzen oder zumindest gedruckte Münzbildnisse als Vorlagen benutzt haben, denn einige Gesichtszüge seiner Kaiserporträts ähneln denen der antiken. Doch gelang es ihm in den wenigsten Fällen, wirklich die Individualität der Kaiser zu treffen. Sein mit wenigen fahrigen Strichen und Farbtupfen hingeworfener *Casar* hat physiognomisch mit der antiken Persönlichkeit ebenso wenig gemein wie die meisten anderen seiner Kaiser. Er wirkt durch sein Grinsen eher wie eine Karikatur und gleicht einem mit Lorbeerkranz und Zackenkrone maskierten Halbstarken, der provozierend sein balusterförmiges Szepter vor sich hält. Große Unsicherheiten zeigt *Sorg* auch bei der Wiedergabe der Kostüme. Die Rüstung *Caesars* ist zwar der der römischen Legionäre angenähert. Sie entspricht dieser jedoch nicht in den Details und weist wie das Kostüm der meisten anderen Figuren einige phantastische Elemente wie die geflügelten Puttiköpfe unterhalb der Kniekacheln auf. Zwar treten auch einige der mittelalterlichen Kaiser in Eisenharnischen auf, doch erscheint die Kostümwahl insgesamt eher willkürlich und keineswegs zeitlich stringent. Bei *Sorg* kann weder von einem Gelingen der Porträts noch von einem Bemühen um eine Wiedergabe authentischer Rüstungen die Rede sein.

---

[354] Im Antwerpener Museum Platin-Moretus sind zur Veranschaulichung dieser Mehrfarbendrucktechnik auch zwei von Goltz für seine „Imagines" angefertigte Druckstöcke ausgestellt.

[355] Georg Sorg kam 1502 in die Lehre bei Jörg Furtennagel in Augsburg. 1517 wurde er Meister, 1542 „Vorgänger" der Augsburger Malerzunft. „Illustrierte im Alter von 84 Jahren eine handschriftliche, gereimte Kaiserfolge" (Thieme-Becker).

[356] Z. B. findet sich auf Blatt 10, bei Domenicus Nero, im Hintergrund ein brennendes gotisches Haus mit Erker und Treppenturm. Nero ist im Viertelprofil gezeigt und trägt ein Phantasiekostüm mit rotem Mantel, der außerordentlich weite Ärmel hat.

Von ganz anderem künstlerischen Anspruch sind dagegen die großformatigen Blätter des „Effigierum Caesarum opus", die 1580 ebenfalls in Augsburg vollendet wurde und vermutlich als Geschenk an das Kaiserhaus in der Wiener Nationalbibliothek gelandet sind. Der riesige, 55 x 40 cm große und mehrere Kilo schwere Foliant wurde zwischen 1577 und 1580 in Augsburg vom Monogrammisten *MC* angefertigt.[357] Er enthält über 130 ganzseitige Reiterbildnisse[358] der Kaiser von *Caesar* bis *Rudolf II.*, die in anspruchsvoller Deckfarbenmalerei ausgeführt sind. Deren Gesichter sind zumeist nach Münzvorlagen kopiert und zeigen die römischen Caesaren fast immer im Profil, auch wenn dies aufgrund der variierenden Haltung von Pferden und Reitern zu anatomischen Verzerrungen führt. Die byzantinischen und mittelalterlichen deutschen Kaiser hingegen sind, den Münzvorlagen entsprechend, meist in Frontalansicht gezeigt.

Die Blätter präsentieren die Kaiser nicht nur ausnahmslos zu Pferde vor einem häufig buntfarbig schillernden Himmel, sondern hinterlegen diese auch durch weite phantastische Landschaften, die häufig ein oder zwei wichtige Ereignisse aus deren Regierungszeit zeigen. Wie *Georg Sorg* und andere deutsche zeitgleiche Künstler versuchte zwar auch dieser Maler, die Caesaren in ein antik-römisches, die mittelalterlichen Herrscher in ein mittelalterliches Kostüm einzukleiden. Er ist hierin aber genauso wenig konsequent wie *Sorg*. Vermutlich verfügte er über keine historisch genauen Bildvorlagen und glich dieses Manko unbekümmert durch seine Phantasie und Farbenfreude aus.

So sitzt *Caesar* auf einem Rappen, der stolz nach rechts trabt; Pferd und Reiter werden in Profilansicht gezeigt (Abb. 44) Sein Haupt ist von Lorbeer umkränzt, in den Händen hält er Szepter und Zügel. Er trägt einen kurzen im Wind flatternden Feldherrnmantel und einen eng anliegenden Feldrock, der die Unterarme und die Schenkel seiner bestrumpften Beine bloß läßt. Pferd und Reiter sind ganz an den vorderen Bildrand gerückt und überragen eine italienisch anmutende Stadt im Hintergrund. Auch das Gesicht des *Augustus* ist wie das der meisten anderen Caesaren im Profil gezeigt, obwohl sein Körper wie sein Schimmel in Rückansicht gezeigt werden. Ähnlich wie *Sorg* gelingt es auch diesem Künstler nicht, die Individualität der kaiserlichen Physiognomien zu treffen. Eine Ausnahme bilden lediglich die Porträts der letzten Habsburger.

Das Problem des Fehlens authentischer Vorlagen vor allem der mittelalterlichen deutschen Kaiser wurde von den Herausgebern der Chroniken unterschiedlich gelöst. Bei *Huttich*, *Cuspinian*, *Strada* oder *Goltz* wurden die Kreise bzw. Medaillons einfach leer gelassen, während *Gesner* und *MC* diese nach älteren Vorlagen mit fiktiven Gesichtern kopierten oder einfach mit Phantasiebildnissen füllten.

Sieht man *Waldis*` Fürstenreihe im Zusammenhang mit den Kaisergenealogien, so erscheint sie als ein bedeutsames Zeugnis für die Bestrebungen der Lutheraner, das Kaisertum zu nationalisieren und dessen römische Amtsgenealogie durch eine germanische

---

[357] Das Monogramm des ausführenden Künstlers, M und C übereinander gestellt, findet sich auf dem Doppelblatt, das den Triumpfzug Caesars darstellt, und zwar auf dem Rad des ersten Wagens, zwischen der Jahresangabe 15 MC 77. Das Monogramm konnte ich in dieser Form weder bei G. K. Nagler; Die Monogrammisten, noch in J. Hellers „Monogrammen-Lexicon" finden.

[358] Die Idee, die Römischen Kaiser beritten darzustellen, könnte von antiken Münzen, aber auch von der Kupferstichfolge „Equitum Descriptio" des Niederländers Abraham de Bruyn (um 1538 - mind. 1587) angeregt worden sein, die 1576 erschienen war und 52 Persönlichkeiten zu Pferde zeigte. In Hollstein; Dutch & Flemish Artists; Bd. IV wird unter A. de Bruyn eine Kupferstichfolge erwähnt: „The 12 Caesars on horseback". Nach A. Herbst geht die Idee berittener Caesarenbildnisse auf J. da Strada zurück. A. Herbst; Kaisersaal; a.a.O. S. 254.

Stammlinie zu ersetzen. Man kann seine Tuiscongenealogie als Versuch interpretieren, die moralisch unannehmbar gewordenen römischen Vorgänger Kaiser *Karls des Großen* durch eine deutsche, und das war gleichbedeutend mit: einer moralisch integeren Ahnenreihe zu ersetzen. Die deutschen Kaiser sollten entsprechend der hohen moralischen Verpflichtung, die dem Kaiseramt auferlegt war, sich anderer Vorgänger versichern. [359] Vor allem aber sollten sie sich nicht mehr römisch, sondern germanisch legitimieren. Da man von *Tuiscon* und seinen Nachfolgern kaum etwas wußte, konnte man ihnen auch nichts moralisch Verwerfliches ankreiden. Der Darmstädter *Matthias Castritius* fertigte in einem 1565 erschienenen Quartbändchen sogar einen Katalog von Herrschertugenden an und subsummierte unter diesen jeweils nicht nur die mittelalterlichen deutschen Kaiser, sondern auch die Pseudo-Berosianischen Fürsten, die sich durch diese Tugenden besonders ausgezeichnet hätten. So finden sich beispielsweise unter den Fürsten, die sich durch ihre Klugheit hervorgetan hätten, nach *Tuiscon* auch *Marsus*, der Ottone *Heinrich II.* und der Salier *Konrad II.* Unter den Fürsten, die Siege geschickt ausgenutzt hätten, werden *Hermion* und der Landgraf *Friedrich von Thüringen* erwähnt. Im Vergleich dazu mußten die von *Sueton* charakterisierten römischen Caesaren wie verachtenswerte Scheusale erscheinen; jedenfalls konnten sie den hohen moralischen Ansprüchen, die die Protestanten an das Kaiseramt herantrugen, nicht mehr gerecht werden. [360]

In der Tuiscongenealogie finden sich auf einzigartige Weise die beiden Ideologien vereint, auf denen das deutsche nationale Selbstverständnis seit der Mitte des 16. Jahrhunderts gründete. Erstens der durch *Tuiscon* repräsentierte, auf dem Pseudo-Berosus gründende Anspruch, die älteste Nation, das Urvolk Europas zu sein. Zweitens das in *Karl dem Großen* personifizierte Selbstgefühl, das Kaisertum innezuhaben. Die Tuiscongenealogie proklamiert ein aus national-germanischen Anfängen, aus dem deutschen Volk selbst erwachsenes Kaisertum und betont durch *Ariovist* und *Arminius* dessen antirömische Tendenz. Sie bindet die Deutschen ohne Hilfe der Vierreiche-Lehre in die Weltgeschichte ein. Durch sie reichen die Anfänge von deutschem Volk u n d Kaisertum noch weiter zurück, nämlich bis zu Stammvater *Noah* bzw. zur babylonischen Völkerteilung.

Obwohl die Broschüre von *Waldis* primär eine innenpolitische Zielsetzung verfolgte und auf eine Integration der in sich zerstrittenen Deutschen abzielte, dürfte sie auch im Ausland wahrgenommen worden sein. Jedenfalls ist sie im Kontext der im 16. Jahrhundert geführten Diskussion über das Prestige der einzelnen europäischen Nationen zu sehen.

---

[359] Lancironi beispielsweise hatte die kaiserlichen Kronen als Ausdruck hoher Moral interpretiert: „Von den kronen eynes keysers: eiserne - die bedeut das ein keyser oder ein künig so mächtig und starck seyn ... silberin kron - bedeutet das er sol lautter und gerecht sein ... Die dritt kron ist guldin. die bedeut daz ein keiser an adel und an gerechtigkeyt soll all herren übertreffen als dz gold übertrifft alles geschmeid. Die kron sol er empfahen zu Rom von dem papst oder von dem an den es der pabst setzt - so ist er dann eyn rechter keyser." S. XXXVIII.

[360] Castritius läßt seine Kaisergenealogie mit Karl dem Großen beginnen. Danach werden in verschiedenen „Büchern" die deutschen Fürsten nach Tugenden, die sie angeblich auszeichneten, rubriziert. Liber I: De prudentia Germanorum Principum: De tuisco, primo rege Germanorum / De Marso ... / De Hendricho I, Imp. III ... / De Chunrado Rom. Imp. IIII. Liber Secundus, Cap. II: De principus Germanorum, qui felicibus victoriis usi sunt: De Hermione, sive Herivone, V. rege Germanorum ... / De Friderichio Landgravio Thuringiae II ... M. Castritius; De heroicis virtutibus, memorabilius factis dictis et exemplis Principum germaniae. Basel 1565.

Exkurs: Jean Bodin

Die Diskussion über die Ursprünge der Völker war Teil ihrer politischen Propaganda und wurde vor allem vom deutsch-französischen Konflikt um die Frage, welcher Nation der Vorrang in Europa gehöre, motiviert. Dies bezeugt ein 1566 in Frankreich erschienenes Buch, das sich nicht nur gegen die Kaiserwürde der Deutschen, sondern auch gegen deren Stammvolkansprüche richtete.

Schon seit dem Hohen Mittelalter hatten die Franzosen die Deutschen um die Kaiserwürde beneidet und immer wieder klarzustellen versucht, daß eigentlich ihnen dieser Rang gebühre.[361] Die Kandidatur des Valois *Franz I.* (1515 - 47) um den Titel des Römischen Kaisers nach dem Tod *Maximilians I.* 1519 war nur der am offensten vorgetragene Versuch der Franzosen, die Kaiserwürde für sich zu vereinnahmen.[362] Diese deutsch-französische Rivalität war aber auch der Grund dafür, daß das deutsche Selbstverständnis, die älteste und damit ranghöchste Nation in Europa zu sein, am radikalsten von französischer Seite in Frage gestellt wurde.[363] Denn im Ausland wurden diese deutschen Dünkel durchaus registriert, und schließlich 1566 durch den bedeutendsten französischen politischen Denker des 16. Jahrhunderts scharf zurückgewiesen.

Der Staatstheoretiker und Politiker *Jean Bodin* ist heute vor allem noch durch sein 1576 erschienenes Hauptwerk „Six livres de la république" bekannt, doch äußerte er sich auch zu wirtschaftlichen und politischen, im Alter zunehmend religiösen Fragen.[364] Außerhalb Frankreichs wurde er bereits durch sein erstes größeres Buch bekannt, dem 1566 erschienenen „Methodus ad Facilem Historiarum Cognitionem."[365] Dieses für die Entwicklung der Geschichtsmethodologie des 16. Jahrhunderts bedeutsame Werk bezog auch entschieden Stellung sowohl zur deutschen Ursprungs- wie Kaiserdiskussion.

Obwohl sich auch *Bodin* nicht von den mittelalterlich-biblischen Prämissen der Geschichtsschreibung freimachen konnte, wurden durch ihn neue Akzente gesetzt. Er beginnt sein 395 Seiten umfassendes Traktat mit Überlegungen über den Zweck der Geschichte, die er als beste Einführung in die politischen Wissenschaften betrachtet. Er reflektiert unter anderem über die Freuden des Geschichtsschreibers, die kritische Auslegung der Quellen und das richtige historische Urteil, um sein Buch mit einer Chronologie zu beschließen, die er mit der Niederschrift der Bücher *Mose* im Jahr 1519 vor Christi Geburt beginnen läßt.

---

[361] Eine reiche Materialsammlung zu diesem Problem liefert R. L. John; Reich und Kirche im Spiegel des französischen Denkens. Wien 1953.

[362] Noch der junge Ludwig XIV. bewarb sich um die römisch- deutsche Kaiserkrone.

[363] „Es ist einfach die jedem national denkenden Franzosen der Renaissance maßgebende Anschauung auch für DuBellay bestimmend: der Untergang des Römer-Reiches ist endgültig. Die Blindheit des Mittelalters allein vermochte dieses Verschwinden nicht zu gewahren und vom Fortbestehen des Imperiums in deutscher Hut zu träumen." R. L. John; a.a.O. S. 170.

[364] Jean Bodin wurde 1530 in Angers geboren und starb 1596 in Laon. Seine politische Karriere hatte er als Anwalt am Pariser „Parlement" begonnen. 1576 vertrat er als Abgeordneter die Region Vermandois bei den französischen Generalständen. Er bekannte sich zum Protestantismus und war in religiösen Fragen tolerant. Es gelang ihm, zwischen den französischen Religionsparteien eine vermittelnde Stellung einzunehmen; der Nationalismus war bei ihm ein stärkeres Motiv als die Konfessionszugehörigkeit. Zur politischen Bedeutung Bodins siehe E. Pitz; Untergang des Mittelalters; a.a.O. S. 194 - 206.

[365] Bodins „Methodenwerk zum leichteren Verständnis der Geschichte" wurde häufig nachgedruckt, z. B. 1576 in Basel. Ich zitiere im folgenden die Amsterdamer Ausgabe von 1650.

Bodin unterwirft in seinem „Methodus" die beiden wichtigsten deutschen Legitimationstheorien, Volksancienität und Kaisertum, einer vernichtenden Kritik. Im siebten Kapitel „Zurückweisung jener, die vier Weltmonarchien und ein Goldenes Zeitalter behaupten" stellt er die römische Kaiserwürde der Deutschen radikal in Frage.[366] Er bezweifelt erstmals die Vierreiche-Lehre und den besonders von den Protestanten gehegten Glauben an die Identität von Welt- und Reichsende.[367] Der Prophet *Daniel* sei immer nur falsch ausgelegt worden, von vier Reichen finde sich in seiner Prophezeiung nichts. Und hatte es in der Weltgeschichte nicht eine Vielzahl von großen Reichen gegeben? Was überhaupt habe das Regnum Teutonicum völkisch oder geografisch mit dem antiken Römischen Reich gemein? Zudem hätten die Germanen das Römische Reich usurpiert, ohne wirklich befähigt gewesen zu sein, es auch adäquat zu repräsentieren. Ihr Reich nehme nicht einmal den hundertsten Teil der Erde ein und könne sich überhaupt nicht, sowohl was seinen Umfang, seine Macht wie seine Bevölkerungszahl anbelange, mit dem des spanischen Herrschers vergleichen. Und trotzdem behaupteten einige, daß das deutsche Königtum das Mächtigste aller Staaten wäre. „Wie lächerlich ihre Einbildung, das R ö m i s c h e Reich innezuhaben."[368]

Nachdem *Bodin* mit durchaus überzeugenden Argumenten das deutsche Insistieren auf die R ö m i s c h e Kaiserwürde zunichte gemacht hat, nimmt er in Kapitel IX „Welchen Sinn die Ursprünge der Völker haben könnten" mit großem methodischen und diplomatischen Geschick zur deutschen Ursprungsdiskussion Stellung. Er kennt die biblischen und antiken Quellen sowie alle zeitgenössischen deutschen Autoren und versucht nun seinerseits, den deutschen Anspruch, das Stammvolk Europas zu sein, zu widerlegen.

Zu Beginn weist er ganz allgemein das menschliche Begehren, die eigenen Ursprünge zu überhöhen, zurück und bezeichnet es als unerträgliche Arroganz, daß sich selbst ernstzunehmende Männer wie *Aristoteles* und *Caesar* öffentlich einer Abkunft von den Göttern gerühmt hätten. Dann entwickelt er seine Methode, wie die insgesamt nur spärlich und ungenügend überlieferten Anfänge der Völker erhellt und in ihren Zusammenhängen begriffen werden könnten. Ein fester Glaube in die biblische Überlieferung sei das Fundament; *Japhet* ist ihm der Stammvater aller Europäer. Die weitere Entwicklung und Diversifizierung der Völker sei erstens durch eine Analyse der Sprachen zu erkennen; zweitens durch eine Genealogie der Völker, die wiederum durch eine genaue Beobachtung ihrer Wanderungen zu erschließen sei.

Bodin ist ein entschiedener Gegner von *Tacitus*` bzw. *Althamers* „indigenae-Theorie", da sie in krassem Widerspruch zur Bibel steht. Selbstverständlich seien die antiken Au-

---

[366] „Die Zurückweisung der Weltreichs- und Translationsformel richtete sich explizit gegen die „deutsche" Reichsidee bzw. gegen die habsburgischen Hegemonieansprüche (Bodinus)." J. Garber; Trojaner - Römer; a.a.O. S. 149.

[367] „Im Bewußtsein, daß er selbst der erste sei, der das tiefverwurzelte Schema der vier Weltmonarchien angreife, kritisiert er vor allem die aus diesem Schema gezogene Konsequenz, daß das Ende des Römischen Reiches gleichbedeutend sei mit der christlichen Apokalypseerwartung." J. Schlobach; Zyklentheorie; a.a.O. S. 194.

[368] „si tamen omissa verborum subtilitate rem teneamus, profecto Germani non satis ad id quod volunt accomodate monarchiam Romanorum usurpant, quum vix centesimam partem orbis terrarum sua ditione teneant, & Hispaniarum princeps imperium habeat Germanico majus, tum populorum multitudine, tum amplitudine regionum; ... Absurdam est igitur quod Germani monarchiam, id est, ut Philippus interpretatur, Rerum omnium publicarum potentissimam: absurdius etiam quod imperium Romanum se tenere putant ..." J. Bodin, Methodus. S. 311.

toren auch Autoritäten und glaubwürdig, aber nicht, wenn sie wie *Tacitus, Sabellicus* und Andere die von *Moses* überlieferte Herkunft der Menschheit aus einer Wurzel, nämlich aus *Noah,* in Frage stellten.[369] Denn diese begründe ja eine Blutsgemeinschaft aller Menschen und sei deshalb ein unverzichtbares, die Völker vereinendes Band. [370]

Um dem wahren europäischen Urvolk auf die Spur zu kommen und um klarzustellen, daß die Franzosen und nicht die Deutschen das ältere Volk seien, argumentiert *Bodin* zuerst etymologisch. Er geht wie viele mittelalterliche Chronisten von der Existenz einer Ursprache der chaldäischen aus; die hebräische Sprache ist ihm ein nur gering davon abweichender Dialekt. [371] Alle anderen Sprachen hätten sich durch das Altern aller Dinge, so auch der Sprache, die unterschiedlichen klimatischen und geografischen Bedingungen der einzelnen Völker sowie ihre Vermischung untereinander ergeben. Je verwandter eine Sprache mit der Ursprache sei, so seine Überlegung, desto älter müsse auch das Volk sein, das sie spreche. Da seiner Meinung nach die griechische Sprache die älteste in Europa sei, seien die Griechen auch das erste, aus Asien, Ägypten und Phönizien gekommene Volk Europas. Die alte keltische Sprache sei aber zum großen Teil griechisch gewesen, wie griechische Inschriften in Marseille anzeigten, und zudem sei die Abkunft der Kelten bzw. Gallier von den Griechen bzw. Trojanern ja hinlänglich bekannt. Diese angeblich nahe Verwandtschaft zwischen griechischer und keltischer Sprache läßt ihn das größere Altertum der Gallier und damit auch der Franzosen behaupten. Nach dieser etymologischen Beweisführung geht *Bodin* zur Genealogie über, der genetischen Abkunft der einzelnen europäischen Völker untereinander.

Bodin setzt seine Kritik nicht bei der Genealogie *Noahs,* sondern bei dem oben beschriebenen frühzeitlichen Völkerchaos an. Im Gegensatz zu den meisten deutschen Autoren unterscheidet *Bodin* klarer zwischen Kelten und Germanen und sieht in letzteren ein relativ junges Volk. Aus den Berichten der antiken Schriftsteller folgert er, daß die Kelten, schon lange bevor die Germanen überhaupt erwähnt worden waren, mit ihren Kolonien weite Teile Europas besiedelt hatten. Die Nachfahren der Kelten - die Gallier - müßten deshalb ihre Herkunft keineswegs von den Germanen herleiten, sondern umgekehrt die Germanen von den Galliern, Tuskern, Skythen und Henetern.[372] *Bodin* dreht also den Spieß um und behauptet, daß die Germanen Abkömmlinge der Gallier seien. Er

---

[369] Antonius Sabellicus, eigentlich Marco Antonio Coccio (ca 1436 - 1506), war ein venezianischer Bibliothekar, der die Echtheit des Pseudo-Berosus bestritten hatte. In seinen „Res Venetae" hatte er das „Deutschtum der fränkischen Herrscher bezeugt." Vgl. H. Buscher; Heinrich Pantaleon und sein Heldenbuch. Basel 1946. S. 253.

[370] „Altamerus quoque ad Tacitum scribit, Germanos in ipsa Germania genitos, nec ab ulla gente derivatos: atque ejus rei se fidem dare non dubitat, fretus auctoritate Taciti, Sabellici ac Sipontini, quo quid ineptius, dicam, an magis impium fingi potest ? veteres sane quodammodo venia digni sunt: hi vero vel magno errore, vel scelere obligantur, tum quod ea quae Moses in sacris libris de originibus testata reliquit, aperte oppugnant (quamquam nulla subjecta ratione) tum etiam quod nulla gentibus illis origine quam a patrio solo tributa eas ab aliarum societate & amicitia omnino divellunt. cum enim multa divinitus ad origines scribendas Mosem impulerunt, tum illud etiam, opinor, ut omnes homines ad quos ea fama pervenisset, plane intellegerent, se esse consanguineos, & eadem generis conjunctione societos." Bodin, Methodus, S. 360.

[371] Über die Annahme einer Ursprache von der Antike bis in die Neuzeit hinein siehe A. Borst, Turmbau; a.a.O. S. 1945.

[372] „at illis temporibus Galliam hominum adeo fertilem fuisse Livius scribit, ut in Germaniam & universam Europam colonias deduceret. non igitur Galli, aut Celtae a Germanis, qui tum nulli erant, originem duxerunt: sed Germani a Gallis, Tuscis, Scythis & Henetis ... " Bodin; Methodus; S. 378.

versucht zwar nicht abzustreiten, daß die Franken vor ihrem Eindringen nach Gallien in Germanien gesiedelt hatten, nämlich am Schwarzwald und in Ostfalen. Doch seien sie dennoch ohne Zweifel ursprünglich Kelten gewesen. Wie der Name Franken, der die „Freien" bedeute, seien auch die Bezeichnungen Ost- und Westfalen keltische Begriffe und würden nichts anderes als Ost- und Westgallien bedeuten. Besonders ärgert er sich über den Ahnenstolz von Autoren wie *Konrad Peutinger* und vor allem *Wolfgang Latz*, die den Kriegsruhm der Kelten fälschlicherweise an deutsche Fahnen zu heften trachteten.[373] Zum Schluß räumt er versöhnlich ein, daß sich die verschiedenen Völkerschaften so häufig bewegt und auch untereinander vermischt hätten, daß sich alle Menschen letztendlich nur ihrer hebräischen Abstammung rühmen sollten.[374]

Bodin war nach *Beatus Rhenanus* der erste nachantike Historiker nördlich der Alpen, der klar zwischen Kelten und Germanen unterschied und jene als das früher in den mediterranen Gesichtskreis getretene Volk erkannte. Nicht die Germanen, sondern die Kelten bzw. Gallier seien das Urvolk Europas, wobei er fälschlicherweise die Franken den Kelten zuordnete. Die Franzosen als deren Nachfahren verfügten folglich über eine längere völkische Kontinuität und hätten dadurch auch in dieser Beziehung Anspruch auf einen Vorrang unter den europäischen Nationen.

Bodins „Methodus" ist ein gutes Beispiel dafür, wie sehr der Humanismus im Gefolge der Reformation verflachte und wie sehr die konfessionellen Konflikte die Geschichtsschreibung in ganz Europa wieder stärker unter biblische Prämissen zwangen.[375] Durch die Reformation blieb die Bibel nicht nur in religiösen Angelegenheiten oberste Autorität; sie wurde es nach einer kurzen Zwischenphase erneut auch in der Historie. Die antiken Autoren waren im Zweifelsfall der Heiligen Schrift unterzuordnen. Im Vergleich zu den italienischen Geschichtsschreibern des 15. Jahrhunderts und zu *Beatus Rhenanus* ist für *Bodin* wie für die meisten der ihm folgenden Autoren weltgeschichtliches Denken jenseits der Bibel nicht ernst zu nehmen, ja ketzerisch.

Die provozierenden Thesen *Bodins* wurden von deutscher Seite meist ignoriert, aber auch entschieden zurückgewiesen. So entgegnete zum Beispiel der protestantische Genealoge *Reiner Reineccius,* daß die Deutschen das Kaisertum keineswegs entwürdigt hätten.[376] Vielmehr hätten sie es in bereits verkommenem Zustand übertragen bekommen, aber wieder zu Macht und Ansehen geführt. Zweitens verwies er darauf, daß erst zu *Cae-*

---

[373] „hoc igitur duntaxat nobis relinquitur, disputandum, utrum majores nostri a Germanis suae origines primordia ducant? ait Lazius: negat Polybios, Caesar, Livius, Plinius, Strabo, Plutarchus, Athenaeus, Josippus, Tacitus, Justibus, Berosus, Pausanias, Diodorus, ut ut sit, tanta est, ac tam multorum vocibus & libris testata, gentis utriusque laus, ut neque Germanos debeat, neque Gallos alterutrius originis poenitere ... Lazius aliud consilium iniit, ac repudiata suorum opinione, Gallos maximis laudibus cumulavit: ea tamen lege, ut Germanos fuisse affirmet, qui primum Tuiscones, & Teutones: deinde Galatae: post Germani, Alimanive, Celtae Gallive sunt appellati." Ebd. S. 375.
[374] „ex his ergo intelligitur, omnes homines tum peragrationibus, tum etiam coloniarum multitudine ac frequentia, tum bellis & servitute iampridem ita confusos, ut nulli de origine antiquitate ac vetustate, praeter Hebraeos, gloriari possint ... " Ebd. S. 392.
[375] „The Reformation, in fact, brought a complete return to the divinely motivated conception of history that had prevailed... through the Middle Ages." K. Ferguson; Renaissance; a.a.O. S. 47.
[376] Zur Bodin-Rezeption deutscher Staatsrechtler siehe A. Seifert; Rückzug; a.a.O. S. 43. / A. Klempt; Säkularisierung; a.a.O. S. 42. / W. Goez; Translatio; a.a.O. S. 351 ff.

sars Zeiten zwischen Galliern und Germanen differenziert worden sei und daß laut *Josephus* beide Völker letztlich von *Gomer* abstammen würden. [377]

Bodins Argumente änderten nichts an den Superioritätsansprüchen der Deutschen. Obwohl zu diesem Zeitpunkt das Deutsche Reich weder geografisch, völkisch, rechtlich oder symbolisch-zeremoniell noch etwas mit dem Imperium Romanum gemein hatte, legten sie weiterhin großen Wert auf den „römischen" Titel von Kaiser und Reich. Um den Anspruch, das RÖMISCHE Reich innezuhaben, zu rechtfertigen, rekurrierten die Deutschen, egal ob Alt- oder Neugläubige, fast immer auf die biblische Prophetie, die Danielsche Vierreiche-Lehre. Diese relativierte das „Römische" des Reiches, indem sie Rom nur als Durchgangsstation und dessen Translationen als nichts Ungewöhnliches erscheinen ließ. Vor allem aber konnte man durch die Vierreiche-Lehre die Fortexistenz des von den Deutschen geführten Reiches als von Gott gewollte Notwendigkeit behaupten. Aus diesem Grunde finden sich die Vier Weltkaiser als Personifikationen der Vier Reiche nicht nur in den oben beschriebenen Genealogien, sondern in der gesamten protestantischen Kunst dieser Zeit auffällig häufig dargestellt. [378]

Waren bis zum Ende des 15. Jahrhunderts deutsche Volks- und deutsche Kaisergeschichte immer ohne inneren Zusammenhang beschrieben worden, so fließen diese seit der Mitte des 16. Jahrhunderts mittels neuer genealogischer Konstruktionen zusammen. Ungefähr von diesem Zeitpunkt an war das Bewußtsein einer antik-germanischen, antikaiserlichen Geschichte in Deutschland so verbreitet, daß jeder Versuch, eine deutsche (Volks-)Geschichte zu schreiben, wegen der Germanen zwangsläufig zu einer Kollision mit der römischen Tradition des Kaisertums führen mußte. *Waldis`* Tuiscongenealogie ist eines der frühen Beispiele für diese neue Verbindung von germanisch-antiker und fränkisch-deutscher mittelalterlicher Geschichte. Denn in ihr verknüpfte *Karl*

---

[377] Reiner Reineccius; Methodus Legendi Cognoscendique Historiam tam sacram quam profanam. Helmstedt 1583. Reineccius gilt als einer der ersten Genealogen, die streng quellenkritisch gearbeitet haben. Den Berosus erkannte er als Fälschung. Zu 1: „ ... & Bodinus barbarica imperia & regna, quae nominat, pluris faceret, quam Rom. imperium ad Germanos translatum, non quidem integrum, sed debilitatum & fractum, & tamen ea etiamnum potentia; quam praedicet & admiretur Comineus ... " Zu 2: „Manifestum autem atq.; apertum Josephi auctoritate est, uno & eodem Gomeri, Japheti F. satu tam GALLOS quam GERMANOS, seu ut ipse communi nomine appellavit, Galatos propagatos. Sed illud, a quo alterum Galatarum non nisi enunciatione discerno, ut vetustius, vel potius usu notius, ita & communis erat. Et enim, ut iam e Josepho diximus, complectebatur utrosq;: Suntq.: eadem de re Diodori ... Caesaris temporibus secerni a Gallis GERMANI coepere." Blatt 18 rec + ver bzw. Blatt 43 rec.

[378] Die These von A. Herbst; Kaisersaal; a.a.O. S. 243, daß es keine bis in den Barock reichende „kontinuierliche Bildtradition" der Vierreiche-Ikonografie gegeben habe, ist sicher falsch. Ich begnüge mich mit der Nennung einiger Beispiele aus Nürnberg: Auf einem von W. Jamnitzer geschaffenen Vierjahreszeiten-Brunnen, der sich in der Kunstkammer Rudolfs II. befand und der heute nur noch fragmentarisch überliefert ist, war an der Spitze eine Kaiserkrone angebracht. „Around the outside of the Crown sat personifications of the four monarchies." Th. Da Costa-Kaufmann; a.a.O. S. 121. Über den zwei Hauptportalen des ab 1613 neuerrichteten Nürnberger Rathauses sind Skulpturen der Vier Weltkaiser angebracht. Der Titelkupfer von O. Stradas „Aller Römischen Keyser Leben und Thaten" zeigt die vier Weltkaiser in Ganzfigur (siehe Abb. 39). In M. B. Kupferschmidts „Chronica". Frankfurt 1669, befindet sich vorn dem gestochenen Autorenporträt ein Kupferstich, der einen von vier Medaillons umgebenen Palmbaum zeigt, in denen die Personifikationen der Vierreiche eingepaßt sind. Weitere Beispiele bei E. Marsch; Biblische Prophetie und chronologische Dichtung. Berlin 1972.

fortan die Deutschen nicht mehr primär mit dem antiken römischen Reich, sondern - ohne fränkische Zwischenglieder - mit deren germanischen Vorfahren.

Die Verse und Holzschnitte des *Waldis* hatten eine ungeheure Nachwirkung. Erst sie machten die fiktiven germanischen Stammväter des *Annius von Viterbo* in Deutschland wirklich populär, wenn auch mit anderen Schlußgliedern. Die von *Waldis* festgelegte Reihung setzte sich gegenüber anderen Versionen des Pseudo-Berosus, beispielsweise der von *Johann Turmair*, durch.[379] Von den zwölf Nürnberger Holzschnitten wurden sicher mehrere hundert Stück gedruckt. Drei verschiedene Auflagen sind nachgewiesen[380], die dritte zeigte diese sogar in einen von *Hans Brosamer* gerissenen architektonischen Rahmen gestellt.[381] Die Verse des *Waldis* wurden auch ohne Illustrationen mehrmals in anderen Zusammenhängen nachgedruckt[382], sodaß ihre allgemeine Kenntnis ab der Jahrhundertmitte angenommen werden darf. *Beatus Rhenanus* erwähnte *Waldis'* Broschüre in einem Brief an *Mattias Erb* vom 29. Juli 1543 und schlug vor, „daß die Taten dieser Helden germanischer Nation überall in Wandgemälden dargestellt werden" sollten.[383] In den Rathausdekorationen und Fassadenmalereien des 16. Jahrhunderts scheint der Vorschlag des *Rhenanus* nicht aufgegriffen worden zu sein.[384]

---

[379] Nur bei den beiden Schweizer Geschichtsschreibern Johann Stumpff 1548 und Heinrich Pantaleon 1565 wurden Hercules Alemannus, Hunnus und andere „germanische Könige" vor Ariovist und Arminius eingeschoben (siehe Kap.: VIII, 3: Alternative Reihungen).

[380] Die ersten beiden Auflagen unterscheiden sich nur durch die Jahreszahl auf dem Titelblatt, die einmal in arabischen, einmal in römischen Zahlen erscheint. Röttinger meint: „Der MDXLIII datierte empfiehlt sich vor dem 1543 bezeichneten durch zahlreiche metrische und Druckfehlerverbesserungen. Die größere Reinheit der Bilddrucke der Ausgabe 1543 läßt sie ... als die ältere erscheinen". H. Röttinger; Flettner; a.a.O. S. 1, Anm. 1.

[381] Da ich diese dritte Auflage nicht selbst in die Hand bekommen konnte, zitiere ich deren Beschreibung bei C. Dodgson: „The Ancestors and early kings of the German Race. Edition printed on single sheets. These are the same woodcuts as were issued in book form in 1543, but here each subject is enclosed in an architectural frame or p a s s e - p a r t o u t, consisting of a single block, the same throughout the series. Two columns at the sides, each resting on a piedestal adorned with a trophy of arms, support an entablature, in front of which two cherubs hold up a large scroll, designed to contain a title, but empty in this edition. The title is printed with type, in a single line, above the woodcut, on the same sheet. The same verses as accompany the woodcuts in the book are printed here in smaller type, in two columns, on a separate sheet, which is attached on the foot of the woodcut. The blocks were in about the same condition, when these impressions were taken, as when the book was printed. This is probably not the original edition, for the titles could there have stood in the place intended for them; but it is no doubt, a republication of the blocks in the guise in which they were intended to be seen, completed by the frame." C. Dodgson; Catalogue; Division A, School of Nuremberg. - Flötner, Nr. 14 - 25. S. 534. Röttinger schrieb die Umrahmung Hans Brosamer zu. H. Röttinger; P. Flettner; a.a.O. S. 46 / 47

[382] Ohne Bildmaterial beispielsweise in Matthis Quads 1601 in Köln erschienener „Memorabilia mundi."

[383] „Nam tales heroes Germanicarum nationum in parietibus caenaculorum ubique depingi deberent. Venales habentur Colmariae apud Georgium Wicgramium bibliopolam, cum hoc titulo in frontispicio libelli: Ursprung und Herkommen der zwölf ersten alten König und Fürsten deutscher Nation, wie und zu welchen Zeit ihr jeder regiert hat. Saxonicae leges Lipsiensis editionis veneunt Argentorati. Sed nimium te meis nugis onero ... " Zit. nach A. Horawitz & K. Hartfelder (Hrsg.); Briefwechsel des Beatus Rhenanus. Leipzig 1886. Nr. 368; S. 502.

[384] S. Tipton erwähnt in ihrer Studie über die Rathausdekorationen in der Frühen Neuzeit zwar

VIII. Weitere in Holz geschnittene Tuiscongenealogien

Waldis' Tuiscongenealogie fand in den folgenden siebzig Jahren einen beachtlichen Widerhall in den verschiedensten Gattungen der Bildenden Künste. Da sich das durch die Reformation herauf beschworene Grundproblem des Deutschen Reiches - der Zerfall der Reichsstände in mehrere einander feindlich gesonnene Konfessionsparteien - nach 1543 noch verschärfte und im Augsburger Religionsfrieden von 1555 auch reichsrechtlich verankert wurde, blieb die Idee einer deutschen Stammväterreihe lange über den Nürnberger Reichstag hinaus aktuell. Der Gedanke einer gemeinsamen deutschen Abstammung, den sie zu vermitteln suchte, entwickelte sich zu einer Integrationsideologie in einem Land, das weder in der Religion noch im Kaisertum einen Zusammenhalt finden konnte. Die Tuiscongenealogien sollten Katholiken, Protestanten und Calvinisten dazu ermahnen, sich wenigstens einer Gemeinsamkeit, nämlich ihres „deutschen Stammes", zu erinnern.

1. Jost Ammans Genealogie der Teutschen Könige

Im gleichen Jahr wie *Bodins* „Methodus" erschien in Frankfurt eine Neuauflage von *Johann Turmairs* „Bayrischer Chronik." Sie enthält eine ebenfalls holzgeschnittene Tuiscongenealogie, doch sind die Figuren von gänzlich anderem Charakter als die Prototypen bei *Waldis*. Gerissen wurden sie von dem hauptsächlich in Nürnberg tätigen *Jost Amman* (1539 - 91).[385] *Amman* hatte bereits ein Porträt *Turmairs* für dessen postum 1554 er-

---

keine Tuiscongenealogien, doch ein für unser Thema interessantes Beispiel für verlorene Wandgemälde und Rathausdekorationen. 1602 / 03 wurde die Ratsstube des Rathauses in Thorn durch den Maler Anton Möller neu dekoriert. Unter den 12 Deckengemälden, die die „Praecepta politica", 12 politische Grundregeln, allegorisch darstellten, fand sich unter Nr. 9 auch die „Freiheit und politische Transparenz" dargestellt. Ich zitiere nach einer historischen Beschreibung bei Tipton: „Auf dem historischen Teil der Tafel sieht man Artaxerxes, den Perserkönig ... Rechts sieht man germanische Gesandte, die Alexander dem Großen ihre Schwerter anbieten, weil sie zum Gastmahl bei jenem geladen waren ... " S. Tipton; Res publica bene ordinata. Hildesheim 1996. S. 448, Anm. 55. Daneben erwähnt Tipton noch zwei Bilder mit dem Thema „Freiheitsliebe der Germanen" in Worms und Straßburg. Auch in A. Heppners Diss. „Deutsche Außenmalereien der Renaissance." Berlin 1923 / 24 konnte ich keine Hinweise auf Tuiscongenealogien finden. Allerdings ist zu bedenken, daß nur ein geringer Bruchteil der Fassadenmalereien der Frühen Neuzeit bildlich überliefert ist. Bei M. Mende; Nürnberger Rathaus; a.a.O. ist zu lesen daß im 16. u. 17. Jh. fast alle Häuser in Nürnberg bemalt waren!

[385] Jost Amman wurde 1537 in Zürich geboren und starb 1591 in Nürnberg, wo er seit 1561 als Zeichner, Radierer, Visierer, Holzschneider und Maler tätig war. Er lernte vermutlich bei Virgil Solis und führte nach dessen Ableben 1562 die Werkstatt weiter. Die zwölf Holzschnitte werden in F. W. H. Hollstein, Bd. II, S. 41 erwähnt, aber nicht abgebildet. In Illustrated Bartsch sind sie in den Amman-Bänden, Vol. 1 & 2 weder erwähnt noch abgebildet.
„Wie vor ihm Virgil Solis arbeitete Amman hauptsächlich als „Reißer" für Sigmund Feyerabend, d. h. er hatte nach den verschiedensten Vorbildern „Risse" als schnittgerechte Vorlagen für die Formschneider zu den für den Verlag benötigten Illustrationen zu liefern." Ilse O´Dell;

schienene Chronik geschnitten und auch einige Erfahrung mit genealogischen Aufträgen gesammelt: kurz zuvor hatte er beispielsweise 80 Kupferstiche für die 1563 herausgegebene „Bayrische Fürstengalerie" angefertigt, eine der wenigen gedruckten dynastischen Stammlinien in Deutschland.[386]

Ammans zwölf deutsche Stammväter sind der Chronik *Turmairs* ohne engeren Zusammenhang vorangestellt. Nach einem aufwendig gestalteten Titelkupfer und einer Vorrede folgen zunächst die „Bildnuß oder Contrafactur der zwölff ersten alten Teutschen Königen und Fürsten." Erst danach folgt der Text *Turmairs*. Nicht nur die Verse, sondern auch die Reihenfolge der Gestalten wurde unverändert von *Waldis* übernommen, im Widerspruch zum älteren Text *Turmairs*, der die Fürsten noch wie der Pseudo-Berosus gereiht und mit eingedeutschten Namen versehen hatte.[387] Die einzelnen Seiten sind wie die zu dieser Zeit populär werdenden Embleme strukturiert: dem Namen (Motto oder Inscriptio) folgt das Bild (Icon oder Pictura), darunter ist das Gedicht bzw. der Sinnspruch (subscriptio) des *Waldis* angebracht. Alle zwölf Gestalten sind auf Halbfigur reduziert und in querovale Medaillons eingepaßt, die von lediglich zwei alternierend gebrauchten Passepartoutrahmen aus Rollwerk umgeben sind.[388]

Amman kannte sicher die Holzschnitte von 1543, denn er übernahm von diesen alle Wappen und auch einige ikonografische Details, die nicht aus den Gedichten herleitbar sind. Diese altertümelnden, meist in schwere Eisenrüstungen gepackten Vorbilder schienen ihm aber wohl zu wenig repräsentativ für „deutsche Könige" gewesen zu sein, sodaß er diese nicht kopierte, sondern völlig neue Figuren entwarf.[389]

Die Gestaltung dieser Holzschnitte läßt den Einfluß zweier Genealogieprojekte von *Ammans* Lehrer *Virgil Solis* (1514 - 1562)[390] erkennen: die nach 1549 / 50 angefertigte Caesarengenealogie[391] und eine von *Solis* unvollendet hinterlassene Genealogie der französischen Könige.

Jost Ammans Buchschmuck-Holzschnitte für Sigmund Feyerabend. Wiesbaden 1993. S. 30.

[386] Genuine icones ducum Bavariae, comitum Tyrolensis, regum Lombardiae, marchionum Antwerpiensium, principum et regum Francorum ... ex principe familia bavarica ... oriundum. Nürnberg 1563. Diese stellte die bayrischen Fürsten in ganzer Figur, teils samt Ehefrauen, jeweils vor einer reichen Hintergrundszenerie vom Jahr 463 bis zur Gegenwart vor. Abb.: Illustrated Bartsch, Vol. 20 / 1, S. 59 ff.

[387] Siehe die in der Frankfurter Auflage von 1622 abgebildete „Tafel, welche begreifft die Teutschen und Beyerischen Könige nach der Sündfluß, und vor der Zerstörung deß Königreichs Troie ... " S. 3. Dort finden sich zwischen Marsus und Gambrivius mehrere Trojanische Könige; zudem übernahm Turmair die im Pseudo- Berosus erwähnten Theuto und Alman.

[388] Die Stöcke dieser Passepartoutrahmen wurden auch für andere Bilder wiederverwendet. Siehe Ilse O'Dell; Ammans Buchschmuck-Holzschnitte; a.a.O. S. 194 / 195, b 23 / b 24.

[389] „Man muß wohl für jedes Buch, das Feyerabend verlegte, die Existenz eines „Exemplum" annehmen: eine möglichst aktuelle Vorlage, deren Bilder für den Zeichner und deren Text für den Redaktor Vorbild war. Bei systematischer Suche würde sich vermutlich für fast jede „Erfindung" Ammans, die Feyerabend verwendete, eine mehr oder weniger abgewandelte Vorlage finden lassen." Ebd. S. 24.

[390] Virgil Solis, Kupferstecher, Radierer und Holzschnittmeister, wurde 1514 in Nürnberg geboren und starb 1562 daselbst. Seit 1540 sind Arbeiten von ihm nachgewiesen; seit Mitte des Jahrhunderts unterhielt er eine große Werkstatt, die v. a. Buchillustrationen verfertigte. Sein Gesamtwerk umfaßt circa 2000 Arbeiten und besticht durch ihren thematischen Reichtum.

[391] O'Dell-Franke gibt wegen der Ähnlichkeit der Rahmen mit anderen Stichfolgen (z. B. Neun Musen) als „Terminus post quem" dieser Genealogie 1549 / 50 an. I. O'Dell-Franke; Kupferstiche und Radierungen aus der Werkstatt des Virgil Solis. Wiesbaden 1977. S. 65.

Bei der Gestaltung seiner zwölf Caesaren hatte *Solis* einige für die gedruckten Genealogien bedeutsame Neuerungen eingeführt. *Solis* stellte die Caesaren nicht in der bis dahin gebräuchlichen Profilansicht in Medaillonform dar, sondern in Ganzfigur. Diese waren zudem jeweils von einer Szene hinterfangen, die ein bedeutsames Ereignis aus dem Leben des Dargestellten oder aus seiner Zeit veranschaulichten: auf dem ersten Blatt ist links hinter *Caesar* dessen eigene Ermordung eingeblendet; auf dem zweiten ist rechts hinter *Augustus* die „Geburt Christi" zu sehen (siehe Abb. 99).[392] Durch diese Kombination sprengte *Solis* die bisherige Konvention genealogischer Darstellung, die sich durch eine Isolierung der Figuren ausgezeichnet hatte. Waren die einzelnen Gestalten bislang höchstens dekorativ durch architektonische oder florale Muster umrahmt, so werden sie seit der Jahrhundertmitte immer häufiger in einen erzählerischen Zusammenhang eingebunden. Dadurch wird jede einzelne Figur zu einem für sich stehenden Ganzen und zum Fokus einer nur für sie selbst relevanten Szene. Sie erscheinen nicht mehr nur als Glieder einer langen Reihe, sondern als Protagonisten bzw. Zeitgenossen spezifischer historischer Ereignisse. Hatten früher die einzelnen Figuren innerhalb der Genealogien ichren Wert vor allem daraus bezogen, Teil eines größeren Ganzen, das Glied einer Kette zu sein, so gewinnt nun jede Einzelne durch Hinterlegung mit einer Szene einen Eigenwert. Die Figuren verbleiben zwar innerhalb einer genealogischen Reihe, könnten aber auch jeweils allein für sich als Bild existieren. Die Figurenkette zerfällt in eine Vielzahl einzelner Historien und zeigt dadurch den allmählichen Verfall der rein personenfixierten genealogischen Denkmuster an.

Für deutsche Verhältnisse relativ neu war an den Ganzfigurendarstellungen des *Solis* zudem, daß diese nun erstmals „herrschaftliche" Posen einnehmen. *Solis* führte die von *Tizian* und der venezianischen Schule im Bereich der Porträtkunst entwickelten Würdeformeln in die deutschen Bildgenealogien ein. Neuartig für diese waren auch die prachtvollen schweren Rollwerkrahmen, die das Wirkungsfeld der Figuren erheblich einschränkten und der ornamentalen Rahmung eine beinahe dominante Rolle zuwiesen.

Sicher wurde *Amman* aber auch von der unvollendeten Genealogie der französischen Könige seines Lehrmeisters inspiriert. [393]

Solis hatte für diese bis auf 22 Brustbilder gediehene Serie der Frankenkönige Vorlagen in dem 1553 in Lyon erschienenen Vitenbuch des *Wilhelm Rovillus* (um 1518 - 1589) gefunden.[394] Dieses enthielt 828 Kurzbiografien und im Weißlinienschnitt angelegte Büstenporträts und gab vor, nur aus den zuverlässigsten Quellen geschöpft zu haben. Die kleinen, *George Reverdy* zugeschriebenen, in Tondi eingepaßten Köpfe waren mit wenigen Strichen gezeichnet und - von einigen Ausnahmen abgesehen - alle fiktiv.[395] Sie

---

[392] „Gegenüber Augustinus betont Orosius das Zusammentreffen von p a x A u g u s t a und Geburt Christi, weist also dem römischen Reich wiederum verstärkt eine Stelle im Heilsplan zu." A. Ebenbauer; Historiographie vor dem Beginn volkssprachlicher Geschichtsschreibung. In: Grundriß der roman. Literaturen im Mittelalter. Bd. XI / 1, 2. Teilband. S. 71.

[393] Nach O´ Dell-Franke sind diese kleinen Phantasieporträts „Kopien nach dem Monogrammisten C. D. Die Rahmen und Nebenszenen erfand Solis wahrscheinlich selbst. Die Arbeit wurde durch seinen Tod unterbrochen, und die Mitarbeiter der Werkstatt waren nicht in der Lage, ein Werk von dieser Qualität ohne Entwürfe von Solis fertig zustellen. Erst Jahre später radierte Amman die fehlenden Blätter." I. O´ Dell-Franke; J. Amman; a.a.O. S. 70.

[394] Gulielmus Rovillus; Promptuarium iconum insigniorum a seculo hominum, subiectis eorum vitiis, per compendium ex probatissimis autoribus desumptis. Lyon 1553.

[395] Siehe Cat. of books and manuscripts; compiled by R. Mortimer. Camb./ M. 1994. Bd. II, S. 572, Nr. 465.

sollten neben vielen Kaisern und Königen auch biblische und antike Persönlichkeiten wie *Lamech* und *Brennus* im Bilde vorstellen. *Solis* verfeinerte diese relativ groben Vorlagen meisterhaft zu detailliert gezeichneten, lebensnah wirkenden „Persönlichkeiten." Alle Gesichter sind zwar - mit Ausnahme der letzten Könige - nicht authentisch, doch bis in die feinste Falte hinein als Individuen charakterisiert. Alle werden durchwegs in würdiger Form mit gepflegter Haar- und Barttracht und sehr unterschiedlichen Kopfbedeckungen präsentiert. Die Porträtbüsten füllen die Kreisfläche fast völlig aus. Sie sind jeweils namentlich bezeichnet und von einer phantasievoll ausgestalteten Rollwerkornamentik umgeben. Jede dieser Umrahmungen ist individuell gerissen und umfängt zusätzlich ein unterhalb der Medaillons angebrachtes kleines, rechteckiges Bildfeld, in dem jeweils eine Episode aus dem Leben des dargestellten Königs erzählt wird.

Amman übernahm für seine Tuiscongenealogie diese Medaillonform und nicht die durch die Holzschnitte von 1543 vorgegebene Ganzfigur; Bild und Vers ließen sich so auf jeweils einer Seite unterbringen. Er fügte jedoch Figur und erläuternde Bildszene zu einem Bild zusammen und zeichnete statt der Büsten Halbfiguren, die einen größeren Raumausschnitt ermöglichen. Auf diese Weise gelangte er dazu, erstmals auch innerhalb eines Bildes einen Zusammenhang zwischen den germanischen Stammvätern und dem biblischen Geschehen herzustellen. Er griff die Synchronisation zwischen dem Alten Testament und den Germanenfürsten, die bei *Annius* wie bei *Waldis* vorgegeben war, auf und hinterlegte diese jeweils mit einer Szene aus der allgemein bekannten biblischen Ikonografie.

Bereits das Bild des *Tuiscon* zeigt die im Vergleich zu *Waldis'* Illustrationen völlig andere Auffassung *Ammans* (Abb. 45). *Tuiscon* ist nicht mehr als alttestamentlicher Patriarch in einer faltenreichen Toga dargestellt, sondern wie ein zeitgenössischer türkischer Sultan gekleidet. Frontal dem Betrachter zugewandt und die Arme breitgewinkelt in die Hüfte gestemmt, präsentiert sich der deutsche Stammvater als stolzer würdiger Greis, dessen mit wenigen Strichen charakterisiertes Gesicht von einem lang wallenden Bart umrahmt ist. Auf dem Kopf trägt er einen breit sich aufbauschenden Turban. Bis über die Brust hängt ein auf der linken Schulter festgebundener Umhang, darunter ist ein um die Hüfte gegürtetes Untergewand sichtbar.

Die Gewandung des deutschen Stammvaters ist einem türkischen Sultan zum Verwechseln ähnlich und sicher kein Zufall, da sich *Amman* selbst intensiv mit Kostümen, auch orientalischer Herkunft, beschäftigt hatte.[396] Dennoch überrascht diese Identifikation *Tuiscons* mit einem Türken, da man die Osmanen zu jener Zeit als Erzfeinde und Bedrohung der Christenheit fürchtete. Diese orientalische Kopfbedeckung findet sich aber auch in dem von *Amman* geschaffenen *Pharamund*, einem der frühen Stammväter der Franken, quasi *Tuiscons* französischer Entsprechung (Abb. 46).[397] Unklar bleibt, warum *Amman* nicht auch den bei *Rovillus* dargestellten *Tuiscon* kopiert hat, der dort als alter bärtiger Orientale mit einem mehrfach gefalteten Tuch auf dem Kopf gezeigt wird (Abb. 47). Diese exotisch wirkende Kopfbedeckung ist vorn durch eine Brosche in Form eines Widderkopfes geschmückt und durch ein Stirnband festgebunden. Statt sich an diese französische Vorlage zu halten, wählte *Amman* den von *Solis* nach *Rovillus* gerissenen *Childerich* zum Vorbild aus. Dieser 13. fränkische König war als älterer Mann

---

[396] In dem 1599 posthum in Frankfurt herausgegebenen „Kunstbüchlin", das 293 Drucke nach Rissen Ammans enthält und als Vorlagebuch dienen sollte, finden sich u.a. auch 13 Holzschnitte, die Türken in Halbfigur darstellen. Siehe Illustrated Bartsch; Bd. 20 / 2.

[397] Amman stattete noch drei weitere seiner französischen Könige mit Turbanen aus: Louis II. (Nr. 27); Louis III. (Nr. 29) und Charles III. (Nr. 31).

mit langem Bart dargestellt, dessen Kopfbedeckung mehr als alle anderen dem Turban der Türken gleicht (Abb. 48). [398]

Das orientalische Gewand, mit dem allein *Tuiscon*, aber keiner seiner Nachfolger bekleidet ist, erklärt sich aus der zeitgenössischen Ortung des deutschen Ursprungs. Dieser wurde wie der der Franken im Vorderen Orient lokalisiert, der Heimat der Türken. Zwischen Deutschen und Türken waren aber auch schon in früheren Völkertafeln genealogische Verbindungen hergestellt worden. Eine gleiche Wurzel von Germanen (bzw. Goten) und Türken behauptete beispielsweise *Sebastian Franck* in seinem „Zeytbuch", wo es in der „erst Chronick" über das Reich der Skythen heißt: „Item die Hungern Cathelani un alle Gothi seind von den Scytis abgestiegen. Auch haben die Dani unnd Türcken jren ursprung daher." [399] Die Darstellung von „alten Deutschen" in einem zeitgenössischen orientalischen Kostüm steht in dieser Zeit nicht isoliert da. Schon in dem aus mehreren Holzschnitten zusammengesetzten „Stammbaum der Bayrischen Herzöge" von 1501 findet sich das Haupt von deren fiktivem Stammvater *Bavarus* mit einem Turban samt daraufsitzender Krone bedeckt (Abb. 49). Ursache für diese Kostümierung war sicher die These von der armenischen Herkunft der Bayern. Auch in *Johann Herolds* „Heydenwelt" von 1554 wurde im Abschnitt „Vonn gstalt und ansehen der Teutschen" ein kleiner Holzschnitt abgedruckt, der einen zwar schematisierten, aber durch Knebelbart und Turban orientalisch anmutenden Kopf zeigt (Abb. 50). [400] Die angebliche Herkunft der Deutschen aus dem Vorderen Orient legte es den Künstlern nahe, ihre Urahnen in der Tracht der Bewohner dieser Erdregion darzustellen. [401]

Amman war nicht nur ein phantasievoller Erzähler, sondern auch ein reger Geist. In Zürich hatte er das Collegium Carolinum besucht, wo sein Vater *Johann Jakob Amman* als Professor tätig war. Seine Bildung stellt er dadurch unter Beweis, daß er den bereits häufig erwähnten pseudo-berosianischen Ursprungsmythos erstmals auch in einem Bild mit einer alttestamentlichen Begebenheit verknüpfte. Denn zweifelsohne ist am linken Bildrand hinter *Tuiscon* ein Gebäude zu erkennen, das zur gleichen Zeit vor allem in den Niederlanden zu einem beliebten Gemäldemotiv avancierte: der Turm zu Babel.

Exkurs: Der Turm zu Babel

Das Bildmotiv des Babylonischen Turmes besitzt eine weit ins Mittelalter zurückreichende Tradition. Doch zwischen 1550 und 1650 findet man ihn auffallend oft dargestellt. Bis zum 16. Jahrhundert war der Babylonische Turmbau meist nur eine Episode innerhalb alttestamentlicher Bilderzyklen, nun taucht er meist als singuläre Darstellung im anspruchsvollen Medium der Ölmalerei auf. Diese Häufung läßt sich nicht allein

---

[398] Bereits in Diethelm Kellers „Kunstliche und aigentliche bildtnussen" von 1558 war der fränkische König „Theodericus der erste diß namens" in Dreiviertelansicht mit Turban gezeigt worden (Abb. S. 430).
[399] Sebastian Franck; Chronica, Zeytbuch und geschüchtbibel von anbegyn biß inn die gegenwertig MDXXXI jar. O.O. 1531. Die erst Chronick, Blatt XI, 2.
[400] Johann Herold; Heydenwelt. Basel 1554. Der linke, etwas größere Holzschnitt wurde als „Carolus Magnus" in Sebastian Münsters Neuauflage der „Cosmographey" von 1578 wiederverwendet. Siehe R. Prieur; „Die Teutschen"; a.a.O. Abb. 309.
[401] „Meist treten die alten Stammväter in türkischer Tracht auf. Wir sehen daraus, daß dies wirklich die allgemeine Formel für das Aussehen eines im Osten beheimateten Volkes war und als solches galten die Germanen ja auch." H. Stemmermann; Vorgeschichtsforschung; a.a.O. S. 37.

durch ein allgemeines Anschwellen der Kunstproduktion erklären oder als „reine Modeerscheinung" abtun.[402] Sie ist vielmehr Ausdruck der Auseinandersetzung der damaligen Künstler mit einem epochenspezifischen Problem, nämlich der Frage nach der Entstehung unterschiedlicher Nationen.

Ein kurzer biblischer Bericht und eine Stelle bei *Flavius Josephus* informieren uns über den Turmbau zu Babel. In Moses I, 11 heißt es über dieses Ereignis nur:
„Alle Welt hatte nur eine Sprache und dieselben Laute. Als man vom Osten her aufbrach, fand man im Lande Sinear eine Ebene und wohnte daselbst. Sie sprachen zueinander: „Wohlan, laßt uns Ziegel streichen und hart brennen!"... Dann riefen sie: „Auf! Laßt uns eine Stadt und einen Turm bauen, dessen Spitze bis in den Himmel reicht! Wir wollen uns einen Namen machen, damit wir nicht in alle Welt zerstreut werden!" Der Herr aber fuhr herab, um sich die Stadt und den Turm, den sich die Menschen erbaut hatten, anzuschauen. Der Herr sprach: „Siehe, sie sind ein Volk, und nur eine Sprache haben sie alle; das ist aber erst der Anfang ihres Tuns. Nichts von dem, was sie vorhaben, wird ichnen unmöglich sein. Wohlan, laßt uns herabsteigen! Wir wollen ihre Sprache verwirren, daß keiner mehr die Rede des anderen versteht!" Und der Herr zerstreute sie von da aus über die ganze Erde hin; sie hörten mit dem Städtebau auf. Darum heißt die Stadt „Babel"; denn dort hat der Herr die Sprache der ganzen Welt verwirrt, und von da aus hat er sie über die ganze Erde hin zerstreut."

Der jüdische Geschichtsschreiber *Flavius Josephus* hatte in seinen „Jüdischen Altertümern" diesen biblischen Bericht ergänzt und ihn gedanklich mit dem vorhergehenden Abschnitt über die Noanidische Erbteilung verknüpft. Er schrieb, daß sich die Nachfahren *Noahs* zweimal Gottes Befehl verweigert hätten, sich über die Erde zu zerstreuen. Laut *Josephus* habe *Nimrod* den Turm erbauen lassen, um sich gegen eine erneute Bestrafung Gottes durch eine Sintflut zu schützen.[403] Diese Anmaßung habe erst recht

---

[402] H. Minkowski, der sich den Verdienst erwarb, die bislang größte Anzahl von Babelturm-Bildern publiziert zu haben, scheint das fast 2000 Seiten umfassende Werk von Arno Borst über den Turmbau und dessen Bedeutung in der mittelalterlichen Chronistik nicht wahrgenommen zu haben. Wie sonst könnte er die vielen Bedeutungen, die dem Babelturm während des 16. Jhs. beigemessen wurden, einfach negieren? In seiner Vorbemerkung schreibt Minkowski: „Einige Interpreten haben versucht, diese frappante Häufung (der vielen Babelturmbilder des 16. Jhs. / d. Verf.) mit den unruhigen Jahren der niederländischen Gegenreformation zusammenzubringen, mit der spanischen Drangsalierung unter Alba, mit der Umbildung der sieben Nordprovinzen zur Republik, aber auch mit der weitausgreifenden wirtschaftlichen und weltgeographischen Entwicklung des Seefahrt treibenden Landes. Diese Deutungen sind allesamt nur Möglichkeiten, die vorerst unerklärliche, überwältigende Fülle niederländischer Babeltürme zu begründen, aber sie geben keineswegs Gewißheit über die kausalen, die wirklich bestimmenden Zusammenhänge von religiöser und machtpolitischer Aktion mit bürgerlicher und unverfänglich künstlerischer Gegenaktion." Die vielen Babelbilder hält Minkowski wie das Alpenglühen des Gelsenkirchener Barock für einen „Zug der Zeit, eine Modeerscheinung." Ebenso wenig ernst zu nehmen ist seine Behauptung: „Sieht man von diesen Randfällen ab, kann man also der Aussage schon zustimmen: die ikonographische Erfassung zum Thema „Babylonischer Turm" ist nunmehr abgeschlossen. Es wird keine Neuentdeckung und auch keine Überraschung mehr geben." H. Minkowski; Vermutungen über den Turm zu Babel. Freren 1991. Alle Zitate auf S. 11.

[403] „God again counselled them to colonize; but they, never thinking that they owed their blessings to His benevolence and regarding their own might as the cause of their felicity, refused to obey ... They were incited to this insolent contempt of God by Nebrodes, grandson of Ham the son of Noah, an audacious man of doughty vigour. He persuaded them to attribute their property not to God but to their own valour ... He threatened to have his revenge on God if he

Gottes Zorn heraufbeschworen und nicht nur zur Zerstörung des Turmes, sondern zur Verwirrung der Ursprache und zur Teilung der Ursippe geführt.

Arno Borst hat in seiner knapp 2000 Seiten umfassenden Studie eine verwirrende Vielfalt von Deutungen, die der Turmbau von der Spätantike bis ins 20. Jahrhundert hinein erfuhr, vorgestellt:

Der lateinische Kirchenvater *Augustin* (354 - 430) deutete den Turmbau moralisch, er hielt ihn für ein verbrecherisches Werk der gegenüber Gott übermütig gewordenen Menschheit, das „die Entfremdung des Menschen, Kriege, Zwietracht und alles Übel bis auf den heutigen Tag zur Folge hatte." [404] Auch der spanische Priester *Orosius* (ca 390 - nach 418) deutete ihn negativ und sah in Babel, das von *Ninus*, dem ersten Herrscher des assyrischen Großreiches wieder aufgebaut worden sei, die „Anfänge der Machtgeschichte ... und der bösen Macht." [405] Darüber hinaus wurde der babylonische Turmbau in mittelalterlichen Chroniken fast immer als Ausgangspunkt der Trennung der Völker und Sprachen interpretiert.

Im Gefolge der Reformation wurde *Babel* sehr häufig als Synonym für den Zerfall der katholischen Kirche und die Zersplitterung des christlichen Glaubens in eine Vielzahl von Konfessionen und Sekten gebraucht. Der Nürnberger Volksdichter *Hans Sachs* beispielsweise gebrauchte mehrfach den alttestamentlichen Turmbau als Gleichnis für die Religionswirren seiner Zeit: „Die christliche Gemeinde spricht nur eine Sprache, aber manche sondern sich ab, bauen aus spitzfindigen Meinungen einen Turm, verachten in ihren Rotten und Sekten alle christlichen Lehren und verstehen einander selbst nicht." [406]

Auch *Luther* verwandte den Babelturm als Metapher für die Wirrungen seiner Zeit: „Wie im Politischen, so ist auch im Geistlichen Babel unter uns; am Turm bauen alle, die sich etwas besonderes dünken, die Franziskaner, Kartäuser, Benediktiner mit ihrem Mönchsgezänk." [407]

Obwohl die Kunstwissenschaft in den letzten Jahren eine ganze Reihe von interessanten Erklärungsversuchen für diese Bilderflut des 16. und 17. Jahrhunderts lieferte, hat sie eine Sinnschicht des Babylonischen Turmbaus bisher völlig übersehen, nämlich den Aspekt der Nationenbildung.[408] Dabei gibt es in dieser Zeit eine Sondergruppe von Bil-

---

wished to inundate the earth again; for he would build a tower higher than the water could reach and avenge the destruction of their forefathers ... " Fl. Josephus; Jewish Antiquities; a.a.O. I, 11 - 114.

[404] A. Borst; Turmbau; a.a.O. S. 398.

[405] Zit. nach ebd. S. 412.

[406] Zit. nach ebd. S. 1075.

[407] Zit. nach ebd. S. 1063.

[408] Zuletzt U. Wegener; Die Faszination des Maßlosen. Der Turmbau zu Babel von Pieter Bruegel bis Athanasius Kircher. Hildesheim 1995. Wegener referiert die verschiedenen kunsthistorischen Deutungen der Bilder dieses Zeitraumes. Sie selbst behauptet, daß die traditionelle moralisch-negative Bedeutung des Turmbaus während des 16. Jhs. durch eine Profanisierung des Denkens einer eher positiven Besetzung dieses Themas gewichen sei, was sich u. a. auch in der Monumentalisierung der Turmdarstellung auswirke. Sie deutet eine große Gruppe von Babelturmdarstellungen als „Architekturutopien": „In einer Zeit vornehmlich technisch begründeten Fortschrittsdenkens gewinnt die Monumentalität des Turmbaus zu Babel als Zeichen fast unvorstellbarer technischer Kapazität utopische Züge; der Babelturm wirkt gleichsam als Leitbild der Technik." S. 13. Meiner Meinung nach gehören solche Gedankengänge erst einer späteren Epoche an; die Autorität der Bibel wurde erst im 17. Jh. mühsam und ganz allmählich gebrochen. Auch von der These einer „Profanisierung des Denkens" im 16. Jh. halte ich, wie ich an anderer Stelle ausgeführt habe, nicht allzuviel.

dern, die den Turmbau eindeutig als Ursache der Völkerscheidung und Babel zum Ursprungsort der Nationen erklären.[409]

Jost Amman dürfte der erste Künstler des 16. Jahrhunderts gewesen sein, der den Turm von Babel unter diesem Aspekt thematisierte, doch sind zumindest zwei Vorläufer aus dem Mittelalter bekannt.

Bereits die erste bekannte europäische Babelturmdarstellung, die sich im englischen Caedmon-Manuskript aus der Zeit der ersten Jahrtausendwende befindet, zeigt die Rache Gottes in Form der Völkerscheidung. [410] Die der *Reimser Schule* zugeschriebene einfache Strichzeichnung gibt durch ihre flächige Anordnung und die Disproportionalität der Bildelemente den Sachverhalt nur undeutlich wieder (Abb. 51): das ganze rechte Bilddrittel wird von dem fragilen, aus mehreren Etagen zusammengesetzten Turm eingenommen. Daneben sind drei Grüppchen von Strichfiguren so übereinander plaziert, daß sie die ganze Bildhöhe einnehmen. Links mittig davon ist eine weitere Gruppe eingefügt, die sich nicht zum Turm hin wendet, sondern in eine andere Richtung aufzubrechen scheint. [411]

Die hier veranschaulichte Bildaussage, die Scheidung der Ursippe, wird auf einem venezianischen Kuppelmosaik in San Marco aus dem frühen 13. Jahrhundert wesentlich klarer zum Ausdruck gebracht. Dort werden in einer Simultandarstellung gleich zwei Aspekte der Babelturmikonografie thematisiert: links die Errichtung des einem mittelalterlichen Wehrturms gleichenden kubischen Gebäudes; rechts davon die Scheidung der Menschheit in vier Gruppen, die von den Ecken des Turmes aus in verschiedene Richtungen aufzubrechen scheinen (Abb. 52). Diese beiden Beispiele sind jedoch Ausnahmen in der westeuropäischen mittelalterlichen Kunst, denn fast immer werden dort allein die Bauarbeiten geschildert.[412]

Allein am Oeuvre *Ammans* läßt sich demonstrieren, daß der Turmbau von Babel im 16. Jahrhundert mit ganz verschiedenartigen Bedeutungen belegt werden konnte. *Amman*

---

[409] Von den gut 520 bei Minkowski zusammengestellten Babelbildern sind es gerade mal neun, zwei davon aus dem 19. Jahrhundert, die mehr oder weniger eindeutig den Ursprung der Nationen thematisieren. Fünf davon sind kompositorisch stark voneinander abhängig; d.h. gehen auf eine einzige Bildidee zurück. Alle von mir hier vorgestellten Tuiscon-Bilder sind nicht bei Minkowski und Wegener aufgeführt.

[410] Nach A. Borst, der nur wenig Bildmaterial erwähnt, ist es „die erste bildliche Darstellung des Turms zu Babel außerhalb byzantinischer und syrischer Bilderbibeln." A. Borst; Turmbau; a.a.O. S. 549.

[411] Diese Zeichnung wird bei Minkowski nicht erwähnt. Ein Facsimile-Druck wurde herausgegeben von Israel Gollancz; The Caedmon Manuscript of Anglo-Saxon Biblical Poetry. Oxford 1927. Blatt 81 f. Gollancz schrieb die Zeichnungen zwei Künstlern aus der Reimser Buchmalerei-Schule zu: „The outline drawings of both the first and second artists belong to the Reims school of art, best exemplified by the famous Utrecht Psalter" (S. XXXIII). Ich zitiere seine Beschreibung: „Above, the building of the tower of Babel; the Lord rebuking the workmen. In the middle, two groups of men and women dispersing; in the left hand group, one of the women is looking back. Below, a group is seeking another home. In the O. E. text, I, 1697, it is said that the folk „were scattered on four ways in search of land." Possibly the fourfold division of the picture indicates the four parties ... The illustrations generally are drawn entirely in brown, or with parts of each in red, green, or black." S. XLVI.

[412] „Vom 13. bis ins späte 15. Jh. ... erhält der Turmbau zu Babel seine das gesamte Mittelalter hindurch verbindliche Ikonographie. Das Gewicht liegt eindeutig auf dem Vorgang der Errichtung des Turmes ... " J. Zander-Seidel; Frevel oder Meisterwerk. In: Ausst.-Kat. „Der Traum vom Raum." Nürnberg 1986. S. 125.

hatte bereits für eine 1565 in Frankfurt erschienene „Biblia Teutsch" die Illustrationen gefertigt und für diese unter anderem auch die Erbauung des Babelturmes in Szene gesetzt: Im Zentrum des Holzschnittes ist der spiralförmige breitgelagerte Turm zu sehen, der über den oberen Bildrand hinausreicht und in eine hügelige, mit Häusern und Burgen dichtbesetzte Landschaft eingebettet ist (Abb. 53).[413] Er hinterfängt den etwas links von der Mittelachse am vorderen Bildrand aufrecht stehenden Bauherrn *Nimrod*, der sich einem rechts vor ihm knienden Handwerker zuwendet. Zu beiden Seiten dieser Szene werden die verschiedenen Tätigkeiten auf einer Baustelle geschildert. Auf *Ammans* fast gleichzeitig entstandenem Tuiscon-Bild ist jedoch der an seiner spezifischen Spiralform erkennbare Babelturm ganz nach links in den Hintergrund gerückt.[414] Alle sonst gewöhnlich zur Babel-Ikonografie gehörigen Komponenten - der Bauherr *Nimrod* und die mehr oder weniger ausführliche Schilderung des Baubetriebes - sind hingegen zugunsten der bildbeherrschenden Halbfigur *Tuiscons* eliminiert. Nur an wenigen kaum sichtbaren Details wie dem Baukran ist ablesbar, daß sich der Turm noch im Bau befindet. *Amman* zielte hier nicht auf die Darstellung der Monumentalität des Turmes oder die Schilderung einer Baustelle. Der Babelturm dient hier einzig der Synchronisation von biblischer und deutsch-germanischer Frühgeschichte. Er wird allein deswegen zitiert, um das hohe Alter des deutschen Stammvaters, seine Präsenz in Babel v o r der drohenden Völkerscheidung zu belegen.

Die Polyvalenz des Babelturmes zeigt sich auch bei *Tobias Stimmer*, der wie *Amman* sowohl die nationale als auch die moraltheologische Sinnschicht des Babelturmes thematisierte. Vermutlich kannte er *Ammans* Holzschnitt, als er seinen *Tuiscon* für *Matthias Holtzwarts* „Eikones" von 1573 entwarf. *Stimmers Tuiscon* (Abb. 54) folgt wie alle seine anderen germanischen Könige zwar nicht der Gestaltung *Ammans*. Doch wurde er sicher von seinem Landsmann zu dieser Hinterlegung des deutschen Stammvaters mit dem Babelturm inspiriert; wenn er auch den Turm nicht so weit in den Hintergrund rückte und den Baubetrieb wesentlich detaillierter schilderte.

Drei Jahre später erschien ein weiterer Babelturm-Holzschnitt von *Stimmer*, gefertigt für eine Bilderbibel. Hier konzentriert sich die Darstellung auf das rege Treiben auf einer Baustelle, während *Tuiscon* verschwunden ist und *Nimrod* samt seinem Architekten ganz an den linken Bildrand gerückt sind.[415] Der Turmbau zu Babel ist hier entsprechend dem Motto als warnendes Exempel für die „vermessenhait" des Menschen gegenüber Gott zu verstehen.

Auch außerhalb Deutschlands entstanden Bilder, die den Babelturm unter dem Aspekt der Nationenbildung darstellen. Sie verzichten allerdings durchweg auf die Vergegen-

---

[413] Ammans Babelbild fand auch Verwendung als Titelblatt zu Leonhardt Fronspergers 1564 in Frankfurt erschienener „Bauwordnung". Siehe U. Wegener; Die Faszination; a.a.O. S. 82.

[414] Die Form des Turmes ist variabel; aber seit den 1550er Jahren war die Spiralform sehr verbreitet: z. B. auf Bernd Salomons Holzschnitt von 1554 (bei Wegener Abb. 25) und auf Pieter Brueghel d. Ä. Gemälde in Rotterdam. Zur Rund- und Spiralform des Turmes ebd. S. 21 ff.

[415] „Neue Künstliche Figuren Biblischer Historien / grüntlich von Tobias Stimmer gerissen: Und zu Gotsförchtiger ergetzung andächtiger hertzen / mit artigen Reimen begriffen: durch J.F.G.M. (= Johann Fischart). Basel 1576. Ich zitiere aus dem Nachdruck München 1881 (Liebhaber-Bibliothek alter Illustratoren, 4. Bd.) Vers zu Bild Nr. 10. Das Motto lautet: „Vermessenhait baut Babel / und würd zur Fabel." Der didaktisch-mahnende Appell der Subscriptio, ein Reim *Fischarts*, wurde von *Stimmer* nicht adäquat umgesetzt: „Das Volk mit Nemrot Got nicht traut / Fing an ain hohen Thurn, und baut / Deshalb der Herr verwirrt ji sprach / Zerstrait sie inn all Land darnach: / Was Got thut schmach, find schmach zur Rach."

wärtigung eines spezifischen nationalen Stammvaters und formulieren das Thema viel allgemeiner.

So entwarf *Maerten van Heemskerk* (1498 - 1574) Vorlagen für zwei Kupferstiche, die die Zerstörung des Babelturmes in zwei Phasen darstellen sollen. Auf dem ersten wird der Brand der zylinderförmigen Turmspitze und die Verunsicherung der Architekten gezeigt, die sich an den mittig im Bildvordergrund plazierten Bauherrn Nimrod wenden. Auf dem zweiten Blatt focusierte Heemskerk hingegen das Zerbersten des gleich einem Zikkurat aufgebauten Turmsockels (Abb. 55). Dieser füllt fast die ganze Blattfläche und deutet nur im Bildvordergrund die Folgen dieser Katastrophe an: während rechts Nimrod unbeeindruckt an einem steinernen Postament lehnt, ist links eine Gruppe von Bauleuten samt ihren Frauen zu sehen, die sich vor den herabstürzenden Trümmern in Sicherheit zu bringen suchen.[416]

Auf einer Grisaille des Antwerpener Manieristen *Frans Francken d. J.* (1581 - 1642) wird hingegen nicht wie bei *Heemskerk* die Zerstörung des Babelturmes, sondern deren Konsequenz für die Menschheit inszeniert: ihre Vertreibung aus Babel und Zerstreuung in alle Richtungen der Welt (Abb. 56).[417] In der Mitte des Bildvordergrundes duckt sich - pyramidal auf einem Felsen aufgebaut - eine Personengruppe vor einem von links oben hereinbrechenden Orkan, der eine andere Rotte von Menschen mit Kamelen und Elefanten vor sich hertreibt und aus dem Bild zu blasen scheint. Links unten im Tal ragt verschwommen der Turm hervor, vor dessen hellerleuchter linker Seite sich deutlich die Silhouette einer weiteren fliehenden Menschenschar abhebt.

Noch deutlicher wird der Gedanke der Menschheitszerstreuung auf vier Gemälden und einer Grafik formuliert, die kompositorisch voneinander abhängig sind, in den Details jedoch bemerkenswerte Abweichungen zeigen.[418] Alle fünf Bilder werden von den Diagonalen in vier Segmente unterteilt. Im oberen Dreieck ist der gewaltige, bis in die Wolken reichende Babelturm plaziert, der eine weite Landschaft überragt. Im unteren Dreieck ist pyramidal eine Personengruppe aufgebaut - darunter *Nimrod* und zwei orientalisch gekleidete alte Männer - die wie ein scheidender Fels auf die in den seitlichen Dreiecken nach vorn drängenden Menschenscharen wirkt. Die Zusammensetzung und Bekleidung der einzelnen Menschengruppen differiert hingegen auf diesen Bildern.

Auf dem Ölgemälde eines anonymen Danziger Malers aus dem frühen 17. Jahrhundert werden die am Babelturm verbleibenden Orientalen und die zur Auswanderung gezwungenen Menschengruppen gegeneinander kontrastiert (Abb. 57).[419] Das äußerst minutiös gemalte Bild ist der holländischen Feinmalerei zuzurechnen. Es erzählt sehr ausführlich und bis ins kleinste Detail hinein zu verfolgen den Exodus der neuformierten Nationen aus Babel. Um die Vielzahl der einzelnen Figuren und -gruppen klar voneinander abzusetzen, arbeitete der Maler mit starken Helldunkel-Kontrasten und setzte Bildpartien, die durch buntfarbige Gewänder bestimmt sind, direkt neben beschattete, fast schwarze Zonen. Die drei alten Orientalen des Bildvordergrundes tragen hellleuchtende weite

---

[416] Minkowski Nr. 171 / 172.

[417] Bei Minkowski unter Nr. 253 aufgeführt, aber nachträglich aus seinem Katalog gestrichen.

[418] 1. Minkowski Nr. 268: Ölgemälde von C. van Mander / 2. Nr. 269: Ölgemälde fläm. Schule, 16. Jh. / 3. Nr. 385: Ölgemälde eines unbekannten Danziger Malers, 1. Viertel 17. Jh./ 4. Minkowski Nr. 410: Ölgemälde des Gaspar Poyo de Torre nach einem früheren Antwerpener Manieristen, 1712 / 13. / 5. Minkowski Nr. 441: Kupferstich des Zacharias Dolendo (gestorben vor 1604) nach der Vorlage C. van Manders.

[419] Im Ausst.-Kat. „Europa und der Orient 800 - 1900." Berlin 1989, wird das Bild I. van der Block zugeschrieben und zwischen 1609 - 16 datiert. S. 85.

Gewänder, während sich hinter ihnen einige Gestalten in den Schatten eines Felsens dukken. Die Greise werden auf dieser Darstellung zusätzlich durch ein weiteres Paar turbantragender Türken, die erhöht auf dem Felsen stehen und gegen Babel blicken, zu einem statischen Block verstärkt. Unterhalb von ihnen sind einige aus ihren Schadors gaffende Musliminnen zu erkennen, die ebenso teilnahmslos wie die zentrale Gruppe den Abzug der rechts und links nach vorn strömenden Auswanderertrecks beobachten.

In die rechte vordere Bildecke schleppt sich ein Troß von mit Sack und Pack beladenen Gestalten voran, auch Frauen mit Kleinkindern sind darunter, die von einigen Reitern begleitet werden. Die Frauen der rechten Gruppe tragen ganz spezifische Hüte, die als Hauben mit aufgesetzten flachen Scheiben charakterisiert werden können. Sie sind in weite faltenreiche, vielfarbige Röcke gehüllt und könnten, nach dem Schnitt der Gesichter zu urteilen, Asiaten darstellen. Die Figuren des linken Zuges tragen die um 1600 zu einer gesamteuropäischen Mode gewordene „spanische" Tracht. Sie sind fast ausnahmslos schwarz gekleidet und an ihren detailliert gezeichneten Physiognomien eindeutig als (Nord-)Europäer zu identifizieren. Im Hintergrund sind weitere vom Turm wegstrebende Menschenschlangen angedeutet. Die Bildaussage ist klar: die Orientalen werden am Babelturm heimisch bleiben, sie stehen gelassen und unverrückbar an diesem Ort, während sich die Angehörigen der anderen Nationen mit verhärmten Gesichtern auf den Weg in fremde Gefilde machen.

Noch prägnanter ist der Gedanke der Nationenbildung, der ethnischen und kulturellen Differenzierung der Menschheit durch den mißglückten Turmbau auf dem Kupferstich *Zacharias Dolendos* formuliert, der auf einer Vorlage *Carel van Manders* (1548 - 1606) basiert (Abb. 58). Hier dominiert der Turm deutlich die in die Weite gezogene Landschaft. Anders als auf den anderen Bildern sind hier zusätzlich einige Nackte postiert, die vermutlich von *Theodor de Brys* Amerika-Illustrationen[420] bzw. im Falle der Rückenfigur von einer Antikenvorlage inspiriert worden sein dürften. Zumindest die zwei Frauen am linken Bildrand sind an ihrem Federschmuck eindeutig als Bewohnerinnen Westindiens zu erkennen. Auch die zu dieser Zeit meist als Nachfahren *Chams* betrachteten Eingeborenen Amerikas werden hier mit einbezogen. So finden sich auf diesem Bild „Westindier", Asiaten, Orientalen und diverse Europäer am Babelturm noch geografisch geeint, aber ethnisch bereits geschieden. Am Turm zu Babel zerbrach das einst in Kultur und Sprache einheitliche Urvolk in verschiedene Nationen, die von dort aus die gesamte Welt besiedelten. Die verschiedenen Kulturen der Welt waren den Künstlern am Ende des 16. Jahrhunderts meist noch kein Resultat einer allmählichen Entwicklung. Sie erschienen ihnen als etwas Althergebrachtes und zumindest seit Babel Vorgegebenes.

Diese Bilder sind nicht nur als Historienbilder zu verstehen; vielmehr reflektieren sie eigene zeitgenössische Erfahrungen in einem zunehmend von religiöser Intoleranz geprägten Europa, das Hunderttausende aus Glaubensgründen zur Auswanderung aus ihrer Heimat zwang und die Frage nach der Ursache menschlicher Vielfalt und kultureller Unterschiede aufwarf.

Auch die Titelvignette eines Buches, das die Ursprünge der englischen Nation zum Thema hat, *Richard Verstegans* „A Restitution of decayed Intelligence of Antiquities" aus dem Jahr 1605 bringt die nationale Sinnschicht des Babelturmes in einfacher und doch sehr anschaulicher Form zum Ausdruck:[421] von dem im Zentrum des quergelegten Bild-

---

[420] Theodor de Bry; Collectiones peregrinatorum in Indiam Orientalem et Indiam Occidentalem ... Frankfurt 1590. Neudruck hrsg. von G. Sievernich. Berlin - New York 1990.
[421] Richard Verstegan; A Restitution of decayed intelligence in antiquities. Antwerpen 1605. Nach Meinung Verstegans sind die Engländer Abkömmlinge der Sachsen und damit der

ovals befindlichen spiralförmigen Turm bewegen sich einige räumlich klar voneinander geschiedene Grüppchen von Männern in alle Himmelsrichtungen fort (Abb. 59). Wird auf dieser Titelvignette der Ursprung der Nationen (Nationum Origo) ganz allgemein formuliert, so findet sich im selben Buch auf einem Kupferstich der Babelturm nochmals ausdrücklich als Ursprungsort der deutschen - und nach *Verstegans* Meinung auch der englischen - Nation zitiert: in der Bildmittelachse steht der langbärtige *tuysco* im klassischen Kontrapost statuenhaft auf einem balusterförmigen Sockel und blickt sinnend zum Himmel (Abb. 60). Er ist entsprechend den Erkenntnissen der niederländischen Altertumsforschung zu Beginn des 17. Jahrhunderts, die sich durch wesentlich größere Nüchternheit auszeichnete, anders gestaltet als die deutschen Beispiele. *Tuysco* erscheint nicht mehr als alttestamentlicher Weiser oder orientalischer Fürst, sondern als unzivilisierter „Wilder", der entsprechend der taciteischen Germanenbeschreibung in ein Schulter und Brust freilassendes Fell gehüllt ist. Der Babelturm ist nach links in den Hintergrund gerückt und Startpunkt einer kleinen Schar von männlichen Gestalten, die in Richtung *tuysco* marschiert: die Urväter der deutschen und englischen Nation machen sich auf den Weg in Richtung Europa.

Rund 40 Jahre später findet sich der deutsche Stammvater nochmals mit dem Babelturm kombiniert. In einer kleinen Radierung in *Carl Gustav Hilles* „Teutscher Palmbaum" von 1647 tritt *Ascenaz* - wie sein Pendant *Karl der Große* eine Paraphrase nach *Ammans* Holzschnitten - wiederum als orientalischer Sultan auf. Er wird durch den Turm zeitlich und topografisch ins alttestamentliche Babel verortet und unter Aussparung der Genealogie direkt mit dem mittelalterlichen Reichstranslator konfrontiert (Abb. 61).

Seit circa 1550 wird die Aufteilung des Urvolkes nicht mehr bei den Noaniden, sondern fast immer beim Turm zu Babel datiert und lokalisiert. Die Problematik der Völkerscheidung selbst wurde nun durch szenisch angelegte Babelturm-Bilder thematisiert, während die schematisch angelegten Völkertafeln aus der Literatur verschwanden.

Amman hat auch sämtliche Nachfolger *Tuiscons* neu konzipiert; außer einigen Wappenschilden und Attributen hat er nichts von den Nürnberger Vorbildern übernommen. Es sind nicht mehr die schwergepanzerten, altertümlich wirkenden Ritter mit ihren teilweise grotesk wirkenden Kleidungsstücken. *Amman* zeichnete die Germanenkönige als wesentlich leichter gerüstete, nur mit Brustharnisch, Umhang und unterschiedlichen Kopfbedeckungen bekleidete Krieger. Jeder Anschein von Primitivität der deutschen Altvorderen fehlt. Diese machen einen entschieden kriegerischen, aber keineswegs unkultivierten Eindruck. Sie nehmen herrschergleiche Posen ein und wirken trotz ihrer auf Halbfigur reduzierten Ansicht durch Drehungen des Kopfes oder Oberkörpers wesentlich bewegter als die starr wirkenden Gestalten von 1543.

Mannus (Abb. 62) zeigt sich als dynamisch nach links gewandter älterer Krieger. Er ist mit reich dekoriertem Brustharnisch und Schulterstücken bekleidet und trägt eine überdimensionierte Helmkrone, aus der sein Haupthaar wild flatternd herausquillt. Auch bei ihm ist im Gegensatz zu *Tuiscon* der kriegerische Charakter betont. Energisch blickt er nach links, Lanze und Schwert werden vom Bildrand angeschnitten. Links im Hintergrund ist eine Szene zu erkennen: eine stehende Gestalt schwingt einen Säbel, um einen Mann zu köpfen; von oben nähert sich ein Engel. Sicherlich handelt es sich hier um die Darstellung einer „Opferung Isaacs", da *Mannus* laut *Waldis* zur Zeit *Abrahams* gelebt

---

Deutschen. Die Überschrift zu seinem zweiten Kapitel lautet: „How the ancient noble Saxons the true ancesters of Englishmen, were originally a people of Germanie, and how honorable it is for Englishmen to bee descended from the Germans."

haben soll.[422] Auch hier versuchte *Amman*, dessen Erzählfreude in den dürren Aussagen des Pseudo-Berosus über die Stammväter keine Nahrung fand, durch die Hinterlegung mit einem angeblich simultanen Ereignis aus dem Alten Testament, das biblische Alter der Deutschen zu veranschaulichen.

Auch die Kleidung der folgenden Gestalten erinnert, trotz vieler phantasiereicher Ausschmückungen und Detailvariationen, an die Uniform römischer Legionäre. *Amman* war bestrebt, eine einförmige Reihung der Figuren zu vermeiden und diese durch unterschiedliche Bewegungen und Haltungen zu beleben. *Marsus König im Niederland* ist in Rückansicht wiedergegeben und blickt gebietend zum Betrachter zurück. Er ist ähnlich wie *Mannus* kostümiert; von *Waldis* ist nur der Bogen übernommen, der nun zum charakterisierenden Attribut dieser Figur wird. Hier wird der Hintergrund nicht durch eine biblische Szene bereichert, sondern durch eine hügelige Landschaft mit unruhig bewölktem Himmel belebt.

Wandalus wirkt wie bei den Holzschnitten von 1543 als Einziger wie ein zeitgenössischer Fürst. Sein Hut mit der hochgezogenen Krempe und dem herabwallendem Federbausch könnte ebenso wie das eng anliegende Wams der zeitgenössischen Mode entnommen sein (Abb. 63).

Auch die beiden germanischen Heerführer *Ariovist* und *Arminius* lassen keinerlei Kenntnis der „Germania" oder römischer Antiken erkennen. *Arminius ein Fürst zu Sachsen* gleicht einem verwilderten römischen Legionär. Er ist dynamisch nach rechts gewandt und trägt einen Helm mit wildflatternder Zier, einen Muskelpanzer und einen Feldherrnmantel, der in schön geschwungenen Falten über die Brust gezogen ist (Abb. 64). Sein nach rechts gewandtes Profil ist beschattet und deutet durch seine tiefliegenden Augen und Knollennase einen brutalen Söldner an. In seiner Linken hält er den bärtigen Varuskopf vor sich.

Carolus Magnus der erste Teutsche Keyser tritt uns mit Mitrakrone, gleichmäßigen Gesichtszügen und langwallendem weißen Bart gegenüber (Abb. 65). In seiner würdevollen Haltung mit dem aufgerichteten Schwert in der Rechten und seiner bildfüllenden Präsenz erinnert er an *Dürers* Idealbildnis (siehe Abb. 38), ohne dessen Ausstrahlung und Monumentalität zu erreichen.

Amman war ein Routinier, der solche Aufträge schnell und zur Zufriedenheit des Bestellers zu erledigen wußte. Er strebte keine wissenschaftlich korrekte Darstellung von germanischen Fürsten an, sondern bemühte sich um eine abwechslungsreiche Revue kriegerischer Könige, die sich durch unterschiedliche Barttrachten, Kostüme und Posen erkennbar unterscheiden. Außer *Tuiscon* umgreifen alle eine Waffe, sei es ein Schwert, einen Schild oder einen Helm. Außer dem *Wandalus*, der am meisten der Vorlage von 1543 entspricht, sind alle in historisierende, eher römisch als mittelalterlich anmutende Phantasiekostüme gekleidet. Durch Zackenkronen oder ähnliche Elemente werden sie verfremdet und der eigenen Zeit entrückt.

Obwohl inzwischen inhaltlich völlig veraltet, wurde *Turmairs* Chronik zusammen mit *Ammans* Holzschnitten,noch zweimal in Frankfurt neu aufgelegt, nämlich 1580 und 1622.[423] Im zuletzt genannten Jahr wurde *Ammans* Tuiscongenealogie mit *Waldis'* Ver-

---

[422] „Er hat gelebt mit seinen lewten, Zu des Ertzvatters Abrams zeytten ... " Vers des B. Waldis zu „Mannus". Ursprung und Herkumen; a.a.O.
[423] Sowohl Fr. Gotthelf; Deut. Altertum; a.a.O. S. 24 wie H. Stemmermann, Frühgeschichtsforschung, a.a.O. S. 37 datieren die Neuausgabe von Turmairs Chronik 1566. Das von mir eingesehene Exemplar erschien laut Titelblatt 1580 bei Johann und Sigmund Feyerabend; die Vorrede ist 1566 datiert.

sen auch als Einzelbroschüre aufgelegt.[424] Auf diese Weise wurde die christlich-biblische Mär von den orientalischen Ursprüngen der deutschen Nation bis weit ins 17. Jahrhundert hinein verbreitet und damit eine Vorstellung von den deutschen Ahnen tradiert, die kaum etwas mit den Beschreibungen in *Tacitus*' „Germania" gemein hatte.

2. Tobias Stimmers Tuiscongenealogie

Die Verse des *Waldis* wurden noch mindestens viermal in anderweitigen Publikationen abgedruckt, dort aber mit neuem Bildmaterial versehen. Ihr patriotischer Zweck wird vor allem in zwei Straßburger Publikationen offen ausgesprochen.
1573 veröffentlichte der Schriftsteller *Matthias Holtzwart* (um 1540 - 1590) seine „Eingeblümete Zierwerck oder Gemälpoesy."[425] Dieses Werk war eines der ersten in Deutschland gedruckten Emblembücher und enthielt eine Vielzahl von Tobias Stimmer (1539 - 1584) gerissenen Sinnbildern. In einer Grußadresse schreibt *Holtzwart*, daß er durch *Turmairs* „Bayrische Chronik" mit den Versen von *Waldis* und den „zwölf germanischen Helden" bekannt geworden sei.[426]
Holtzwart stellte zwar die Verse des *Waldis* seinem Buch voran, ließ diese aber von *Stimmer* neu illustrieren.[427] Eingefaßt wurde die Fürstenreihe von zwei Allegorien, die jeweils durch einen Reimvers erläutert werden. Das erste Blatt zeigt eine der wenigen Germania-Allegorien des 16. Jahrhunderts, die durch einen der Tuiscongenealogie folgenden weiteren Holzschnitt kommentiert wird (siehe Exkurs: Germania-Allegorien).
Stimmer kannte sowohl die Holzschnitte in *Waldis* „Ursprung" wie die von *Amman*, entnahm aber bemerkenswerterweise seine Bildvorlagen einer anderen Quelle. Seine Germanenfürsten sind ganz an den Abbildungen orientiert, die in einem seit 1557

---

[424] „Bildnuß oder Contrafactur der zwölff ersten alten Teutschen Königen und Fürsten, welcher Tugendt und Thaten für andern gerühmet und gepreiset / und bey den Geschichtschreibern / wie auch in nachfolgenden Chronicken / gedacht werden / sampt kurtzer Beschreibung ihres Ursprungs / und Herkommens / mit anzeigung / zu was Zeiten sie regiert und gelebt haben." Franckfurt 1622. Ein Exemplar dieser Broschüre befindet sich in der Lipperheidschen Kostümbibliothek Berlin.
[425] Matthias Holtzwart; Eikones cum brevissimis descriptiones duodecim primorum primariorumq.; quos scire licet, veteris Germaniae Herorum. Straßburg 1573. Dieser lateinischen Ausgabe folgte noch im gleichen Jahr eine deutsch-lateinische Fassung, die in Holtzwarts Emblembuch „Emblematum Tyrocina: sive Picta Poesis Latinogermanica. Das ist Eingeblümete Zierwerck oder Gemälpoesy" eingebunden ist. Für beide Ausgaben wurden die gleichen Bildholzstöcke benutzt.
In den 1968 von P. von Düffel und K. Schmidt neu herausgegebenen „Emblematum Tyrocinia" wurden die Verse und zwölf Germanenfürsten lediglich im Nachwort erwähnt (S. 211). Das erste Emblembuch, Andrea Alciatis „Emblemata", war 1531 mit Holzschnitten von J. Breu d. Ä. in Augsburg erschienen.
[426] „Voluens igitur hinc inde varios libellos, et praecipue Hystoricorum monumenta, forte - in Joannis Aventini Boiaricarum rerum enarrationem, mihi a candidissimo viro domino Joanne Hubensaco, communi amico, priori anno strenae loco donatam, incidi. Ubi, cum prima fronte, praefixos duodecim clarissimos illos Germani sanguinis Heroas, conspexissem, quos privato quodam libello edito, Burcardus quidam Waldis, Germanicis quondam Rhitmis, eleganter descripsit, & appingere curavit." M. Holtzwart; Eikones. Straßburg 1573. Vorwort.
[427] Erwähnt bei A. Andresen; Der deutsche Peintre-Graveur oder die deutschen Maler als Kupferstecher. Leipzig 1866. 3. Bd. Tobias Stimmer; Nr. 147. S. 102 ff.

vorliegenden Buch zu finden waren. Beinahe aufdringlich wird in fast jedem der Bilduntertitel darauf verwiesen, daß sie aus dem Buch über die Völkerwanderungen von *Wolfgang Latz* stammen.[428] Die darin enthaltenen Radierungen scheinen ihm aufgrund ihres wissenschaftlichen Anspruches attraktiver gewesen zu sein als die Phantasieprodukte von 1543.

Exkurs: Wolfgang Latz - Über die einstigen Wanderungen der Völker

Das erste und einzige deutsche Buch des 16. Jahrhunderts, das vorgab, speziell die europäische Vorzeit wissenschaftlich zu ergründen und zudem reich bebildert war, erschien 1557 in Basel. Mit seinen 844 Seiten stellte dieses Buch über die Völkerwanderungen quantitativ den Höhepunkt der Diskussion über die Ursprünge der europäischen Völker und zugleich deren vorläufigen Abschluß dar.[429] Verfaßt hatte es der Wiener Arzt *Wolfgang Latz* (1514 - 65) in seiner Eigenschaft als Hofhistoriker Kaiser *Ferdinands I.*[430]

Im Gegensatz zu seinen Amtsvorgängern, von deren Phantastereien er sich bereits im Vorwort distanzierte[431], wollte *Latz* keine neue Genealogie der habsburgischen Dynastie erstellen.[432] Vielmehr spürte er in diesem Buch ausschließlich der Herkunft ihrer Untertanen nach. In den ersten Kapiteln, die der Frühzeit Europas gewidmet sind, erforscht *Latz* den Ursprung der verschiedenen, im Habsburgerreich ansässigen Völkerschaften. Im zweiten Teil des Buches konzentriert er sich darauf, das Herauswachsen der Adelsfamilien aus diesen zu rekonstruieren. Entsprechend der Struktur dieses Vielvölkerreiches und den Interessen seines Dienstherren ging es *Latz* nicht um eine deutsche, sondern um eine supranationale, bis Ungarn und Portugal ausgreifende Völker- und Adelsrevue.

Durch eine Rekonstruktion der Wanderschaften der antiken Barbarenvölker versuchte *Latz,* eine möglichst lückenlose völkische Ahnenreihe der jetzigen Untertanen der Habs-

---

[428] Im Ausst.-Kat. „T. Stimmer". Basel 1984 heißt es unter Kat.-Nr. 103 fälschlich: „Bei den 12 ersten germanischen Fürsten hingegen, die 1573 zum ersten Mal erschienen sind, lassen sich die Vorbilder nachweisen. Stimmer nahm sich die entsprechenden Holzschnitte in Burkhard Waldis Werk als Vorbild ... " S. 217.

[429] Wolfgang Latz; De gentium aliquot migrationibus, sedibus fixis, reliquijs, linguarumq, initiis & immutationibus ac dialectis. Basel 1557. Eine zweite Auflage war 1572, eine dritte auf 675 Seiten gekürzte Ausgabe 1600 in Frankfurt erschienen. In dieser dritten Auflage wurden die Holzstöcke der ersten wiederbenutzt und darüber hinaus fünf weitere hinzugefügt. Ich zitiere, wenn nicht anders vermerkt, aus der ersten Auflage.

[430] Latz, latinisiert Lazius, war 1538 an der Universität Ingolstadt zum Dr. med. promoviert worden und stand der medizinischen Fakultät der Universität Wien mehrmals als Rektor vor. Durch Publikationen wie „Vienna Austriae" von 1546, der ersten gedruckten Wiener Stadtchronik, sowie durch eine 1556 erschienene historisch-geografische Beschreibung Ungarns, „Des Khunigreichs Hungern sampt seinen eingeleibten Landen" hatte er sich einen Namen gemacht. Zur Biografie W. Latz`: M. Mayr; W. Lazius als Geschichtsschreiber Österreichs. 1894, und A. Lhotsky; Österreichische Historiographie. 1962. S. 85 f. und 111. Von H. S. Lautensack gibt es ein in Kupfer gestochenes Porträt von Latz, datiert 1554.

[431] „Nolo hic fidem tribuere Austriae annalibus, qui Abrahamum fabulose quendam repetunt, cum filiis Ataym & Salim, filiaque Rebecca & Susanna conjuge, oriundum (ut ipsi nugantur) eregione Sanianiorum, anno post diluvium Noae DCCCX in Austrie tractu ulteriore venisse ... " W. Latz; De Gentium; S. 15.

[432] Diese lieferte er 1564 in Form der „Genealogiam Austricam libri duo." Basel 1564 nach.

burger von den Noaniden an zu ermitteln. Der Pseudo-Berosus lieferte ihm wichtige Informationen für seine Hypothesen über die frühe Besiedlung Europas. Da er die ethnische Vielfalt des habsburgischen Vielvölkerstaates nicht auf einen gemeinsamen Ahnherrn zurückführen vermochte, stellte er die These auf, daß mehrere Noaniden Europa besiedelt und dort verschiedene Völkerschaften konstituiert hätten. Der erste sei *Tuiscon* gewesen, der bald nach dem Turmbau zu Babel im Jahr 131 nach der Sintflut mit seinem Clan (Tuiscones) auf Schiffen nach Europa gekommen sei und dort eine teutonische Urbevölkerung gegründet habe.[433] Erst danach sei auch *Japhet* nach Europa übergesiedelt, das unter dessen Nachfahren aufgeteilt worden sei. Das Gebiet *Gomers* zwischen der Weichsel und dem Atlantik wäre in die Provinzen Teutonia, Gallien und Hispanien aufgeteilt worden, die Nachfahren *Ascenaz*` hätten sich in Germania Magna mit den Tuiscornern vermischt.[434] Aus den Nachfahren der Galater seien die Kelten und Gallogriechen entsprungen. Diese seien auf der Suche nach Land über Rhätien, Noricum und Pannonien bis Italien, Griechenland und schließlich Kleinasien vorgedrungen. Dort hätten sie sich mit den Nachfahren *Sems* vermischt und seien teilweise wieder nach Mittel- und Westeuropa zurückgewandert.[435] Alles in allem sind die Wanderungshypothesen des Wolfgang Latz voller Widersprüche und Ungereimtheiten. Er bestärkte aber die in Ansätzen schon vorhandene Vorstellung, daß das europäische Urvolk deutsch gewesen sei.

Latz wollte vor allem den genealogischen Zusammenhang zwischen den antiken Völkerschaften und denen des Habsburgerreiches klären.[436] Die ethnische und sprachliche Vielfalt des von Spanien bis Siebenbürgen reichenden Vielvölkerstaates führte er teils auf verschiedene Ahnherren zurück; teils ist sie ihm ein Resultat der beständigen langdauernden Wanderungen der antiken Völkerschaften und ihrer Vermischung. Das österreichische Volk (Austriadum gens) ist ihm eine bunte Mischung aus den Nachfahren von Gallogriechen, Kelten, Tauriskern, Carnern, Boiern und vielen anderen Völkerschaften, das sich vor allem seit der Vertreibung der Römer aus später österreichischem Gebiet dort herausgebildet hätte.[437] Jene sind ihm letzlich eine Mischung aus *Japhets* und *Sems* Nachfahren, Europäern und Asiaten.

---

[433] „Constat igitur, Tuiscone anno mox post diluvio CXXX a Noe ... in Europam missum fuisse, occupasse q agros inter Tanayam & Rhenum. Equidem a Tuiscone Germanos descendisse, Cornelius etiam Tacitus testatur ... Manet adhuc a primo authore Germanis nobis nomen vetus, quos Tuiscos vel Dodescos externe gentes vocant, & nosmet Duiczios appellamus." W. Latz, De Gentium; S. 17.

[434] „Qua in divisione ... Gomero filiorum Japhet postremo, a Vistula agri usque ad mare Athlanticum obtingere, in quibus Germania postea, sive Teutonia, Gallia, & Hispania provinciae distinctae sunt." Ebd. S. 18.

[435] „Siquidem Gomerus Aschenas filium progenuerat, quem alij fratrem fuisse autumant: a quo Cimbri, Galatae & Teutones, qui postea & Germani Alemaniq cognominati sunt, processere. Quorum Galatae (qui sequentibus annis & Celtae & Galli, atque etiam Gallograeci, & secundi tribuum locorumq discrimina, Boji, Brenni, Sennones, Taurisci, Scordisci `q & Gesatae dicti fuerant) in terrae tractu primum Rheno fluvio Pyreneis q montib. & mari undique conclusum, abiuere. Deinde vero, abundante multitudine, in Norico passim, Rhetijs, Pannonia imo ipsa Italia denique, ac Graecia sedes quaerere: traiectoque audacter mari, Asiam armis invadere, Brenno duce: pars, Bathanatio autore, Pannonias repetere: prorsus omnib. reliquis non solu Japhet, stemmatibus permisceri, sed etiam in asia Noe filij posteritati coalescere coeperunt. Hinc in Asia, Gallograecia sive Galataru provincia exordia sumpsit ... " Ebd. S. 18 / 19.

[436] „ab Alemanis Sundgovieses, Brisgovienses, Herciniani, Alsatii ac Tyrolenses ´ppagari sunt." Ebd. S.7.

[437] „Superest nunc adeo, ut quando Romanos ex illis barbarae gentes, & ex his praecipue

Wie bei den früheren Autoren ist auch bei *Latz* mit diesem genealogischen Interesse engstens die Frage nach einer gemeinsamen Ursprache verbunden. *Latz* glaubte nicht nur, daß alle jene verschiedenartigen im Habsburgerreich gesprochenen Dialekte letztendlich aus einer gemeinsamen Wurzel erwachsen seien. Auch andere europäische Sprachen, so verschieden sie auch klingen mögen, führte er letztlich auf ein germanisch-teutonisches Ur-Idiom zurück.[438]

Interessant ist *Latz*' Werk vor allem wegen der 16 bzw. 21 Holzschnitte, die jeweils die einzelnen „Bücher" eröffnen. Fast alle zeigen singuläre Ganzfiguren, die jedoch keine Stammväter oder Adligen darstellen sollen. Vielmehr ist es erstmals vor allem eine Revue von einfachen Soldaten, von typischen Vertretern der einzelnen Völkerstämme.

Aufgrund stilistischer und kompositorischer Merkmale können zumindest zwei Bildgruppen voneinander unterschieden werden. Die ersten zehn Bilder sowie Nr. 15 und Nr. 18 bilden eine relativ homogene Gruppe; sie verraten eine im Figurenzeichnen ungeübte Hand und zeigen jeweils eine Ganzfigur auf einer nur knapp angedeuteten Bodenplatte.[439] Die übrigen Bilder sind künstlerisch anspruchsvoller und stellen die Figuren meist paarweise zusammen. Diese weisen durchwegs am Rand der Bodenplatte ein dürres grasähnliches Gewächs auf, das nichts zur Bildaussage beiträgt, aber ein wichtiges Stilmerkmal des Künstlers darzustellen. Wer die Bilder entwarf, wird in dem Buch nirgends erwähnt.[440] Die erste Gruppe könnte von *Latz* selbst stammen, da er seine wissenschaftlichen Werke teilweise selbst illustrierte.[441]

Mittels zweier verschiedener Methoden versuchte *Latz*, das Aussehen der früheren Barbarenvölker zu rekonstruieren. Einmal durch eine Exegese antiker Textbeschreibungen;

Teutonici expulerunt, nova constituta rerum administratione, vel saltem cum Romanis confusa moribus, Gallograeci, Celtae, Taurisci, Carni, Boii, Senones, Suevi, Marcomani, Quadi, Vandili, Gothi, Gepedes, Heruli, Burgundiones & Langobardi, eorum etiam populorum Rem pub. doceamus. Ex quorum vel confusione commixtioneque Austriadum gens constitui coepta est ... " Ebd. Vorwort, S. 4.

[438] „In quo terrarum tractu, nec Germanici idiomatis qui colunt populi multi, ab eadem gente descendunt omnes: & qui aliam sonant ab his linguam, Hispani, Galli, Belgae, Itali, atque Langobardi, haud alterius qua(m) Teutonicae originis, si inquiras diligentius, reperiuntur ... " Ebd. S. 4.

[439] Nur Bild drei zeigt eine szenische Darstellung: links einen rücklings auf einem Karren sitzenden langhaarigen merowingischen König; rechts davon einen stehenden Krieger.

[440] Van de Waal stellte die Frage, ob vielleicht nicht Latz selbst in Betracht käme, da von diesem bekannt sei, daß er selbst Landkarten und einige Buchillustrationen radiert hätte, doch verwirft er diese These aus stilistischen Gründen und dem unterschiedlichen Herstellungsprozeß von Holzschnitt und Radierung „ De uitvoerende kunstenaar is niet bekend. Daar het is overgeleverd, dat Lazius sommige van zijn kaarten en enkele boekillustraties zelf etste, heeft men gemeend hem ook de houtsneden in zijn „De Gentium migrationibus" te moeten toeschrijven. O.i. ten onrechte; de proeven die wij van Lazius' teekentalent hebben, rechtvaardigen deze toeschrijving geenszins, en het ingriffen in de etsgrond is nog iets anders dan het uitvoeren (ev. ontwerpen) van houtsneden. Wel kan men natuurlijk rekening houden met een persoonlijke supervisie op de juistheid van de afgebeelde details, want archaeologische studies bespeurt men hier en daar wel degelijk achter deze prenten." H. v. d. Waal; Drie Eeuwen; a.a.O. S. 166.

[441] „Seine Radierungen ... fertigte er zur Verzierung und Erläuterung seiner Schriften. Dass er sie selbst gefertigt, geht aus der Vorrede seiner Commentarien zu der Griechischen Geschichte und Geographie hervor, „qualem propria mea manu aere sculptam". Wir vermuthen, dass ihn H. S. Lautensack mit der Führung der Radirnadel vertraut gemacht hat. A. Andresen; Peintre-Graveur; a.a.O. Bd. 2. S. 63.

zweitens durch das Studium von antikem Bildmaterial wie Münzen oder Grabsteinen. Obwohl *Latz* im Text und in den Bildkommentaren immer wieder seinen wissenschaftlichen Anspruch betont, schöpfte er offensichtlich auch aus sehr fragwürdigen Quellen. Das erste Buch handelt von den frühhistorischen Völkerwanderungen im allgemeinen und im besonderen „von den Ureinwohnern und jenen Völkern, die bald nach der Sintflut im Gebiet der niederen Provinzen Österreichs ihre Sitze aufschlugen."[442] Es wird durch einen ganzseitigen Holzschnitt eröffnet. Dieser beansprucht durch seinen Titel, einen dieser Ureinwohner in „Gestalt und Gewandung" vorzustellen. Ohne Zweifel ist es eine ins Detail gehende Kopie von *Peter Flötners Tuiscon* von 1543, doch tritt dieser bezeichnenderweise nicht mehr als deutscher Stammvater, sondern als Typus des teutonischen Urmenschen schlechthin auf (Abb. 66).

Latz hat sich zwar sehr genau an die einzelnen Details von *Flötners* Vorlage gehalten - Haltung, Gebärde, Barttracht, Kleidung - stimmen überein. Nur die höhere Stirn, die Augen und die längere Haartracht weichen von der Vorlage ab. *Latz'* eigene „Handschrift" tritt jedoch deutlich hervor: die Strichführung ist härter und weniger auf Schönlinigkeit bedacht: die sanft gerundeten Schüsselfalten bei *Flötner* sind bei seinem Nachbild verschwunden. *Flötner* modellierte die Anatomie seines *Tuiscon* durch die Gewandfalten; außerdem steht dieser im Kontrapost. Bei seinem Nachstecher fällt die Draperie des den Körper umhüllenden Kleides gerade herunter, der, auch wegen des minderen Helldunkel-Kontrastes, flach und steif wie ein Brett erscheint. Es ist eine bloße mechanische, etwas vergröbernde Nachzeichnung, die auch den schwierigsten Teil der Vorlage, das Gesicht, verzeichnet wiedergibt.

Auch das zweite Bild, das einen „Gallogriechen oder Galater" veranschaulichen soll, entpuppt sich wie einige andere Illustrationen auch als Kopie nach den Holzschnitten von 1543; in diesem Fall diente ihm der als „König der Oberdeutschen" vorgestellte *Eusterwon* als Vorlage, ohne daß im Text eine inhaltliche Bezugnahme zu jenem festzustellen wäre. Aufgrund falscher Vermutungen setzte *Latz* die Gallogriechen einfach mit den Germanen gleich.[443] Auch hier finden sich die gleichen Schwächen bei der zeichnerischen Übertragung der Vorlage. Alle Details werden bis auf kleine Abweichungen übernommen, die Figur selbst wirkt aber steifer, gedrungener und weniger plastisch.

Neben diesen etwas vereinfachenden Kopien finden sich bei *Latz* jedoch auch neue Illustrationen. Diese sind nicht primär von anderen Bildvorlagen inspiriert oder willkürlich erfunden, sondern der Schau eines gebildeten Geistes entsprungen.

Ein Interesse am Aussehen der antiken Barbaren hatten zwar schon *Irenicus* und andere Forscher gezeigt, da sie Beschreibungen aus den antiken Quellen kompilierten. Zu einer Übertragung dieser Textinformationen in Bilder war es aber bislang - sieht man von den Beispielen bei *Waldis* ab - noch nicht gekommen. Diese Rekonstruktionsmethode, Text- in Bildinformation umzuwandeln, ist neuartig und wurde auch von späteren Altertumsforschern wie *Philipp Cluver* angewandt. Sie versuchte die subjektive Phantasie des Lesers durch scheinbar objektive Anschauung zu zügeln, und führte verständlicherweise immer wieder zu anderen Ergebnissen.

---

[442] Der Titel dieses Buches lautet: „De gentium migrationibus liber primus: de aboriginibus et iis qui mox post diluvium in tractu Austricarum provinciarum inferiorem sedes habuerunt, populis."

[443] Im Kapitel über die Sprache der alten Gallogriechen schreibt er unter anderem: „Porro nec illud transeundum silentio est, Gallograecos, utpote Germanos, simulatque in Graeciam profecti fuissent ... " W. Latz; De Gentium; 2. Ausgabe, S. 21.

Am Beispiel der Illustration V möchte ich demonstrieren, wie die Bilder bei *Latz* komponiert worden sind. Sie soll die von den Teutonen abstammenden Kelten bzw. Gallier vorzeigen, denen Latz wegen ihres frühen Auftretens, ihrer weiten Verbreitung und ichres großen Kriegsruhmes einige Aufmerksamkeit widmet. Ganz allgemein beschreibt er sie als äußerst kriegerisch, ständig auf Raubzügen unterwegs, mit hochgewachsenen Körpern, lang herabhängendem rötlichem Haar, mit riesigen Langschilden und überlangen Schwertern bewaffnet. Ihr Kriegsgeschrei und Waffengeklirr sei wie alles an ihnen darauf angelegt gewesen, Schrecken zu verbreiten.[444]

Ich zitiere auszugsweise einen Text, der dem Bild zugrunde liegt und einige Seiten später folgt:

„Es wird überliefert, daß die alten Gallier eine bestimmte Art von Kleidung hatten, die sie in ihrer Volkssprache „Bracha" nannten. Das war ein Schurz oder eine kleine Tunika, die sie von der Brust bis zum Knie herabhängen ließen, und die sie um die Lenden banden, der ihren Hintern verhüllte; so wie wir es auch heute noch bei den Nachfahren der Slaven sehen können, W i n d i s c h e   p l o d e r t e   g e s c h a s. Tatsächlich behalten wir, die Germanen, die zum größten Teil Überreste der Kelten sind, zumindest einen gewissen Eindruck von diesem Kleidungsstück, mit dem wir beim Badengehen unsere Blöße bedecken; und es ist uns sogar noch eine alte Bezeichnung dafür übriggeblieben, a i n   B r ü c h a. Genau dieses Kleidungsstück erwähnt auch Tacitus in seinem 18. Buch ... "[445]

Latz vermengte also nicht nur - in diesem Falle ungefähr zeitgleiche - Beschreibungen von Galliern und Germanen, die ihm gleichermaßen Nachfahren der Teutonen sind, sondern brachte auch Eindrücke mit ein, die er aus der Anschauung seiner eigenen Zeit gewonnen hatte. Er erkannte in den b r a c h a e nicht das hosenartige Gewand der Germanen und Kelten, sondern verwechselte es mit einem Überwurf oder hemdartigen Umhang. Die Umsetzung dieser Beschreibungen in ein Bild ist äußerst dürftig: mit nur wenigen Strichen wird der „Gallier" skizziert (Abb. 67). Er ist in Rückansicht gezeigt, deutlich treten dadurch seine nackte rechte Schulter sowie der Arm hervor. Sein Körper ist mit einem eng anliegenden hemdlangen Kleid umhüllt, das über die linke Schulter geschlungen ist. Seine Bewaffnung besteht aus zwei unterschiedlich gearteten Speeren, die der leichteren Verständlichkeit halber beschriftet sind. Sein Kopf ist nach rechts gewandt und zeigt ein schemenhaftes Profil, einen Helm mit krauser Zier, einen geschweiften Nackenschutz sowie langes gewelltes Haar.

---

[444] „Gallos fama belli praestare inter mitissimum genus hominum ferox, natio pervagata bello prope orbem terrarum, sedem caepit, procera corpora, promissae & rutilates comae, vasta scuta, praelongi gladii: adhoc cantus ineuntium proelium, & ululatus & tripudia, & quatientum scuta in patrium quendam morem horrendus armorum crepitus, omnia de industria composita ad terrorem ... " Ebd. S. 31.

[445] „Gallos veteres habuisse peculiare genus vestimenti, quod B r a c h a gentilicio illis sermone vocabatur, memoriae etiam proditum est. Erat autem subligaculum, sive tunicella, quae a thorace ad genua demittebatur, & circa pudenda connectebatur, quae podicem etiam arctim ambiebat atque celabat: quale nostro seculo adhuc gestare Sclavinorum posteritatem videmus, W i n d i s c h e   p l o d e r t e   g e s c h a s. Sane in hanc usque diem, Germani, qui Celtarum magna ex parte reliquiae sumus, huius vestimenti vel imaginem saltem retinemus, quo pudenda velamus balneas ingressuri: extatque nobis vetus etiamnum appellatio,a i n   B r ü c h a. Dehoc vestimento mentio fit apud Cor. Tacitum lib. 18 ... " Ebd. S. 126. Tacitus schreibt im 17. Kap. der „Germania": „Als Überwurf tragen alle einen kurzen Rock, der von einer Spange, wo sie mangelt, von einem Dorn zusammengehalten wird. Ansonsten unbedeckt, verbringen sie ganze Tage am Herdfeuer ... "

Latz war Numismatiker und zog als einer der ersten Wissenschaftler nördlich der Alpen auch antike Bildquellen heran, um das Aussehen seiner Barbaren möglichst authentisch zu rekonstruieren.[446] In zwei Fällen dienten ihm „alte Münzen" als Vorlagen.[447] Daneben bediente er sich auch der wenigen illustrierten deutschen Publikationen zur Archäologie, nämlich *Johannes Huttichs* 1525 erschienener Sammlung antiker Inschriften aus Mainz sowie *Peter Apians* seit 1534 vorliegender Sammlung antiker Inschriften aus ganz Europa, dem von *Hans Brosamer* reich illustrierten Werk „Vetustatis".[448]

Latz` Kenntnisse antiker Barbarendarstellungen waren - im Vergleich zu seinen italienischen Zeitgenossen - noch äußerst dürftig. Dennoch ist es erstaunlich, daß er die beiden wichtigsten bis dahin in Deutschland erschienenen illustrierten Inschriftenkataloge kannte und diese für seine Forschung nutzbar zu machen suchte.

Die letzten Bilder in *Latz*` Buch sind einem professionell arbeitenden Künstler zuzuschreiben, denn seine Figurendarstellung verrät auch bei den Bildern, die auf keine Vorlagen zurückgehen, insgesamt bessere anatomischen Kenntnisse und eine größere Sicherheit in der Zeichnung. Sie stellen Repräsentanten nachantiker Völkerschaften dar, meist bewaffnete Soldaten, wobei nun fast immer zwei von ihnen auf einem Bild zusammengestellt sind.

Bild XIII kontrastiert einen Schwaben vor 400 Jahren mit einem vor 1000 Jahren, womit auch eine Entwicklung angedeutet werden soll (Abb. 68). Ersterer ist auf der linken Seite frontal plaziert, er trägt eine oben abgerundete Kappe, lange gewellte Haare fallen auf seine Schultern herab, über die ein bis zu den Schenkeln reichender Umhang geworfen ist. Sein Oberkörper ist von einem eng anliegenden, vorn zweireihig zusammengeknöpften Hemd bedeckt, das um die Hüften gegürtet ist und in einer Schamkapsel aus-

---

[446] U. a. publizierte W. Latz das Werk „Graeciae antiquae, variis numismatibus illustratae libri II. ... Commentariorum vetustorum numismatum ... specimen." 1558.

[447] Für die Darstellung des Tauriskers (Bild X) verwandte Latz eine Vorlage, die er entweder aus eigener Anschauung oder aus Antonio Zantanis „Kaiserbuch" von 1548 gekannt haben könnte, das die Reverse aller dem Autor bekannten römisch-antiken Kaisermünzen abgebildet hatte. Dort finden sich auf einer Seite schematisch nachgezeichnete Reverse von 12 Münzen aus der Vespanianszeit, darunter auch die Vorlage für den „Taurisker". Diese ist aber sehr frei wiedergegeben. Der Jäger rückte anstelle eines Baumes in die Bildmittelachse, der den Eber anfallende Hund verschwand; stattdessen taucht nun am linken Bildrand ein Baumstamm als Träger einer Stierkopftrophäe auf. Die auf der Münznachzeichnung nur umrissene Frisur der Figur wird zu einem Kraushaarschnitt umgedeutet, die Wadenschützer zu knielangen Socken. Lediglich das oberschenkellange Kleid entspricht auf dem Holzschnitt seiner Vorlage. Ist der historische Aussagewert des Münzbildes schon sehr dürftig, so wird er durch diese „Kopie" völlig verfälscht. Antonio Zantani; Le imagini con tutti reversi trovati et le vite de gli imperatori tratte dalle medaglie et dalle historie de gli antichi, libro primo. O.O. 1548. Zur Beschreibung des Buches siehe: Ausst.-Kat. „Archäologie der Antike" a.a.O. S. 102 - 104. Die abgebildete Seite mit der Vorlage für den „Taurisker" zeigt die Reverse von Münzen des Kaisers Vespasian.

[448] Für seinen „Carner" (Bild XI) zog Lazius einen antiken Legionärsgrabstein heran, der ihm durch Huttichs Buch bekannt war. Siehe H. Stemmermann; Frühgeschichtsforschung; a.a.O. S. 44. Hierzu auch kurz van de Waal; Drie eeuwen; S. 167. Für seinen „Pictus" hingegen ließ er eine Vorlage aus Apian kopieren. Dort war im Kapitel „Inscriptiones Germaniae" eine in Deutschland gefundene Statue eines nackten Mannes sowohl in Vorder- wie Rückansicht abgebildet worden, mit dem Vermerk, daß es höchstwahrscheinlich die Kleidung der Germanen wiedergebe. Petrus Apianus; Inscriptiones Sacro sanctae Vetustatis non illae quidem Romanae, sed totius fere orbis summo studio. Ingolstadt 1534. Zu diesem Werk siehe: Ausst.-Kat. „Archäologie der Antike"; a.a.O. S. 88 / 89.

läuft. Seine Beine scheinen unbeckt zu sein, die Füße stecken in Schnabelschuhen. Für das Aussehen des Schwaben vor 1000 Jahren wird die Beschreibung des *Tacitus* referiert, und bemerkenswerterweise trägt der Schwabe einen kurzen Fellmantel, den der *Suevus* von 1543 noch nicht hatte - sicher kannte *Lautensack* auch diese Vorlage.[449] Unter dem Mantel wird ein Kettenhemd sichtbar, das zum Teil von eisernem Brustharnisch und Rock überdeckt wird. Seine Bewaffnung besteht aus zweihändigem Schwert und einem geschweiften Schild, auf dem zwei Kronen und das schwäbische Drei Löwen -Wappen angebracht sind. Wären die beiden Schwaben nicht durch die Bildunterschriften datiert, würde man aufgrund der aufwendigeren Rüstung eher die rechte Figur als die Spätere ansehen.

Während die Radierungen in *Latz*' Buch lange in den Niederlanden nachwirkten, blieb ihr Einfluß im deutschen Sprachraum auf *Tobias Stimmer* beschränkt.[450]

In den meisten Fällen sind in *Holtzwarts* Buch die zwölf Verse des *Waldis* ziemlich willkürlich mit den Holzschnitten *Stimmers* kombiniert worden. Die Bildunterschriften beziehen sich immer nur auf die Abbildungen bei *Latz*, meist ohne jeden inhaltlichen Bezug zu diesen und auch nicht in dessen Reihenfolge. Es gibt keine Erklärung dafür, weshalb beispielsweise die Nachbildung des „Gallischen Reiters in Illyrien" ausgerechnet neben dem Vers auf „*Wigewon*" erscheint, der ausdrücklich als „König der Niederdeutschen" (Inferiorum Germanorum Rex) bezeichnet ist. Nur über den von *Amman* übernommenen biblischen Hintergrund wird auf den ersten beiden Bildern ein inhaltlicher Zusammenhang zu *Waldis*' Versen hergestellt.

Stimmer erweist sich hier im Vergleich zu *Amman* als wesentlich schwächerer Zeichner. Es gelingt *Stimmer* nicht wie seinem Nürnberger Kollegen, mit wenigen Strichen eine würdige Herrscherphysiognomie zu skizzieren: Sein *Tuiscon* (Abb. 54) folgt in Haltung, Gestik und Kleidung zwar getreulich *Peter Flötners* Version des germanischen Patriarchen. Dieser geriet aber wie die meisten seiner Gestalten durch die skizzenhafte Zeichnung fast zur Karikatur. Auch hinsichtlich der Komposition zeigt sich *Amman* überlegen. Dieser ordnete den Bildraum perspektivisch überzeugend an und hob die Halbfigur im Vordergrund klar hervor, ohne daß sie vom Hintergrund bedrängt wird. Bei *Stimmer* hingegen bleibt der Bildraum meist unklar, auch lenkt er durch eine Vielzahl erzählerischer Details von der Hauptfigur ab. *Ammans* Strichführung ist viel sauberer; seine Schraffen verlaufen parallel, sie beschreiben die Rundungen des Körpers und arbeiten dessen Plastizität durch starke Helldunkel-Kontraste deutlich heraus. *Stimmers* Striche sind dagegen nervöser und kantiger, sie deuten meist nur an. Dunkle Schattenpartien sind vermieden, wodurch Vorder- und Hintergrund in einem gleichmäßigen Grau verschwimmen. Himmel und Wolken sind meist durch unruhige, abstrakt- geometrisierende Strichlagen angedeutet.

Stimmer stellte seine von *Latz* übernommenen Figuren nicht nur in einen erzählerischen Zusammenhang. Wie *Amman* versuchte auch er, seine relativ starren Vorlagen durch Drehungen und Wendungen zu dynamisieren. Stand der *Gallograecus* bei *Latz* wie eine Schaupuppe frontal, nur durch die Andeutung des Kontraposts leicht bewegt, so beugt *Stimmers* entsprechende Figur, die neben dem *Mannus*-Reim gesetzt ist, den Oberkörper nach vorn und lenkt durch eine Drehung des Kopfes nach links den Blick zur Opferszene im Hintergrund (Abb. 69). *Stimmer* verzichtete auch darauf, die reiche ornamentale

---

[449] Die Abhängigkeit dieser Figur und des Gepiden von Waldis' Vorlagen erkannte bereits K. Domanzig; P. Flötner; a.a. O. S. 12.

[450] Siehe van de Waal; Drie eeuwen; a.a.O. S. 167 ff.

Ausgestaltung der Rüstung seines Vorbildes zu übernehmen und deutete diese nur durch einige flüchtig hingesetzte Striche an.

Stimmers *Suevus* ist eine genaue seitenverkehrte Kopie von *Latz' Schwabe vor 1000 Jahren*; auch er zeigt den Schwabenknoten, den kurzen Pelzumhang und alle weiteren Details. *Stimmer* hinterlegte die Figur jedoch mit einer Paraphrase des pflügenden Bauern von Waldis' *Suevus*.

Auch die Illustration zum Vers des *Wandalus* (Abb. 71) lehnt sich eng an das entsprechende völkische Vorbild bei *Latz* an (Abb. 72). *Stimmer* verzichtete jedoch auf die Wiedergabe der Stofflichkeiten. Sind bei jenem eine Jacke und über die Knie reichende Hosen aus Kettenpanzer erkennbar, so beschränkte sich *Stimmer* auf die plastische Herausarbeitung seiner Figur. Auffälligerweise umkränzte *Stimmer* den Helm seines Wandalen mit einer Krone und hinterlegte ihn durch eine Szene: die Erstürmung einer Burg durch ein Belagerungsheer.

Die Freiheit, die sich *Stimmer* bei der Gestaltung seiner Illustrationen herausnahm, zeigt sich vor allem bei seiner Figur zum Begleittext des *Arminius* (Abb. 70). Für diese kopierte er genau die Tracht und teils die Haltung des *Gothus Princeps* bei *Latz*, setzte diesem jedoch den Helm auf, der sich auf dem Blatt bei *Latz* isoliert in der linken oberen Ecke findet.[451] Allerdings berücksichtigte hier *Stimmer* den Begleitreim und rüstete diesen anstelle des Wappenschildes mit dem Varuskopf aus. Links im Hintergrund ist darüber hinaus ein König zu sehen, der mit seinem Kopf gegen eine Mauer rennt. Er soll durch seine gehirnschütternde Tat vermutlich die Bestürzung des Kaisers *Augustus* genau in dem Moment darstellen, als diesem die Nachricht von der Niederlage des *Varus* überbracht wurde - das einzige Bild des 16. Jahrhunderts, in dem *Arminius* und *Augustus* auf einem Blatt vereint sind.

Die Illustrationen *Stimmers* für die Neuauflage bzw. lateinische Übersetzung von *Waldis'* Versen sind schnell hingestrichene Auftragsarbeiten. Dennoch ist es bemerkenswert, daß *Stimmer* sich mehr an den mit wissenschaftlichen Mitteln konstruierten Radierungen in *Latz'* Buch orientierte. Dieser Fakt ist neben der neu auftauchenden Gattung der illustrierten Kostümbücher ein weiteres Indiz dafür, daß von Seiten der Gebildeten nun immer mehr Wert auf die Authentizität nicht nur von Porträts, sondern auch von Kostümen gelegt wurde.[452] Von *Stimmer* ist bekannt, daß er extra nach Como reiste, um für ein von ihm zu illustrierendes Vitenwerk im dortigen Museum *Paolo Giovios* Porträts nach authentischen Vorlagen zeichnen zu können.[453]

Durch seinen kritischen Anspruch behinderte *Stimmer* die Ausbildung einer verbindlichen Ikonografie der deutschen Fürstengenealogie. *Marsus*, eine Paraphrase von *Latz' Quadus*, trägt keinen Bogen mehr; *Wandalus* erscheint nicht mehr als elegant gekleideter zeitgenössischer Fürst in Zivil, sondern als gut gerüsteter Kriegsknecht.

Stimmers Illustrationen wirkten wiederum auf *Jost Amman* ein, der 1585 nochmals lavierte Federzeichnungen der Germanenfürsten anfertigte. Diese haben mit seinen Holzschnitten von 1566 kaum etwas gemein. Sie dienten vermutlich als Entwürfe für Prunk-

---

[451] Dieser Helm findet sich bereits auf dem Holzschnitt „Gambrivius" von 1543 (siehe Abb. 25).
[452] Hans Weigel; Habitus Praecipuorum Populorum, tam virorum quam foeminarum Singulari arte depicti. Nürnberg 1577. Das Buch enthält fast 200 Radierungen mit einer Vielzahl europäischer Trachten, daneben auch solche außereuropäischer Völkerschaften.
[453] Diese erschienen 1577 in Basel unter dem Titel „Elogia virorum literis illustrium." Siehe P. Tanner; Paolo Giovio, Pietro Perna und Tobias Stimmer und ihre Porträtwerke. In. Ausst.-Kat. „T. Stimmer"; a.a.O. S. 222, und R. Kanz; Dichter und Denker im Porträt. München 1993. S. 47.

schalen und sind deshalb viel dekorativer angelegt.[454] Bemerkenswerterweise gestaltete *Amman* seinen zweiten *Tuiscon* nicht mehr als türkischen Sultan, sondern als langbärtigen älteren Mann mit Tunika und langem Mantel. Er ist wiederum vor dem Babelturm plaziert, hat aber jeden orientalischen bzw. biblischen Charakter verloren (Abb. 73).

Die Holzschnitte von *Waldis*, *Amman* und *Stimmer* waren für ein breites Publikum bestimmt. Sie wurden in Nürnberg, Frankfurt und Basel, den großen Zentren der Publizistik des Reiches, gedruckt. Sie sind der Ausdruck eines politisch denkenden, aber relativ machtlosen Bürgertums in den Reichsstädten, das seine wirtschaftliche Macht und seinen politischen Einfluß immer mehr zugunsten der Territorialfürsten schwinden sah. Mangels eigener militärischer Kraft sah es sich gezwungen, zwischen den Religionsparteien zu vermitteln und versuchte, durch solche Publikationen Einfluß auf die politische Willensbildung zu nehmen.

Während sich überall in Deutschland die Zwölferreihe des *Waldis* durchsetzte, scheint sie in der Schweiz und in den Niederlanden kaum rezipiert worden zu sein. Diese nur noch formaljuristisch zum Reich gehörigen Randgebiete führten schon lange ein politisches Eigenleben und hatten an solch integrierenden deutsch-nationalen Publikationen und Ideen wenig Interesse.

3. Alternative Reihungen

Alternativ zu der von *Burkhard Waldis* konstruierten Tuiscongenealogie entstanden in der Schweiz zwei Reihungen der germanischen Stammväter, die auf *Johann Turmairs* „Bayrischer Chronik" basierten.

Der Schweizer Historiker *Johann Stumpff* scheint keine Kenntnis der Tuiscongenealogie von *Waldis* gehabt zu haben, als er seine „Schweizerchronik" verfaßte, die 1548 erschien.[455] Er behandelte im ersten Buch die Geografie Europas und druckte im zweiten Buch, wo die Geschichte Germaniens bis zu *Karl V.* beschrieben wird, entsprechend der Vorgaben *Johann Turmairs*[456] die Brustbildchen *Tuiscos* und die von 19 seiner Gefährten ab.[457] Der winzige Holzschnitt (3,8 x 3,8 cm), der wie die anderen „Porträts" von *Heinrich Vogtherr dem Älteren* gerissen wurde, zeigt *Tuisco Tuitsch* in Halbfigur als spätmittelalterlichen Fürsten in ornamentiertem Harnisch (Abb. 74).

Auch in dem Vitenbuch „Teutscher Nation Heldenbuch" des Basler Arztes und Schriftstellers *Heinrich Pantaleon* (1522 - 1595) werden *Tuiscon* und seine Gefährten in Form von kleinen Holzschnitten bildlich aufgeführt. [458] Dieses rund 1605 Seiten umfassende

---

[454] Sieben davon haben sich in Budapest erhalten. Ilse O´Dell führte diese in die Diskussion ein, bildete aber nur zwei davon ab. I. O`Dell; „Tuiscon"; a. a .O.

[455] Johann Stumpff; Gemeiner loblicher Eydgnoschafft Stetten / Landen und Völckeren Chronick wirdiger thaaten beschreybung. Zürich 1548.

[456] „Die allerersten künig so gleych bald nach dem Sündtfluß habend angefangen Teutschland zebewonen / unnd ungefarlich biß auff die zeyt der zerstörung Troie hinaus beherschet / so vil man derenn mag finden / will ich nach einander verzeychnen, wie die zum teil auß Beroso / Tacito und anderen genommen sind. Wie auch unserer zeyt Joannes Aventinus auß Beyeren / der selbigen Künigen meldung genommen hat." Ebd. S. 18.

[457] „Ariovistus Ernvest" wurde erst unter den „alten künigen der Teutschen" verzeichnet, „so nach der zerstörung Troie und vor Christi geburt geläbt habend." Er erscheint auf Blatt 20 rec unter 20 Königen in letzter Reihe, auf Blatt 20 ver nochmals auf einem anderen Holzschnitt.

[458] Heinrich Pantaleon; Proposographiae Herorum atque illustrorium virorum totius Germaniae.

Werk ist die erste umfangreiche deutsche Sammlung von Biografien, die nicht nur Heiligen- oder Herrscherviten enthält, sondern eine Gesamtschau aller an Rang und Leistung herausragenden „Deutschen" der Vergangenheit und Gegenwart, unter ihnen auch drei Künstler, nämlich *Dürer, Holbein* und *Orlando di Lasso* (!).[459]
Die gegenüber der lateinischen Ausgabe etwas erweiterte deutsche Fassung enthält 1700 meist relativ kurze Biografien, die vor allem chronologisch geordnet sind. *Tuiscon* folgt direkt nach *Adam* und *Noah*. Er und seine Nachfolger repräsentieren den biblischen Ursprung, den frühen Einstieg der deutschen Nation in die Weltgeschichte. Viel mehr als der Pseudo-Berosus weiß auch *Pantaleon* nicht von ihnen zu berichten. Die Reihenfolge seiner Nachfolger orientiert sich an *Turmairs* „Bayerischer Chronik". So ist zum Beispiel der fiktive suebische König *Ubbo*, „ein Sohn des Magog", zwischen *Tuiscon* und *Mannus* eingeschoben.

Zur Illustration dieses Buches wurden von *Heinrich Vogtherr dem Jüngeren* (1513 - 1568) rund 250 kleine Holzschnitte geschaffen. Diese winzigen Bildchen zeigen die Gestalten ausschließlich als Büsten oder in Halbfigur, vorzugsweise in Profilansicht. Sie beschränken sich wie ihre Vorläufer im 15. Jahrhundert auf die Wiedergabe der Standessymbole: Könige sind durch ihre Krone, Päpste durch die Mitra erkennbar. Individuelle Charakterzüge der Dargestellten fehlen, sie sind mit Ausnahme einiger Porträts von *Pantaleons* Zeitgenossen reine Phantasieprodukte. Diese kleinen Holzschnitte sind wie die bei *Johann Stumpff* so unspezifisch, daß jeder von ihnen mehrmals verwendet werden konnte.

Wie bei *Waldis*, den *Pantaleon* nicht unter seinen Quellen aufführt, sind die vorzeitlichen Germanenfürsten zumeist im zeitgenössischen Kostüm vorgestellt. Anders als bei *Rovillus* entspricht *Tuiscon* hier völlig der traditionellen mittelalterlichen Herrscherikonografie. Er ist als König mit Bügelkrone, Szepter und hermelinbesetztem Mantel dargestellt (Abb. 75). Der gleiche Holzschnitt fand noch mehrmals in *Pantaleons* Werk Verwendung, unter anderem ausgerechnet auch für *Karl den Großen*. Nicht auf sein Altertum, sondern auf seine Herrscherwürde wird in diesem winzigen Bildchen geachtet. Auch *Mannus*, dessen Bild mit dem nur wenige Seiten später folgenden *Vandalus* identisch ist, wird als mittelalterlicher König vorgestellt, während die anderen Germanenfürsten als helmbewehrte und in Eisen gerüstete spätmittelalterliche Krieger erscheinen.

Pantaleons Heldenbuch wurde in der deutschen Übersetzung noch dreimal neu aufgelegt, nämlich 1571, 1573 und 1578. Wie die Chronik von Stumpff führte es die Pseudo-Berosischen Germanenfürsten ohne ideologische Absicht nur in größerem Zusammenhang als Teil der Allgemeinbildung vor.

Basel 1565. Zu diesem Werk siehe H. Buscher; H. Pantaleon und sein Heldenbuch. Basel 1946 (Diss.).
[459] „Das Porträtwerk von Heinrich Pantaleon stellt ein Novum in der Geschichte der deutschen biographischen Literatur dar und erst gar für Basel. Mit Recht empfand er es selber so: „Bey den Teutschen hat bisher solliches niemand in einem besonderen buch zu vollbringen unterstanden." Ausst.-Kat. „T. Stimmer"; a.a.O. Kat.-Nr. 122, S. 238. Zur neu entstehenden Gattung der illustrierten Vitenwerke des 16. Jahrhunderts siehe P. Tanner; Paolo Giovio, Pietro Perna, Tobias Stimmer und ihre Porträtwerke. In: Ebd. S. 223 - 225.

Exkurs: Tuisco in den Niederlanden

Die Besonderheit des deutsch-protestantischen Geschichtsbewußtseins zeigt sich im Vergleich zur *Tuiscon*-Rezeption in den Niederlanden. In der hauptsächlich von Stadtbürgern geprägten Kultur war das Interesse an genealogischen Fragen niemals so groß gewesen wie in Deutschland.[460] Die Niederländer dachten wie die Italiener nicht in genealogischen, sondern kulturellen Kategorien. Während die Deutschen durch ihr Römisches Reich vorbelastet waren und ihre Vergangenheit meist in welthistorischen Zusammenhängen zu denken gewohnt waren, ermöglichte der Regionalismus den Niederländern ein nüchterneres Verhältnis zur eigenen Vorzeit. Jedenfalls blieb dort der Einfluß des Pseudo-Berosus relativ gering. *Wygewon König der nidern Deutschen* wurde dort genauso wenig populär wie übrige Tuiscongenealogie.

Aufgrund der starken erasmianischen Tradition, die „nationalen" Fragen relativ wenig Interesse entgegenbrachte, war vor 1560 in Flandern und den Niederlanden wenig zur Erforschung der germanischen Vorzeit beigetragen worden; wenn, dann fast ausschließlich unter regionalen Gesichtspunkten. Die 1512 in Antwerpen erschienene „Die alder excellenste cronyke von Brabant Hollant Seelant Vlaenderen" war noch ganz mittelalterlich und stellte nur mittels einiger Fürsten- und Kaisergenealogien einen überregionalen Bezug her.[461] Der Pseudo-Berosus war dem anonymen Verfasser nicht bekannt. Mehr als Weltchronik angelegt war hingegen die „chronycke van Hollandt, Zeelandt en Vrieslant", die 1517 in Leiden erschien. Sie beginnt mit *Adam* und *Eva* und stellt die Aufteilung der Welt unter die Noaniden ganz traditionell dar. Bei der antiken Geschichte konzentriert sie sich vor allem auf den von *Tacitus* in den „Historien" ausführlich geschilderten Bataveraufstand.

Auch die von *Noviomagus* verfaßte, 1530 in Straßburg gedruckte „Historica Batavica" war nur an der regionalen Geschichte interessiert.[462]

---

[460] „In de waardeering van het eigen, nationale verleden valt er een groot verschil waar te nemen tusschen de Duitsche gewesten en de Republiek der Vereenigde Nederlanden. Stamreeksen, gelijk o.a. Maximiliaan ze deed opstellen, die den vorst via den bij Tacitus genoemden Herminon, Istävon, Ingävon van Mannus en Tuiscon of zelfs van den bijbelschen Ascenas deden afstammen, zouden hier slechts matige belangstelling hebben ondervonden."
Van de Waal, Drie eeuwen; a.a.O. S. 96.

[461] Im ersten Buch wurden die Viten niederländischer Heiliger festgehalten, im zweiten Buch die legendären regionalen Stammväter mit dem Trojanermythos verflochten. Die Stammbäume und Geschichte der fränkischen Könige und der Herzöge der verschiedenen Regionen schlossen sich an. „Dat verste capittel. Van den begkine der Troyane tot Brabo en Kaerle beyde kideren van Franchion." Die alder excellenste cronyke van Brabant Hollant Seelant Vlaenderen ... " Antwerpen 1512. O. S.

[462] Gerard Geldenhauer (= Noviomagus); Historica Batavica, cum appendice de vetustissima Nobilitate, Regibus, ac Gestis Germanorum. Straßburg 1530. Noviomagus wurde um 1482 in Nijmegen geboren und starb 1542 in Marburg. Von ihm waren bereits 1520 zwei regionalgeschichtliche Werke erschienen, die „Lucubratiuncula de Batavorum insula" und „De Situ Zelandiae". Van de Waal diskutierte die These, ob es sich bei dem von Hans Weiditz geschaffenen kleinen Titelkupfer um die erste nachantike Bataverdarstellung handelt. Es ist jedoch die Druckermarke des Straßburger Verlegers Christian Egenolff, die „Adam und Eva nach dem Sündenfall" darstellt. „Dit prentje nu komt zoo geregeld op titelbladen van Egenolff voor, dat we het als zijn drukkersmerk moeten beschouwen. M.a.w. er bestaat geen direct verband tusschen het onstaan van deze houtsnede en de inhoud van Noviomagus'geschrift. Deze „illustratie" is dus veel meer een aangelegenheid van den drukker en diens werkplaats dan van

Im Gegensatz zu den pauschal antirömischen Tendenzen im reformatorischen Deutschland konnten die Niederländer zwischen dem Papst und der katholischen Religion einerseits, der kulturellen Ausstrahlung des antiken Rom andererseits klarer differenzieren.[463] In den Niederlanden wurden die antiken Römer nicht als Eroberer und Unterdrücker, sondern fast immer als Zivilisatoren anerkannt. Die „Chronycke" von 1517 stellte nüchtern fest, daß die antiken Bewohner der Niederlande vor der Römerherrschaft primitiv in Hütten und Höhlen gehaust hätten und daß dieser unwürdige Zustand erst durch die Römer beseitigt worden sei.[464] Auch die „Historica Batavica" des *Noviomagus* schilderte im gleichen Geist die antiken Bataver als Wilde.

Trotz dieses geringen Interesses an Genealogien im allgemeinen und am Pseudo-Berosus im besonderen konnte ich *Tuiscon* dreimal in niederländischen Publikationen entdecken: in dem bereits erwähnten Buch von Richard Verstegan, auf einem Triumphbogen und auf dem Titelblatt eines Atlanten.

Aus Anlaß eines triumphalen Einzugs König *Philipps II.* von Spanien und dessen Sohn *Prinz Carlos* am 11. September 1549 in Antwerpen wurde dort eine ganze Anzahl temporärer, aber dennoch recht aufwendiger Triumpharchitekturen aufgestellt, um dem Ereignis eine festliche Kulisse zu verleihen. Diese wurden teils von der Stadt Antwerpen, teils von den dort ansässigen Kaufleuten mehrerer Nationen in Auftrag gegeben und finanziert, unter anderem von den Florentinern, Genuesen, Spaniern und Deutschen.

Der von dem Antwerpener Stadtschreiber *Cornelius Grapheus* herausgegebene Prachtband „De Triumphe de Antwerpen"[465] dokumentiert mit einer Vielzahl von *Pieter Coecke van der Aelst* (1502 - 1550)[466] angefertigten Kupferstichen diesen ephemeren, für das nördliche Europa noch ungewöhnlichen Aufwand für solch ein Ereignis.[467]

---

den auteur en diens boek, en het probleem van het „oudste Batavierenprentje" ligt derhalve niet zoozeer op het terrein der historiografie, dan wel op dat van de prentkunst, de bibliogrfie en de boekdrukkersgeschiedenis." H. van de Waal; Drie eeuwen; a.a.O. S. 159.

[463] „Duidelijk openbaart zich ook het verschil in waardeering der Romeinsche beschaving, wanneer men let op de moreele waarde, welke in de 17de eeuw door de twee landen aan de cultuur van het Oude Rome wordt toegekend. Duitsche 17de eeuwsche litteraten gelijk Lohenstein stellen het klassieke Rome voor als zeer georientaliseerd; in hun oog is de stad een broeinest van alle kwaad, welke ondeugden de Germanen tot verwijfdheid en decadentie brachten. En bij ons ? Wel verneemt men gedurende de godsdiensttoorlog tal van uitingen tegen het Rome, dat met de Babyloonsche hoer der Openbaring wordt gelijkgesteld, maar op het klassieke Rome, op de urbs urbium, wordt deze vijandschap nimmer overgebracht. Het oude Rome - en daarbij dacht men bij voorkeur aan de Romeinsche republiek - was voor de Republiek der Vereenigde Nederlanden het voorbeld bij uitnemendheid, dat niet anders bood dan verheffende schouwspelen van alle denkbare burgerdeugden." Ebd. S. 97.

[464] „Nu hebdi ghehoert dye zeden ende manieren van onsen ouderen leven. ende pleghen te woenen in hole berghen ende steenrootsen daermense vant. in anderen laghen plecken maecken si hutten ende koyen van willighe rysen ende ander boomen. Mer na den male dat die romeinen heren van duytsland gheworden waren, hebben si dese zeden ende beestlijcke menieren ghereformeert. en tot enen beteren staet gheredigeert ende ghebrocht. want si brochten daer in timmer luyde. steenbakers, merlelaers, ende...." Die chronycke van hollandt, zeelandt en vrieslant beghinnende van Adams tiden tot ... Leiden 1517. Blatt 10 rec.

[465] Cornelius Grapheus; De Triumphe de Antwerpen. Antwerpen 1550. Das Werk ist gleichzeitig auch in einer lateinischen Ausgabe erschienen. Einen Prospekt der Gesamtschau der Triumphbögen in der Basler Universitätsbibliothek erwähnt H. Buscher; H. Pantaleon, a.a.O. Anm. 253.

[466] Pieter Coecke van Aelst (Aelst 1502 - Brüssel 1550), Maler, Kupferstecher, Kunstschriftsteller und Übersetzer, war Schüler Barends van Orleys und Lehrer Pieter Bruegels d. Ä. Er war

Der Triumphbogen der deutschen Nation stand auf halbem Wege zwischen der Münze und dem St. Michaeliskloster. Er scheint allein von den Kaufleuten Nürnbergs und Augsburgs finanziert worden zu sein, jedenfalls werden nur diese beiden Städte im Programm genannt. Leider gibt uns *van der Aelst* nur dessen Grundriß und die schematisierte Ansicht der halben Stirnseite des Bogens sowie des Hofes wieder (Abb. 76), sodaß wir dessen ikonografisches Programm zwar aus dem Text erschließen können, über die Gestalt oder den Stil der vermutlich nur in Gips oder einem anderen billigen Material gefertigten Skulpturen aber keine Aussagen machen können.

Auf rechteckigem Grundriß umschlossen zwei rund 20 Meter (lxiiii voeten) hohe dreitorige Triumphbögen an den Schmalseiten und zwei flankierende Wände einen quadratischen Innenhof. Die Triumphbögen waren beidseitig als Schauwände ausgebildet, die Seitenwände durch Figurennischen gegliedert. Der Aufbau der Stirnseite des vorderen Triumphbogens entspricht fast genau dem Bogen des *Septimius Severus* in Rom aus dem Jahr 203 n. u. Z.: der Unterbau ist von drei Arkaden durchbrochen, von denen die mittlere wesentlich größer ist als die beiden seitlichen. Auf einer sehr hohen Attika sitzt in der Mitte ein geschweifter Giebel auf, den ein Adler mit weit ausgreifenden Schwingen bekrönt. Vor diesem stand eine versilberte Statue der „Germania", „dat is Duytsland", während auf den vier oberen Ecken die ebenfalls versilberten Personifikationen vier deutscher Flüsse plaziert waren. Die Mitte der Attika zierte eine große Standarte mit dem Wappen des Deutschen Reiches; daneben standen zwei vergoldete Statuen, die mit einer vergoldeten Inschrift bezeichnet waren: die eine sollte *Tuiscon, der duytschen ouden God*, die andere *Mannus, des Gods Tuiscons sone* darstellen. Unter diesen waren zwei weibliche Personifikationen der Städte Augsburg und Nürnberg angebracht. Auf der Außenseite des hinteren Bogens waren, in Entsprechung zu *Tuiscon* und *Mannus*, zwei mythische deutsche Könige dargestellt, nämlich *Teuto* und *Orgetorix*.[468] Die Auswahl dieser Germanen geht sicher nicht auf *Waldis*, sondern auf *Tacitus* und *Caesar* zurück. Im Innenhof waren Statuen der Habsburger und Kurfürsten sowie einige Allegorien wie die der „Disziplin" angebracht.

Ein zweites Mal erschien *Thuisco* in *Cornelis de Jodes* 1593 erschienenem „Speculum Orbis Terrarum."[469] In diesem Atlanten findet sich auf dem Titelkupfer des zweiten

---

Hofmaler Karls V. und übte durch seine Vitruv- und Serlioübersetzungen großen Einfluß auf die niederländische Architektur aus.

[467] Ephemere Triumpharchitekturen für fürstliche Einzüge hatte es im deutschen Sprachgebiet bereits 1530 für Kaiser Karl V. in Innsbruck und Schwaz gegeben. Zu ihrer Vorgeschichte in Italien siehe: R. Strong; Feste der Renaissance. Freiburg-Würzburg 1991. 1541 war anläßlich des ersten Besuches Karls V. in Nürnberg dort erstmalig ein eintoriger Triumphbogen aufgestellt worden, auf dessen Attika eine von Säulen getragene Musikertribüne plaziert war. Das ikonografische Programm war konventionell; von Tuiscon oder anderen mythischen Germanenfürsten war dort nichts zu sehen. Ein P. Flötner zugeschriebener Holzschnitt, der die Vorderseite des Bogens wiedergibt, ist abgebildet in M. Geisberg; The German Single Woodcut 1500 -50. New York 1974. Bd. III. S. 787; G 822.

[468] Orgetorix wurde von Caesar als herrschsüchtiger Helvetier erwähnt, der den Versuch unternommen hatte, die Oberherrschaft ganz Galliens an sich zu bringen. Zu diesem Zwecke hatte er sich mit Castico und Dumnorix verbündet und die Helvetier dazu überredet, ihr Gebiet zu verlassen. Caesar; Der Gallische Krieg, I, cap. 2 - 4.

[469] Cornelis de Jode; Speculum Orbis Terrarum / Germania; Geographicis Tabulis illustrata. Antwerpen 1593. De Jode geht in dem Erläuterungstext dieses Titelblatts nur kurz, bezüglich der Etymologie des Begriffs „deutsch", auf Tuiscon ein, er kannte den Pseudo-Berosus: „ Plerique tamen teursch & Tusciam quam vulgari vocabulo T e u t s c h l a n d appellamus, nomen

Teiles, der ausschließlich Deutschland und den östlich angrenzenden Ländern gewidmet ist, der germanische Stammvater an prominenter Stelle (Abb. 77). Lässig sitzt *Thuisco* mit gekrätschten Beinen oben mittig auf dem Gebälk einer Schauarchitektur zwischen zwei Flußpersonifikationen. Er tritt hier nicht wie in Deutschland stammväterisch als Orientale oder alttestamentlicher Patriarch auf, sondern wie ein siegreicher Krieger über erbeuteten Trophäen. Er trägt einen Helm und stützt sich lässig auf Streithammer und Schild. Seine nur den Rumpf bedeckende Rüstung erinnert an die antik-römische Legionärstracht.

Auch bei Verstegans *tuysco* aus dem Jahr 1605 (siehe Abb. 60) wird in Form der Fellbekleidung die taciteische Vorstellung von den Germanen wirksam.

IX. Die Tuiscongenealogie im Kunsthandwerk

Die Grafik blieb nicht das einzige Medium, mit dem durch die Tuiscongenealogie politisch Einfluß genommen werden sollte. Wir finden die von *Waldis* zusammengestellte Zwölferreihe auch in mehreren kunsthandwerklichen Objekten und in der Deckfarbenmalerei wieder, wobei sich heute nur noch Reste eines viel größeren Bestandes erhalten haben dürften.

1. Die Plaketten Peter Flötners

Bemerkenswerter Weise sind die kunstgewerblichen Arbeiten nicht nach den Holzschnitten von 1543 geformt, sondern gehen ausschließlich auf neu entworfene Plaketten zurück. Nicht zwölf, sondern dreizehn verschiedene Fürstenreliefs haben sich in einer Vielzahl von Abgüssen erhalten; vermutlich wurde *Arminius* zweimal, sowohl mit als ohne Kopf und Leichnam des *Varus*, also auch in einer weniger barbarischen Variante, geschaffen.

Im Kunsthistorischen Museum der Stadt Wien befinden sich zwölf Abgüsse aus Silber, die in schmale Ebenholzrahmen eingelassen sind, welche Ringelchen zum Aufhängen haben: sie konnten als Schmuckamulette getragen werden. Nur in Wien sind diese Silberplaketten in einer Zwölfer- Reihe komplett vorhanden.[470] Bemerkenswerterweise sind an einigen von ihnen die Kronen abgeschnitten.[471] Aus den gleichen Modeln wurden die Fürsten auch mehrmals als Bleiabstöße hergestellt, von denen sich jeweils einige Exemplare in Nürnberg, Leipzig und einigen anderen Sammlungen erhalten haben.[472]

---

retinuisse affirmant a Tuiscone Noe filio (inter quos est Cornelius Tacitus). Is primus Germaniam occupavit, dividente post diluvium terram inter filios & nepotes suos Noe. Teutones tamen, eos solos fuisse volunt, qui incolebant ... Exstat adhuc hodie Deutsch eiusdem nominis vicus e regione Ubiorum urbis quam, Coloniam vocamus, qui Tuiscone appellari creditur, quod ibidem commoratus esse feratur ... " Van de Waal schreibt das Titelblatt P. van der Borcht zu. Van de Waal; Drie eeuwen; a.a.O. S. 175.

[470] Diese Silberplaketten kamen 1821 aus Schloß Ambras nach Wien. L. Planiscig (Bearbeiter); Die Bronzeplastiken. Statuetten, Reliefs, Geräte und Plaketten. Wien 1924. S. 266 - 268.
[471] K. Lange, P. Flötner; a.a.O. S. 126.
[472] K. Lange listet die am Ende des 19. Jhs. bekannten Abgüsse auf. Ebd. S. 126 / 127. Seine

Traditionell werden diese Plaketten aus stilistischen Gründen alle *Peter Flötner* zugeschrieben; teils wurde ihre Entstehung noch vor den Holschnitten für *Waldis* datiert.[473] Letztere Annahme ist sicherlich falsch: warum denn sollten sich die verschiedenen Grafiker, die für *Waldis* arbeiteten, der unterschiedlichsten Vorlagen bedient haben, wenn bereits eine komplette Reihe der Germanenkönige im Relief vorgelegen haben sollte? Wahrscheinlicher ist, daß die Holzschnitte umgekehrt *Flötner* dazu anregten, die Tuiscongenealogie auch plastisch auszuformen, ohne die gestalterischen Schwächen seiner Künstlerkollegen zu wiederholen. Für diese Annahme spricht, daß sie in Auffassung und Stil sehr einheitlich sind und *Flötners* Spätwerk zugehören; sie müssen zwischen 1543 und *Flötners* Tod 1546 entstanden sein.[474]

Die Fürsten auf den Plaketten weichen formal erheblich von denen der Holzschnitte ab und stammen sicher von ein und derselben Hand (Abb. 78).[475] Sie folgen zwar ikonografisch meist genau den Holzschnitten, beispielsweise werden sämtliche Wappen übernommen. Sie inszenieren diese aber überlegener und formen die Gesichter, Haltung und Gewandung der Gestalten viel minuziöser aus.

Die Plaketten sind nur wenige Millimeter tief und von sehr kleinem Format (ca 6 x 4 cm), aber dennoch bis ins Detail ausgearbeitet - *Flötners* Akribie war es sogar gelungen, 117 einzelne Gesichter in einen Kirschkern zu schnitzen! Gemeinsam ist allen Reliefs, daß die Figuren ganz knapp in die Bildfläche eingepaßt und sämtlich von einem landschaftlichen Hintergrund unterlegt sind. Alle Figuren sind würdevoll, als Fürsten ausgebildet, was teils durch die veränderten Kostüme, vor allem aber durch eine wesentlich feinere Charakterisierung ihrer Physiognomien erreicht wurde. Fast alle tragen nun mantelartige Umhänge, die faltenreich drapiert sind. Zudem werden alle durch Bewegungsmotive lebendiger und tatkräftiger ausgestaltet, ohne ihre standfeste Erdhaftigkeit einzu-

---

Vermutung, daß „Flötner sie im Auftrag eines Mitglieds des habsburgischen Fürstenhauses, vielleicht Karls V. selbst, gefertigt hat", weil sich einige der im folgenden zu besprechenden Kunstwerke in habsburgischem Besitz befanden, halte ich für unwahrscheinlich.

[473] Z. B. von H. Roettinger: „Die Sache liegt anders. Nicht die angeblich seit Jahren fertig vorliegenden Schnitte regten Flettner zu seinen Plaketten, Waldis zu seinem Gedicht an, sondern dieser folgte bei dessen Ausarbeitung wahrscheinlich der aus seiner Kandelgießerzeit her bewahrten Erinnerung an die Plaketten, die deshalb auch Flettner und den drei anderen von Guldenmund beauftragten Zeichnern die den Absichten des Dichters entsprechendste Unterlage für ihre Holzschnitte abgeben mußten. Zwischen dem Entwurfe dieser und dem Erscheinen des Gedichtes, das sie illustrierten, wird nicht mehr Zeit verflossen sein, als Schnitt und Drucklegung erfordert hatten." H. Röttinger; Flettners Holzschnitte. a. a. O. S. 10. Anders dagegen K. Domanig: „Es ist sicher, daß dieselben (die Reliefs / d. Verf.) eine gute Weile nach den Holzschnitten entstanden sind", da sie „in jedem Betracht vollkommener" wären als die Holzschnitte. K. Domanig; P. Flötner als Plastiker und Medailleur. In: Jb. der Kunsthistorischen Sammlungen. Bd. 16. Wien 1895. S. 18. K. Lange, der zuerst den singulären „Arminius" in Nürnberg vorgestellt hat, glaubte, daß die Plaketten nach den Holzschnitten von Flötner geschaffen wurden. Eine weitere Spekulation Domanigs sei hier angemerkt: „Da Burkhard Waldis nicht blos Poet sondern auch ein geschätzter Zinngießer war und sich zeitweilig mit dieser Kunst seinen Lebensunterhalt erwarb, so könnte man ja vermuthen, dass er selbst es war, welcher Flötner dazu bestimmte, seine Holzschnitte als Reliefs zu bearbeiten und ihm den Guß derselben zu übertragen." (S. 18).

[474] „Jedenfalls gehören sie in Flötners spätere Zeit." K. Lange; P. Flötner; a.a.O. S. 126.

[475] „Die Übereinstimmung zwischen den genannten Schnitten und den Plaketten erstreckt sich zumeist nur auf die Attribute und gewisse kostümliche Eigentümlichkeiten." H. Röttinger; P. Flettner; a.a.O. S. 5.

büßen. Alle Figürchen wirken zwar leicht überlängt, sind aber insgesamt anatomisch richtig proportioniert und von wahrer Meisterhand entworfen.

Auch diesen *Tuiscon* formte *Flötner* als alttestamentlichen Stammvater in faltenreicher Toga und mit Hirtentasche (Abb. 79): Bart- und Haartracht folgen ganz dem grafischen Vorbild; ebenso trägt er Hosen unter der gegürteten, fast knielangen Tunika. Formal ist er jedoch anders aufgefaßt. *Tuiscon* steht nicht mehr frontal und statuarisch da. Sein anstehender Aufbruch in weite Ferne wird durch einen formalen Kniff geschickt zum Ausdruck gebracht. So wurde der klare Kontrapost zugunsten einer stärkeren Wendung nach rechts aufgegeben und die ganze Figur in eine sanft verlaufende, von oben mittig nach links unten laufende S- Form eingebunden, der sogar die Gebärde der rechten Hand des grafischen Vorbilds geopfert wird. Der sanfte Linienfluß wird nur durch die nach rechts weisende Armhaltung gestört; gleichzeitig wird dadurch aber das Drängen zum rechten Rand noch verstärkt. Aufmunternd scheint *Tuiscon* zurück zu seiner Sippe zu blicken, um ihr mit seiner Linken den Weg zu weisen.

Mannus hat bei *Flötner* alle grotesken und eines Fürsten unstandesgemäßen Elemente verloren. Der Topfhelm samt Zackenkrone ist ebenso verschwunden wie die geschuppten Beinkleider und der fragmentarische Brustharnisch. Stattdessen trägt auch er einen über die Schultern geworfenen weiten Umhang. Wie *Mannus* sind fast alle Figuren im Schritt gezeigt, wie er tragen einige einen langen Spieß oder Stab. Diese könnten eine attributive Ergänzung der Figuren sein, aber auch nur ein kompositorisches Mittel, um sie besser in die knappe Bildfläche zu fügen.[476]

Marsus steht frontal vor uns und stützt sich auf einen längsovalen, unten und oben in Voluten auslaufenden Schild, in seiner Rechten hält er einen Bogen. *Gambrivius* ist in Schrittstellung nach links gedreht, sein leicht geneigtes Haupt trägt einen üppigen Laubkranz. *Wandalus* erinnert nicht nur wegen seines Mantels und der Form seines Hutes stark an seinen grafischen Vorgänger (Abb. 78 / 9 bzw. 28). Auch der Wappenschild und die Burg im Hintergrund sind genau an der gleichen Stelle plaziert; ebenso findet sich das Krummschwert zitiert. *Arminius* ist sofort am Kopf und Leichnam des *Varus* zu erkennen (Abb. 80). Triumphierend schreitet er über den leblosen Rumpf hinweg nach vorn. Er trägt einen konisch geformten Helm, einen langen Bart und wie die meisten anderen Figürchen eine Eisenrüstung des frühen 16. Jahrhunderts. Auch *Karl* ist völlig neu konzipiert und mit gesenktem Schwert, Reichsapfel und einer Helmkrone ausstaffiert.

Flötners fein ausgeprägtes Form- und Körpergefühl wird sowohl in seinen grafischen wie plastischen Arbeiten spürbar. Ihm gelang durch unterschiedliche Bewegungsmotive und Variationen in der Draperie, jedes seiner Figürchen trotz ihrer Winzigkeit als unverwechselbares Individuum erscheinen zu lassen.

Diese Plaketten finden sich nicht nur als einzelne kleine Reliefs in isolierter Form, sondern auch auf teils recht aufwendig gestalteten und kostbaren kunsthandwerklichen Gegenständen appliziert, zum Beispiel an zwei Schatullen, die sich in Dresden und Brixen erhalten haben.

Die größere der beiden Kassetten befindet sich im Grünen Gewölbe in Dresden und wird dort als „Großer Schmuckkasten der Kurfürstin Sophie" geführt (Abb. 81). Er kam 1589 als Weihnachtsgeschenk des sächsischen Kurfürsten *Christian I.* an seine Gemah-

---

[476] Georg Spalatin hatte in seinem Arminius-Traktat die langen Spieße der Germanen besonders hervorgehoben: „Denn die Deudschen hetten kleine Schilde, und ungeheure grosse spisse / Sie sollten nur flux zuschlahen und stechen ... Inn den ersten glidern / und an der spitzen / hetten sie wol grosse spieß / darnach aber kurtze spieslen / oder die forn gebrand weren ... " G. Spalatin; Von dem theweren Deutschen Fürsten Arminio; a.a.O. O. S.

lin in die Dresdner Kunstkammer.[477] Der Gesamtentwurf stammt, wie eine Zeichnung in Leningrad ausweist, ebenso wie viele architektonische Gußteile von dem Nürnberger Goldschmied *Wenzel Jamnitzer* (um 1507 - 1585).[478] Der reichdekorierte Kasten mit Sockelzone und mehrfach abgestuftem Deckel trägt Nürnberger Beschau und die Meistermarke von *Nicolaus Schmidt*.[479] An den Seitenwänden sind insgesamt nur sechs der Fürsten angebracht; an den Längswänden je zwei, an den Stirnseiten je eine. Sie stehen jeweils unter einem Baldachin, im Wechsel mit antikisierenden Tugendgestalten, die von anderer Hand modelliert wurden und durch Größe und architektonische Rahmung hervorgehoben sind.

Eine weitere, etwas einfachere Schmuckkassette aus unterschiedlichen Materialien befindet sich im Diözesanmuseum der Hofburg Brixen (Abb. 82). Ihren einzigen figürlichen Schmuck bilden die vergoldeten Abgüsse der zwölf deutschen Könige. Diese sind in eine aus Elfenbein geschnittene Arkatur eingefügt und von einem dunkelblauen Stoff hinterlegt. Die Rahmenarchitektur ist römisch - die Rundbögen liegen auf profilierten Kämpferplatten auf, die Pfeiler weisen rote rechteckige Schmuckfelder auf und sind von demselben Material wie die Zwickelfelder - doch sind in die Bogenlaibung gotisierende Nasen und eine Verstabung in W - Form eingefügt. Die Aneinanderreihung der Figuren ist willkürlich, der genealogische Aspekt dadurch beeinträchtigt. *Arminius* findet sich hier in beiden Versionen, während *Eusterwon* fehlt.[480]

Da die Figürchen beider Kassetten aus den gleichen Modeln gegossen sind, ist es ziemlich wahrscheinlich, daß auch die Brixener Kassette aus der *Wenzel Jamnitzer*-Werkstatt stammt und nicht, wie bisher angenommen, aus Augsburg.[481]

Im Kunstgewerbemuseum Schloß Pillnitz hat sich darüber hinaus eine Zinnkanne erhalten, die aus einer vermutlich von dem Schneeberger Bürger *Hans Lichtenhahn* (gest. 1619) gravierten Form gegossen worden ist.[482] Die Kanne verjüngt sich stark nach oben und ist horizontal vierfach untergliedert, jede Zone zeigt Reliefschmuck nach Vorlagen *Peter Flötners* (Abb. 83). In der untersten Zone ist ein Kinderfries zu sehen; darüber sind die sieben christlichen Haupttugenden in Form weiblicher Allegorien gereiht. Während die dritte Zone mit Rankenwerk, Putten und drei Medaillonköpfen geschmückt ist, sind auf deren oberer Zone sechs der Fürsten dargestellt, unter ihnen *Eusterwon, Wandalus, Ariovist* und *Karl der Große*. Wie bei der Dresdner Schmuckkassette sind auch an dieser Kanne die Germanenkönige mit Tugendpersonifikationen in Beziehung gebracht und so als moralisch integere Gestalten ausgezeichnet.

---

[477] Siehe J. Menzhausen; Grünes Gewölbe. Leipzig 1968. Inventarnummer IV, 115. Seine Maße betragen 50 x 54 x 36 cm. Farbabb.: G. v. Habsburg; Fürstliche Kunstkammern in Europa. Stuttgart 1997. Abb. 231.

[478] Wenzel Jamnitzer wurde 1507 / 08 in Wien als Sohn des Goldschmieds Hans Jamnitzer d. Ä. geboren und war seit 1534 Bürger und Meister in Nürnberg. Kaiser Rudolf II. gewährte ihm eine jährliche Pension.

[479] Meister seit 1582, gestorben 1609.

[480] K. Lange: „Tuiscon Nr. 45 fehlt und statt dessen der dreizehnte Nr. 57 eingesetzt ist, unter dem man also hier ohne Zweifel Tuiscon zu verstehen hat ... Ornamente der Seitenflächen und des Deckels sind nicht flötnerisch. (Augsburg)." K. Lange, 1897. S. 142.

[481] „Von Falke hielt das Kästchen für augsburgische Arbeit, Rosenberg schrieb es frageweise dem Mathäus Wallbaum (seit 1582 in Augsburg) zu, doch fehlt sowohl die Schaumarke wie das Meisterzeichen." Ebd. S. 142.

[482] Hinweis von R. Prieur; „Die Teutschen"; a.a.O. S. 232.

K. Lange erwähnte noch mehrere Pulverhörner aus vergoldeter Bronze, von denen eines 1574 datiert ist. Diese zeigen jeweils Abgüsse des *Ariovist* und des *Arminius*, doch scheinen diese Figuren aus anderen Modeln gegossen worden zu sein.[483]

Nur einer der Germanenkönige - *Wandalus* - wurde auch in Stein gehauen. Er ist aber völlig aus seinem genealogischen Zusammenhang gerissen und diente vermutlich nur als Formvorlage für ein beliebiges Fürstenbild.

An dem zwischen 1560-64 von *Niclas Gromann*[484] errichteten sogenannten „Französischen Bau" des Schlosses Heldburg[485] bei Hildburghausen befinden sich an der Hoffront zwei risalitartige Kastenerker, Frauen- und Herrenerker genannt, die reich mit figürlichem und architektonischem Schmuck herausgeputzt wurden. Die drei Seiten der Brüstung des ersten Stockwerks des Herrenerkers sind mit insgesamt zwölf, circa 50 cm hohen Reliefs geschmückt. Diese zeigen Fürsten- bzw. Ritterfiguren, deren Bedeutung noch ungeklärt ist (Abb. 84).[486] Vermutlich ist es ein ohne festes Programm zustandegekommenes Dutzend, das lediglich um seiner dekorativen Funktion willen geschaffen worden ist. Die stilistisch sehr unterschiedlichen Steinreliefs stammen vermutlich sowohl von *Lorentz Scharf* als auch von *Jorg Gromann*, einem Sohn des Architekten.[487] Sicher ist der *Wandalus* in Heldburg nicht nach dem Holzschnitt von 1543, sondern auch nach der Plakette von *Peter Flötner* kopiert (siehe Abb. 78/ 9). Haltung, Gewand und Beiwerk entsprechen genau der winzigen Vorlage.

2. Die Weltallschale Kaiser Rudolfs II.

Das künstlerisch bedeutendste und kostbarste Werk, das die *Flötnerschen* Plaketten frei verarbeitete, ist zweifelsohne die sogenannte „Weltallschale Kaiser Rudolfs II.", die sich heute im Kunstgewerbemuseum Berlin befindet. Laut Signatur wurde sie 1589 von *Jonas Silber*, einem Schüler *Wenzel Jamnitzers*, in Nürnberg vollendet.[488]

Die Weltallschale ist 34, 3 cm hoch und wiegt 1772 Gramm. Sie ist aus Silber gegossen und vergoldet, die Reliefs sind getrieben, an den Wappenschildern sind Reste alter Lackbemalung erhalten.

Die Schale ruht auf einem Fuß, der sich aus drei Teilen zusammensetzt. Die Fußplatte besteht aus drei Halbkreisen, auf deren Unterseite ein Relief mit dem Erlöser aufgelegt

---

[483] K. Lange erwähnt je ein Pulverhorn in Nürnberg, München, Kolmar (Privatbesitz), Würzburg sowie ein auf einer Kunstgewerbeausstellung in Schwäbisch Gmünd gezeigtes Exemplar S. 146.

[484] Nikolaus Gro(h)mann wurde 1537 erstmals, 1574 letztmals erwähnt. Er war v. a. in Sachsen als Architekt tätig; u. a. schuf er die Kapelle in Schloß Hartenstein 1544, das Cranachhaus in Weimar 1549 sowie Schloß Augustusburg. Sein Sohn Jorg war als Steinmetz am Bau der Veste Heldburg beschäftigt.

[485] J. Groeschel; Niklas Gromann und der Ausbau der Veste Heldburg 1560-64. Meiningen 1892. Inge Grohmann; Die Veste Heldburg. Regensburg 1994.

[486] K. Lange schrieb von Reliefs, „die an die 12 ältesten deutschen Könige (Nr. 45 - 57 bei Lange) erinnern, von denen aber nur einer, der vierte von links, mit Wandalus identifiziert werden kann". K. Lange; P. Flötner; a.a.O. S. 151.

[487] Der Name des auch in Weimar tätigen Bildhauers Lorentz Scharf wird auf einem vom Förderverein der Veste Heldurg herausgegebenen Informationsblatt genannt.

[488] Die Lebensdaten von Jonas Silber sind unbekannt. Er lernte bei Samuel Spillmann in Bern und bei W. Jamnitzer. 1572 wurde er in Nürnberg Meister. 1576 - 89 arbeitete er u. a. in Heidelberg und Danzig, seit 1589 war er wieder in Nürnberg tätig.

ist.[489] Darüber wölben sich drei Halbkugeln, deren Oberfläche mit den Reliefs der Kontinente Afrika, Asien und Amerika bedeckt ist; dieser Bezug auf die außereuropäischen Teile des Habsburger Reiches findet sich an untergeordneter Stelle. In deren Mitte erhebt sich als Gefäßfuß der „Baum der Erkenntnis" mit *Adam*, *Eva* und der Schlange, der wiederum den „Tempel des Alten Bundes" trägt. Die darüber angebrachte, im Durchmesser 20 cm große Schale ist wie der Deckel aus doppeltem Blech gearbeitet und weist sowohl innen wie außen ein aus getriebenen Darstellungen bestehendes, kompliziertes ikonografisches Programm auf.

Die Außenseite der Schale zeigt die Spitzen der deutschen Reichsverfassung, den Kaiser und die sieben Kurfürsten. Diese weisen radial mit den Köpfen nach außen und werden von 97 in Vierergruppen angeordneten Wappen der Reichsstände eingerahmt. In der Innenseite ist der Kontinent Europa in die Gestalt einer kaiserlichen Jungfrau transformiert: Italien bildet ihren rechten Arm mit dem Reichsapfel, ihr linker Arm beschreibt Dänemark - eine Allegorie Europas, die einem Kupferstich von *Matthias Quad* aus dem Jahr 1587 nachgebildet ist.

Die äußere Deckelwölbung ist als Himmelskugel mit den Tierkreiszeichen ausgestaltet. Über ihr sind zwei freie Bögen gespannt, auf deren Schnittpunkt eine Weltkugel mit *Christus* als Weltenrichter thront.

Im Inneren des Deckels aber, der in drei konzentrische Zonen eingeteilt ist, sind in der mittleren die zwölf ersten deutschen Könige und Fürsten angebracht (Abb. 85). Zu ihren Füßen, im äußeren Ring, befinden sich zwölf ovale Medaillons mit einem kurzen, von *Waldis* übernommenen Lobspruch auf den zugehörigen Fürsten. Ihre Köpfe stoßen an den zentralen Kreis an, der eine Allegorie der Germania enthält.

Die Figuren auf der Schale entsprechen bis in die Details denen der Plaketten, sind aber etwas größer. Lediglich durch die andere Technik - die Schalenfiguren sind getrieben und nicht gegossen - und die ringförmig-konkave Anordnung ergeben sich geringfügige Abweichungen. Auf der Schale sind jeweils zwei Figuren durch Blickrichtung oder Gebärde paarweise aufeinander bezogen, was bei einigen eine stärkere Neigung des Kopfes oder Drehung des Körpers bedingt: *Wygewon* blickt zu *Heriwon*, dessen Wanderstab den Körper des Ersteren überschneidet; *Wandalus* und *Ariovist* fixieren einander. *Tuiscon* blickt zu *Karl dem Großen* zurück, doch ist er gestisch eindeutig *Mannus* zugeordnet (Abb. 86).

Die Germania taucht hier zum zweitenmal im Zusammenhang mit der Tuiscongenealogie auf, diesmal noch enger zu dieser in Bezug gesetzt als bei *Stimmer*. Sie ist deren ideelles Zentrum und sitzt mit vorgeschobenem linken Bein fast genau in der Achse *Eusterwon - Arminius*. Sie ist barbusig, nur mit einem langen Rock bekleidet und hält in der Linken ein Szepter, in der Rechten ein Schwert senkrecht nach oben. Um sie herum sind kreisförmig mehrere Symbole angeordnet. Zu ihren Füßen befindet sich wie bei *Arminius* ein unterworfener quergelegter Krieger, von dem nach oben ein nacktes Figürchen aufsteigt. Von links schreitet ein Löwe heran, ihr das Schwert zu reichen, rechts oberhalb von ihr befindet sich ein Adler. Über dem Haupt der Germania schwebt eine gezackte Krone.

---

[489] Eine detaillierte Beschreibung findet sich bei F. A. Dreier, Die Weltallschale Kaiser Rudolfs II. In: Ausst.-Kat. „Mythen der Neuen Welt." Berlin 1982. S. 111 - 120. Ich konzentriere mich auf die für mein Thema relevante Deckelinnenseite.

Exkurs: Germania- Allegorien im 16. Jahrhundert

In den letzten zehn Jahren sind mehrere wissenschaftliche Aufsätze über Germania-Allegorien erschienen, deren gemeinsames Manko die dürftige Materialbasis darstellt. D. Hoffmann glaubte 1989 noch, die älteste nachantike Germaniadarstellung ins Jahr 1686 datieren zu können.[490] Monika Wagner konzentrierte sich in ihrem „Aufsatz „Germania und ihre Freier" von vornherein auf das Bildmaterial des 18. und 19. Jahrhunderts.[491] Auch die bislang umfangreichste Studie zu diesem Problem, E. Trzinskis Dissertation von 1990 bringt nur wenige Beispiele aus dem 16. Jahrhundert, die ich zum Teil referiere und ergänzen möchte.[492]

Bereits in der antik-römischen Kunst hatte es eine Vielzahl von Städte- und Länderpersonifikationen gegeben, unter anderem auch die der Germania. Auf vielen Münzen und Siegesdenkmälern sind zwar die Figuren nicht durch Beischriften bezeichnet, können aber durch ihren Ort bzw. Zusammenhang auf Germanien bezogen werden. Unklar bleibt aber häufig, ob sie als Abstraktionen gemeint sind oder nur einfache Gefangene oder Besiegte darstellen. Insgesamt ist „die Zahl der wirklich faßbaren Germaniazitate im Verhältnis zur Bedeutung der römisch-germanischen Konflikte erstaunlich gering."[493]

Auch in der mittelalterlichen Buchmalerei finden sich mehrere Germania-Personifikationen, wo sie, wie in einer Miniatur im Evangeliar Kaiser *Ottos III.*, für den deutschen Teil des Heiligen Römischen Reiches steht und als eine der Provinzen zusammen mit der Roma, der Gallia und der Sclavinia dem Kaiser huldigt.[494]

Der Begriff „Germania" als lateinische Bezeichnung für Deutschland war den Gelehrten das ganze Mittelalter hindurch geläufig. Aber erst durch *Enea Silvios* gleichnamige Landesbeschreibung von 1455 sowie durch *Tacitus* wurde der Begriff in Deutschland am Ende des 15. Jahrhunderts populär.

Seit dem 16. Jahrhundert tauchen in der Kunst vermehrt Länderallegorien und damit auch Germaniadarstellungen auf. In Italien sind sie Teil der allgemeinen Antikenrezeption. In der deutschen Kunst findet man sie in den unterschiedlichsten Zusammenhängen. Gemeinsam ist allen in Deutschland gefertigten Beispielen, daß sie bis in die Mitte des Jahrhunderts formal unabhängig von antik-römischen Vorbildern gestaltet sind.

Ähnlich wie in der Literatur repräsentiert die Germania auch in den Bildenden Künsten zuerst einmal nur das deutsche Land und seine Bewohner. Die „Germania" des *Tacitus* war eine rein ethnografisch-geografische Studie gewesen, ebenso das gleichnamige Buch

---

[490] D. Hoffmann bezeichnete das Frontispiz von Fortunatus Huebers „Dreifacher Chronik" von 1686 als „erste nachantike Germania." D. Hoffmann; Germania - die vieldeutige Personifikation einer deutschen Nation. In: Ausst.Kat. „Freiheit - Gleichheit - Brüderlichkeit". Nürnberg 1989 S. 137. Dort finden sich auch einige Fehlinterpretationen, da Hoffmann die deutschen Stammväter nicht kannte: „Wer die Gemeinsamkeit aller Deutschen nicht über das Kaisertum definieren wollte, griff auf die Kultur, allen voran die Sprache zurück, worauf schon verwiesen wurde." S. 142.
[491] M. Wagner; Germania und ihre Freier. Zur Herausbildung einer deutschen nationalen Ikonographie um 1800. In: U. Herrmann (Hrsg.); Volk - Nation - Vaterland. Hamburg 1996. S. 244 ff.
[492] E. Trzinski; Studien zur Ikonographie der Germania. Recklinghausen 1992 (Diss.). Dort auch die umfassendste Zusammenstellung antiker Germania-Darstellungen.
[493] Lexicon Iconographicum Mythologiae Classicae. Bd. IV 1 + 2. Zürich - München 1988. Stichwort: Germania. Dort findet sich eine Auflistung von Stein- und Tonreliefs, Münzen und Freiplastik mit Germania-Darstellungen sowie einige Abbildungen auf S. 102 / 103.
[494] „Die Germania-Personifikationen des Mittelalters sind in die genannten Ländernamenreihen eingebunden." E. Trzinski, Studien; a.a.O. Kap. III, S. 78.

Enea Silvios. Durch den Nationalisierungsprozeß in Deutschland seit Beginn des 16. Jahrhunderts und die zunehmende Verengung des universalen Reichsbegriffes auf die deutschsprachigen Gebiete geriet auch die Allegorie der Germania in das aufbrechende Spannungsfeld von „Reich" und „Deutscher Nation".

E. Trzinski hat das Erscheinen der Germania in Texten und Bildern des deutschen Humanismus durch das Verblassen der universalen Reichsidee und den sich verstärkenden deutschen Nationalismus in der zweiten Hälfte des 15. Jahrhunderts zu erklären versucht. Sie interpretiert die frühesten Germania-Darstellungen des 16. Jahrhunderts, drei Miniaturen der *Altdorfer*-Werkstatt für *Kaiser Maximilians* I. „Triumphzug", als Symptom für die zunehmende Identität von „Reich" und „Deutscher Nation" unter Ausschluß der nichtdeutschen Reichsteile. Sie kommt zu dem Schluß, daß in diesem speziellen Fall die Germania mit dem Kaiser austauschbar und damit identisch sei.[495]

Die Wahl des von vielen Deutschen als landfremd empfundenen „Spaniers" *Karl V.* zum römisch-deutschen Kaiser 1520 beschleunigte die Entfremdung insbesondere der Protestanten zum am Katholizismus festhaltenden Kaisertum. Das Reich *Karls V.* erstreckte sich von Südosteuropa über Spanien bis nach Südamerika, und deshalb war eine Identität von Kaisertum und Germania während seiner Regierungszeit unmöglich. Für *Karl V.* war die mittelalterliche Reichsidee die wichtigste Klammer, die historisch, geografisch und völkisch so disparaten Teile seines Reiches zusammenzuhalten. Deutschland war nur eine Provinz; wichtig aber ungeliebt. Diese Einschätzung wird auch in seiner Bildpropaganda offensichtlich, deren Elemente sowohl formal als auch inhaltlich stark von der antik-römischen Kunst geprägt sind: zum Beispiel auf einem Porträtstich *Karls V.* von *Enea Vico*, wo die unterworfene Germania neben der Personifikation der Africa unterhalb von dessen Bildnismedaillons angebracht ist (Abb. 88). Abgesehen von den Attributen wie der Mauerkrone und dem Füllhorn geht diese Germania formal auf ein bestimmtes antikes Vorbild, eine Münze, zurück.[496] Sie ist auf diesem Stich in dieselbe Rolle gezwängt wie auf den meisten antiken Kunstwerken, beispielsweise der berühmten „Gemma Augustea", die vermutlich kurz nach dem Tode des Kaisers *Augustus* angefertigt worden war (Abb. 88). Die in Onyx geschnittene Allegorie ist horizontal zweigeteilt: in der etwas höheren oberen Zone thront, umgeben von mehreren Personifikationen, der Kaiser, dem gerade der Siegeskranz aufgesetzt wird. Diese Zone stellt das siegreiche Rom dar. In der unteren Zone hingegen sind die Allegorien zweier unterjochter Völker in Gestalt von zwei Paaren zu sehen. Ganz rechts ein keltisches Paar - deutlich ist der „torques" des knieenden Mannes zu erkennen - das von Soldaten an den Haaren zur Bildmitte geschleift wird, wo gerade ein Siegeszeichen aufgerichtet wird. Links davon, unter die Trophäe gezwängt, sitzt geduckt ein weiteres Paar, das mit größter Sicherheit als Sinnbild der besiegten Germanen zu verstehen ist; denn welcher Triumph wäre dem *Augustus* köstlicher gewesen! Der gefesselte Mann ist eindeutig als Barbar charakterisiert; deutlich sind seine langen Beinkleider sowie sein langes zotteli-

---

[495] Ebd. S. 160. Weiter schreibt Trzinski: „ Auch die Personifikationen des Triumphzuges sitzen, ikonographisch betrachtet, anstelle des Herrschers. Diese Identität von Germania, „Romisch fraw" und „Reich" ... mit dem Kaiser bedeutet eine wichtige Neuerung in der Ikonographie der Germania." S. 187.
[496] „Die beiden Personifikationen Germania und Afrika sind, auf den ersten Blick erkennbar, dem antiken Formenkanon von Provinzpersonifikationen entnommen. Die seitlich dargestellte, auf dem Boden sitzende Germania ... weist eine hochgradige Ähnlichkeit mit der Germania-Darstellung auf einer antiken Münze aus der Zeit des Domitian auf." E. Trizinski, Studien; a.a.O. S. 192.

ges Bart- und Haupthaar zu erkennen. Wie in der antiken Kunst erscheint auch in der hauptsächlich von Italienern geprägten Bildpropaganda *Karls V.* die Germania als unterjochte Provinz, als Teil eines übernationalen Reiches.

Auch in den vielen ephemeren Triumpharchitekturen, die in mitteleuropäischen Städten seit den 1530er Jahren immer häufiger zu Ehren des einziehenden Kaisers errichtet wurden und die wesentlich zur Verbreitung der italienischen Renaissancekunst im Norden Europas beitrugen, tauchte die Germania immer nur als Landespersonifikation, nicht aber als Verkörperung des ganzen Reiches auf.[497] Wie oben bereits beschrieben zierte 1549 eine Germania einen temporären Triumphbogen der deutschen Nation in Antwerpen.[498] Auch hier repräsentierte sie nur das deutsche Volk und Land. Das deutsche Reich hingegen war dort durch den Kaiser und die Kurfürsten vertreten.

In der gleichzeitigen deutschen Flugschriftenliteratur findet man die Germania hingegen gänzlich losgelöst von der Kaiser- und Reichsikonografie. Auch dort repräsentierte sie ausschließlich Land und Bevölkerung, doch tat sie dies in anderer Form und ohne jeden Bezug auf Kaiser und Reich: so auf einem von F. H. Beyer 1994 erstmals wieder publizierten protestantischen Flugblatt von 1535, wo die einst „schön Germania" durch List zur „BaPstEselin" transformiert worden war.[499] Der anonyme Holzschnitt polemisiert gegen die materielle und ideelle Ausbeutung Deutschlands durch die römisch-katholische Kirche und gibt der Hoffnung auf seine Befreiung durch das wahre Christentum Ausdruck (Abb. 89). Im Zentrum des Blattes ist die sich aufbäumende Papsteselin zu sehen, die in der Überschrift als „Germania" bezeichnet wird. Sie wirft gerade mit aktiver Hilfe des vor ihr stehenden *Christus* den auf ihr reitenden Papst zu Boden. Das Schauspiel wird von umstehenden Bischöfen und Kardinälen begafft. Durch den Text wird eine Analogie zur Bekehrung des Apostels *Paulus* hergestellt, der durch Einsicht in die christliche Wahrheit bekehrt und befreit worden war. Diese Bildpolemik bezieht sich zwar auf den anonymen, teils *Lukas Cranach* zugeschriebenen Holzschnitt „Der Papstesel zu Rom", wo eine monströse, aufrecht stehende Gestalt mit Eselskopf und Pferdehuf bzw. Teufelsklaue am Ufer des Tiber vor der Engelsburg steht.[500] Doch ist auf dem Flugblatt von 1535 mit der Papsteselin nicht das sittenlose Rom, sondern eindeutig Deutschland gemeint, das von der Unterdrückung durch den Papst genug hat und sich von dieser mit göttlicher Hilfe durch einen Kraftakt befreit.

Um 1550 taucht auf einem Flugblatt, das mit *F : I : Fabri* signiert ist, erneut die Germania auf, diesmal im Zwiegespräch mit dem über ihr in einem Wolkenkranz erscheinenden *Christus* (Abb. 90).[501] Im Zentrum des Holzschnittes steht auf einer Kugel mit flehend erhobenen Händen die Germania in langem Kleid. Sie scheint Rat oder Beistand zu suchen vor den personifizierten Gefahren, die sie ringsum bedrängen: der Zwietracht, dem Krieg, der Ketzerei, der Pest und der Ruhmsucht. Die Unsicherheit der Germania, die Labilität ihrer Stellung wird durch ihre Plazierung auf der Kugel zum Ausdruck

---

[497] Siehe das Kapitel „Das Reich in der Bildsymbolik - Karl V. und die kaiserlichen Reisen." In: R. Strong; Feste; a.a.O. S. 136 ff.
[498] Siehe das Kap. „Tuiscon in den Niederlanden."
[499] Siehe F. H. Beyer; Eigenart und Wirkung des reformatorisch-polemischen Flugblatts. Frankfurt - Berlin 1994. Abb. S. 284.
[500] Abb.: Ein Sack voll Ablaß - Bildsatiren der Reformationszeit. Hrsg. von G. Piltz. Berlin 1983. Abb. 49.
[501] Das Blatt wurde erstmals im Ausst.- Kat. „Marianne und Germania" auf S.69 wieder publiziert. In dem bezüglichen Beitrag von U. E. Koch wird allerdings kaum mehr als eine kurze Beschreibung geboten.

gebracht. Traditionell wurde die Fortuna auf eine rollende Kugel gestellt, wodurch die Wechselhaftigkeit und Unbeständigkeit des Glückes symbolisiert werden sollte.[502] Durch die Bedrängnis der Germania durch vielerlei Gefahren entfällt die Bedeutung „Glück". Die Kugel drückt nur noch die Labilität und Unsicherheit aus, die von vielen Deutschen angesichts der verworrenen politischen Lage empfunden wurde.

Stimmer deutete 1573 in seinem Holzschnitt dieses Motiv der Kugel entscheidend um (Abb. 91). Bei ihm symbolisiert die Kugel zweifelsfrei die Weltkugel - auch wenn die geografische Skizze sehr vage bleibt. Die Kugel veranschaulicht nicht mehr die Wechselhaftigkeit des Glückes, sondern - wie die Bildüberschrift andeutet - die Welt, über die Germania als Herrscherin gesetzt sei.[503] Germania ist mit den Herrschaftsinsignien ausgestattet, die bis dahin traditionell dem römisch-deutschen Kaiser vorbehalten waren: Bügelkrone, Szepter, Reichsapfel. Als Brusttuch trägt sie zudem das Wappen des Reiches, den doppelköpfigen Adler. Diese Ausstattung mit den Reichsinsignien kann als Indiz dafür gewertet werden, daß zu dieser Zeit, zumindest von protestantischer Seite, der Kaiser nicht mehr als Repräsentant des Deutschen Reiches anerkannt wurde. An seine bzw. des Reiches Stelle tritt nun eine Abstraktion, die Germania.

Ein weiteres Blatt, das im Anschluß an *Stimmers* deutsche Fürstengenealogie folgt, ist als Ergänzung der Germania-Darstellung zu verstehen: eine Allegorie, die die deutschen Tugenden veranschaulicht, auf denen das Reich gegründet sein sollte (Abb. 92). Auf zwei Podesten ragen zwei weibliche Figuren weit über eine Landschaft hinaus: links die Personifikation der Treue, deren bekröntes Haupt von einem Nimbus umstrahlt wird. Sie hält auf ihrem rechten Arm ein Hündchen und stemmt mit ihrem linken Arm einen Adler in die Lüfte. Rechts neben ihr steht die Personifikation der „Stärke" mit umkränztem Haupt und mit ihrem traditionellen Attribut, dem Löwen, sowie einer Burg. Beide stehen fest auf Postamenten und kontrastieren dadurch auffällig zur Labilität der Germania. Ein diese Allegorie erläuternder Vers von *Holtzwart* ermahnt die Leser, sich ihrer tapferen Vorfahren zu erinnern. Nur durch die Bewahrung von deren Tugenden werde die Germania befähigt, den ihr zustehenden Platz in der Welt einzunehmen.[504]

In der Reihe von zehn Länderpersonifikationen, die *Virgil Solis* in Form der „Klugen und Törichten Jungfrauen" darstellte, ist die „Kluge Jungfrau" Germania bar jeder Kaiser- bzw. Reichsinsignien.[505]

Als *Jonas Silber* die „Weltallschale" schuf, besaß die Germania also schon eine längere, wenn auch zwiespältige ikonografische Tradition. Möglicherweise kannte *Silber* *Stimmers* Holzschnitte; neben der Kombination Germania - Stammväter sprechen auch weitere Übereinstimmungen dafür. In beiden Fällen steht bzw. sitzt die Germania mit weit ausgestreckten Armen beherrschend auf einem Gegenstand, sei es eine Kugel oder

---

[502] Z. B. auf Albrecht Dürers Kupferstich „Das große Glück" (Nemesis) von 1501 / 02.

[503] In dem begeitenden Gedicht „Ernstliche Ermanung an die lieben Teutschen / auß anlaß dises beigesetzten Bilds des Teutschlands angebracht" schieb Fischart u. a.: „Was hilffts / O Teutschland / daß dir gefällt - Dis Bild so herzlich Sighafft gstallt? Daß es bedeit der Teutschen Macht / Die unter sich der Welt Macht bracht ? Und daß du weyst / daß dem Uralten / Den Namen mit Ruhm han erhalten?"

[504] „Erklärung beyder hiefür gemalter Teutscher Tugenden: Standhafft und Treu / und Treu und Standschafft / Die machen eyn Recht Teutsch verwandschafft ... " M. Holtzwart; Eikones; dt.-lat. Ausgabe.

[505] „Im Gegensatz zu allen vorangegangenen Germania-Darstellungen zeigt diese keinerlei offensichtliche historische oder politische Bedeutung." E. Trizinski; Studien; a.a.O. S. 229.

ein überwundener Feind. In beiden Fällen hält sie ein Szepter in der Hand. Doch lassen sich ebenso eine ganze Reihe bemerkenswerter Veränderungen erkennen. Bei *Silber* trägt die Germania die Krone nicht mehr direkt auf dem Kopf. Zudem ist sie mit einem Schwert ausgestattet und erscheint dadurch gerüstet und kampfbereit. Anstelle des Reichs-apfels, der in der mittelalterlichen Kaiserikonografie die Weltkugel symbolisierte, hält sie ein Schwert in der Hand. Um sie herum sind kreisförmig weitere Symbole plaziert, die die Deutung dieser Allegorie erschweren. Links von ihr befindet sich ein ihr zugewandter schreitender Löwe, der ihr das Schwert reicht. Rechts oben schwebt ein Adler und hält eine Krone über sie - beide Tiere treten aktiv in Beziehung zu ihr, verleihen ihr Macht und Rang. Sie könnten aus *Stimmers* Tugendallegorie übernommen worden sein und stellvertretend für die Begriffe „Treue" und „Stärke" stehen. Beide Tiere könnten aber auch rein heraldisch interpretiert werden: der Adler würde in diesem Fall das Reich, der schreitende Löwe das Haus Habsburg repräsentieren.

Die Bedeutung der Deckelinnenseite erschließt sich nur in der Zusammenschau mit der Tafelunterseite. Deutlich treten auf der Weltallschale zwei Sphären auseinander: auf der äußeren Schalenseite die politisch-rechtliche Institution „Reich", repräsentiert durch die auf den Reichstagen vertretenen Verfassungsorgane: die sieben Kurfürsten, den Kaiser und die Wappen der 97 freien Reichsstände. Dagegen finden auf der inneren Deckelseite Land und Leute ihren Ort, personifiziert in den fiktiven Stammvätern und der Germania. Erstere repräsentieren den Ursprung und die Vergangenheit des deutschen Volkes. Germania steht hingegen für dessen Existenz und Kontinuität bis in die Gegenwart hinein. Am Ende des 16. Jahrhunderts konnte Germania nicht mehr identisch mit dem Kaisertum sein, das engstens mit den katholischen Habsburgern assoziiert war. Sie repräsentiert das ganze deutsche Volk über die Konfessions- und Standesgegensätze hinweg und deshalb nur noch eine Idee, die mit den zeitgenössischen Realitäten nicht mehr in Deckung zu bringen war.

Nirgendwo wird die gegen die römische Tradition des deutschen Kaisertum gerichtete Funktion der Tuiscongenealogie offenkundiger als auf der Weltallschale. Sie stehen hier nicht nur als Vorläufer *Karls des Großen*, sondern als Stammväter des deutschen Volkes. Vor allem aber weist der überwundene Römer zu Füßen der Germania auf die anti-römische Gesinnung des entwerfenden Künstlers hin. *Arminius*, der nicht nur den Kopf des *Varus* in Händen hält, sondern ebenfalls über einem römischen Leichnam steht, ist nicht zufällig genau in die Achse der Germania gestellt; sein Kopf stößt beinahe an den ihren. Durch das identische Motiv - den überwundenen Römer - wird auch eine Identität der Germania und ihres Befreiers *Arminius*, dem Haßgegner Roms, erreicht. Die Germania symbolisiert nur Land und Leute und kann in dieser Kombination mit dem Cherusker eben nicht mehr identisch mit dem Römischen Kaisertum sein.[506]

---

[506] Ich widerspreche mit dieser Deutung E. Trzinski, die weder vom Pseudo-Berosus noch von der Funktion der Tuiscongenealogie Kenntnis hatte: „Die Weltallschale Rudolfs II. von Jonas Silber bietet ein umfassendes Programm des Universums dar, als dessen Vollkommenheitsstufe die Germania erscheint ... Die mit der Roma- und Bellona-Ikonographie verwandte Germania der Weltallschale steht für das siegreiche Deutschland, das auf Grund seiner kämpferischen Tugenden als rechtmäßige Erbin des Römischen Reiches erscheint. Daß die „translatio imperii" legitim sei, wird durch die die Germania umringende Folge der legendären germanischen Könige suggeriert. Auch diese Germania steht wie diejenige im Triumphzug Maximilians I. für den Kaiser selbst, mit dem sie, auch im Hinblick auf ihre Attribute, identisch erscheint." E. Trzinski; Studien; a.a.O. S. 252 / 253.

Der Anlaß zur Anfertigung der Weltallschale ist in der Literatur umstritten. Glaubt man einer im Zweiten Weltkrieg verlorengegangenen Beschreibung, so soll „das Werk für Kaiser *Rudolf II.* nach dessen eigenen Angaben angefertigt worden sein."[507]
A. Schönberger vermutete als Anlaß für die Entstehung der Schale die anvisierte, aber nicht zustandegekommene Ehe zwischen dem kaiserlichen Kronprinzen *Rudolf* mit der spanischen Infantin *Isabella Clara Eugenia* von Spanien, die diesem die Herrschaft über mehrere Länder Europas und Amerikas gesichert hätte.[508] K. Pechstein hingegen bezweifelte, daß der Auftraggeber *Rudolf II.* gewesen sei und hält die Schale für „eines jener Werke, die der Nürnberger Rat, der immer mit einem Besuch des Kaisers rechnen mußte, vorsorglich in Auftrag gegeben hatte.[509] Da die zwölf germanischen Könige gänzlich der offiziellen Kaiserikonografie der Habsburger widersprechen, zudem das ikonografische Programm fast ausschließlich auf das Deutsche Reich bezogen ist, möchte ich mit Pechstein den Auftraggeber der Schale und den Erfinder ihres Programms eher in der Nürnberger Ratsspitze vermuten.[510]

Wenzel Jamnitzer, aus dessen Werkstatt die Schale stammt, wirkte auch in den politischen Geschäften seiner Wahlheimat mit. Er war 1556 Mitglied des „Größeren Rates" der Stadt Nürnberg und saß ab 1573 im „Kleineren Rat", der die eigentlichen Geschicke der Stadt bestimmte. Er war der geeignete Mann, die politischen Hoffnungen und Konzepte der Reichsstadt Nürnberg nicht in Form von Texten, sondern ikonografisch auszuformulieren und in eine künstlerisch anspruchsvolle Form zu bringen. Die Politik Nürnbergs war in dieser Epoche durchgängig auf Bewahrung der im Augsburger Religionsfrieden vereinbarten friedlichen Koexistenz bedacht; sie arbeitete auf einen Ausgleich der Konfessionen hin.[511] Die kostbaren Geschenke der Stadt an auswärtige Potentaten dürften ein geeignetes Mittel gewesen sein, sich der Gunst der Mächtigen zu versichern und diesen zugleich unaufdringlich und formvollendet die politischen Wünsche Nürnbergs vor Augen zu bringen. Nur um den Sehsinn der Beschenkten zu kitzeln wurden solche komplizierten Programme jedenfalls nicht entwickelt.

Die Habsburger dagegen mochten sich nie mit dieser germanisch-völkischen Ahnenreihe anfreunden, die ihnen von protestantischer Seite angetragen wurde. In den nachweislich von ihnen in Auftrag gegebenen Genealogien oder Kunstwerken finden sich diese Germanenfürsten nirgends.

Es ist deshalb unsinnig, in Kaiser *Rudolf II.*, dessen starkes Identifikationsbedürfnis mit seinen römischen Amtsvorgängern durch eine Vielzahl von Porträts belegt ist und das

---

[507] K. Pechstein; Goldschmiedewerke der Renaissance. Kataloge des Kunstgewerbemuseums Berlin, Bd. V. Berlin 1971. Kat.-Nr. 101. Die Schale war ein 1703 von den Halberstädter Juden an den preußischen König Friedrich I. gereichtes Huldigungsgeschenk und befindet sich seitdem in Berlin.
[508] A. Schönberger; Die Weltallschale Kaiser Rudolfs II. In: Festschrift für Theodor Müller. München 1965. S. 253 ff. Dreier folgte in seinem Kat.-Beitrag von 1982 der These Schönbergers.
[509] K. Pechstein; Kaiser Rudolf II. und die Nürnberger Goldschmiedekunst. In: E. Fucikova (Hrsg.); Prag um 1600. Freren / Emsland 1988. S. 236. Siehe auch den Beitrag K. Pechsteins in Ausst.-Kat. „W. Jamnitzer und die Nürnberger Goldschmiedekunst." Nürnberg 1985. S. 29 / 30.
[510] „Einer der größten Ausgabeposten (bei Kaiserbesuchen in Nürnberg / d. Verf.) waren die Geschenke für den Kaiser und seine Begleitung. In der Regel erhielt das Reichsoberhaupt einen vergoldeten, kunstvoll verzierten Pokal, gefüllt mit etwa zweitausend neugeprägten Goldgulden." Ausst.-Kat. „Nürnberg - Kaiser und Reich"; a.a.O. S. 117.
[511] Siehe hierzu Nürnberg - Geschichte einer europäischen Stadt. Hrsg. von Gerhard Pfeiffer. München 1982. S. 265 ff.

vor allem Trzinski betont, den Auftraggeber oder gar Entwerfer der Schale zu vermuten.[512] Vielmehr stellte sie ein Geschenk der Reichsstadt Nürnberg an den Kaiser dar. Die Schale war ein subtiles Propagandamittel der Stadt, um dem Kaiser ihre politischen Vorstellungen nahezubringen.

Die Weltallschale zeigt, wie sich im Laufe des 16. Jahrhunderts die politische Institution des Reiches von ihren ehemaligen ideologischen Grundlagen - den römisch-katholischen - entfernt hat. Sie läßt auch die Kluft erkennen, die sich zwischen dem deutschen Land und Volk einerseits, dem habsburgischen Kaiserhaus andererseits aufgetan hatte.

In der Kunst des 17. Jahrhunderts finden sich Germania-Allegorien noch häufiger, wo sie die obsolet gewordene Tuiscongenealogie ersetzen.[513]

X. Drei anonyme „Kaisergenealogien"

Kurz vor Beginn des Dreißigjährigen Krieges entstand die letzte und zugleich künstlerisch anspruchsvollste Genealogie der deutschen Stammväter. Die in der Berliner Lipperheidschen Kostümbibliothek aufbewahrte Handschrift verrät weder den Namen des Künstlers, der die darin enthaltenen 38 mit Deckfarben bemalten Blätter schuf. Noch nennt sie den Adressaten oder den Namen des Verfassers, der jedem der ganzfigurig vorgestellten Herrscher eine gereimte Biografie hinzufügte, die in einer Variante der Kanzleischrift kalligrafisch mit weitausholenden Schwüngen niedergeschrieben ist.[514] Die Handschrift, deren schmuckloser roter Ledereinband vermutlich erst aus dem 19. oder 20. Jahrhundert stammt, enthält interessanterweise drei separate Genealogien, die jeweils zwölf mit Deckfarben minutiös gemalte Herrscher hintereinander reihen.[515] Nur den ersten beiden Dutzend ist zusätzlich ein Titelblatt vorgelegt.

---

[512] Trzinski kannte weder den Pseudo-Berosus noch ist ihr die Bedeutung der Stammväter klar; den überwundenen Römer zu Füßen der Germania ignoriert sie schlichtweg, da er ihrer Interpretation zuwiderläuft: „Zum ikonographischen Typus dieser Genealogien gehört es auch, daß an ihrem Endpunkt der jeweilige Herrscher (der Auftraggeber) dargestellt wird, ebenso auch in der panegyrischen Dichtung der Humanisten der gegenwärtige Kaiser ... als Ziel und Erfüllung der Herrschaftsgenealogie und der Geschichte deklariert wird. Im Hinblick auf diesen Topos darf wohl die These geäußert werden, daß auch die Germania der Weltallschale den Kaiser, Rudolf II. vertritt ... " S. 211.

[513] Ein Beispiel findet sich auf dem Titelkupfer von M. Merian, Abb. 39.

[514] Auch die zwei verschiedenen Wasserzeichen, die sich auf den Blättern befinden, lassen kaum eine nähere Bestimmung zu. Auf den leeren Zwischenblättern findet sich immer ein spezifisches Wasserzeichen - ein dreigeteilter tartschenförmiger Schild, dessen linkes oberes Drittel Rauten aufweist; während die beiden anderen Drittel je einen nach rechts schreitenden Löwen zeigen; darunter ist ein weiterer Schild mit einem nach links gewandten Kopfprofil angebracht. Dieses ist in ähnlicher Form bei E. Heawood abgebildet und wird mit „Holland 1607" bestimmt. E. Heawood; Watermarks (mainly of the 17th and 18th centuries). Hilversum 1950. Nr. 547. Das andere Wasserzeichen, das sich jeweils auf den bemalten bzw. beschriebenen Blättern findet: ein doppelliniges W, das von einer Reifenkrone bekrönt wird - konnte ich in den verfügbaren Corpus-Werken nicht finden. An dieser Stelle mein Dank an Frau Dr. Rasche.

[515] Die einzelnen Blätter wurden vermutlich erst nach Vollendung aus größeren Papierbögen auf das jetzige Format (circa 21 x 33 cm) zugeschnitten, da an manchen Blättern die Zehen bzw. Schuhe der Figuren lieblos abgeschnitten sind.

Die erste Genealogie umfaßt „die ersten zwölff Römischen Keiser." Die zweite stellt uns *Tuiscon* und seine Nachfolger bis zu *Karl dem Großen* vor. Die dritte enthält zwölf Habsburger von König *Rudolf I.* (1273 - 91) bis zu Kaiser *Ferdinand II.* (1619 - 37) und ermöglicht uns eine genauere Datierung dieses Werkes:
Als „Terminus ante quem" der Vollendung der Handschrift ergibt sich das Frühjahr 1619. Denn auf Blatt elf dieser dritten Genealogie wird nur das genaue Wahldatum Kaiser *Matthias` I.* (erwölt Anno 1612 den 3. Juni) genannt, nicht aber dessen Sterbedatum, der 20. März 1619 (siehe Abb. 110). *Matthias* war folglich zur Zeit der Anfertigung seines Bildes noch unter den Lebenden. Der „Terminus post quem" erschließt sich aus dem folgenden letzten Blatt. Dort ist über der bereits vollständig ausgemalten Figur lediglich der Name „*Ferdinand II."* mit Bleistift vermerkt.[516] Zudem fehlt die entsprechende Reimbiografie. Der Nachfolger von Kaiser *Matthias* war also zum Zeitpunkt der Vollendung der Handschrift bereits festgelegt.

Da weder Kaiser *Matthias* noch seine beiden jüngeren Brüder einen Erben hatten, rivalisierten Erzherzog *Ferdinand von Steiermark* und der spanische König *Philipp III.* um seine Nachfolge. Erst im Onate-Vertrag von März / Juni 1617, einem Geheimabkommen zwischen den beiden Rivalen[517], war als habsburgischer Kandidat für die Kaiserwahl *Ferdinand* bestimmt worden. Eine Entstehung dieses Werkes muß folglich zwischen Frühsommer 1617 und Frühjahr 1619 angenommen werden.[518] In diesem Zeitraum zeichnete sich bereits die bevorstehende militärische Auseinandersetzung zwischen der protestantischen Union und der katholischen Liga ab. Die Anfertigung dieser Handschrift, die vermutlich ein Auftragswerk war und mehrere Monate Arbeit in Anspruch genommen haben dürfte, könnte durch diese zunehmenden Spannungen motiviert gewesen sein.

Die gemalten Figuren sind stilistisch so einheitlich, daß nur eine ausführende „Hand" angenommen werden kann. Der Künstler ist unbekannt; keines der 38 Blätter ist signiert. Die handschriftlichen Notizen jeweils rechts unten am Blatt geben immer nur den Namen der Figur an. Nur auf dem letzten Blatt, das Kaiser *Ferdinand II.* zeigt, findet sich links unten in grauer Farbe die mit Pinsel aufgetragene Abkürzung B No 12 (oder i z ?); vermutlich kein Monogramm, sondern eine Blattnummer. Das „Fine" in der rechten Ecke muß nicht unbedingt auf einen italienischen Künstler schließen lassen. Die Figuren sind sicher von keinem Dilettanten, sondern von einem professionell arbeitenden Künstler gemalt: alle Gesichter wirken lebensnah und lebendig, wie individuelle Porträts. Einzelne Gesichtsteile wie Nasen oder Unterlippen sind genau charakterisiert und durch feine Strichelungen plastisch herausgearbeitet. Die Figuren wirken zwar etwas hölzernsteif, sind aber insgesamt richtig proportioniert. Die einzelnen Kostümteile sind nicht in ihrer Stofflichkeit herausgearbeitet, sondern mit reinbunten kräftigen Farben ausgemalt. Spuren einer Vorzeichnung sind nirgends zu sehen. Der für die Technik der Deckfarbenmalerei typische feinstrichelnde Farbauftrag findet sich immer bei den Porträts, aber nur teilweise bei den Kleidungs- und Rüstungsteilen. Durch ihn läßt sich das gehobene Niveau des Künstlers, seine geübte, aber ein wenig ungelenke Hand erkennen.

---

[516] Diese provisorische Bestimmung stammt sicher erst aus späterer Zeit.

[517] O. Gliss; Der Onate-Vertrag. Frankfurt / M. 1934 (Diss.).

[518] Ferdinand II. wurde am 9. September 1619 in Frankfurt zum Kaiser gekrönt.

1. Die Caesarengenealogie

Die erste Genealogie wird durch ein bunt und aufwendig gestaltetes Titelblatt eröffnet (Abb. 93), das in der Anlage genau dem der folgenden Tuiscongenealogie entspricht; beide widerspiegeln den auf schnörkelige Kleinteiligkeit und dekorative Verspieltheit erpichten Geschmack des frühen 17. Jahrhunderts. Mittig oben wird der Titulus „Die Ersten zwölff Römischen Keiser" von einem geschwungenen Zierrahmen aus Grotesken, Maskerons und Bandelwerk eingefaßt. Dieser setzt sich auf den Seiten über jeweils einen schwarzen Adler, der auf einem Baldachin sitzt, nach unten fort. Im Blattzentrum steht ein Untertitel in Kanzleischrift, der seitlich von je einem Figürchen eingerahmt ist: „Von Caio Julio Cesar dem ersten Romanischen Keiser biß auff Domitian, wie es Strabo beschrieben"; gemeint ist natürlich *Sueton* mit seinen „Caesarenleben." Die zwei seitlichen, antik-römisch kostümierten Figürchen stehen auf runden Konsolen, die durch Bandelwerk und vielfarbige Voluten zur unteren Blattmitte überleiten, wo sich bei einer roten Kartusche das SPQR findet. Die rechte untere Ecke ist abgerissen. Nach diesem Titelblatt folgen die ersten 12 römischen Caesaren samt einer jeweils circa 50 Zeilen umfassenden Reimbiografie. Jeder wird durch einen Titulus namentlich bezeichnet und mit seiner Regierungsdauer erwähnt.

Die verschnörkelten Titulirahmen variieren zumindest immer innerhalb einer Genealogie. Sie stoßen meist dicht an die Köpfe bzw. Kronen der Figuren. Solche Rahmungen aus Grotesken und floralen Motiven waren durch die Stiche der Antwerpener Ornamentstecher *Vredemann de Vries* (1527 - 1604) und *Joris Hoefnagel* (1542 - 1600) seit der zweiten Hälfte des 16. Jahrhunderts weit verbreitet. Ein Spezifikum des Künstlers scheint allein das von diesen Rahmen weit in die Bildfläche herabhängende Bandelwerk zu sein.[519] Auf allen Blättern rahmt es in der Form zweier Girlanden die Köpfe der Figuren, während jeweils beidseitig ein vielfach verschlungenes Band, das in einer Kordel endet, die obere Blatthälfte auszufüllen sucht.

Die Kaiser stehen immer auf einer braunen oder grünen rechteckigen Plinthe, ansonsten ist auf jede Andeutung einer Räumlichkeit verzichtet. Sie sind frontal oder leicht gedreht in den unterschiedlichsten Posen dargestellt, was einigen von ihnen eine große Dynamik verleiht. Alle sind in ein historisch relativ korrekt wiedergegebenes antik-römisches Feldherrnkostüm gewandet, das aber teilweise durch Phantasieelemente angereichert ist. Alle tragen einen purpurfarbenen Feldherrnmantel, eine Lorica und einen Lorbeerkranz. Ohne Zweifel hat der Künstler das Porträt *Caesars* wie die der folgenden elf Caesaren nach den Radierungen von *Martino Rota* (um 1520 - 1583) kopiert, die 1570 erschienen waren.[520] Diese Caesarengenealogie umfaßte die ersten 24 römischen Kaiser bis zu *Septimius Severus*, deren Porträts nicht nur nach Münzen, sondern auch nach Marmorbüsten radiert waren und deshalb nicht nur Profilansichten wiedergaben. Dem Künstler standen folglich nur die Büstenporträts der Caesaren zur Verfügung, sodaß er deren Körper eigenständig ergänzen mußte.

---

[519] Ein ähnliches Bandelwerk findet sich auch schon bei de Vries, z. B. auf dem Titelblatt seiner „Exercitatio Alphabetica" von 1569 (Abb.: Hollstein; Dutch & Flemish; Bd. XLVII, S. 262) oder in der Reihe seiner „Grottesco", von denen zwischen 1565 und 1612 mehrere Ausgaben erschienen waren (siehe ebd. S. 215).

[520] Martino Rota; Imperatorum, Caesarumque Viginti Quatuor Effigies a Julio usque ad Alexandrum Severum ex antiquis mormoribus ac numismatis desumptae. Venedig 1570. Abb.: Illustrated Bartsch; Italian Masters of the 16th century; Bd. 33 / 16, Nr. 31 ff.

Die Abhängigkeit unseres Künstlers von *Rotas* Vorlagen zeigt sich trotz der Seitenverkehrung bereits beim *Julius Caesar* (Abb. 94 / 95), dessen Haupt jeweils im Halbprofil dargestellt ist. Das von schräg oben einfallende Licht führt auf beiden Bildern zu einer starken Beschattung der dem Betrachter zugewandten Backenpartie, was den Backenknochen außergewöhnlich breit und stark gerundet hervortreten läßt. Auch die Stirnfalten, das Nasenprofil und der perspektivisch verzerrt wiedergegebene Mund entsprechen einander ziemlich genau. Allerdings folgt unser Künstler nicht in allen Details *Rotas* Vorlage. Während *Rota* die andere Backe *Caesars* ebenso weit hervorwölben läßt, ist diese bei unserem Künstler in ihrer Rundung zurückgenommen. Dagegen werden bei ihm einige Gesichtszüge noch stärker profiliert, insbesondere die Mundpartie und die Halsmuskulatur.

Frei erfunden bzw. nach anderen Vorlagen kopiert sind Kostüm und Körper. *Caesars* roter Mantel, dessen Zaddeln von unserem Künstler frei hinzugefügt worden sind, ist in einer großen Schleife bis über die Brust drapiert und hinterfängt die ganze Figur bis zu den Waden, die wiederum in geschuppten blaßroten Strümpfen mit smaragdgrünen Zaddeln und Schleifen stecken. Er trägt einen kobaltblauen Schuppenpanzer (lorica squamata), der von einem Cingulum umgürtet ist, an dem, in von rosa bis tiefrot changierender Farbe, geschuppte Riemen (Pteryges) anhängen.

Der Künstler legte Wert auf eine historisch korrekte Darbietung der einzelnen Kostümteile, reicherte diese aber durch schmückende Details wie Bänder und Edelsteine an; *Caesars* Haupt wurde durch einen Lorbeerkranz bereichert. Hinsichtlich der Farbgebung ließ unser Künstler seiner Phantasie freien Lauf. Jede seiner Figuren wird nicht nur durch Gesicht und Pose, sondern auch durch die Farbwahl individualisiert: die loricae sind entweder in saftigem Blau, Rot, Gelb oder Smaragdgrün ausgemalt, farblich kontrastierend dazu sind jeweils die Riemen, Ärmel und Strümpfe gehalten. *Caesars* Leibrock ist dunkelblau, die Ärmel gelb, die Riemen und Strümpfe changieren zwischen Rosa und tiefem Lila, die Strumpfbänder sind wie der Olivenzweig im gleichen saftigen Grün gehalten.

Nur die Farbe der Mäntel bleibt konstant rot. Der Farbton der einzelnen Kleidungs- und Rüstungsstücke changiert nur gelegentlich; meist ist die Farbe über die ganze Fläche hinweg gleichmäßig aufgetragen, durch zusätzliche Strichelungen bemüht sich der Künstler um Plastizität und eine reichere farbliche Nuancierung. Weißhöhungen finden sich fast nur bei den Manteldraperien. Die Schattierung ist hart, beinahe grafisch und wie die ganze Lichtführung inkonsequent. Wird sie vom Künstler dazu benutzt, die Plastizität der Figuren herauszuarbeiten, so geschieht dies meist unbeholfen. Lieber setzt er hierfür farblich kontrastierende Flächen nebeneinander.

Die größte Schwäche des Künstlers liegt in seiner Unkenntnis der menschlichen Anatomie begründet; Unterricht im Figurenzeichnen scheint ihm nie zuteil geworden zu sein. Denn seine Figuren sind keine zusammenhängenden atmenden Organismen, deren Körperteile durch das Kostüm hindurch spürbar werden. Vielmehr sind die einzelnen Gliedmaßen und der Hals nur an das den Torso verhüllende Kostüm angestückt bzw. aufgepfropft. Die Halsmuskulatur *Caesars* ist zu einem V-förmigen Wulst und einem darin eingeschriebenen Halbkreis vereinfacht und durch zu harte Ränder markiert, was kaum durch *Rotas* Vorlage bedingt war. Aber auch der nach links aus dem Ärmel gestreckte Unterarm setzt zu hoch an und zeigt keine Muskulatur. Er ist lediglich in seiner Länge gefurcht und besitzt kaum Plastizität. Die Beine sind viel zu krumm und mit einer anatomisch unkorrekten, eher ornamental aufgefaßten Muskulatur bedacht. Bei allen Figuren sticht das völlig deformierte, aus Blasen oder Höckern zusammengesetzte Knie besonders ins Auge.

Diese auffällige Schwäche bei der Wiedergabe der körperlichen Plastizität insgesamt wie bei den einzelnen Gliedmaßen ist darauf zurückzuführen, daß der Künstler über keine Vorlagen verfügte, die die Caesaren in Ganzfigur zeigten. Er sah sich gezwungen, die Köpfe und Körper selbständig aus verschiedenen Vorlagen zusammenzufügen. Denn bis zu diesem Zeitpunkt zeigten alle gedruckten Kaiser- und Caesarengenealogien die antiken Imperatoren nur in Form der Profilbüste. [521]

Exkurs: Die gedruckten Caesarengenealogien des 16. Jahrhunderts

Wie oben bereits erwähnt war in Italien durch den Humanismus neben der traditionellen kaiserlichen Amtsgenealogie eine Untergattung, die Caesarengenealogie entstanden. In der Druckgrafik des 16. Jahrhunderts finden sich diese ebenso wie die Kaisergenealogien fast immer im bereits beschriebenen Typus der in einen Tondo eingepaßten Profilbüste.

In der Malerei hingegen wurden, ähnlich wie bei den Kaisergenealogien, meist größere Ausschnitte gewählt. 1537 hatte *Tizian* für *Federigo Gonzaga* die zwölf Caesaren erstmals in Öl gemalt. Diese Halbfigurenbildnisse zeigten *Caesar* und seine Nachfolger in herrscherhaften Posen, die durch gegensätzliche Drehungen von Kopf und Körper eine große Dynamik ausstrahlten. Die Köpfe dürften zwar nach antiken Büsten und Skulpturen gezeichnet worden sein, kopierten diese aber zugunsten einer größeren Lebendigkeit sehr frei. Tizians Originale sind zwar verschollen, uns jedoch in Nachstichen von *Aegidius Sadeler II* und anderen Kopien bekannt (Abb. 96). [522]

Anders als in dieser gemalten Serie *Tizians* trifft sich in den gedruckten Caesarengenealogien des 16. Jahrhunderts das humanistische Verlangen nach authentischen Porträts historischer Persönlichkeiten fast immer mit dem antiquarischen Interesse an der Numismatik, das gerade hier - durch die vielen antiken Münzen, die Kaiserprofile zeigen - befriedigt werden konnte.

Andrea Fulvio hatte in seinem 1517 erstmals erschienen Vitenwerk zwar auch die Caesaren im Münzprofilbildnis abgebildet, jedoch nicht in einer genealogischen Reihe, sondern mitsamt deren Anverwandten und anderen „Viri et Mulieri Illustri." [523]

Der durch seine Stiche nach Bildern *Raffaels* bekanntgewordene *Marc Antonio Raimondi* (um 1480 - um 1530) brachte nach 1524 die erste gedruckte „reine" Caesarengenea-

---

[521] „Großfigurige statuarische Darstellungen der Herrscher (der 12 Caesaren/ d. Verf.) wie in Reichersberg (1695), Hellbrunn (nach 1616) oder Herrenchiemsee (nach 1705) kommen in der Buchillustration nicht vor." A. Herbst; Ikonologie des Kaisersaals; a.a.O. S. 255.
[522] Siehe C. Cagli (Hrsg.); L` opera completa di Tiziano. Mailand 1978. Kat.Nr. 182. Die Nachstiche Sadelers werden von Illustrated Bartsch nach 1622 datiert und sind dort abgebildet in Bd. 72, 2, S. 211 ff. Sadeler ergänzte die 12 Caesaren noch durch ihre 12 Frauen bzw. Mütter. Gemalte Kopien nach Tizian befinden sich beispielsweise auch in Schloß Ambras, Tirol. Siehe A. Auer; V. Sandbichler u. a.; Schloß Ambras. Mailand 1996. S. 64.
[523] Andrea Fulvius; Illustrium Imagines. Fac-Simile dell` edizione Romana stampata da Giacomo Mazzochi nel 1517 con Nota di Robert Weiss. Rom o. J. Die mit einem antikisierenden Rahmen umgebenen Profilbildnisse in Weißlinienschnitt beginnen mit Janus (Nr. 2 = Alexander der Große) und enden mit Conradus Aug. (hic natione suevus). im 11. Jahrhundert. Geschnitten wurden diese Münzporträts vermutlich von Ugo da Carpi oder Umkreis. Siehe R. Prieur; „Die Teutschen"; a.a.O. S. 187.

logie auf den Markt. Die in Kupfer gestochenen Profilbüsten waren nach antiken Münzvorlagen kopiert, was durch die Legende zum Ausdruck gebracht wurde (Abb. 97).[524]

Nur sehr bedingt kann man die numismatischen Werke von *Enea Vico* aus Parma der Gattung der Genealogie zuordnen. In seinem 1548 erschienenen „Le imagini contutti i riversi trovati et le vite de gli Imperatori", das in erweiterter Form und mit anderen Titelblättern mehrmals aufgelegt wurde, stellte er die einzelnen Caesaren zwar auch durch ein Münzporträt, eine Beschreibung der Statur und eine Kurzbiografie vor.[525] Doch fügte er jedem dieser auf einer Seite komprimierten Persönlichkeitsprofile noch mehrere Seiten mit exakten Darstellungen von Münzen an, die während den entsprechenden Regierungszeiten geprägt worden waren.[526] Später ordnete er die Amtsgenealogie der Caesaren kurioserweise auch in Form eines Stammbaums an.[527]

In der zweiten Jahrhunderthälfte zeigt sich auch in den Caesarengenealogien das gesteigerte Bedürfnis nach aufwendigerer Umrahmung von gedruckten Bildnissen. Der niederländische Architekturmaler und Ornamentstecher *Vredemann de Vries* umgab seine um 1569 entworfenen, von *Gerard de Jode* gestochenen, in hochovale Medaillons eingepaßten zwölf Caesarenprofile derart mit einem überwuchernden Rahmenwerk, daß diese sich nur noch durch ihre zentrale Lage auf dem Blatt als Hauptsache behaupten können.[528] 8 / 9 der Blattfläche werden von Figuren, Tieren, Grotesken, Waffen und Pflanzen ausgefüllt, die sich von dem schwarzen Grund deutlich abheben. Die einzelnen Elemente der achsialsymmetrisch angelegten Bordüren sind so eng miteinander verwoben, daß die Blattfläche völlig bedeckt ist. Oftmals ist diesen Gegenständen eine emblematische Funktion eigen; sie schmücken nicht nur, sondern sollen das Porträt im Zentrum kommentieren.[529] Die nach links gewandte Profilbüste des *Augustus* beispielsweise (Abb. 98) ist beidseitig von je einem Haufen abgeschlagener Köpfe flankiert, die in

---

[524] Abb.: Illustrated Bartsch; Bd. 27 / 14, S. 174 ff. Raimondis Reihe entspricht nicht ganz der Suetons; Caligula ist ausgespart und statt dessen Trajan angefügt.

[525] „Omnium Caesarum verissimae imagines ex antiquis Numismatis desumptae." O.O. 1554. „Augustarum Imagines." Venedig 1558. Das 1560 erschienene „Ex libri XXIII commentariorum in vetera Imperatorum" scheint nur Caesar gewidmet zu sein. Beschreibung der einzelnen Ausgaben und Abbildungen in Illustrated Bartsch, Bd. 30 / 15, S. 208 ff.

[526] Aeneas Vicus; Omnium Caesarum verissimae imagines ex antiquis numismatis desumptae. O.O. 1553. Y. Hackenbroch irrt mit ihrer Behauptung, Vico hätte die Caesaren in Ganzfigur wiedergegeben: „Representations of the Twelve Emperors in full figure and armor are known from engravings by Enea Vico of Parma, published in Venice in 1553, and Virgil Solis ... " Y. Hackenbroch; The Emperor Tazzas. In: The Metropolitan Museum of Art Bulletin, Vol. VIII, Summer 1949, Nr. 1, S. 190.
Wie schon der Titel von Levin Hulsens Werk andeutet, ist auch dieses keine reine Caesarengenealogie. Zudem sind die darin enthaltenen Radierungen - Münzprofilbildnisse mit Legende in Rollwerkrahmungen - so klein, daß sie schwerlich als Vorlagen von anderen Künstlern benutzt werden konnten. Levin Hulsen; XII Primorum Caesarum et LXIIII Ipsorum Uxorum et Parentum ex antiquis Numismatibus. Frankfurt 1597.

[527] Bei diesem sind die Münzprofilbildnisse der 12 Caesaren in aufsteigender Linie am Stamm befestigt, während in den Ästen die Münzporträts der Verwandten hängen. Abb.: Illustrated Bartsch; Bd. 30/15, S. 174.

[528] Abb. der zwölf Caesaren samt zwei verschiedenen Titelblättern: Hollstein; Dutch & Flemish Etchings, Engravings & Woodcuts 1450 - 1700; Bd. XLVII, Part I, S. 234 - 237. Dort werden drei Ausgaben genannt: um 1565 - 69; 1603; 1612.

[529] Siehe Th. Wilberg Vigneau-Schuurman; Die emblematischen Elemente im Werke von Joris Hoefnagels. Leiden 1969.

Halbkreise einbeschrieben sind. Die zwei Enthauptungsszenen darunter können sicher auf die größte Niederlage des *Augustus* bezogen werden, die Schlacht im Teutoburger Wald. *Sueton* schrieb zwar in seiner Augustusbiografie nichts von einer Hinrichtung der Römer durch die Germanen, doch wußte man aus *Plinius* und *Velleius Paterculus*, daß *Arminius* den Kopf des *Varus* nach Rom zu *Augustus* geschickt hatte und dieser darüber in große Verzweiflung gestürzt sei.[530] *Sueton* hatte diese römische Niederlage zu einem zentralen Ereignis dieser Regentschaft dramatisiert: sie hätte fast zum Untergang des Reiches geführt.

Virgil Solis war der einzige Grafiker des 16. Jahrhunderts, der die zwölf Caesaren in Ganzfigur darstellte (Abb. 99). Allerdings sind diese relativ kleinen Radierungen ausschließlich seiner Phantasie entsprungen. Alle Gesichter sind frei aus der Hand hingestrichen und nicht nach Münzvorlagen oder Büsten kopiert; ebenso deren Bewaffnung; *Solis* legte zumindest hier keinen Wert auf historische Treue. Seine zwölf Caesaren sind nicht römisch-antik, sondern eher spätmittelalterlich gerüstet.

Um 1600 verlor die in ein Medaillon eingepaßte Profilbüste als spezifischer Darstellungstypus der zwölf Caesaren seine Verbindlichkeit in der Druckgrafik; vermutlich auch deswegen, weil dieses Motiv in den nächsten Jahrzehnten für unterschiedlichste Dekorationszwecke gebraucht wurde und daher eine große Nachfrage erlebte.[531]

Raffaelo Schiaminossi (1575 - 1622) löste sich von der inzwischen ausgereizten Tradition der Münzprofildarstellung. Seine zwölf Büstenporträts, die er 1606 unter dem Titel „XII Caesarum qui primi imperaverunt a Julio usq. ad Domitium effigies" herausgab, sind von großer Lebendigkeit und Unmittelbarkeit. Er verzichtete auf eine Rahmung seiner Porträts und ließ ihnen mehr Raum, sich zu drehen und zu bewegen. Nur die Hälfte seiner Caesaren gab er im Profil wieder, die anderen dürften plastischen Vorlagen nachgezeichnet sein. *Schiaminossi* tendierte zu einer idealisierenden Auffassung; seine Caesaren haben wenig mit deren Bildnissen gemein, die aus der Antike auf uns gekommen sind (Abb. 100). Ebenso frei von historischen Bedenken fügte er diesen je einen variierenden phantastischen Helm- bzw. Kopfputz hinzu.[532] Diese Serie wiederum wurde zwei Jahre später von dem Augsburger Porträtstecher *Wolfgang Kilian* (1581 - 1662) nachradiert und so drucktechnisch auch in Deutschland weit verbreitet.[533]

Jedenfalls ist davon auszugehen, daß unserem anonymen Künstler keine ganzfigurigen Vorlagen zur Verfügung standen. Er sah sich gezwungen, für die ihm sicherlich vorliegenden Büstenporträts der Caesaren die Körper zu ergänzen. Er vereinte jeweils zwei

---

[530] Plinius; Historia Naturalis, lib. 7, cap. 45. Die Hinrichtung der gefangenen Legionäre durch die Germanen wurde in der deutschen Literatur besonders gerne herausgestellt. E. Lindenbruch schrieb 1589: „ ... denn sie sahen das die Deutschen niemandes schoneten / wes Standes einer gleich war, hoch oder niedrig / sie schlugens ohn unterscheid zu boden / und würgeten alles dahin / wie das Viehe ... " E. Lindenbruch; Chronica; a.a.O. Teil II, o. S.

[531] „denn Kaiserdarstellungen waren um 1600 nicht nur ein fester Bestandteil der allgemeinen profanen Ikonographie, sondern gehörten auch zum Repertoire einer engeren Rathausikonographie". Ausst.-Kat. „E. Holl und das Augsburger Rathaus." Augsburg 1985. S. 211. Im nach 1620 ausgeschmückten „Goldenen Saal" des Augsburger Rathauses waren je „acht haidnische und acht christliche Kaiser, welliche sich am besten gehalten haben" (zit. nach S. 243 ebd.), darunter sieben römische Caesaren und Alexander der Große. Im unteren Fletz des Rathauses standen ebenfalls Kaiserbüsten von Wolfgang Neidhardt, 1620 - 26 datiert.

[532] Abb.: Illustrated Bartsch; Bd. 38/17, S. 120 ff.

[533] Bei Hollstein; Bd. XVIII, S. 197 erwähnt: „Busts of Roman Emperors, 13 illustrations after R. Schiaminossi."

verschiedene Vorlagen zu einem neuen Ganzen, nahm sich aber auch kleinere Freiheiten vor allem in der Plazierung der Extremitäten heraus. Darin war er nicht sehr geschickt, wie die zahlreichen anatomischen Anomalien bezeugen. Für diese These der Kombination verschiedener Vorlagen spricht auch, daß einige der Figuren identische Posen einnehmen, zum Beispiel *Caesar* und *Vespasian*. Bei beiden entsprechen sich nicht nur die Beinstellung, sondern auch die auffällige Knorpelbildung am Knie ersetzen ganz genau. Des Künstlers eigene Phantasie beschränkte sich vor allem darauf, das ihm Vorliegende dekorativ zu steigern und farbig auszumalen.

2. Die Tuiscongenealogie

Wie die römische Herrscherreihe wird auch die zweite durch ein schematisch gleich angelegtes Titelblatt eröffnet (Abb. 101), das klar anzeigt, daß nun eine neue Genealogie beginnt. Der Titulus „Die Ersten Zwölff Teutschen König" wird ebenfalls von einem geschwungenen Zierrahmen aus Grotesken, Masken und Bandelwerk eingefaßt. Die zwei Figürchen darunter wenden sich jeweils zur Blattmitte. Die Linke trägt die Kleidung eines alttestamentlichen Priesters: einen karminroten Hut mit vorn hochgeklappter Krempe und ein ungegürtetes, bis zu den Füßen reichendes rötlich-violettes Faltenkleid mit einem ockergelben Schultertuch. Das im Profil gegebene Gesicht zeigt eine mächtige Nase; es wird von schwarzen, lang wallenden Kopf- und Barthaaren eingefaßt. Sein Pendant auf der rechten Seite hingegen ist - von den nackten Beinen und netzartigen Wadenstrümpfen abgesehen - wie ein zeitgenössischer Türke mit Turban und buntscheckigem Kostüm gekleidet. Durch diese beiden Titelfiguren wird die biblische bzw. vorderasiatische Herkunft des nachfolgenden *Tuiscon* und seiner Nachkommenschaft angedeutet, die auch durch den Untertitel bestätigt wird: „Von Tuiscon des alten Gomers Sohn biß auff den grosen Keiser Carl den ersten Römischen König aus den Teutschen." Unten rechts fehlt ein Stück des Blattes. Die das Blatt nach unten abschließende Vignette kann zwar aufgrund der achsialsymmetrischen Anlage rekonstruiert werden. Doch könnte durch diesen Abriß das Monogramm des Künstlers verloren gegangen sein; denn ungewiß bleibt, ob das inmitten der Kartusche zu Füßen des rotgewandeten Priesters befindliche Zeichen als der Buchstabe „H" zu lesen ist.

Bei der Tuiscongenealogie können die Vorlagen eindeutig bestimmt werden, sodaß die Selbständigkeit bzw. die Gebundenheit des Künstlers genauer erkannt werden kann. Zehn der „Teutschen König" sind mehr oder weniger freie Kopien nach den Holzschnitten bei *Waldis*; auch die Attribute und Wappen wurden sämtlich von diesen übernommen. Zwei der Könige gehen auf Vorlagen *Tobias Stimmers* zurück. Da alle Blätter mit kräftigen Deckfarben koloriert sind, gewinnen sie an Lebendig- und Anschaulichkeit.

Alle Figuren lassen mehr oder weniger große Veränderungen in den zeichnerischen Details erkennen, was auf den Einsatz von Farbe, aber auch auf den veränderten Zeitgeschmack zurückzuführen ist. Ihre Haltung und Attribute folgen fast immer genau den Vorlagen. Allerdings tragen alle Fürsten nun einen in der Farbe variablen Mantel, der auf der Schulter entweder drapiert ist oder vorn von einer Schleife zusammengehalten wird und des Künstlers Freude an dekorativer Steigerung verrät. Fast alle außer *Tuiscon* und *Karl* tragen eine goldene Zackenkrone. Der Künstler legte also Wert darauf, sie repräsentativer zu gestalten. Er hob ihre königliche Würde hervor und sorgte durch diese gehobene Ausstattung dafür, daß sie als ranggleiche Figuren zwischen Caesaren- und

Habsburgergenealogie bestehen können. Vereinheitlichend sind auch sie alle auf eine schmale Plinthe gestellt und ganz an den unteren Bildrand herangerückt. Jede Andeutung eines Hintergrundes ist ausgespart. Die Titulirahmen mit dem jeweiligen Namen sind in gleicher Manier, doch individuell ausgeformt und wie die meisten der Figuren in bunten Farben angelegt. Eine Orientierung an den erhaltenen kolorierten Holzschnitten von 1543 mit ihrer auf wenige Farben beschränkten Palette ist nicht zu erkennen. Trotz ihrer knalligen Buntheit lassen die Bilder ein feines Farbgefühl erkennen. Die dunklen schwarzblauen Metallteile der Rüstungen wirken dämpfend auf die grellbunte Farbigkeit der Stoffe und Accessoires. Insgesamt ist bei der Tuiscongenealogie eine Vorliebe für goldorange, braunrote und smaragdgrüne Farbtöne zu bemerken.

„Tuiscon oder Asscenes aller Teutschen vatter" wirkt durch seine tiefen Augenringe, den fast kahlen Kopf und seinen breit- und langwallenden, grau-bläulichen Bart älter und eingefallener als sein Flötnersches Vorbild (Abb. 103). Er ist bis auf einen kleinen zentralen Haarschopf über der Stirn glatzköpfig, erst in Höhe der Schläfen setzten seitlich die langen, welligen, schon völlig ergrauten Haare an. Seine niedrige breite Stirn ist von tiefen Furchen durchzogen. Seine außergewöhnlich großen Augen quellen weit aus den Augenhöhlen hervor und lassen ihn leicht debil erscheinen. Mit der rechten Hand rafft *Tuiscon* seinen Überwurf, der über der Schulter zu einer neckischen Schleife aufgebauscht ist. Der Kontrapost ist zurückgenommen, der Gestus der Hand verweist wie der Blick aus dem Blatt.

Während sich der Künstler bei den anderen Figuren dieser Genealogie meist sehr eng an die Vorlagen von 1543 hielt, nahm er sich bei der Gestaltung des deutschen Stammvaters sehr große Freiheiten heraus. Geblieben sind zwar der patriarchalische, „biblischgermanische" Grundcharakter der Figur und einige Details wie die Tasche, doch kann man fast von einer Neuschöpfung sprechen. *Tuiscon* ist nicht mehr der stolze würdige Greis, wie ihn *Flötner* oder *Amman* geschaut hatten, sondern ein vergreister, seelisch ausgezehrter Wicht mit einem derben Schädel, auf dessen Nachkommenschaft man wenig Hoffnung setzen möchte.

Auch unser Künstler legte großen Wert auf die Unterscheidung von „germanischer" Unterwäsche und „biblischem" Obergewand. Er veränderte nicht nur den Faltenwurf dahin, daß der ganze rechte Arm und ein kleiner Ausschnitt des Leibgewandes sichtbar werden, sondern setzte die Toga auch farblich von diesem ab: sie changiert farblich von blaßlila bis tief violett. Die Draperie ist relativ eckig und hart gezeichnet und teils in tiefem Schwarz schattiert. Lippen, Gürtel und Schnürsenkel der schnabelförmigen Latschen setzen durch ihr knalliges Rot einen starken farblichen Akzent. Die vor dem Bauch hängende Tasche erinnert in Form und Farbe an eine Ananas und reichert zusammen mit der kobaltblauen Quaste die Blässe dieses Bildes farblich etwas an.

Mannus, *Wigevon* und *Heriwon* folgen in Haltung und Gewandung strenger ihren Vorbildern von 1543, wirken aber durch ihre Buntfarbigkeit nicht mehr wie Schemen, sondern lebensnah (Abb. 103). Ihre Gesichter sind wie bei allen anderen Figuren dieser Reihe durch eine minutiöse Stricheltechnik zu richtigen Charakteren ausgeformt.

Gambrivius ist zwar noch in die Kastenbrust und eisernen Beinkleider seines Vorbildes eingerüstet. An Stelle des Hopfenlaubkranzes trägt er jedoch eine Krone und statt der Schöße eine kurze geschuppte orange Hose, die ihm ein geckenhaftes Aussehen verleiht (Abb. 104). Auch die Getreidegarbe ist verschwunden und somit alle spezifischen Attribute, die ihn als Erfinder des Bierbrauens ausgewiesen hatten.

Wandalus ist die erste Figur, die nicht nach dem entsprechenden Holzschnitt von 1543, sondern völlig neu gestaltet wurde (Abb. 105). Diese Neuschöpfung ist ein Beweis für meine These, daß der festlich und zivil gekleidete Fürst auf dem Holzschnitt von 1543 von den Zeitgenossen als nicht in diese Reihe gehörig empfunden worden war. Breitbeinig und ganz in Eisen gerüstet steht er leicht nach rechts gedreht vor uns. Mit seiner Rechten stemmt er sein Szepter in die Hüfte, während seine Linke den Griff seines Zweihandschwertes umgreift. Der zur Hälfte verdeckte Schild zeigt einen schreitenden weißen Löwen auf rotem Grund. Seine ungewöhnliche Sturmhaube mit den Ohrenscheiben, die jeweils ein extrem langer Dorn ziert, sowie sein Harnisch verweisen auf ein anderes Vorbild: der „Wandale" bei *Latz* bzw. *Stimmers* Paraphrase zeigen dieselbe Kuriosität, wenn auch nicht so stark ausgeprägt. Abgesehen von dem rötlichen Schnurrbart, der in Parallele zu den Dornen steht, lassen sich jedoch keine weiteren Übereinstimmungen zwischen diesem Blatt und den Vorlagen erkennen (siehe Abb. 71 / 72). Die Hellebarde ist durch ein Szepter ausgetauscht, die Rüstung durch phantasievolle Details wie die Dorne an den Kniescheiben angereichert.

Während *Ariovist* eine genaue, wenn auch manche Einzelheiten präzisierende Kopie des Holzschnittes von 1543 ist, so finden wir im *Arminius* wiederum eine Neuschöpfung, der außer seinem traditionellen Attribut, dem abgeschlagenen Varuskopf, überhaupt nichts mit dem Holzschnitt von 1543 gemein hat (Abb. 106 / 34). Statt dem breitkrempigen Festtagshut trägt er eine Sturmhaube mit Visier, gezackter Helmkrone und darüber zwei große geschwungene Straußenfedern, deren Farben - dunkelblau und gelbocker - ganz den Farbtönen des Helmes entsprechen. Sein Körper ist nicht mehr in den einengenden Eisenharnisch des frühen und mittleren 16. Jahrhunderts eingezwängt. Vielmehr trägt er den mehr Bewegungsfreiheit ermöglichenden Kriegsharnisch des frühen 17. Jahrhunderts. Die ausgestreckten Arme mit den orangefarbenen geschlitzten Puffärmeln unter dem breiten Brusttuch lassen die Figur trotz des flaschengrünen Umhangs weit in den Raum ausgreifen. Der neu hinzugefügte kadmiumorange Schild mit dem schwarzen Welfenroß verweist auf seine sächsische Herkunft.[534] Zu Masken ausgeformte goldene Kniekacheln, ein edelsteinbesetzter Schwertgürtel sowie eine große ovale Brosche auf der Brust schmücken ihn weiter aus und geben dem Kämpfer den Anschein von Luxus und Reichtum.

Womöglich hat sich der Künstler bei dieser Figur an dem „Gothus princeps" von *Latz* bzw. dem *Arminius* von *Stimmer* orientiert (siehe Abb. 70), doch beschränken sich die Übereinstimmungen auf die Beinhaltung, den Stab in der Hand und den prächtigen Federschmuck. Der Rest dürfte in seinen vielen Details von anderen Vorlagen entlehnt oder der Phantasie des Künstlers entsprungen sein. Die beiden letztgenannten Beispiele lassen jedoch erkennen, daß der Künstler durchaus wählerisch hinsichtlich seiner Vorlagen gewesen ist (und sein konnte). Er kopierte nicht nur sklavisch seine Vorlagen, sondern war imstande, mit viel Phantasie und einem gewissem Können Vorlagen eigenständig umzuformen.

---

[534] Nach einer im 16. Jh. weit verbreiteten Legende sei das einstmals schwarze Roß des sächsischen Wappens durch die Christianisierung unter Wittekind in ein weißes umgefärbt worden. Georg Spalatin schrieb in seiner Chronica von 1541: „Denn das recht alde Sechssische wapen ist gewest / ein weisser springender Hengst / Ehe aber König Widdekind / zu Sachssen / Christen und getaufft / ist worden / ein schwartzer Hengst." G. Spalatin; Arminio; a.a.O. Der erste Titel. O. S. In der 1599 in Wittenberg erschienenen „Abcontrafactur und Bildnis aller Großhertzogen ... zu Sachsen" heißt es zu Wittekind, nachdem dessen Widerstand gegen Karl den Großen zerschlagen worden war: „Das alte Wapn Er endern dat / Ein weisses Pferdt fürs schwart mit gab ... " Reim zum Bildnis des Wittekind. O. S.

Durch diese Neugestaltung einzelner Figuren erhält diese Genealogie eine größere Homogenität als der Prototyp von 1543. Außer *Tuiscon* und *Karl* sind alle als gut gerüstete spätmittelalterliche Kämpfer dargestellt, an deren Reihung zwar keine Entwicklung des Kostüms erkennbar wird. Doch sind alle in historisierende, nicht der zeitgenössischen Mode entsprechende Kostüme gekleidet und mit dekorativen Details überfrachtet.

Auch die letzte Figur der Tuiscongenealogie, *Carolus Magnus*, läßt gegenüber seiner Vorlage von 1543 einige bemerkenswerte Veränderungen erkennen (Abb. 107). Die Gestalt wirkt nicht mehr so steif und ist in die Breite gezogen, die Körperdrehung nach rechts ist anatomisch nachvollziehbar. Das Schwert ist durch den Reichsapfel, die Mitra-Krone durch eine Plattenkrone mit Doppelbügel ausgetauscht. Große Sorgfalt ist auf die Stickerei des gelb-ockerfarbenen Krönungsmantels gelegt. Während alle seine Vorgänger monochrome und meist gezaddelte einfache Überhänge trugen, ist nun das florale eingestickte Motiv - anders als bei der Vorlage - minutiös und auch den Faltenwurf beachtend ausgemalt. *Karl* trägt als Schlußglied dieser Genealogie als erster den kaiserlichen Ornat. Dadurch wird der Übergang zu der durch kein Titelblatt abgesonderten Habsburgergenealogie fließend, da auch dort fast alle Figuren diesen Mantel tragen.

Diese gemalten deutschen Stammväter werden durch Reime erläutert, die *Waldis'* Verse teils wörtlich zitieren, teils neu formulieren und vor allem durch Angaben von Regierungszeiten ergänzen. Ihre Kombination mit den beiden anderen wirkte sich auf deren Gestaltung dahingehend aus, daß sie wesentlich repräsentativer erscheinen, zu Königen aufgewertet sind. Diese Reihe ist die künstlerisch anspruchsvollste Tuiscongenealogie, die sich in Grafik und Malerei erhalten hat.

3. Die Habsburgergenealogie

Die dritte Zwölferreihe wird auffälligerweise nicht durch ein Titelblatt von der zweiten abgetrennt. Ohne Unterbrechung setzt sich die Tuiscongenealogie in ihr fort. Nur durch die Numerierung werden sie als in sich geschlossenes Dutzend markiert. Diese „Kaiser"-Reihe umfaßt nur Habsburger, sie beginnt mit *Rudolf I.* und schließt mit *Ferdinand II.*

Wie für die Caesaren mußte sich der Künstler auch die Vorlagen für seine zwölf Habsburger zusammensuchen.[535] Zumindest für einige Blätter benutzte der Künstler Vorlagen aus dem äußerst opulent ausgestatteten Prachtwerk „Austriacae Gentis Imaginum", das *Francisco Terzi* (um 1523 - 1591)[536] dem Erzherzog *Ferdinand von Tirol* angetragen

---

[535] Der überlieferte Bestand an gemalten Porträtsammlungen aus dem 16. Jh. ist äußerst gering. G. Heintz schreibt dazu: „Von den Bildnissammlungen der adeligen Häuser, die im 16. Jh. bestanden haben, ist nur wenig erhalten und nur kümmerliche Nachricht übrig. Doch genügt auch diese geringe Überlieferung, um zumindest die Existenz derartiger, wohl meist nur kleiner Porträtsammlungen nachzuweisen ... " G. Heintz; Das Porträtbuch des Hieronymus Beck von Leopoldsdorf. In: Jb d. Kunsthist. Samml. in Wien. Bd. 71, NF Bd. 35, 1975. Eine anspruchsvolle gedruckte Habsburgergenealogie von Rudolf I. bis Matthias I. in Ganzfigur gab es zu diesem Zeitpunkt noch nicht. Das „Armamentarium Heroicum" von 1601 enthält zwar auch acht Habsburger in Ganzfigur, ist aber insgesamt eher als illustrierte Vitensammlung zu klassifizieren. Sie wurde nicht von unserem Anonymus benutzt. Jakob Schrenck von Notzing, Armamentarium Heroicum. Facsimile-Druck hrsg. von Bruno Thomas. Osnabrück 1981.
[536] Francisco Terzi, auch unter dem Namen Lana bekannt, wurde um 1523 in Bergamo geboren. Er war von 1551 - 1568 Hofmaler bei Erzherzog Ferdinand in Innsbruck, arbeitete aber zu dieser Zeit auch in Wien, Prag und Norditalien. Er starb 1591 in Rom.

hatte und mit dessen Förderung bis 1568 ausführte.[537] Es war die umfassendste gedruckte Habsburgergenealogie seit dem Ableben *Maximilians I.* und überbot dessen von *Burgkmair* gefertigte Stammlinie zwar nicht an Länge, aber an Pracht und dekorativer Ausgestaltung. Es enthält mehr als 50 großformatige Kupferstiche, die in mehrere separate Genealogien aufgeteilt sind. In Teil I werden insgesamt 16 Habsburger, beginnend mit *Kaiser Maximilian II.*, aneinandergereiht; in Teil II die alten Habsburger Grafen. Teil III bemüht die fränkische Genealogie Kaiser *Karls des Großen* von *Clodoveus* an.[538] *Terzis* Werk war für deutsche Verhältnisse in mehrererlei Hinsicht ein Novum, was durch einen Vergleich mit einer früheren gedruckten Habsburgergenealogie veranschaulicht werden soll.

Hieronymus Gebweillers (1473 - 1545) Quartband „Keiserlicher und Hispanischer Mt. auch Furstlicher durchluchtigkeit" von 1527 hatte noch den Pseudo-Berosus und den Hunibald als Quellen genannt, beim „heilg patriarche" *Noah* begonnen und im dritten Buch die Habsburger an *Pharamund* und die Trojanergenealogie angesippt.[539] Die kleinen in Holz geschnittenen Bildnisse in Büstenformat oder Halbfigur waren anspruchslose schematisierte, fast ausschließlich erfundene Phantasieporträts, die sporadisch in den Text eingestreut waren und meist mehrmals Verwendung fanden.[540]

Terzi hingegen hatte in seinen fünf jeweils separat dargebotenen Genealogien nur historisch bezeugte, durch glaubwürdige Quellen nachweisbare Persönlichkeiten zur Darstellung gebracht: die fränkische beginnt mit *Clodwig* und endet mit *Karl dem Großen*, seine 16-teilige Habsburgerstammlinie läuft zurück bis König *Rudolf I.* - eine Verknüpfung *Karls des Großen* mit dem Habsburger *Rudolf I.* drängte sich geradezu auf. Zudem bemühte er sich, soweit dies möglich war, um authentische Porträtvorlagen.[541] Abgesehen von dieser größeren inhaltlichen Realistik ist sein Werk auch wesentlich prächtiger in der Ausstattung und formal von ganz anderem Anspruch. Der Italiener umgab seine Figuren nicht nur mit einer pompösen, an römischen Vorbildern geschulten Rahmenarchitektur, sondern bestückte jedes Blatt mit einer Imprese sowie allegorischem Personal, das seitlich angeordnet ist und die Tugenden der Dargestellten personifizieren sollte.

---

[537] Siehe A. Ilg; Francesco Terzio, der Hofmaler Erzherzog Ferdinands von Tirol. In: Jb. d. Samml. d. Kh. Wien, Jg. 9, 1889. S. 235 - 374. Ilg bildet sämtliche Vorzeichnungen Terzis ab, die von Gaspar Padavinus in Kupfer gestochen wurden.

[538] Teil IV enthält die Ganzfigurenbildnisse verschwägerter und verwandter Fürsten, z. B. der spanischen Habsburger, Teil V die Frauen der Habsburger. Alle Figuren sind von einer römischen Triumpharchitektur umrahmt. Die hier noch bemühte fränkische Genealogie der Habsburger verlor bald an Bedeutung. „Der letzte, der die „trojanische" Habsburgersage vor Ausbruch der Federkriege mit den Franzosen ernsthaft vortrug, war wohl Abraham Hoßmann im Jahre 1608, in gewissem Sinne noch Johann Adam Weber 1668." A. Lhotsky; Apis Colonna; a.a.O. S. 214.

[539] „In dem andern büchlin / findet man wie Faramundus Hertzog zu Franken zu einem künig erwelt sey ... Noa der heilg patriarch / so auch Janus genant würt ... deßhalben er von dem alten geschichtschreibern Beroso und anderen / mit vil namen genent würt ... wie dan Hunibaldus und wasthalt scithia gar eigetlich beschreiben ... " H. Gebweiller; Keiserlicher und Hispanischer Mt. auch Furstlicher durchluchtigkeit und aller hievor Ertzhertzoge und Hertzoge von Österreich ... O.O. 1527. 1. Buch, S. 5 bzw. 10.

[540] So sind die Gesichter von Frankus (Blatt XII ver), Clogio (Blatt XVI ver) und Faramundus (Blatt XVIII ver) vom gleichen Holzstock gedruckt.

[541] A. Ilg nennt als Vorbilder die Statuen des Maximiliangrabmales in Innsbruck und die Habsburgergenealogie des Georg Resch.

Der erste Habsburger unserer Handschrift ist beispielsweise eine ziemlich genaue Kopie nach *Terzis Rudolf I.* (Abb. 108 / 109), der sein Vorbild wiederum in der entsprechenden Figur von *Gilg Sesselschreiber* am Innsbrucker Maximiliansgrabmal hat.[542] Bei *Terzi* steht *Rudolf I.* schreitend, knapp zwischen zwei Pilaster eingepaßt, unter einem sich verkröpfenden Gebälk und wendet sich mit Kopf und Körper nach rechts. Vor sich hält er, anstelle einer Kerze, in rechtem Winkel das Szepter gebietend vor sich. Er trägt eine Bügelkrone und ist ansonsten völlig in Eisen gerüstet; die spitz zulaufende Kastenbrust ist wie die gesamte Rüstung historisierend. Unser anonymer Künstler übernahm nur Habitus und Rüstung sehr genau. Er ergänzte jedoch Details wie den Bart und veränderte darüber hinaus die Fuß- und Armhaltungen, was zu Verzeichnungen bei der Anatomie führte - der linke Arm setzt beispielsweise an der Brust an.

Ikonografisch interessant ist, daß alle Habsburger bis einschließlich *Maximilian I.* eine Doppelbügelkrone tragen, die folgenden Figuren hingegen die bereits Mitte des 15. Jahrhunderts neu kreierte Mitrakrone.[543]

Bei den letzten drei Habsburgern, die nicht mehr in *Terzis* Prachtband enthalten waren, sind Haltung und Bekleidung außer einigen Details völlig identisch. Sowohl *Rudolf II., Matthias I.* als auch *Ferdinand II.* tragen den gleichen bestickten Krönungsmantel, einen reich verzierten tiefblauen Harnisch mit goldenen Kniescheiben und den goldenen Wappenrock, der mit dem schwarzem Reichsadler und dem Habsburger Löwen bestickt ist. Sie entsprechen bis ins Detail der offiziellen Ikonografie des Deutschen Kaisers um 1600, wie sie *Hans Weigel* in seinem „Trachtenbuch" von 1577 vorgestellt hatte.[544]

Trotz der sehr guten Vorlagen läßt auch bei den Bildnissen der meisten Habsburger die Porträtgenauigkeit zu wünschen übrig. Ähnlichkeiten sind meist nur durch einzelne, genau erfaßte herausragende Merkmale gegeben, doch sind die einzelnen Gesichtsteile nicht immer richtig proportioniert bzw. zusammengefügt. Auch hier zeigt sich wieder die bereits beschriebene Eigenart des Künstlers: er liebt das Detail und verliert darüber den Blick für ein homogenes Ganzes. Er setzt seine Gesichter und Figuren aus Einzelteilen zusammen, ohne deren Schnittstellen genau zu treffen. Die einzelnen Gesichtsteile werden ohne inneren Zusammenhang zusammengestückelt und entstellen dadurch die Ausstrahlung und den Charakter des Dargestellten.

Eine Ausnahme hiervon bildet der zum Zeitpunkt der Entstehung regierende *Matthias I.* (Abb. 110), der sicher nach dem Stich von *Aegidius Sadeler II* (1570 - 1629) aus dem Jahr 1616 kopiert ist (Abb. 111) und dessen Züge sehr treffend erfaßt sind.[545] Das Por-

---

[542] Bei der Statue König Rudolfs I. von Habsburg „zeigt sich zugleich eindrucksvoll das Bestreben, allfällige zeitgenössische Vorbilder zu nutzen. In diesem Sinne verdient hier darauf hingewiesen zu werden, daß damals eigens zur Gestaltung dieser Statue von Innsbruck aus Hans Knoderer nach Speyer gesandt worden ist, um dort die Grabplatte Rudolfs zu kopieren. Infolgedessen entspricht die Portraitgestaltung der Statue Rudolfs genau jener auf der Grabplatte in Speyer. Ob allerdings der dortigen Lineargravur Portraittreue zukommt, ist zu bezweifeln." F.- H. von Hye; Pluriumque Europae Provinciarum Rex et Princeps Potentissimus. In: Staaten - Wappen - Dynastien; a.a.O. S.53. Nach A. Herbst sind insgesamt 19 Figuren bei Terzi nach den Innsbrucker Statuen gezeichnet; Kaisersaal; a.a.O. S. 235

[543] Friedrich III. hatte sich 1452 erstmals mit der neuen Mitrakrone in Rom zum Kaiser krönen lassen, diese war „zumindest seit Mitte des 15. Jahrhunderts, ... offiziell als Symbol des Kaisertums im Gegensatz zum Königtum anerkannt." Earl E. Rosenthal; Die Reichskrone; a.a.O. S. 19. Diese Mitrakrone ist nur in einer 1602 angefertigten Kopie erhalten.

[544] H. Weigel; Habitus praecipuorum populorum. Nürnberg 1577. Abb. I: Ornatus Romanorum Imperator.

[545] Bemerkenswerterweise hatte Sadeler für das Bildnis Ferdinands II. die Kupferplatte

trät des letzten dargestellten Habsburgers, *Ferdinands II.* *(*1578 - 1637) ist dagegen wieder stark verzeichnet. Während sich der Künstler bei den ersten beiden Genealogien nicht genug tun konnte, die Figuren phantasievoll auszuschmücken, legte er zumindest bei den Habsburgern erstaunlich großen Wert auf die authentische Wiedergabe von Kleidung und Insignien.

4. Rang und Lokalisierung des Künstlers

Der Künstler gehörte nicht zur ersten Garde der Porträtmaler seiner Zeit, die unter *Rudolf II.* und in geringerem Maße unter *Matthias I.* im Dienste des kaiserlichen Hofes in Prag arbeiteten. Auch mit den besseren Porträtisten Nürnbergs wie *Lorenz Strauch* (1554 - 1630) und *Paul Juvenell* (1579 - 1643) oder denen Augsburgs, wo vor allem die Porträtstecher *Domenicus Custos* (nach 1550 - 1612) oder dessen Stiefsohn *Wolfgang Kilian* zu nennen wären, ist er nicht auf eine Stufe zu stellen. Doch arbeitete er sehr professionell. Trotz seiner Qualität dürfte er zum Künstlerproletariat seiner Zeit zu rechnen sein, das hauptsächlich von Dekorationsarbeiten lebte und auf provinziellem Niveau die auf grafischen Blättern vorliegenden Muster und Porträtdarstellungen der höfischen Kunst nachzuahmen suchte. Jedenfalls ist nicht nur die Kunstfertigkeit, sondern auch die „Inventio" des Künstlers eher schwach einzustufen, doch ist diese Einfallslosigkeit geradezu ein Charakteristikum der deutschen Kunst um 1600.[546] Wie die meisten deutschen Künstler dieser Zeit erweist er sich als in starkem Maße von Vorlagen abhängig, und dort, wo sie mangeln, als nicht fähig, die Dinge - beispielsweise Arme oder Beine - nach der Natur zu zeichnen. Andererseits gelingt es ihm, die Gesichter, die in den Holzschnitten meist nur als Schemen vorgegeben waren, zu beseelen und ihnen lebendigen Ausdruck zu verleihen.

Die stilistischen Eigenarten des Künstlers sind an allen Blättern so ausgeprägt, daß man von einem gereiften und nicht angehenden, noch stärkeren stilistischen Schwankungen unterliegenden Meister ausgehen muß. Da er eine Vielzahl von verschiedenen Druckwerken und Blättern als Vorlagen benutzen konnte, muß er in einem Zentrum der Bildung gearbeitet haben, das auch über eine große Kenntnis in der Diplomatik, einen der Kanzleischrift kundigen Schreiber sowie einen starken Bezug zum Kaiserhof hatte.

Eine Zuweisung dieser Blätter an einen Künstler mittels Stilvergleich ist angesichts der Tatsache, daß die wenigsten deutschen Maler, die zu Beginn des 17. Jahrhunderts tätig waren, bisher durch Monographien gewürdigt worden sind, unmöglich.[547] Selbst über

---

wiederverwendet, auf der er bereits das Porträt Matthias I. radiert hatte. Er legte lediglich die Porträtzüge Ferdinands neu auf und beließ den Rest der Platte unverändert.

[546] „Vielleicht darf man ganz allgemein die Tendenz zu Rückgriffen und wörtlichem Zitieren (und dementsprechend zum Schaffen eines hierzu geeigneten Formenvorrats) als ein Charakteristikum gerade des mitteleuropäisch-deutschen Kunstbereiches jener Epoche betrachten, wobei die Kontinuität der älteren Muster- und Modellsammlungen noch zu untersuchen wäre ... Wenn in der italienischen Kunst jener Zeit das Studium nach dem lebenden Modell aber nie gänzlich verlorengegangen war - so fehlt dies weithin in der gleichzeitigen deutschen Kunst." P. Geissler; Die Zeichnungen des Augsburger Bildhauers C. Meneller. Überlegungen zum Kopierwesen um 1600. In: Münchner Jb. für Kunstwiss., Bd. 34, 1983, S. 93.

[547] P. Geissler bringt einen guten Überblick über die in Deutschland im frühen 17. Jh. tätigen Künstler, doch scheinen viele der von ihm angekündigten Spezialforschungen zu einzelnen Künstlern nicht über - bibliografisch erfaßte - Magisterarbeiten hinausgediehen zu sein. P.

einige der für *Rudolf II.* und *Matthias I.* tätigen Hofmaler in Prag, dem bedeutendsten Kunstzentrum Deutschlands zu dieser Zeit, weiß man so gut wie nichts.[548] Allein in Nürnberg existierten zu Anfang des 17. Jahrhunderts 38 Malerwerkstätten[549], deren Produktion nur bruchstückhaft überliefert bzw. publiziert ist. Deshalb versuche ich eine regionale Eingrenzung durch eine Analyse der Texte bzw. Zusammenstellung dieser drei Genealogien:
Die Sympathien des Künstlers bzw. Auftraggebers für die Habsburger sind eindeutig, sie lassen sich allein an der Zusammenstellung des letzten Dutzend erkennen. Diese Reihe stellt nämlich nicht die tatsächliche Amtsgenealogie der letzten zwölf deutschen Kaiser dar - die Habsburger konnten zu diesem Zeitpunkt das Dutzend an Kaisern noch nicht ganz vollmachen. Es ist eher eine habsburgische Stammlinie, die genau dem Selbstverständnis der Habsburger zu dieser Zeit entspricht.[550] Sie beginnt mit *Rudolf I.* (1273 - 91) und schließt einige tatsächliche römisch- deutsche Kaiser aus anderen Dynastien wie *Ludwig den Bayern* (1314 - 47) oder den Luxemburger *Karl IV.* (1346 - 78) einfach aus. Außerdem führt sie einige Persönlichkeiten als Kaiser auf, die nur zu Römischen Königen gewählt, aber niemals zum Kaiser gekrönt worden waren wie zum Beispiel *Rudolf I., Albrecht I.* (1298 - 1308) oder *Friedrich den Schönen* (1314 - 30). Letzterer spielte als Gegenkönig und späterer Mitregent des tatsächlich zu Rom gekrönten Kaisers *Ludwig des Bayern* eine für die Reichsgeschichte eher bescheidene oder gar schädliche Rolle.[551] Diese „Kaisergenealogie" ist also eindeutig zugunsten der Habsburger manipuliert und schließt allein aus dem Fehlen *Ludwigs des Bayern* Altbayern bzw. München als Entstehungsort dieser Handschrift aus.[552]
In den Reimbiografien[553] findet sich nichts Negatives über die Habsburger; beispielsweise wird der berühmte Bruderzwist zwischen *Rudolf II.* und *Matthias I.* kaschiert oder

---

Geissler (Hrsg.); Ausst.-Kat. „Zeichnung in Deutschland 1540 - 1640." Stuttgart 1979.
[548] Z. B. nennt Da Costa- Kaufmann einen Max Hoffmann, „mentioned as an imperial Hofmaler July 1601. Nothing else is known of his work in Prague." Th. da Costa-Kaufmann; The School of Prague. Chicago 1988. S. 218. Schon in der zweiten Hälfte des 17. Jhs. wußten Nürnberger Künstlerchronisten wie Andreas Gulden über die Künstler ihrer Stadt wenige Jahrzehnte zuvor kaum mehr zu berichten als: „Hans Hofmann, War ein fleissiger Maler in Miniatur und Gummifarben ... Starb gegen 1600."
[549] S. Gatenbröcker; Michael Herr. Beiträge zur Kunstgeschichte Nürnbergs im 17. Jh. Münster 1996. S. 78.
[550] In dem schematische Zeichnungen enthaltenden „Imperatorum Austriacum Tabulis sphaeris comprehensa", das um 1631 angefertigt wurde, sind auf den horoskopartig aufgebauten zwölf Blättern die Lebens- und Regierungstaten genau dieser zwölf Habsburger beschrieben. Jedes der gleich angelegten Blätter zeigt einen Kreis, in den wiederum drei Kreise (bezeichnet mit Primus / Caesar / Imperator) einbeschrieben sind, die jeweils durch Bänder mit Angaben über Frauen und Kinder miteinander verbunden sind. Österreich. Nat. Bibl. Wien; Cod. 8795. (Von Unterkircher fälschlicherweise „um 1569" datiert).
[551] Im Titulus des Blattes von „Friedericus der dritte Römische Keiser" wird dessen Wahl um 100 Jahre zu spät datiert (erwölt 1414). Durch den Vertrag von München 1325 wurde Friedrich Mitregent Ludwigs des Bayern.
[552] An der Fassade der zwischen 1583 - 1597 von Friedrich Sustris errichteten Michaelskirche in München befand sich ein umfangreiches Skulpturenprogramm, das nur drei Habsburger-Kaiser, selbstverständlich aber die zwei Reichsoberhäupter aus dem Geschlecht der Wittelsbacher, Kaiser Ludwig den Bayern (1314 - 47) und König Ruprecht von der Pfalz (1400 - 10) umfaßte. Siehe A. Reinle; Das stellvertretende Bildnis. Zürich - München 1984. S. 93
[553] Zum Beispiel zitiere ich die Anfangsverse zu Rudolf II.: „Rudolph der Ander man mich hieß / Mein vatter Maximilian mich vorließ / Da man zelt ... 1572 jar / Die Ungarisch Kron mir

die geistige Umnachtung *Rudolfs II.* verschwiegen.[554] Ihr Verfasser ist sehr darum bemüht, weder Protestanten noch Katholiken zu provozieren und deshalb gezwungen, statt gewichtiger historischer Ereignisse Banalitäten aus dem Leben der Kaiser zu schildern: so ist fast der ganze Begleittext zu *Maximilian II.* der Schilderung einer Jagdepisode in Spanien gewidmet.

Allerdings ist nicht davon auszugehen, daß es eine Auftragsarbeit der Habsburger gewesen ist. Diese hatten nämlich mit der obskuren Genealogie *Tuiscons* niemals etwas im Sinn. In ihren offiziellen Genealogien taucht dieser jedenfalls niemals auf. Sie beriefen sich auch um 1620 lieber auf die fränkische Herkunft, wie etwa in dem 1623 in Augsburg erschienenen „Serenissimorum Austriae Ducum" des *Wolfgang Kilian*.[555] Oder sie beschränkten sich bereits auf den Ahnherrn *Rudolf I.*, wie der quellenkritische *Gerard de Roo* in seinen zwei Jahre zuvor erschienenen „Annales oder Historische Chronick."[556] Auch in der am Ende des 17. Jahrhunderts von einem Anonymus verfaßten „Aquila Austriaca" werden nur die Habsburger von *Rudolf I.* bis zu *Leopold I.* ohne Erwähnung ihrer Vorgänger beschrieben und mittels in Medaillons eingepaßter Brustbilder dargeboten.[557] Die Habsburger hatten inzwischen selbst eine beachtliche dynastische Kontinuität vorzuweisen und fühlten sich auf solche Anleihen nicht mehr angewiesen.[558]

Aus den Reimen läßt sich aber durchaus auch eine Parteinahme für die Protestanten herauslesen, die sich vor allem in Form von Angriffen gegen das Papsttum äußert. Zu *Maximilian I.* heißt es: „dem Babst halff ich wieder die Venediger / stund im bey mit eim grosen hör / Musten sich unterwerffen dem Romischen stuel ... / ein bindtnus der Babst wieder mich anfieng / Den must ich Schlagen mit grosem gewaldt / damit er den Friden begeret baldt ... " Bei *Karl V.* wird die Reformation so geschildert: „Nun baldt im anfang meines Regiments / Erfandt sich ein wunderlicher Sect behendt / Die macht den Babst

---

aufgesetzt war / Drei Jar darnach wurd ich zu Prag / zum König erwählet auf den Tag / vom 18. Herbstmonat man daselbst / hernach zum römischen König erwählt ... "

[554] Im Begleittext zu Rudolf II. heißt es über dessen zunehmende Entmachtung durch Matthias nur: „In Fortsetzung das Ungarisch Reich nun wurd alt / Mein Bruder Matthias solchs auf sich nahm / Von mir zum Ungarisch Königreich kam / Dergleichen die Behem mit meinem Rat / Aufsetzten die Kron mit der Tat / Erstlich als ich hett meinen Lauf / Vollendt und wurd genummen auf / Von dem Höchsten nach 35 jahren / Meiner Regierung zun himmlischen Scharen."

[555] Wolfgang Kilian; Serenissimorum Austriae Ducum, Archiducum, Regum, Imperatorum Genealogia, a Rudolpho I, Habsburgensi, Caesare, ad Ferdinandum II. Imp. Rom. Imp. Augsburg 1623. Kilian bringt dort unter anderem eine Radierung, die die „Genealogia Habsburgica a Pharamundo, Franciae Orientalis Duce, usq. Ad Rudolphum I, Rom. Imp. zeigen soll: ein bekrönter Stammbaum ohne Äste wächst aus dem Bauch des unten liegenden Pharamund nach oben und zeigt mittels Namen dessen Deszendenz: Clodius, Meroveus etc. bis zu Rudolph VI Comes Habsb.

[556] Im Vorwort läßt de Roo den Leser wissen, daß sein „vorhaben nit ist, die Geschlecht so vor Rudolphi zeiten gelebt, in diesem Werck außzuführen, will ich die ding, so alters halben nit wol bewußt, außlassen ... " Gerard de Roo; Annales oder Historische Chronick, Der Durchleuchtigsten Fürsten und Herren / Ertzhertzogen zu Österreich, Habspurgischen Stammens, fürnemlich von Rudolpho dem Ersten ... biß auff Carolum den Fünfften. Augsburg 1621. S. 4.

[557] Aquila Austriaca. Das ist historische Beschreibung und Abbildungen aller Römischen Kaiser und Könige Welche von Rudolpho I. biß auf Leopoldum I. auß dem Hause des Graven von Habspurg sind erwöhlet worden. Zu finden bey Paulus Fürsten Kunsthändler in Nürnberg. O. J.

[558] „Der Gedanke der rein habsburgischen Ahnenversammlung gekrönter Häupter des römisch-deutschen Reiches war im frühen 17. Jh. bereits voll entwickelt." A. Herbst; Kaisersaal; a.a.O. S. 236.

ein grosen Abfall / wurden genendt die Lutherischen groß überall / Hielten Streng über der Heyligen Bibel Lehr / wolten nicht daß ein Babst wer der Herr / So Zu richten het über die gwiszen / dardurch viel Babstum wurden gwiszen / Die pawren erregten sich unnd stunten auff / Lieffen Zusamen im Teutschland mit hauff / Wollten Freysein nach des Evangelions Lehr ... " Bei *Ferdinand I.* wird die Absenz der Protestanten vom Tridentiner Konzil verteidigt: „Der Babst ein Cocillium yezt anstelt / Zu Richten die Religions Sachen in der wäldt / Die Teutschen darzu aber nicht wollten / kumen, weyl sie nit auch mit sollten / schließen in allen glaubens Sachen / welches das Concillium thet Zu nichten machen / Pius der Babst gab vollen gwaldt / das man solt raichen Jung und alt / in baider gstalt das Heylig abentmal / welches Ich must Zu laßen überall / Damit ein Ruhe und Friden wurdt / In Teutschlandt unnd ahn allen ort / Weyls des Gewiszenns sachen betrifft / damit die Zeit nit vorgebens verlief ... " Der Papst und die Katholiken werden nicht provoziert, protestantische Grundforderungen bzw. Errungenschaften wie die Gewissensfreiheit oder das Abendmahl „in baider gstalt" werden hingegen verteidigt: Ferdinand I. mußte diese - entgegen seinem eigenen Gewissen - aus Gründen der Friedenswahrung anerkennen. Das liest sich wie ein Appell an dessen Nachfolger gleichen Namens, der für seinen borniertien Katholizismus und seine kompromißlose Haltung gegenüber seinen Ständen schon vor seiner Kaiserwahl berüchtigt war. Beiden sich bereits feindlich gegenüberstehenden Parteien wird in diesen Begleitreimen gleichermaßen die Hand gereicht, und in den letzten Versen zu *Matthias* kommt der Friedenswunsch deutlich zum Ausdruck: „Mein Verstand unnd dazu höchsten fleis / will ich brauchen auf alle weis / damit mein volk und Unterthan / unter meinen Flügeln Schutz mag han / dazu mir dann der Heilige Geist / sein Gnad wöll vorleihen meist / Zu Ehren seinen heiligen Namen / das wöllen wir wunschen allesam."

Diese letzte Tuiscongenealogie wird anders als ihre Vorgänger nicht isoliert dargeboten, sondern mit zwei anderen Genealogien verknüpft. Dadurch wird nicht nur das ganze genealogische Bezugssystem, sondern auch ihre politische Dimension offenbar: die gegenwärtig regierenden Habsburger stehen nicht in direkter Linie mit den antik-römischen Caesaren, sondern werden ohne jede Unterbrechung mit den pseudo-berosianischen deutschen Stammvätern über *Karl den Großen* in eine Abstammungsreihe gestellt.

Caesar und die elf römischen Kaiser erinnern nur noch an das „Römische" der Kaiserwürde, werden aber durch ein neues Titelblatt klar von den folgenden zwei Dutzend geschieden. Daß sie überhaupt einbezogen werden, könnte an der seit *Rudolf II.* wieder engeren kulturellen Orientierung des Kaiserhofes an Rom liegen, die bei dessen beiden unmittelbaren Vorgängern nicht in diesem Maße zu bemerken ist. Doch finden sich Gegenüberstellungen von Caesaren und Habsburgern durchaus in Habsburg - freundlichen Städten wie Augsburg. Dort wurden im ab 1620 ausgemalten „Goldenen Saal" auf Wandgemälden acht Habsburger acht antiken Herrschern gegenüber gestellt. Dennoch werden nicht sie, sondern *Tuiscon* und dessen Nachfolger direkt vor die Habsburger gerückt. *Karl der Große* war der Translator und auch für die Habsburger ein wichtiges Bindeglied, wie Francesco Terzis Prachtwerk von 1568 beweist. Dort endet ja auch die fränkische Genealogie mit Karl dem Großen, während die „kaiserliche" Stammlinie der Habsburger mit dem viereinhalb Jahrhunderte später lebenden *Rudolf I.* einsetzt.

Jedenfalls ist die Existenz dieser doch mit viel Fleiß gemalten Tuiscongenealogie ungewöhnlich. Da diese Stammväterreihen fast alle aus Nürnberg stammten, diese sozusagen eine Nürnberger Spezialität darstellen, möchte ich den Herkunftsort dieser Handschrift auch in dieser Reichsstadt vermuten.

Diese Handschrift mit ihrer so ungewöhnlichen Dreier-Kombination entspricht durchaus der Politik Nürnbergs auch noch zu diesem Zeitpunkt. Wie bereits 70 Jahre zuvor war die Stadt an Friedenswahrung, an Beschwichtigung der Kriegstreiber und Ausgleich der konfessionellen Gegensätze interessiert.[559] Dies versuchte sie durch die Anmahnung von Gemeinsamkeiten zu betreiben, und welche außer der Abstammung hätte sich kurz vor dem Dreißigjährigen Krieg im Deutschen Reich noch geltend machen können?

Denn diese Dreier-Kombination hat auch etwas vermittelndes; sie bringt die tendenziell romfeindliche Tuiscongenealogie mit der römischen Tradition zusammen.[560] Die Einfügung einer Kurzbeschreibung der gallischen bzw. germanischen Frühgeschichte zwischen die römisch-byzantinischen Caesaren und die deutsche Kaiserreihe war seit *Johann Sleidans* „De Quattuor Summis Imperiis" geradezu typisch für die protestantische Geschichtsauffassung. In *Sleidans* Reichelehre waren in Buch I die ersten drei Reiche bis zu *Caesar* und in Buch II die römisch-byzantinischen Kaiser von *Augustus* an beschrieben worden. Buch III hingegen begann mit einem Abriß der gallisch-germanischen Geschichte und fügte daran die deutsche Kaiserreihe an, die mit *Karl dem Großen* begann. Die Handschrift trägt im Grunde die gleiche Geschichtskonstruktion, vor wenn auch in der verkürzten Zwölfer-Form und nicht mit „wissenschaftlichem" Anspruch, sondern in Form der populistischen Tuiscongenealogie.[561] Der römischen Würde der habsburgischen Kaiser trägt die Caesarengenealogie Rechnung, ihrem „deutschen Stamm" die andere.

Nürnberg kommt aber auch insofern als Entstehungsort dieser Handschrift in Frage, da es eine der wenigen Stätten im deutschen Reich zu dieser Zeit war, wo überhaupt so viel Anschauungsmaterial vorhanden war, über das der Künstler offenbar verfügte. Wo außer in Nürnberg, Augsburg, München, Innsbruck gab es bereits Sammlungen antiker Büsten?[562] Außerdem wies Nürnberg „im 16. Jahrhundert eine besonders hohe Anzahl römischer Kaiserporträts in der Fassadenmalerei auf."[563] Es war also eine Reichsstadt, in

---

[559] „Während der ganzen Regierungszeit des Kaisers Matthias berief sich Nürnberg bei allen politischen Aktionen stets auf seine Neutralität und seine Treue zu Kaiser und Reich. In der Union fühlte sich der Rat nur zu den Unternehmungen verpflichtet, die der Sicherung des Glaubens dienten." G. Pfeiffer; Nürnberg; a.a.O. S. 270.

[560] In den Versen zu Caesar und Augustus wird kein Bezug auf die Germanen genommen; wohl aber bei Arminius: „hat gwaltig gegen die Romer kriegt / mit in geschlagen und offt gesiegt / als es nun war zu Augusti Zeiten / wollte Vahrus wider die Teutschen streiten / ein römischer Haubtman ausgesandt / mit grosem hör kam ins Clever Land / bald Arminius sich auffmacht / schlugs alle nieder in einer Schlacht / Bei 21000 man / Daß nit ein Römer davonkam ... "

[561] In der Handschrift findet sich der Verweis auf die Viereiche-Lehre im Begleitvers zu Caesar: „Nachdem Daniel der groß Prophet / Vor alten Jaren geweissagt hatt / Daß sollte angericht werden das Vierdte Reich / In welchem solt auch keinen gleich / Christus der Messias unnd Heylandt / Bey den Juden den er wardt gesannd / Darzu wardt ersehen der Römisch Mann / Julius Caesar von alten Stam ... "

[562] Willibald Imhoff beispielsweise hatte sich 1564 ein Haus am Egidienplatz erworben, dessen Gesellschaftsräume „zum Teil auch Büstenkonsolen enthielten, auf denen die ersten römischen Kaiser und andere Köpfe aufgestellt wurden. Diese Skulpturen der Repräsentationsräume waren jedoch größtenteils Gipse oder plastische Dutzendware ... " R. von Busch; Studien zu deutschen Antikensammlungen des 16. Jhs. Tübingen 1973 (Diss.). S. 100. Der Studie von Busch entnehme ich, daß Ende des 16. Jhs. nur in Augsburg, München, Nürnberg, Innsbruck, Prag die Büsten der zwölf Caesaren vorhanden waren.

[563] „Eine monumentale Reihe lebensgroßer Kaiserfiguren befand sich an einer Häuserreihe am Hauptmarkt." S. Uhle-Wettler; Kunsttheorie und Fassadenmalerei. Bonn 1994 (Diss.). S. 79.

der das „Römische" Kaisertum trotz des Protestanismus weiterhin lebendig war. Zudem verfügte Nürnberg über eine Kanzlei, wo entsprechend anspruchsvolle kalligrafische Schriften angefertigt werden konnten.

Das Schlußblatt der Tuiscongenealogie mit dem Bildnis *Karls des Großen* liefert einen wichtigen Hinweis auf den Entstehungsort der Handschrift. Die Veränderung der Krone *Karls des Großen* gegenüber der Vorlage von 1543 verrät die profunden Insignienkenntnisse des Künstlers bzw. Auftraggebers. *Karl* trägt als einzige der Figuren einschließlich der Habsburgergenealogie eine Plattenkrone, die zwar nicht bis ins Detail der alten Ottonischen, damals in Nürnberg befindlichen Reichskrone entspricht, dieser jedoch sehr stark ähnelt (siehe Abb. 38). Diese war, wie bereits erwähnt, während des 16. Jahrhunderts außerhalb dieser Stadt kaum bekannt, Rosenthal nennt sogar nur *Dürer* und „einen Nachfolger", die einen deutschen Kaiser mit der Ottonischen Krone dargestellt hatten.[564] Der Künstler hatte folglich sehr genaue Kenntnisse der Nürnberger Kunst, weshalb anzunehmen ist, daß er an diesem Ort tätig gewesen ist.

XI. Tuiscons Nachleben

1. Tuiscons Nachleben im 17. und 18. Jahrhundert

Stammvater *Tuiscon* lebte im deutschen Bewußtsein länger fort als seine ihm vom Pseudo-Berosus angedichteten Nachfolger. Bis ins 18. Jahrhundert hinein wurde mit ihm fast jede gesamtdeutsche und auch einige partikulare Geschichtschroniken eröffnet. *Mannus* und die anderen fiktiven Germanenkönige hingegen verschwanden spätestens um 1650 aus dem historischen Schrifttum wie aus der Kunst.[565] Dies hängt einmal mit der schwindenden Glaubwürdigkeit des Pseudo-Berosus zusammen, zum andern am fast völlig versiegenden Interesse an Völkergenealogien in der Zeit um 1600. Religiöse Gemeinsamkeiten wogen damals schwerer als weithergeholte kollektive Abstammungshypothesen.

Die Tendenz, *Tuiscon* mit dem biblischen *Ascenaz* zu identifizieren, dauerte über den Dreißigjährigen Krieg hinaus fort.[566] Da sich viele der nach 1570 in Deutschland neu

---

[564] „Im Gegensatz dazu erscheint die Wiener Krone auf keiner Darstellung der Krönungen in Aachen und auf keinem „Staatsbild" mit den Kurfürsten und wurde meines Wissens auch auf weniger offiziösen Porträts des Kaisers im 15. und 16. Jahrhundert niemals abgebildet (eine Ausnahme bilden nur Dürers Kaiserporträts und die eines Nachfolgers." Earl E. Rosenthal; Die Reichskrone; a.a.O. S. 16.

[565] Die gesamte Pseudo-Berosianische Genealogie habe ich letztmalig in C. G. Hilles „Teutschem Palmbaum" von 1647, S. 93, erwähnt gefunden.

[566] „So ist dann dieser Ascenas, ein Ertz-Vatter der Teutschen gewesen, welche auch von denen Ebreern A s c h e n a z i m genennet werden ... Aus dem Namen *Ascenas* ist das Wort *Tuiscon* entstanden: indem die Teutschen nach Gewohnheit ihrer Sprache die letzte Sylbe weggeworfen, und das Geschlechtwort voransetzend th`Ascen daraus gemachet. Seine Nachkommen haben sich über den Thracischen Bosphorum aus Asia in Europam begeben ... " Sächsischer Heldensaal, oder Beschreibung der vornehmsten Geschichte dieses Durchlauchtigsten Hauses ... vorgestellt durch Sigmund von Bircken ... verbessert von Joachim Friedrich Fellern. Nürnberg 1734. S. 6 / 7. Justus Georg Schottelius identifizierte in seinem „Horrendum Bellum Grammaticale" *Ascenas* nicht mehr mit *Tuiscon*, sondern Ph. Cluver folgend mit dem Gott „Theut": „Nachdem Ascenas / noch bei Lebzeiten seines Eltervaters Noa / mit seiner grossen Famili und

edierten Chroniken in der Kompilation älterer Meinungen erschöpften, wurden auch deren Irrtümer weiter tradiert. Nur äußerst ungern gaben die Deutschen den das eigene Selbstgefühl stärkenden Anspruch auf, die älteste Nation in Europa zu sein.

So beharrte *Jakob Schopper* (1545 - 1616) 1582 darauf, die Deutschen seien „nicht ein new, sonder ein uhralt Volck, das keinem Volck der älte und seines eusserlichen Lobs halber nicht weichen würde. Dann dieweil es etwan 160. Jar nach dem Sundfluß angefangen, ist leichtlich zugedencken, das kein Nation bald älter sein werde."[567] Auch repetierte er nochmals die Berosianische Herrschergenealogie und versicherte die Deutschen ihrer Abkunft von *Gomer* und *Ascenaz*."[568] Auch *Jodocus Willich* stellte im dritten Kapitel seines 1610 erschienenen „Commentarium", das die Ursprünge der deutschen Nation behandelt, nochmals die germanische Königsreihe getreu dem Pseudo-Berosus folgend vor.[569]

Einen entscheidenden Schlag erhielt die Tuiscongenealogie und die Vorstellung, die Deutschen seien das europäische Urvolk, durch das 1616 in Leiden erschienene Buch „Germania Antiqua Libri Tres." Verfaßt hatte es der in Danzig geborene Geograf und Altertumsforscher *Philipp Cluver* (1580 - 1627), mehr als 150 Jahre lang galt die „Germania Antiqua" als d a s Standardwerk zur Germanen- bzw. mitteleuropäischen Altertumsforschung. Frei von allen nationalen Gefühlen und nur seinen Forschungen verpflichtet glaubte *Cluver*, daß die Kelten das europäische Urvolk gewesen seien und daß letztlich Franzosen, Deutsche, Spanier und Britannier gleichermaßen von diesen abstammten. Durch diese These entzog er den Spekulationen über die größere Anciennität der Völker den Boden. Laut *Cluver* waren der taciteische *Tuiscon* und dessen Sohn *Mannus* lediglich germanische Bezeichnungen für Gott bzw. *Adam.*[570]

Geschlecht / nach der Babilonischen Verwirrung /... und die vornehmsten Nachkommen des Ascenas / sich hernach von dem Nahmen des eintzigen / überall damals bekanten Gottes / Theut (Deut / Deus) sich genant die Teutischen ..." J. G. Schottelius; Der schreckliche Sprachkrieg. Neudruck der Ausgabe von 1673 hrsg. von F. Kittler & S. Rieger. Leipzig 1991. S. 31.

[567] „Diß erzehle ich darumb so fleissig, daß wir wissen, wann sonderlich das Teutsch Volck angefangen hab ..." J. Schopper; Chorographie; a.a.O. S. 15 / 16.

[568] Zudem wärmt Schopper die seit dem frühen Mittelalter immer wieder diskutierte Ableitung der Ständeordnung von den Noe-Söhnen auf: „Das also Sem hat sollen der Priester seyn, Japhet (von welchem wir Teutschen herkommen) die Oberheit und Kriegßmann, der Cham, ein Bauwersmann und Arbeiter." Ebd. S. 8. Zur mittelalterlichen Tradition der Zuordnung der Noah-Söhne zu den einzelnen Ständen siehe A. Borst; Turmbau; a.a. O. S. 1963.

[569] Jodocus Willich; Commentarium Rerum Germaniae. Straßburg 1610. Kap. III: De prima origine Germanorum: 1. De Tuiscone, Primo Rege. Thuyscon apud Mosem Ascenas dicitur, filius Gomeri primo genitus Sarmatas maximos populos fundavit, autore Beroso, & ab hoc Germani sunt Thuyscones ... " S. 423.

[570] Ich zitiere diesen Sachverhalt nach einer von Cluver selbst formulierten Kurzfassung aus einem anderen Werk: Nach dem Zitat von Tacitus`"Germania", Kap. 2 „Celebrant ... originem gentis conditoresque" schreibt Cluver: Mannus hic erat Adam, Theut vero, sive Tuit, ipse Deus rerum omnium auctor, qui e terra condidit formavitque primum hominem, Germanis M a n, Hebraeis A d a m dictum. Ab huius igitur Theut, nomine tota gens sibi nomen adscivit, Theutisci, sive, variante Dialecto, a Tuit, Tuitisci vulgo die Teutische & Duytsche ... " Ph. Cluver; Introductionis in Universam Geographiam tam veterum quam novam libri VI. Amsterdam 1651. S. 109.

Der Coburger Rhetorikprofessor *Johann Heinrich Hagelgans* (1606 - 47) war sich 1640 unter dem Einfluß *Cluvers* nicht mehr über die Identität *Tuiscons* sicher, beharrte aber weiterhin auf der noanidischen Herkunft der Deutschen.[571]

Nach 1650 wurde meist strenger zwischen Fabel und Geschichte geschieden, wobei aber in Deutschland die Bibel noch bis um 1750 als Geschichtsquelle benutzt wurde. In *Melchior Balthasar Kupferschmidts* 1668 erschienener „Chronica" liest man noch im Zusammenhang mit dem Turmbau: „Da dann Tuisco aller Teutschen Uranherr / mit dreyssig seiner verwandten / sich auf den Fluß Dan, jetziger Zeit Belt genant, begeben und so fuerter in Teutschland kommen / da er sich niedergelassen."[572] Doch bereits in der sechs Jahre später erschienenen Neuauflage dieses Werkes wurde die Existenz *Tuiscons* angezweifelt: „Was Aventinus schreibt von Tuiscone und anderen Teutschen Königen, so umb diese Zeit und etliche Jahr hernach, gegieret haben sollen, weil wir dessen kein gewiß fundament, lassen wir ihn verantworten. Dann je besser ist von so gar alten unbeschriebenen Dingen zu schweigen, als das Papier mit Fabuln zu erfüllen."[573]

Andererseits schenkte der in ganz Europa wegen seiner Gelehrsamkeit bekannte jesuitische Altertumsforscher *Athanasius Kircher* noch dem Pseudo-Berosus Glauben[574] und identifizierte in seinem dreibändigen Monumentalwerk über die Arche Noah von 1675 dessen „Großneffen *Tuiscon*" mit *Askenez.*[575]

Dennoch gaben sich bis zum Ende des 17. Jahrhunderts einzelne deutsche Gelehrte nicht mit dieser traditionellen Erklärung zufrieden und spekulierten weiterhin über die genaue Identität des deutschen Stammvaters.[576] Der Hessen-Darmstädtische Kammerrat *Wilhelm Christoph Kriegsmann* (+ 1678) beispielsweise bemühte sich in dem längeren, erst postum publizierten Pamphlet „Vermutungen über den Ursprung des deutschen Volkes" nachzuweisen, daß der deutsche Stammvater letztlich identisch mit *Hermes Trismegistum*, dem sagenhaften Erfinder der Hieroglyphen, sei.[577] Der reformierte Theologe

---

[571] „Adam ... welchen die alten Teutschen MANN genennet / und nach ihrem Vorgeben ein Sohn Tuitons / das ist Gottes / der / wie sie davor gehalten / auß der Erden geboren / soll gewesen sein. Worinnen sie aber wegen der allzulangen Zeit geirret, weil dieses der Adam oder Mann gewesen, welchen der Allweise Schöpfer / so von den alten Teutschen Teut oder Tuit genennet ist, auß einem Erdenkloß erschaffen ... Dem sey aber wie ihm wolle, so ist doch gewiß, daß sie ihren Ursprung von den Nachkommen des Noah gehabt ... " J. H. Hagelgans; Genealogischer Versuch. Nürnberg 1640. Dedicatio, Blatt 5 rec.

[572] Melchior B. Kupferschmidt; Chronica biß auf dieses 1668ste Jahr. Frankfurt 1668. Kap. II.

[573] M. B. Kupferschmidt; Historische Chronika. Frankfurt 1674. S. 23.

[574] „Annius in Commentariis super Berosum scribit ... " A. Kircher; Arca Noe in tres libros digesta. Amsterdam 1675. Lib. I, S. 5.

[575] „Nulli dubium esse debet, GERMANOS ab Ascanez filio Japhet, qui in divisione gentium in septentrionales partes se receperat, denominatos fuisse, ... quoniam vero Tuiscon pronepos Noe una cum Askenez ... " Ebd. Lib. III, Cap. IV, S. 212. Auf dem beigefügten, von C. Deeker radierten Stammbaum Noahs sparte er aber den germanischen Namen des Japhetenkels aus.

[576] Ich begnüge mich mit der Nennung einiger Werke aus Literatur und Wissenschaft:
In H. Mühlpforts Gedicht „Tapferer Stamm" heißt es: „Tuiscens tapferer Stamm und unvergleichlichen Muth / hat, als Athen verfiel und Rom in Rom vergangen / den Künsten hold zu seyn, was später angefangen ... " Zit. nach Heinrich Mühlpfort; Teutsche Gedichte. Neudruck der Ausgabe Breslau - Frankfurt 1686 / 87, hrsg. von Heinz Entner. Frankfurt 1991. S. 108. Joh. J. Zentgravius; Gomerus Japheti primogenitus Germanae gentis conditor. Straßburg 1685.

[577] Wilhelm Christoph Kriegsmann, Conjectaneorum de Germanicae Gentis Origine. Tübingen 1684. Cap. IX. „Mercurium Germanorum esse Theutum Aegyptiorum sive Hermetem Trismegistum." S. 15.

und Professor der Redekunst und Weltweisheit *Nicolaus Gürtler* (um 1654 - 1711) glaubte hingegen, „daß der Teutschen ihr Tuisto kein anderer, als der Egyptier ihr Teut sey." [578]

Noch in der ersten Hälfte des 18. Jahrhunderts wurde der biblische Ursprung der Deutschen diskutiert, wobei sich die Autoren nun meist darauf beschränkten, die verschiedenen Thesen aufzuzählen. Zum Beispiel bespricht der Jenaer Geschichtsprofessor *Burcard Gotthelf Struve* (1671 - 1738) im ersten Kapitel seiner 1720 erschienenen „Teutschen Reichshistorie" die verschiedenen Herkunftstheorien, um dann die Deutschen nicht mehr von den Noaniden, sondern von den Skythen herzuleiten. [579]

Der zeitweilige Brotherr des Archäologen *Johann Joachim Winckelmann* (1717 - 1758), der Reichsgraf *Heinrich von Bünau*, tendierte in seiner „Genauen und umständlichen Teutschen Kayser- und Reichshistorie" noch zur traditionell biblischen Aufteilung der Welt, widmete diesem Problem jedoch nur wenig Aufmerksamkeit. [580]

In „Zedlers Großem Universallexikon", das von 1732 an in 66 Bänden erschien und den ersten deutschen Versuch darstellte, das Wissen der Zeit encyklopädisch in mehrere Regalmeter füllende Folianten zu pressen, wurden den vielen Theorien über die deutschen Ursprünge mehrere Seiten gewidmet. Zwar verwirft der Autor den Pseudo-Berosus ebenso wie den Hunibald, doch zweifelt er noch überhaupt nicht die japhitische Herkunft der Deutschen an: „Es wird durchgehend dafür gehalten, daß zwar die Teutschen ihre Ankunfft von dem Japhet her haben ... Doch bleibt noch ein ziemlicher Zweifel zurück, welchen von dessen Söhnen man zum eigentlichen Stamm-Vater machen müsse ... Andere wollen behaupten, es wären die ersten Einwohner Deutschlands durch Sarmatien in Schweden gekommen ..." [581]

Erst seit der zweiten Hälfte des 18. Jahrhunderts, als definitiv ein klarer Trennstrich zwischen Historie und Fabel gezogen worden war und die Bibel als Geschichtsquelle ausgedient hatte, lassen die Historiker die deutsche Geschichte mit den Cimbern und Teutonen beginnen, beispielsweise *Michael Ignaz Schmidt* in seiner „Geschichte der Deutschen."[582] Ebenso der Orientalist und Theologe *Johann Babor*, der einen skythischen Ursprung der Deutschen durch einen Sprachvergleich mit dem Persischen zu

---

[578] Zit. nach Zedlers Universal-Lexicon. Stichwort: Ursprung der Teutschen.

[579] Burcard Gotthelf Struve; Erläuterte Teutsche Reichshistorie. Jena 1720. Cap. I. Vom Uhrsprunge der Teutschen: § 4 Ob die Teutschen von Ascenaz herkommen. § 5 Sie sind weder von dem Thogarma, noch von dem Cananitern, noch von dem Egyptischen Hercule entsprungen. § 6 Seind auch nicht aus Schweden herkommen. § 7 Noch weniger von Troja, oder von denen Galliern ... § 9 „Wir fallen vielmehr denjenigen bey,... welche die Teutschen aus Asien durch Scythien in diese Länder führen, daß sie also von denen Scythen ihre Ankunft her haben. Die Gründe dieser Meinung seynd, daß auch die Griechen Teutschland Scythien gennennet (Strabo), weswegen dann, wie Grotius angemerckt hat, noch viele Scythische Wörter in unserer Sprache, ja das Wort S k y t h selber, welches einen Schützen bedeutet, mit dem Teutschen überein kommen. Hiernechst treffen die rauhen und ungeschlachteten Sitten der alten Teutschen mit der Scythen ihren überein ... " S. 6.

[580] Herrn Heinrichs von Bünau Genaue und umständliche Teutsche Kayser- und Reichshistorie. 1. Theil Leipzig 1728. S. 4 - 7.

[581] Zedlers „Grosses Universal Lexicon aller Wiessnschafften und Künste, welche bißhero durch menschlichen Verstand und Witz erfunden worden." Bd. 41. Spalte 1680 ff. Stichwort „Ursprung der Teutschen."

[582] Michael Ignaz Schmidt; Geschichte der Deutschen. Ulm 1778. J. Babor; Über die Abstammung der Deutschen. Ein Nachtrag zu Schmidts Geschichte der Deutschen. Wien 1798. S.53. Babor war Doktor der Theologie am Lyceum in Olmütz.

beweisen suchte, den Urgründen menschlicher Herkunft aber nicht weiter nachsann: „Wenn ich aber von der Abstammung der Deutschen rede, so kann es meine Absicht nicht seyn, sie bis auf den *Adam* zu verfolgen. Denn in diesem gemeinschaftlichen Stammvater verlieren sich alle charakteristischen Züge, und samt alle Nationalunterschiede, welche die Erziehung, Übungen, Nahrung, politische Verfassung, Religion und Klima binnen einer längeren und kürzeren Zeitperiode zu erzeugen pflegen ..."[583] *Tuiscon* verschwand aus der wissenschaftlichen Literatur und wurde nun nur noch von Poeten besungen, beispielsweise von den Mitgliedern des „Göttinger Hains", einem Dichterzirkel patriotisch gesinnter Jünglinge. So ermahnte Bundesgenosse *Teuthard* in seinem gegen die Verwelschung der deutschen Sprache gerichteten Reim die „Söhne Thuiskons" vor allzu großem französischen Einfluß.[584] Für die Romantiker scheint *Tuiscon* wenig Anziehungskraft besessen zu haben, er taucht um 1800 weder im Schrifttum noch in der Kunst auf.

Das langandauernde Beharren auf dem hohen Altertum und auf die biblische Herkunft der Deutschen, letztlich einer der Irrwege des deutschen Geistes, möchte ich an einer weiteren Reihe von *Tuiscon*-Bildern demonstrieren. Diese dienten ausschließlich der Buchillustration.

In *Carl Gustav Hilles* „Teutschem Palmbaum" von 1647 taucht *Tuiscon* gleich zweimal in den Illustrationen auf. Auf dem Titelkupfer blickt man in eine die ganze Bildfläche füllende Rotunde, in deren Mittelpunkt eine Personifikation der „Fruchtbringenden Gesellschaft" aufgestellt ist. In die Wand der Rotunde sind über einer Sockelzone sechs Nischen eingelassen, in denen jeweils eine Kriegerfigur steht. Ganz links steht *Ascenas* (Abb. 112), der für Hille identisch mit *Tuiscon* ist.[585] An diesen reihen sich *Karl der Große* und vier weitere Gestalten, von denen drei durch Unterschriften als Personifikationen erkenntlich sind: „der (Unt)adelich", „der Befreiende", „der Nehrende."

Auf einer weiteren kleinen Radierung *Hilles* in derselben Publikation ist erstmals die Zwölfergenealogie auf die beiden Hauptfiguren reduziert. *Ascenas* und *Karl der Große* sind in Halbfigur nebeneinander gesetzt und fassen einen Obelisken in ihre Mitte, der eine Widmung an die „Fruchtbringende Gesellschaft" trägt (siehe Abb. 61). Der „Unverdrossene" setzt dem Reich eine Ehrensäule und schöpft Kraft für den Wiederaufbau aus der Erinnerung an eine vermeintlich lange und glanzvolle Vergangenheit. Der türkische Typus des *Tuiscon* und der Babylonische Turm lassen keinen Zweifel daran, daß hier *Ammans* Holzschnitte von 1566 als Vorlagen dienten. Allerdings sind der Begründer der Nation und der des deutschen Kaisertums nun durch rahmende Siegerkränze denkmalhaft erhöht und dem unten am Blattrand skizzierten irdischen Treiben weit enthoben.

In *Georg Neumarks* „Neu sprossendem Teutschen Palmbaum" von 1668 werden ebenfalls *Ascenas* und *Karl der Große* auf einem Blatt vereint (Abb. 113). Die von dem Nürnberger *Johann Alexander Böner* (1647-1720) geschaffenen Kopien nach *Carl Gustav Hilles* Radierungen sind etwas anders komponiert. Sie betonen deren denkmal-

---

[583] Ebd. Vorrede.
[584] In seinem Vers „Noch log im Biederstamme Teuts" reimte Johann Friedrich Hahn (Gießen 1753 - 1779 Zweibrücken / Bundesnamen: Teuthard): Ha! Westgelispel war ihm Eid / Und Treu und Glauben, und den Dolch / Verkündete sein Kuß / Geschreckt verschließt Thuiskons Sohn / Nun tief in sich sein Herz, und lauscht / Und wäget Wort und Blick ... " Zit. nach Alfred Kelletat; Der Göttinger Hain. Stuttgart 1967. S. 309.
[585] „Ascenas, der sonst Tuiscon in den Zeitenbüchern heißt, Würde Teutscher Stamen Vater, wie das Gottesbuch ausweist." Carl Gustav Hille; Der teutsche Palmbaum. Nürnberg 1647. S. 92

haften Charakter noch durch eine Rahmung mittels zweier übereinander stehender mächtiger Siegerkränze, die vor einer Stele plaziert sind. Der Kranz des oben präsentierten *Ascenas* ist aus Eichenlaub geflochten, der *Karls* aus Lorbeerblättern. Böners kleine Radierung bezeugt die beginnende Vereinnahmung der europäischen Eiche zum nationalen Symbol durch die deutschen Dichter und Künstler.

Tuiscon taucht auch an verborgener Stelle in einem der anspruchsvollen Kupferstiche auf, die den 1688 / 89 publizierten Staatsroman „Arminius" des schlesischen Schriftstellers *Daniel Casper Lohenstein* illustrieren (Abb. 114).[586] *Johann Jakob Sandrart* (1655 - 1698) hatte in diesen fein und phantasievoll ausgeführten Blättern ein völlig neues, glanzvolles Bild des alten Germanien entworfen, das vom höfischen Geist des Autors inspiriert war und ganz den Lebensstil seiner Leser reflektierte. *Arminius*, seine Gattin *Thusnelda* und eine ganze Heerschar teils fiktiver germanischer Helden agieren vor barocken Kulissen und werden als den Römern kulturell ebenbürtige Adlige vorgeführt. Sie vertreiben sich die Langeweile mit gehobenem Müßiggang, kleiden sich aber eher altertümlich mit teils von *Philipp Cluver* abgesehenem Kostüm, vor allem den mit Tiermasken bestückten Helmen.

Das dritte Blatt *Sandrarts* führt uns in ein Interieur mit zwei an einem Tisch sitzenden schachspielenden Germanen, die von anderen Hofleuten umstanden werden. Einer von ihnen weist auf eine Büste des *Marcomir*, die auf einer Wandkonsole postiert ist. Diese scheint Teil einer germanischen Ahnengalerie zu sein, die ihren Anfang in dem an der Stirnseite des Raumes plazierten *Tuiscon* findet. Dessen im Profil gezeigte Büste wird allerdings von einem anderen Kopf verdeckt.[587] *Tuiscons* freie gerundete Stirn, sein halblanges Haar und ein Pelzkragen lassen erkennen, daß *Sandrart* ihn sich nicht mehr als orientalischen Stammvater oder türkischen Sultan vorstellte, sondern eher wie einen mittelalterlichen Adligen.

Zum letzten Mal erschien *Tuiscon* in dem wirren, doktrinär-lutherischen Geschichtswerk „Cimbrische Heydenreligion" des Schleswiger Probstes und Pfarrers *Trogillus Arnkiel* von 1702.[588] Dort wird uns *Tuisco* in einer Reihe germanisch-cimbrischer Gottheiten neben den personifizierten Gottheiten „Sonne" und „Mond" vorgestellt - Tuisco (Abb. 115) ist eine ziemlich genaue Kopie nach der Radierung bei *Richard Verstegan* (siehe Abb. 60)[589] - nur die Verzierung des balusterförmigen Sockels ist dem spätbarocken Zeitgeschmack geschuldet. *Arnkiel* betrachtete *Tuisco* nicht mehr als gesamtdeutschen

---

[586] Casper Daniel von Lohenstein; Hermann und Thusnelda. Grossmüthiger Feldherr Arminius. Leipzig 1689 / 90. Sämtliche Kupferstiche in: Hollstein; German Engravings, Etchings & Woodcuts 1400 - 1700, Bd. XL, Nr. 270 - 289. Die Vorzeichnungen Sandrarts sind abgebildet in: J. Breyl; Johann Jacob von Sandrart als Illustrator des Lohensteinschen Arminius. In: Daphnis. Bd. 18, Heft 3. Amsterdam 1989.
[587] Lohenstein läßt den von ihm erfundenen Germanenfürsten Malovend erzählen: „Wir Deutschen sind insgesamt vom Ascenatz entsprossen, welcher mit seinen Nachkommen im kleinern Asien den Sitz gehabt ... Hertzog Tuisco hat mit einer großen Menge Volcks theils über das enge / theils das schwartze Meer gesetzt / und sich aller Länder zwischen dem Rhein und der Rha bemächtigt. Ihm ist im Reiche gefolgt Hertzog Mann / Hertzog Ingevon / und Isthevon, mit welchem sich Deutschland in viel Hertzogthümer zu theilen angefangen ..." C. D. von Lohenstein; Hermann u. Thusnelda. Grossmüthiger Feldherr Arminius. Leipzig 1689. 1. Theil. S. 111.
[588] Arnkiel, Trogillus; Cimbrische Heydenreligion. Hamburg 1702.
[589] Die Gestalt der Gottheiten Sonne und Mond ist von einem Kupferstich J. J. Sandrarts für Lohensteins „Arminius" inspiriert, nämlich der Nr. 8 „Eine religiöse Zeremonie der Druiden."

Stammvater, sondern nur noch als einen der sieben „heydnischen Götzen der Cimbrischen Sachsen", der angeblich dienstags angebetet worden sei.[590]

2. Weiterwirkung im deutschen Nationsbegriff

Obwohl *Tuiscon* und der Pseudo-Berosus längst aus dem allgemeinen Bewußtsein verschwunden sind, wirken sie im Begriff der „Deutschstämmigkeit" bis heute nach. Wie ich an früherer Stelle aufzuzeigen versucht habe, ist die Vorstellung, daß alle Deutschen von einem gemeinsamen Stammvater herkämen, erst im Laufe des 16. Jahrhunderts unter dem Eindruck der Lektüre von *Tacitus*' Schriften und vor allem *Annius*' Pseudo-Berosus entstanden.

Helmut Plessner hat in seiner grundlegenden Studie über den Nationalismus zwischen zwei in Europa vorkommenden Nationsbegriffen unterschieden: dem in Westeuropa geltenden voluntaristischen Nationsprinzip, das die Nationszugehörigkeit von der willentlichen Zustimmung des Einzelnen abhängig macht, und dem mittel- und osteuropäischen deterministischen, das die Zugehörigkeit des Einzelnen zu einer Nation über Sprache, Volkstum und Abstammung bestimmt.[591] Plessner verzichtete allerdings darauf, die Genese des letzteren aufzuzeigen. Das deterministische Nationenprinzip war das im 16. Jahrhundert in Europa vorherrschende, wobei kulturelle Faktoren noch kaum eine Rolle spielten. Allerdings wurde dieser vor allem auf der Vorstellung gemeinsamer Abstammung basierende Nationsbegriff in anderen Ländern allmählich durch andere Konzepte abgelöst. Die Niederländer konstituierten sich durch ihren erfolgreichen Freiheitskrieg gegen die Spanier und das darauf folgende „Goldene Jahrhundert" zu einer modernen Nation, für deren Zugehörigkeit weder Abstammung noch Religion von ausschlaggebendem Interesse waren. Die Franzosen entwickelten unter *Ludwig XIV.* nach dessen gescheiterter Kandidatur um die Kaiserkrone das Konzept einer kulturellen Nachfolge Roms und begründeten letztlich durch ihre Große Revolution eine moderne Staats- und Nationsauffassung. Die Deutschen hingegen fingen erst um die Mitte des 18. Jahrhunderts an, sich durch ihre gemeinsame Sprache und Kultur als zusammengehörig, als Kulturnation zu empfinden.[592]

Als die organisatorisch und kulturell überlegene französische Nation unter *Napoleon* die deutschen Kleinstaaten überrannte und die Deutschen in eine Identifikationskrise stürzte, beriefen sich Ideologen wie *Ernst Moritz Arndt* nicht nur auf die germanischen Vorfahren. Auch die völlig obsolete und schon vergessene Urvolkhypothese wurde reaktiviert. Vor allem der Philosoph *Johann Gottlieb Fichte* popularisierte in seinen Berliner „Reden

---

[590] „Am Dingsdag baten sie den Abgott Tuisco an, ward vorgestellet mit einem Scepter in der Hand / und mit der Haut eines wilden Thieres angethan ... Sein Scepter deutet auff sein Regiment / sein schlechter Habit auff die Gerechtigkeit / welche schlecht und recht ist / ohne Ansehen der Persohn." T. Arnkiel; Cimbrische Heydenreligion. Hamburg 1702. S.73. Arnkiel bezieht sich ausdrücklich auf die Illustration bei Verstegan. Er diskutiert ebenfalls die verschiedenen Tuiscontheorien, nach Aventin sei er „der erste König und Stammherz der Teutschen gewesen." Ebd. S. 75.

[591] Helmut Plessner; Die verspätete Nation Stuttgart 1974. Plessners Werk ist sehr stark auf das Zweite und Dritte Reich bezogen, während er der deutschen Geschichte vor der Romantik relativ wenig Raum widmete. Der Pseudo-Berosus und die Ursprungsdiskussion des 16. Jhs. scheinen ihm nicht bekannt gewesen zu sein.

[592] Siehe dazu L. R. John; Reich und Kirche; a.a.O.

an die deutsche Nation" erneut die Stammvolkthese des 16. Jahrhunderts und nannte die Deutschen „ursprüngliche Menschen, sie sind, wenn sie als Volk betrachtet werden, ein Urvolk, das Volk schlechthin, Deutsche.[593] Durch die massive Rezeption der völkischen Autoren wie *Jahn* und *Fichte* am Ende des 19. Jahrhunderts wurde das deutsche „Urvolkbewußtsein" erneut aktiviert, was sich nicht nur auf die deutsche Architekturentwicklung der Jahrhundertwende[594], sondern auf die gesamte Politik der ersten Hälfte des 20. Jahrhunderts auswirkte.

XII. Zusammenfassung

Die Bildgenealogien des 15. und 16. Jahrhunderts sind ein spezifisches, bisher kaum beachtetes Quellenmaterial, an dem sich ein in den politisch-historischen Wissenschaften vieldiskutiertes Problem besonders anschaulich nachvollziehen läßt: die Genese des frühneuzeitlichen deutschen Nationalismus. Die Genealogien waren das ganze Mittelalter hindurch ein zeittypisches Medium, über die Herkunft und Identität von Kollektiven und Individuen zu reflektieren. Eine gemeinsame Abstammung von einem altehrwürdigen Stammvater bildete zwar bereits im Mittelalter ein wichtiges Kriterium der gegenseitigen Abgrenzung der Nationen Europas. In der ersten Hälfte des 16. Jahrhunderts steigerte sich jedoch das Interesse an kollektiven Abstammungshypothesen in ganz Europa, insbesondere in Deutschland. Hier lassen die Genealogien nicht nur bedeutsame künstlerische, sondern auch tiefgreifende inhaltliche Veränderungen erkennen. Diese Neukonzeption verschiedener Gattungen von Genealogien ist auf eine Krise der Ideologie des römisch-deutschen Kaisertums am Ende des Mittelalters zurückzuführen.

Die Quantität genealogischer Forschung in Deutschland im 16. Jahrhundert spiegelt die besonderen Schwierigkeiten der Genese eines deutschen Nationalbewußtseins wider. Diese ist vor allem an zwei spezifischen Gattungen von Genealogien ablesbar: den Völker- und den Kaisergenealogien. Beide Gattungen waren im Mittelalter in universelle supranationale Zusammenhänge eingebettet und wurden erst jetzt auf nationale Gesichtspunkte verengt. Die bisher als selbstverständlich empfundene Herkunft der deutschen Stämme aus fernen Gefilden entwickelte sich ebenso wie die römische Tradition des deutschen Kaisertums zu einem Problem ersten Ranges. Zudem waren beide Gattungen bis zum Ende des Mittelalters immer ohne inneren Bezug zueinander betrachtet worden; erst in der ersten Hälfte des 16. Jahrhundert begann man sie miteinander zu kombinieren. Durch solche neue genealogische Kombinationen gelang erstmals die Konstruktion einer nahezu autochthonen kontinuierlichen Nationalgeschichte von den biblischen Anfängen bis zur Gegenwart.

Die Völkergenealogien des Spätmittelalters basierten auf der alttestamentlichen Anschauung, daß *Noah* und dessen drei Söhne die Stammväter aller Völker seien; Japhet wurde in den mittelalterlichen Völkertafeln fast immer als Ahnherr der Europäer

---

[593] Johann Gottlieb Fichte; Reden an die Deutsche Nation. Hamburg 1955 (Erstauflage Berlin 1808). S. 4 der Einleitung. An späterer Stelle schrieb Fichte: „daß die Erschütterungen, die die Zeiten herbeigeführt haben, benutzt werden, um eine alte ehrwürdige Nation, den Stamm der mehrsten Völker des neuen Europa, und die Bildnerin aller, aus dem tiefen Schlummer aufzuregen, und dieselbe zu bewegen ... " Ebd. S. 203.
[594] Siehe dazu mein Buch über das Leipziger Völkerschlachtdenkmal: „Die feinste Barbarei." Mainz 1990.

genannt. In den Völkergenealogien, die nur in Ausnahmefällen künstlerisch ausgestaltet worden waren, tauchen die Deutschen bzw. Germanen bis um 1500 nur selten auf. Sie verstanden sich noch nicht als Abstammungsgemeinschaft mit einem gemeinsamen Stammvater. Dieses fehlende Bewußtsein einer gemeinsamen Abstammung manifestiert sich unter anderem in den Herkunftsmythen der verschiedenen deutschen Stämme. Die Franken, Sachsen, Bayern und Schwaben leiteten ihren Ursprung aus ganz unterschiedlichen Erdregionen her; sie fanden sich noch nicht durch einen gemeinsamen Stammvater, sondern durch das Heilige Römische Reich, seine Institutionen und das Kaisertum vereint.

Für ein gesamtdeutsches Selbstverständnis waren deshalb bis zum Ende des Mittelalters die Kaisergenealogien wichtiger. Die Deutschen verstanden sich als Erben und Nachfolger der antik-römischen Caesaren und versuchten mittels der Kaisergenealogien, eine Kontinuität ihres Kaisertums mit dem Römischen Weltreich bzw. der gesamten Weltgeschichte zu konstruieren.

Die Wiederentdeckung der antiken Schriftsteller zu Beginn des 16. Jahrhunderts führte zu einer allmählichen Nationalisierung der Völker-, Kaiser- und Adelsgenealogien. Während des Mittelalters waren die fremdländische Tradition von Kaiser und Reich, waren die ausländische Herkunft von Stämmen und Adligen nicht als Problem empfunden worden. Erst durch die Rezeption der Schriften *Caesars* und *Tacitus'* wurde den Deutschen die Existenz der antiken Bewohner ihres Landes, der Germanen bewußt. Der nun einsetzende Identifikationsprozeß mit den Germanen hatte weitreichende Konsequenzen für die inhaltliche Konzeption der Genealogien.

Zuerst wurden die Völkergenealogien einem Nationalisierungsprozeß unterzogen. In *Tuiscon*, dem von *Tacitus* in der „Germania" erwähnten germanischen Stammvater, wurde den Deutschen erstmals ein gemeinsamer nationaler Urahn präsentiert. Dieser wurde jedoch nicht in antikem Geist, sondern im Rahmen einer genealogischen Konstruktion rezipiert, die von dem Italiener *Giovanni Nanni* erfunden und 1498 publiziert worden war. In diesem sogenannten Pseudo-Berosus wob *Nanni* den von *Tacitus* überlieferten Germanenmythos auf geniale Weise in das traditionelle mittelalterliche Weltbild ein. *Nanni* behauptete in seiner Fälschung, daß der germanische *Tuiscon* ein direkter Nachfahre des biblischen *Noah* sei und daß dessen Nachfahren die einzelnen germanischen Stämme begründet hätten. Innerhalb von nur zwei Jahrzehnten verdrängte *Nannis* biblisch-germanische Stammvätergenealogie die bisher fast immer gesamteuropäisch angelegten Völkergenealogien. Der Ursprung der Deutschen wurde zwar nicht gänzlich aus seinen bisherigen universellen Zusammenhängen herausgelöst, doch stärker als bisher unter nationalem Aspekt diskutiert.

Aber auch die Ideologie des römischen-deutschen Kaisertums wurde von diesem Nationalisierungsprozeß berührt. Durch die Reformation setzte in Deutschland eine radikale Ablehnung alles Römischen ein. Der antike Konflikt zwischen Germanen und Römern lebte in dem Gegensatz zwischen römisch-katholischer Kirche und den deutschen Reformatoren wieder auf. Der lutherische Haß auf die katholische Kirche und den Papst hatte auch Konsequenzen für das römisch-deutsche Kaisertum, die bisherige deutsche Integrationsideologie. Dessen fremdländische Tradition und Abhängigkeit vom Papsttum wurde von den Protestanten mehr und mehr als Makel empfunden, vor allem, als sich Kaiser *Karl V.* ganz auf die Seite des Katholizismus schlug. Durch die Religionsspaltung verloren nicht nur Europa und das Reich ihre gemeinsame religiöse Basis; auch das katholische Kaisertum vermochte es nicht mehr, die sich zunehmend militant gegenüber stehenden deutschen Katholiken und Protestanten zu integrieren.

Dieses Vakuum einer deutschen Integrationsideologie versuchte der Dichter *Burkhard Waldis* durch eine neuartige Genealogie auszufüllen, deren Prototyp 1543 in Nürnberg geschaffen wurde. Diese Tuiscongenealogie basierte zwar auf *Nannis* Pseudo-Berosus, wurde aber von *Waldis* in ihren letzten Gliedern verändert. Sie setzte sich aus zwölf Holzschnitten zusammen, die jeweils eine stehende Ganzfigur zeigen. Sie beginnt mit *Tuiscon* und endet mit dem Begründer des fränkisch-deutschen Kaisertums *Karl dem Großen*. Diese Tuiscongenealogie proklamierte nicht nur erstmals in visueller Form den Gedanken einer gemeinsamen Herkunft aller deutschen Stämme und Landsmannschaften; vielmehr leitete sie auch erstmals das deutsche Kaisertum nicht mehr aus römischen, sondern germanischen Wurzeln her. *Karl der Große* wurde hier nicht mehr an eine fränkische Genealogie oder die römisch-byzantinischen Vorgänger im Kaiseramt angereiht, sondern an deren germanische Erzfeinde *Ariovist* und *Arminius*.

Der künstlerische Wert dieser ersten Tuiscongenealogie entspricht bei weitem nicht ihrem herausragenden politischen Aussagegehalt. Die zwölf in Holz geschnittenen Figuren wurden von verschiedenen Nürnberger Künstlern gerissen und sollen die germanischen Stammväter bzw. Helden darstellen. Nur das erste Blatt kann sicher *Peter Flötner* zugeschrieben werden. Lediglich vier Blätter sind genuine Neuschöpfungen, während die anderen nach älteren Vorlagen, vor allem nach Holzschnitten *Hans Burgkmairs des Älteren* kopiert worden sind.

Künstlerisch und geisteswissenschaftlich interessant ist vor allem Blatt eins, der von *Peter Flötner* gerissene *Tuiscon*. In seiner Gestaltung zeigt sich paradigmatisch der das ganze 16. Jahrhundert bestimmende Antagonismus von traditionellem biblisch-christlichem Weltbild und den neu rezipierten antiken Welterklärungsmodellen. Durch seine langwallende Haar- und Barttracht sowie seine Toga erscheint der deutsche Stammvater wie ein biblischer Patriarch und gibt so dem Bewußtsein einer im biblischen Mythos verankerten deutschnationalen Herkunft Ausdruck. Gleichzeitig flossen aber in Form seiner enganliegenden Beinkleider auch Elemente der taciteischen Germanenbeschreibung in die Gestaltung des *Tuiscon* ein.

Die folgenden zehn Holzschnitte zeigen Kriegerfiguren in mittelalterlichen Rüstungen. Auch die auf Platz zehn und elf positionierten realen germanischen Heerführer *Ariovist* und *Arminius* sind in spätmittelalterliche Plattenharnische gekleidet. Sie nehmen in dieser deutschnationalen Genealogie die letzten Plätze ein, da im traditionellen mittelalterlichen Weltbild die römische Antike als relativ späte Epoche, als Beginn des eigenen letzten Weltalters angesehen wurde. Unvermittelt an diese germanischen Heerführer schließt sich der in der mittelalterlichen politischen Theorie als Begründer des deutschen Kaisertums geltende *Karl der Große* an. Er wird hier erstmals nicht mehr an die römisch-byzantinischen Caesaren, sondern an die pseudo-berosianischen germanischen Stammväter angesippt.

Diese in der Tuiscongenealogie erstmals deutlich vollzogene Distanzierung zur römischen Tradition des deutschen Kaisertums kann auch in den Kaisergenealogien nachgewiesen werden, die nach der Abdankung Karls V. 1556 publiziert wurden. Rein formal ist in ihnen keine Neuerung zu erkennen, denn sie bringen die Kaiserporträts weiterhin im bis dahin dieser Gattung entsprechenden Typus der Profilbüste. Auch beginnen die Kaisergenealogien weiterhin mit dem Begründer des Römischen Kaisertums *Gaius Julius Caesar*. Allerdings werden die Amtsvorgänger der deutschen Kaiser nun meist nicht mehr kontinuierlich aneinandergereiht, sondern entsprechend ihrer nationalen Herkunft in unterschiedliche Reihungen aufgespalten. Hier zeigt sich eine gewisse Schizophrenie in der Ideologie des deutschen Kaisertums, die zeitweise sowohl von Katholiken als

Protestanten geteilt wurde: man wollte zwar weiterhin gerne mit dem Ruhm des antiken Rom glänzen, außer dem Namen ansonsten aber nicht viel mit jenem gemein haben. Tendenziell aber neigten die katholisch gebliebenen Teile des Reiches seit dem Ende des 16. Jahrhunderts wieder stärker zu Rom, Jesuiten und Kapuziner taten das Ihrige dafür; während die Protestanten lange Zeit von einem „antirömischen Komplex" (H. Plessner) geplagt wurden und allem „Germanischen" gegenüber interessierter blieben.

Diese Unterteilung der Kaisergenealogien nach nationalen Kriterien ist ein wichtiges Indiz für die Krise der deutschen Kaiserideologie im 16. Jahrhundert. In der übrigen Kaiserikonografie läßt sich diese Distanzierung zur römischen Tradition des Kaisertums kaum feststellen. Denn bis zum Dreißigjährigen Krieg dekorierten sich die Habsburger Kaiser, die niemals ein Interesse an der Tuiscongenealogie bekundeten, vorzugsweise mit römischen Formen. Seit dem frühen 17. Jahrhundert wurden die Kaisergenealogien erheblich verkürzt und meist auf die „Römischen" Könige bzw. Kaiser aus dem Haus Habsburg beschränkt. Die römische Reichstradition wurde mehr und mehr durch eine rein dynastische, die habsburgische Familientradition ersetzt.

Die 1543 in Nürnberg entstandene Tuiscongenealogie war zwar aus einem aktuellen Anlaß heraus entstanden, doch war ihre Konzeption vor allem für das protestantische deutsche Bürgertum von solch großer politischer Attraktivität, daß sie bis zum Beginn des Dreißigjährigen Krieges von verschiedenen Künstlern mehrmals neu formuliert wurde. Sowohl *Jost Amman* als auch *Tobias Stimmer* griffen die inhaltliche Konzeption der Genealogie von 1543 unverändert auf, entwarfen aber für ihre Holzschnittserien neue Figuren. Beide Künstler versuchten, die biblische Verankerung *Tuiscons* und die Herkunft der Deutschen aus dem Vorderen Orient noch deutlicher hervorzuheben. *Amman* kostümierte seinen *Tuiscon* wie einen türkischen Sultan und hinterlegte ihm den babylonischen Turmbau, um sein alttestamentliches Alter und die Entstehung der deutschen Nation bei der biblisch verbürgten Völkerscheidung zu belegen. *Stimmer* griff diese Anregung auf, gestaltete aber die meisten seiner germanischen Stammväter nach den Illustrationen in *Wolfgang Latz`* „De Gentium aliquot migrationibus", dem einzigen reich bebilderten wissenschaftlichen Werk des 16. Jahrhunderts über das europäisch-germanische Altertum.

Nicht nur in der Grafik, sondern auch im Kunsthandwerk wurden die germanischen Stammväter thematisiert. *Peter Flötner* schuf 13 kleine Plaketten mit den Germanenfürsten, die in vielen Abgüssen kursierten und unter anderem auch auf mehreren kostbaren kunsthandwerklichen Objekten wie der sogenannten „Weltallschale Rudolfs II." Verwendung fanden.

Kurz vor Ausbruch des Dreißigjährigen Krieges fertigte ein anonymer Künstler, vermutlich in Nürnberg, eine letzte Tuiscongenealogie in Deckfarbenmalerei an, deren Gestalten sich eng an die Holzschnitte von 1543 anlehnten. Die deutsche Stammväterreihe wurde zwischen eine Caesaren- und eine Habsburgergenealogie eingebunden, wodurch das politische Spannungsfeld, in dem diese diskutiert wurden, deutlich wird.

Die Tuiscongenealogie war am Ende des 16. Jahrhunderts in Deutschland weit verbreitet. Sie war unter anderem mit dafür verantwortlich, daß sich die Deutschen nicht mehr primär durch Kaiser und Reich, sondern durch ihren fiktiven gemeinsamen Stamm(-vater) vereint fühlten. Die These von der gemeinsamen Abstammung aller Deutschen, die die Tuiscongenealogie proklamierte, war vor allem im protestantischen Bürgertum populär und gab deren Anti-Rom-Komplex Ausdruck. Die Katholiken hingegen fanden durch die Gegenreformation wieder engeren Kontakt zu Rom, auch auf kultureller Ebene. Auf das Kaisertum und die Kaiserikonografie wirkte sich die deutsche Stammvätergenealogie langfristig nur indirekt aus. Aus dem Römischen Reich der Deutschen wurde nominell nie ein Germanisches. Unbeirrt sprachen die Deutschen bis 1806 von ihrem Reich als dem Römischen, auch wenn es außer dem Namen überhaupt nichts mehr mit dem antiken Imperium gemein hatte.

Das Phänomen der bildlichen Darstellung einer nationalen Stammväterreihe findet sich im 16. Jahrhundert nur in Deutschland. Die Besonderheit der deutschen Abstammungsdiskussion wird durch einen Vergleich mit einer Gruppe niederländischer Bilder des 16. und 17. Jahrhunderts, die ebenfalls den Ursprung der Nationen thematisieren, deutlich. *Carel van Mander* und *Isaac van der Block* lokalisierten diesen am biblischen Turm zu Babel und inszenierten die Völkerscheidung als ein alle Nationen der Welt betreffendes Ereignis. In Deutschland hingegen war man nur am Ursprung der eigenen Nation, an den eigenen Stammvätern interessiert. Wird hier der Babelturm als Symbol der Völkerscheidung zitiert, so einzig als Beleg für das hohe Alter *Tuiscons*, während die übrigen Völker bzw. deren Stammväter ausgeblendet sind.

Die deutsche Abstammungsdiskussion des 16. Jahrhunderts zeigt paradigmatisch das Fortwirken des biblisch-mittelalterlichen Weltbildes und den relativ geringen Einfluß antiker Denkmuster in Deutschland. Nur in den beiden Jahrzehnten vor Beginn der Reformation wirkte der fortschrittliche, weitgehend säkularisierte italienische Humanismus auch auf die deutschen Gelehrten ein. Durch die Lutherische Reformation wurden jedoch die Ansätze zu einem säkularen Denken erstickt und das Geschichtsdenken nicht nur in Deutschland, sondern in ganz Europa wieder unter biblische Prämissen gezwungen. Aufgrund dieser Tatsache entspricht keiner der in den Tuiscongenealogien des 16. Jahrhunderts dargestellten germanischen Stammväter unseren Vorstellungen eines taciteischen Germanen, das heißt eines noch eng der Natur verbundenen unzivilisierten Wilden.

Der frühneuzeitliche deutsche Nationalismus erwuchs aus religiösen Urgründen und blieb bis ins 18. Jahrhundert hinein eng den christlich-biblischen Denkschemata verhaftet. Die Anfänge der Welt wurden entsprechend der biblischen Genesis erklärt; die Anfänge der deutschen Nation konnten dank des Pseudo-Berosus problemlos damit verknüpft werden. Länger und zäher als andere Völker pflegten die Deutschen ihren Stammväterkult und damit den Glauben, die älteste Nation Europas zu sein; *Tuiscon* taucht auch in den Publikationen des 17. und 18. Jahrhunderts immer wieder auf. Erst im Zeitalter der Aufklärung begannen die Deutschen, ihre völkischen Anfänge nicht mehr mit *Noah* oder *Tuiscon*, sondern mit den antiken Germanen zu datieren. Dies bedeutete eine ungeheure Einbuße an vermeintlicher historischer Tradition. Das Selbstverständnis, das europäische Urvolk, gleichalt wie die Juden zu sein, wich der Erkenntnis, daß die eigenen Ahnen erst relativ spät auf der Weltbühne erschienen waren.

Obwohl man seit dem 18. Jahrhundert traditionell „deutsche Geschichte" mit den antiken Germanen beginnen läßt, wirkt die Stammvätergenealogie im Unterbewußtsein der Deutschen bis heute nach. Die frühneuzeitliche Konzeption der europäischen Nationen, die die Zusammengehörigkeit einer Nation durch einen gemeinsamen Stammvater zu begründen suchte, wurde in Deutschland nie durch ein modernes Staatsbürgerbewußtsein ersetzt. Die Vorstellung einer Deutschstämmigkeit, einer gemeinsamen Herkunft aller Deutschen von letztlich einem Stammvater, war eine der ideologischen Voraussetzungen des nationalsozialistischen Rassenwahns und währte über das Ende des Dritten Reiches hinaus fort.

Eine Einteilung der Bildgenealogien des 16. Jahrhunderts nach inhaltlichen Kriterien, nach Gattungen ist wesentlich sinnvoller als eine nach formalen Typen, wie sie R. Prieur vorgeschlagen hat. Zwar gab es durchaus eine Präferenz von Darstellungstypen für bestimmte Gattungen, doch waren diese nicht zwingend.

Die mittelalterlichen Völkertafeln beschränkten sich auf einfache grafische Schemata ohne künstlerischen Anspruch. Eine Ausnahme bildet die Schedelsche Weltchronik von 1493, die die Nachkommenschaft mehrerer Noaniden gleich den adligen Familienstammbäumen künstlerisch mit individuell ausgestalteten Halbfiguren ausschmückte. Um die Mitte des 16. Jahrhunderts verschwanden die traditionellen Völkertafeln; in Deutschland wurden sie gewissermaßen von der Tuiscongenealogie ersetzt, die die traditionelle Darstellungsform adliger Deszenten - die einfache Reihung von Ganzfiguren - übernahm.

Die Kaisergenealogien griffen seit Beginn des 16. Jahrhunderts den in Italien für die Caesarengenealogien entwickelten, von antiken Münzbildnissen abgeleiteten Bildnistypus der Profilbüste auf und behielten ihn das ganze Jahrhundert über bei. Das früheste deutsche Beispiel stellen die holzgeschnittenen Profilbildnisse römischer Caesaren von *Hans Burgkmair d. Ä.* für ein von Kaiser *Maximilian I.* beauftragtes Kaiserbuch dar. Dieses wurde jedoch nie publiziert, sodaß die Holzschnitte in *Andrea Fulvios* „Illustrium Imagines" von 1517 meist als Vorlagen für die Porträts der deutschen Kaisergenealogien herangezogen wurden. Nur in dieser Gattung waren authentische Porträtvorlagen auch aus antiker Zeit vorhanden. Die byzantinischen und mittelalterlichen deutschen Kaiser wurden entsprechend den vorhandenen Vorlagen meist frontal dargestellt. Fehlende Bildnisse wurden entweder frei erfunden oder einfach ausgespart. Eine Ausnahme hiervon machen nur die mit Deckfarben gemalten Kaisergenealogien, die die Herrscher entweder in Ganzfigur bzw. wie bei der Augsburger Kaiserchronik von 1580 als Reiter vorstellen. Erst nach 1600 wird der relativ verbindliche Darstellungstypus des Profilbildnisses auch in den Caesarengenealogien aufgegeben.

Bei den Kaisergenealogien läßt sich, ähnlich wie bei den Adelsgenealogien, auch eine Verlagerung in der Wahl des Mediums feststellen. Im 16. Jahrhundert waren sie fast ausschließlich in gedruckter Form präsentiert worden. Nach 1650 ging man dazu über, sie in Form gemalter Ahnengalerien zur Ausstattung der immer größer werdenden Schloßbauten zur Schau zu stellen. Der Idealtypus eines Kaisersaales findet sich in der Neuen Residenz in Bamberg, wo mit einer Ausnahme nur römisch-deutsche Könige bzw. Kaiser aus dem Hause Habsburg in Ganzfigur als Wandfresken dargestellt sind, während die antiken Caesaren nur an untergeordneter Stelle plaziert wurden.

Da aus dem Mittelalter kaum Porträts überliefert waren, sahen sich die Künstler bei der Anfertigung von adligen Stammbäumen und Deszenten gezwungen, fiktive Porträts zu entwerfen. Die stark anwachsende Zahl von Porträtsammlungen und illustrierten Vitenbüchern seit Mitte des 16. Jahrhunderts läßt auch auf das Bedürfnis der Künstler schließen, authentische Porträts als Vorlagen verwenden zu können.

In den Bildgenealogien des 16. Jahrhunderts läßt sich auch die Auflösung des genealogisch bestimmten mittelalterlichen Geschichtsdenkens erkennen. Bis weit ins 16. Jahrhundert hinein wurden die einzelnen Figuren in den Stammreihen fast immer isoliert, ohne Andeutung eines Raumes oder eines Hintergrundes dargestellt; die einzelne Figur ist lediglich das Glied einer Kette und erhält ihre Bedeutung nur aus dem genealogischen Zusammenhang. In der zweiten Hälfte des Jahrhunderts wurden hingegen die einzelnen Figuren häufig durch eine bedeutsame Szene aus ihrem Leben hinterlegt, wodurch sie an Individualität und Eigenwert gewannen. Die jüdisch-mittelalterliche Konzeption von Geschichte als Genealogie wurde allmählich verdrängt durch das antike Konzept der „memoria", des Weiterlebens im Gedächtnis der Nachwelt allein durch herausragende Taten.

Vergleicht man die Bildgenealogien des frühen mit denen des späten 16. Jahrhunderts, so läßt sich ganz allgemein ein gesteigerter Realitätssinn gegenüber den mittelalterlichen Herkunftsmythen und ein Verzicht auf fremdländische Ahnen erkennen. Die Genealogien wurden erheblich kürzer und reichten nicht mehr in die mythische Vorzeit, sondern nur noch ins Mittelalter zurück.

Exemplarisch läßt sich diese Tendenz bei den Genealogien der Habsburgern erkennen. Bei diesen findet sich um 1600 eine wesentlich größere Nüchternheit hinsichtlich der eigenen Herkunft als ein Säkulum zuvor. Projekte wie die Kaiser *Maximilians I.*, der sich bis auf *Noah* oder *Francio I* zurückzuführen gesucht hatte, werden nun nicht mehr ausgeführt. Die Tendenz ging eindeutig dahin, sich nur noch auf Ahnen zu berufen, deren Existenz durch glaubhafte historische Quellen verbürgt war.

Diese größere Bescheidenheit des Adels hinsichtlich der Länge der eigenen Ahnenreihen dürfte durch die zunehmende Bespöttelung motiviert worden sein, die diese von bürgerlicher Seite erfuhren.[595] Denn je näher sich der Adlige an den Ursprung aller Menschen ansippte, desto gemeiner machte er sich mit dem einfachen Volk. So ist bei mehreren Genealogen dieser Zeit zu lesen, daß „eines Geschlechts Lob nit so gar an deme gelegen, da es schon von Ogyges zeit unnd alter herkäme: weil auch die geringsten leuth so wol / als die könige / von Noe / ja von Adamo selbst unserm Ersten Vatter ihren ursprung haben."[596] Auch setzten sich am Ende des 16. Jahrhundert immer mehr die antiken Anschauungen über das Frühmenschentum gegenüber dem biblischen Schöpfungsmythos durch. Die Ahnen der Vorzeit stellte man sich nun nicht mehr als weise und erhaben, sondern als unkultiviert und primitiv vor. Vollends nach der eindrucksvollen Analyse germanischer Vorzeit durch *Philipp Cluver* 1616 schien es niemandem mehr geraten, seine germanischen Ahnen allzuweit in der Vorzeit suchen zu wollen.

Die Forderung, daß nicht die Menge der Ahnen, sondern deren Tugend ausschlaggebend für wahren Adel sei, war schon lange zuvor formuliert worden, beispielsweise von *Ulrich von Hutten*; sie wurde im 17. Jahrhundert vor allem in der bürgerlichen Publizistik zu einem Topos. [597]

---

[595] „So muß man sich gleichfalls hüten, daß nicht durch allzueitelen Ruhm deß Alters in einem Geschlecht / man sich den Verständigen zum Spott darstelle, und dadurch die gantze Sach verdächtig mache / inmassen einem dergleichen Historico widerfahren / welcher, nach C u s p i n i a n i Anzeig, den Stammbawm der Ertzhertzoge zu Oesterreich von Japhet des Noah erstgeborenen Sohn herführete / unnd deßhalben von Kaiser Maximiliano I. folgenden Verweis bekam ... " J. H. Hagelgans; Genealogischer Versuch; a.a.O. Dedicatio.

[596] Dises aber ist eines alten Adels herrliche zierd / Voreltern zu haben / und denen nachfolgen / welche durch Tugend / und erzaigte grosse wolthaten gegen dem gemeinen Nutz verdienet / daß sie anderen fürgezogen werden sollen ... „ G. de Roo; Annales; a.a.O. S. 2.

[597] Johann Rist schrieb in seinem Traktat „Das alleredelste Nass": „Andere bringen alte Gemählde für den Tag / wobei die Wapen / so ihre Vorfahren schon für etliche hundert Jahren geführet / zu finden / und in Summa / je älter ihr Geschlecht ist / je höher preisen sie ihren Adel / da doch vernünftige Leute einer viel anderen Meinung sind / in deme sie dafür halten / das der jenige / welchen der Römische Kaiser für dreien Tagen erstlich geadelt / wen er nur Tugenthaft und verständig dabei / viel ein beßer Edelmann sei / als einer / der voller Laster / seine Ahnen von etlichen hundert Jahren kann her rechnen / alter Adel ist nicht allzeit de beste / sondern: Dises heist rühmlich Adel / wo man lebet sonder Tadel. Jmmittelst / wen ja das Alter ein Ding sol Edel machen / so kann ich mit guthem Fuge behaubten / das die Dinte das AllerEdelste Nass der Welt sei / den das bin ich gnugsahm versichert / das heut zu Tage kein Adeliches Geschlecht werde gefunden / deßen Alter so weit als der Dinten könne her geführet werden ... " J. Rist; Sämtliche Werke. Bd. 4. Hamburg 1663. Neu hrsg. von H.-G. Roloff. Berlin - N. Y. 1972. S. 97.

Diese größere genealogische Bescheidenheit hing auch mit dem gesteigerten Bedürfnis nach der Authentizität der Ahnenbildnisse zusammen, dem die zahlreichen, seit Mitte des Jahrhunderts entstehenden Bildnissammlungen und illustrierten Vitenwerke entsprangen. Die nach italienischen Vorbildern angelegte Porträtsammlung Erzherzog *Ferdinands II. von Tirol* (1529 - 95) auf Schloß Ambras dürfte die erste und bedeutsamste ihrer Art im deutschsprachigen Raum gewesen sein.[598]

Der Wunsch nach größerer Authentizität in der Darstellung historischer Persönlichkeiten und Ereignisse konzentrierte sich vor allem auf die Physiognomien und weniger auf das Kostüm. Die seit der zweiten Hälfte des 16. Jahrhunderts publizierten Kostümbücher wie *Hans Weigels* „Habitus praecipuorum populorum" von 1577 begnügten sich mit der Wiedergabe der Vielfalt regionaler z e i t g e n ö s s i s c h e r Trachten.[599] Eigentliche historische Kostümbücher für künstlerische Zwecke entstanden jedoch erst im frühen 19. Jahrhundert.[600] Die Künstler des 17. Jahrhunderts behalfen sich mangels geeigneter Nachschlagewerke meist durch ihre Phantasie.

Trotz der intensiven Rezeption der antiken Schriftsteller finden sich in der deutschen Kunst des 16. Jahrhunderts nur wenige Ereignisbilder aus der germanischen Vorzeit; vermutlich deshalb, weil die römischen Autoren die germanischen Altvordern meist als primitiv und unwürdig beschrieben hatten und man diese daher als nicht darstellungswürdig empfand. Eine genaue Bestimmung dessen, welche Darstellungen als „Germanenbilder" zu gelten haben, ist vor allem deshalb unmöglich, weil sie fast ausschließlich im Rahmen von Bildgenealogien, den Tuiscongenealogien auftauchen. Das biblische Weltbild und genealogische Geschichtsdenken verhinderte, daß man die Deutschen bzw. Germanen als Volk mit autochthonen Anfängen begreifen konnte. Die Auflistung und Beschreibung der Tuiscongenealogien ist deshalb geradezu gleichbedeutend mit einer „Geschichte des Germanenbildes im 16. Jahrhundert."

Die Bildgenealogien des 16. Jahrhunderts zeigen auch beispielhaft die geringe Kenntnis antiker Kunstwerke in Deutschland. Im Gegensatz zu Italien blieben antik-römische Barbarendarstellungen in Deutschland bis zum späten 17. Jahrhundert unbekannt. In Italien orientierten sich die Künstler häufig an den noch vorhandenen antiken Reliefs und Plastiken, wenn es um die Darstellung antik-historischer Bildthemen ging; ein herausragendes Beispiel hierfür ist die „Konstantinsschlacht" der Raffael-Schule im Vatikan. Die deutschen Künstler hingegen kannten diese authentischen Bildquellen nicht. Sie konnten auch auf keine spezifische Bildtradition zurückgreifen und kleideten ihre fiktiven germanischen Vorväter - mit Ausnahme *Tuiscons* - fast immer in spätmittelalterliche bzw. zeitgenössische Rüstungen. Im Bereich der deutschen Bildgenealogien beschränkte sich die Antikenrezeption im wesentlichen auf die Numismatik und die Übernahme von Ornamentformen; sie wurde nur für die Caesaren- und Kaisergenealogien, dort aber durchweg, fruchtbar. Die Lutherische Reformation behinderte die deutsche Antikenrezeption erheblich und führte langfristig zu einer Stagnation der deutschen Kunstentwicklung. Denn durch die deutschen Reformatoren wurde die römische Kunst mit dem Papsttum identifiziert und als Ausdruck von dessen Dekadenz betrachtet. Die nach 1517 einsetzende Verschlechterung der politisch-religiösen Beziehungen war nahezu gleichbedeutend mit einem Abbruch der kulturellen Beziehungen: der Drang der deutschen Künstler ins feindlich gesonnene Italien war in der Generation nach *Dürer* erheblich gemindert und

---

[598] Erzherzog Ferdinand II. von Tirol hatte sich seit ca 1550 eine ca 1000 Stück umfassende Sammlung von Kleinporträts anfertigen lassen. Siehe A. Auer; Schloß Ambras; a.a.O.
[599] Hans Weigel; Habitus praecipuorum populorum. Nürnberg 1577.
[600] Siehe dazu Sigrun Brunsiek; Auf dem Weg der alten Kunst. Marburg 1994.

führte dazu, daß die wichtigste künstlerische Inspirationsquelle des 16. Jahrhunderts - die römische Kunst - nur noch aus dürftig illustrierten Publikationen vermittelt wurde.

Ausblick :

Wolfgang Latz` Buch über die Völkerwanderungen von 1557 war die letzte umfassende deutsche Auseinandersetzung mit der germanischen Vorzeit im 16. Jahrhundert. War die erste Hälfte des Jahrhunderts durch eine intensive und breite Diskussion über die Herkunft der deutschen Nation erfüllt gewesen, so schwand durch die Konfessionalisierung das Interesse an nationalen Fragen. Erst am Ende des 16. Jahrhunderts begann in den Niederlanden unter ganz anderen geisteswissenschaftlichen Voraussetzungen erneut eine Erforschung der germanischen Vorzeit. Diese war weit weniger als die frühere deutsche von politisch-ideologischen Interessen bestimmt und schenkte auch genealogischen Fragen keine Aufmerksamkeit mehr. Vielmehr war sie weitaus stärker vom antiken Evolutionsdenken geprägt und zeitigte deshalb ein von den deutschen mittelalterlichen Rittergestalten des 16. Jahrhunderts gänzlich abweichendes Bild der Germanen.

Literaturverzeichnis

a) Quellen

Abcontrafactur und Bildniß aller GroßsHertzogen / Chur und Fürsten, welche vom Jahre nach Christi geburt 842 biß auff das jetzige 1599 Jahr / das Land Sachssen / Löblich und Christlich regieret haben. Wittenberg 1599.
Agricola, Johann; Eigentliche Bildtniß und Abcontrafeyhung römischer Keiser. Dresden 1596.
Althamer, Andreas; Commentaria Germaniae in Taciti Libellum. Nürnberg 1529.
Anonymus; Drei Kaisergenealogien (Behelfstitel). Nürnberg 1617 / 19. Lipperheidsche Kostümbibliothek Berlin (Lipp =Oz 134).
Anonym; Die alder exc. Cronyke von Brabant, Holland, Seeland. Antwerpen 1512.
Apianus, Peter; Abbreviationes vetustorum monumentorum in ordinem alphabeticum dig. Ingolstadt 1534.
Ders., Inscriptiones sacro sanctae vetustatis non illae quidem Romanae, sed totius fere orbis summo studio. Ingolstadt 1534.
Ders.; Cosmographie, ou description des quatre parties du monde. Antwerpen 1581.
Aquila Austriaca; Das ist historische Beschreibung und Abbildungen aller Römischen Kaiser und Könige Welche von Rudolpho I. biß auf Leopoldum I auß dem Hause des Graven von Habspurg sind erwöhlet worden. Zu finden bey Paulus Fürsten Kunsthändler in Nürnberg o.J.
Arnkiel, Trogillus; Cimbrische Heydenreligion. Hamburg 1702.
Ausschreiben an alle Stende des Reichs. Wittenberg 1538.

Babor, Johann; Über die Abstammung der Deutschen. Berlin 1798.
Bayle, Pierre; Dictionaire historique et critique. Rotterdam 1697.
Herrn Pierre **Baylens** Historisches und kritisches Wörterbuch, übersetzt von Joh. Christoph Gottsched. Leipzig 1740.
Beatus Rhenanus; Rerum Germanicarum libri tres. Basel 1531.
Berg, Adam; Wappenbuch des Heiligen Römischen Reichs und allgemaîner Christenheit. München 1581.
Bildnuß oder Contrafactur der zwölff ersten alten Teutschen Königen und Fürsten, welcher Tugendt und Thaten für andern gerühmet und gepreiset / und bey den Geschichtschreibern / wie auch innachfolgenden Chronicken / gedacht werden / sampt kurtzer Beschreibung ihres Ursprungs / und Herkommens / mit anzeigung / zu was Zeiten sie regiert und gelebt haben. Frankfurt 1622.
Bodin, Jean; Methodus ad Facilem Historiarum Cognitionem. Amsterdam 1650.
Boemus, Johannes; Mores leges et ritus. Augsburg 1520.

Bry, Theodor; America de Bry 1590 - 1634. Neudrucke hrsg. von Gereon Sievenich. Berlin - New York 1990.
Bünau, Heinrich von; Genaue und umständliche Teutsche Kayser- und Reichshistorie. Aus den bewehrtesten Geschichtsschreibern und Urkunden zusammengetragen. 1.Theil. Leipzig 1728.

Caesar, Gaius Julius; Der Gallische Krieg. Hrsg. von Georg Dorminger. München 1965.
Capelle, Wilhelm; Das alte Germanien. Die Nachrichten der griechischen und römischen Schriftsteller. Jena 1937.
Cardauns, L. (Bearbeiter); Nuntiaturberichte aus Deutschland 1533 - 59. Abt. I, Bd. 7 (1541 - 44). Berlin 1912 715.

Castritius, Matthias; De heroicis virtutibus, memorabilius factis, dictis & exemplis. Principum germaniae libri V. Basel 1565.
Cluver, Philipp; Germania antiqua libri tres. Leiden 1616.
Ders.; Introductionis in universam geographiam tam veteram quam novam libri V. Amsterdam 1651.
Chronica / Beschreibung und gemeyne anzeyge / von aller welt herkommen / fürnämen Landen. Frankfurt 1535.
Cuspinian, Johannes; De Caesaribus. Straßburg 1540.
Ders.; Ein außerleßne Chronicka von C. Julio Cesare dem ersten, biß auff Carolum quintum diser zeit Rhoemischen Keyser, auch von allen Orientalischen und Türckischen Keysern. Straßburg 1541.
Custos, Domenicus; Aquila signifera S.R. Imperii. Augsburg um 1600.
Ders.; Atrium heroicum Caesarum, regum alioq. Summatum ac procerum qui intra proximum seculum vixere, aut hodie supersunt, imag. 1. Teil. Augsburg 1602.

Deutsche Reichstagsakten, Jüngere Reihe. Bd. 1 - 4. Deutsche Reichstagsakten unter Karl V. Bearbeitet von August Kluckhohn. O.O. 1893 - 1905.
Deutsche Reichstagsakten, Jüngere Reihe, Bd. 7; 1, 2. Dt. Reichstagsakten unter Karl V. Bearbeitet von Johannes Kühn. O.O. 1935
Doering, Oscar (Hrsg.); Des Augsburger Patriciers Philipp Hainhofer Reisen nach Innsbruck und Dresden. Wien 1901.
Doesborch, Jan van; Cronyke van Hollandt, Zeelandt. Leiden 1517.
Dresserus, Matthaeus; Sächsisch Stammbuch, darinnen deß hochlöblichen uhralten Königlichen und Fürstlichen Hauses zu Sachsen; so wol deß Volcks und Königreiches fürnehme Thaten von 1700 Jahren hero.....Leipzig 1602.

Ebendorfer, Thomas; Chronica Austriae. Hrsg. von Alphons Lhotsky. München 1993. (Monumenta Germaniae Historica CXX).
Effigierum Caesarum opus per quam, elegans et admirandum, Apella elaboratum arte. Augsburg 1580 (Österreich. Nationalbibliothek Wien: Codex 15167).
Eppendorf, Heinrich von; Annalbuch der Rhömischen Künigen, Burgermeysteren / und Keyseren nammhafftige Kriegßhändel / von dem ersten Julio an / bitz uff den grossmächtigsten yetzt regyrerenden Keyßer Carolum / des Nammens den Fünfften. Straßburg 1545.

Fichte, Johann Georg; Reden an die Deutsche Nation. Hamburg 1955. (Erstausgabe Berlin 1808).
Flaccius, Matthias; De translatione Imperii Romani ad Germanos. Basel 1566.
Ders.; Von der grewlichen Uneinigkeit....Jena 1559.
Folz, Hans; Auswahl, bearbeitet von Ingeborg Spriewald. Berlin 1960.
Franck, Sebastian; "Germaniae Chronicon" / Chronica, Zeytbuch und geschichtbibel von anbegyn biß inn die gegenwertig MDXXXI jar. O. O. 1531.
Fulvius, Andrea; Illustrium Imagines. Fac-Simile dell` edizione Romana stampata da Giacomo Mazzochi nel 1517 con Nota di Robert Weiss. Rom o. J.

Gatterer, Johann Christoph; Abriß der Genealogie. Göttingen 1788.
Gebweiller, Hieronymus; Keiserlicher und Hispanischer Mt. Auch Fürstlicher durchlauchtigkait und aller hievor Ertzhertzoge und Hertzoge von Österreich. O. O. 1527.
Giovio, Paolo; Elogia virorum illustrium virorum. Basel 1575.
Goldast, Melchior; Imperatorum, Caesarum, Augustorum, regum et principum electorum. Frankfurt 1607.
Goltz, Hubert; Icones Imperatorum Romanorum, ex priscis numismatibus ad vivum delineatae et brevi narratione historica. Antwerpen 1645.

Ders.; Lebendige Bilder gar nach aller Keysern, von C. Julio Caesare bis auff Carolum V. und Ferdinandum. O. O. 1557.
Gottfrid, Johann Ludwig; Historische Chronica oder Beschreibung der Fürnemsten Geschichten.. Frankfurt bei Merian 1657.
Ders.; Archontologia cosmica. Frankfurt 1695.
Grapheus, Cornelius; De Triumphe van Antwerpen. Antwerpen 1550.
Gürtler, Nicolaus; Origines mundi: & in eo regnorum, rerum publ. populorum. Amsterdam 1708.

Haeberlin, Franz Dominicus; Umständliche Teutsche Reichshistorie. Bd 1-2 . Halle 1767 - 73.
Hagelgans, Johann Heinrich; Genealogischer Versuch, in sich haltend der roemisch Kaiserlichen, wie auch derer in Frankreich, Hispanie und Schweden königlicher Stammregister. Nürnberg 1640.
Hampe, Theodor; Nürnberger Ratsverlässe über Kunst und Künstler. Quellenschriften für Kunstgeschichte und Kunsttechnik des Mittelalters und der Neuzeit. NF, Bd. XI. Wien - Leipzig 1904.
Haubenreich, Georg; Genealogia oder Stammbaum des Hauses Österreich. Frankfurt 1598.
Hedio, Caspar; Ein außerlesene Chronik von Anfang der welt. Straßburg 1539
Hefner, J. von (Hrsg.); Hans Burgkmairs Turnierbuch. Dortmund 1978 (Nachdruck der Ausgabe von 1853).
(Die) **Heilige Schrift** des Alten und Neuen Testamentes. Vollständige Ausgabe hrsg. von V. Hamp / M. Stenzel / J. Kürzinger. Wiesbaden 1977.
Herold, Johann; Heydenwelt. Basel 1554.
Ders.; De Germanis veteris. Basel 1555.
Ders.; De Romanorum in Rhetia. Basel 1555.
Hille, Carl Gustav von; Der teutsche Palmbaum. Das ist Lobspruch von der Hochlöblichen, Fruchtbringenden Gesellschaft Anfang, Satzungen, Vorhaben, Namen, Sprüchen, Gemählen, Schriften und unverwelklichem Tugendruhm. Nachdruck der Auflage Nürnberg 1647. Hrsg. von Martin Bircher. München 1970.
Holtzwart , Matthias ; Eikones cum brevissimis descriptiones duodecim primorum primariorumq.; quos scire licet, veteris Germaniae herorum. Straßburg 1573.
Ders.; Emblematum Tyrocina : sive picta poesis latino germanica. Das ist Eingeblümete Zierwerck oder Gemälpoesie. Straßburg 1573.
Ders.; Emblematum Tyrocina. Hrsg. von Peter von Düffel und K. Schmidt. Stuttgart 1968.
Hulsius, Levin; XII Primorum Caesarum et LXIIII ipsorum uxorum et parentum ex antiquis numismatibus. Frankfurt 1597.
Hutten, Ulrich von; Arminius Dialogus. Wittenberg 1538.
Ders.; Kurtzer außzug wie böslich die Bebste gegen den Deutschen Keisern yemals gehandelt, das billich / auch nur umb der gewohneit willen / kein Keiser einigem Babst mehr vertrawen solt / Er wölle dann gern betrogen sein. Wien (?) 1545.
Ders.; Deutsche Schriften. Hrsg. von Peter Ukena. München 1970.
Huttich, Johann; Collectana antiquitatum. Mainz 1520.
Ders.; Imperatores Romani cum imaginibus, ad vivam effigiem expressis. Straßburg 1525.
Ders.; Romanorum principum effigies. Lyon 1552.

Icones Herorum. Basel 1589.
Imperatorum Austriaconum tabulis sphaeris comprehensa. Wien um 1631. (Österreich. Nationalbibliothek Wien: Codex 8795)
Imperatorum Romanorum omnium orientalium et occidentalium verissimae imagines ex antiquis numismatibus quam fidelissimae delineatae. Zürich 1559.
Irenicus, Franciscus; Germaniae exegeseos volumina duodecim. O. O. 1518.

Joanis, Giorgio Christiano; Veteris scriptores, qui Caesarum et Imperatorum Germanicorum res per aliquot saecula gestas litteris mandarunt. Frankfurt 1584.
Jode, Cornelius de; Speculum orbis terrarum. Germania. Geographis tabulis illustrata. Antwerpen 1593.
Josephus, Flavius; Jewish Antiquities. Bd. IV. Ins Englische übersetzt von H. St. J. Thackeray. Cambridge / Mass. 1961.

Kaerius, Petrus; Germania Inferior. Arnheim 1613.
Keller, Diethelm; Kunstliche und aigendliche bildtnussen der Rhömischen Keyseren, ihr weybern und kindern / und auch anderer verrrümpten personen. Zürich 1558.
Kilian, Wolfgang; Imp. Caes. Ferd. Augsburg 1608.
Ders.; Deß aller Durchleuchtigsten Haus Österreich Hertzogen. Augsburg 1629.
Ders. Serenissimorum Austriae Ducum, Archiducum, Regum, Imperatorum genealogia, a Rudolpho I Habsburgensi, Caesare, ad Ferdinandum II. Rom. Imp. Augsburg 1623.
Kircher, Athanasius; Arca Noe in tres libros. Amsterdam 1675.
Ders.; Turris Babel sive archontologia. Amsterdam 1679.
Koebel, Jacob; Glaubliche Offenbarung / wie vil fürtrefflicher Reych und Kayserthumb auff erdtrich gewesen, wo das Römisch Reich herkomm / auß was ursach es zu den Edeln Teutschen veraendert wordenn sey. Augsburg 1540.
Königshoven, Jacob von; Die Älteste Teutsche so wol Allgemeine als insonderheit Elsassische und Straßburg Chronicke. Straßburg 1698. (Verfaßt 1386).
Krantz, Albert; Rerum Germanicarum historici clariss. Saxonia. De Saxonicae gestis vetusta origine, longinquis expeditionibus susceptis, & bellis domi pro libertate diu fortiterq. gestis. Frankfurt 1580.
Ders.; Saxonia : Weithleuffige, Fleissige und richtige Beschreibung, der Ankunfft, Sietten, Regiment, Religion...der Sachsen, So sich etliche hundert jar vor Christi Geburt. Leipzig 1563.
Kriegsmann, Wilhelm Christoph; Conjectaneorum de Germanicae gentis origine, ac conditore Hermete Trismegisto. Tübingen 1684.
Kupferschmidt, Melchior Balthasar; Chronica biß auf dieses 1668ste Jahr. Frankfurt 1668.
Ders.; Historische Chronika. Frankfurt 1674.

Lancironi, Fridericus de; Chronica von allen Kaisern seit Christi Geburt. Kaiser Sigmunds Reformation. Kaiser Friderichs III. Reformation. Chronica von allen Päbsten. Augsburg 1480.
Latz, Wolfgang; De Gentium aliquot migrationibus, sedibus fixis, reliquiis, linguarumque initiis & & immutationibus ac dialectis, Libri XII . In quibus praeter caeteros populos, Francorum, Alemannorum, Suevorum, Marcomannorum, Boiorum, Carnorum, Tauriscorum, Celtarumque, atque, Gallograecum tribus. Basel 1557. (2. Ausgabe Frankfurt 1600).
Ders.; Commentatorium in genealogicam Austriacam. Basel 1564.
Lerchenfeld, Johann Joseph von; Naratio historica. 1706.
Lindenbruch, Erpoldus; Chronica von dem Scheutzlichen Kriege welchen die Cimbri mit dem Römischen Volcke gantzer acht Jahr geführet und vollbracht. Hamburg 1589.
Lipsius, Justus; Opera omnia. Antwerpen 1637 .
Lirer, Thomas; Schwäbische Chronik. Mit einem Kommentar von Peter Amelung. Neudruck der Ausgabe Ulm 1486. Leipzig 1990.
Lohenstein, Casper Daniel von; Hermann und Thusnelda. Grossmüthiger Feldherr Arminius : oder Herrmann als ein tapfferer Beschirmer der deutschen Freyheit. Leipzig 1689 / 90. (2 Bde.).
Luther, Martin; Sämtliche Schriften. Hrsg. von Johann Georg Walch. Groß Oesingen 1987.

Magnus, Johannes; Historia de omnibus Gothorum Sueonumque regibus. Rom 1554.
Magnus, Olaus; Historia de gentibus septentrionalibus. Rom 1555.
Mander, Carel van; Das Leben der niederländischen und deutschen Maler. Hrsg. von Th. von Frimmel. München-Leipzig 1906.

Meisterlin, Sigismund; Eine schöne Cronick un Hystoria wye nach der Synndfluß Noe, die teutschen, das streitpar volck jren anfang empfangen haben. Augsburg 1522.
Melanchthon, Philipp; In Cornelii Taciti de situ, moribus et populis Germaniae libellum commentarius. In: Corpus Reformatorum. Hrsg. von H. E. Bindseil, Bd. XVII. Halle 1851.
Micyllus, Jacob; Der römischen Keyser Historien von dem abgang des Augusti an bis auff Titum und Vespasianum. Mainz 1535.
Mühlpfort, Heinrich; Teutsche Gedichte; Poetische Gedichte ander Theil. Breslau - Frankfurt 1686 / 87. Neudruck hrsg. von Heinz Entner. Frankfurt 1991.
Münster, Sebastian; Cosmographie. Frankfurt 1532.
Ders.; Cosmographia oder Beschreibung der gantzen Welt. Lindau 1984. Facsimile-Druck der Ausgabe 1628. (2 Bde.)
Mutius, Huldric; De Germanorum prima origine, moribus, institutis et rebus gestis. Basel 1539.

Nanni, Giovanni (= Annius von Viterbo); Auctores vetustissimi nuper in lucem editi. Venedig 1498.
Ders.; Historia Antiqua / Commentaria super opera diversorum auctorum de antiquitatibus. Antwerpen 1552.
Nuntiarturberichte aus Deutschland 1533 - 59. Nebst ergänzenden Aktenstücken. 1.Abt. / Bd. 7. Frankfurt 1968 (Nachdruck der Ausgabe Berlin 1912).
Johann **Neudörffers** Nachrichten von den vornehmsten Künstlern und Werkleuten so innerhalb hundert Jahren in Nürnberg gelebt haben 1546 nebst der Fortsetzung von Andreas Gulden 1660. Hrsg. von Friedrich Campe. Nürnberg 1828.
Neue Künstliche Figuren Biblischer Historien / gründtlich von Tobias Stimmer gerissen: Und zu Gotsförchtiger ergetzung ergetzung andächtiger hertzen / mit artigen Reimen begriffen. Durch J. F. G. M. (= Johann Fischart). Nachdruck der Ausgabe Basel 1576. München 1881. (Liebhaber-Bibliothek alter Illustratoren 4. Bd.).
Neuenhagen, F. G.; Mythologie der nordischen Völker. Leipzig 1794.
Neumark, Georg; Der neu-sprossende Palmbaum. Nachdruck der Ausgabe Nürnberg 1668. Hrsg. von M. Bircher & F. Kemp. München 1970.

Pantaleon, Heinrich; Prosopographiae herorum atque illustrium virorum totius Germaniae. Basel 1565.
Pappenheim, Matthias; Chronic der Truchsesse von Waldburg. Augsburg 1527.
Patriciarum Stirpium Augustanar. Vind. et earundem sodalitatis insignia. Augsburg 1613.
Patricy Respublicae Nurenberg. Das ist 83 uhralte Adeliche geschlächt daraus der Rath von 300 jarn hero es wolt. Nürnberg um 1610.
Peutinger, Conrad; Sermones convivales: de mirandis Germanie antiquitatibus. Straßburg 1506. Konrad Peutingers Briefwechsel. Hrsg. von E. König. München 1923.
Peyère, La Isaac; Praeadamitae. O.O. 1655.
Piccolomini, Enea Silvio; Deutschland: der Brieftraktat an Martin Mayer und Jakob Wimpfelings Antworten und Einwendungen gegen Enea Silvio. Übersetzt und erläutert von Adolf Schmidt. Köln 1962.
Pictor, Georg; Göttermagazin 1558. dass. Theologia mythologica (ex. doctiss.) Freiburg 1532.
Pirkheymer, Willibald; Bibl. Germaniae ex variis scriptoribus perbrevis explicatio. Nürnberg 1532
Polydorus Urbinus Vergilius; Von den Erfyndern der dyngen. Augsburg 1537.
Pontanus, Johann Isaac; Originum Francicarum libri VI, in quibus praeter Germaniae ac Rheni chorographiam, Francorum origines ac primae sedes. Amsterdam 1616
Praetorius, Paul; Chronica darinnen der römischen Keiser historien. Wittenberg 1561.

Quad von Kinkelbach, Matthis; Teutscher Nation Herligkeitt. Köln 1609.

Reineccius, Reiner; Origines illustr. stirpis Brandenburg, 1581.
Ders.; Methodus legendi cognoscendique historiam tam sacram quam profanam. Helmstedt 1583.
Ders.; Wittekindi Magni insignia ... Helmstedt 1583.
Reusner, Nicolaus; Imperatorum ac Caesarum Romanorum, a C. Julio Caesare usque ad Maximilianum II. Leipzig 1572.
Rist, Johann; Das friedewünschende Teutschland. Bingen 1649.
Ders.; Das friedensjauchzende Teutschland. Nürnberg 1653.
Ders.; Never teutscher Parnass. Copenhagen 1668.
Ders.; Sämtliche Werke. Hrsg. von Hans Gert Roloff. Berlin - New York 1972. (Nachdruck der Ausgabe Hamburg 1663.
Rolevinck, Werner; Fasciculus temporum. Köln 1480.
Roo, Gerard de; Annales oder Historische Chronick der durchleuchtigsten Fürsten und Herren / Ertzhertzogen zu Östereich/ Habspurgischen Stammens / fürnemlich von Rudolpho dem Ersten. Biß auff Carolum den Fünfften. Augsburg 1621.
Rovillus, Gulielmus; Promptuarium iconum insigniorum. A seculo hominum, subiectis eorum vitiis, per compendium ex probatissimis autoribus desumptis. Lyon 1553.
Rudimentum Novitiorum. Lübeck 1480.

Sabinus, Georg; Catalogus Romanorum Imperatorum. Additi sunt et Germanici Imperatores. Wittenberg 1543.
Ders.; A.C. Julio Cesare usque ad Divum Ferdinandum Imperatorem/ et eorum effigies. Wittenberg (?) 1561.
Sachs, Hans; All römisch Kaiser nach ordnung und wie lang jeder regiert hat. Nürnberg 1530.
Ders.; Der Kaiser Bildnussen und Leben. Frankfurt 1535.
Sandrart, Joachim von; Iconologia Deorum, oder Abbildungen der Götter, welche von den Alten verehret worden. Nürnberg 1680.
Schardius; Historicum opus in quatuor tomos divisum. Tomus I. Germaniae antiquae. Basel 1574.
Schedel, Hartmann; Weltchronik. Nachdruck der Ausgabe Nürnberg 1493. München 1975.
Schmidt, Michael Ignaz; Geschichte der Deutschen. Ulm 1778.
Schönaich, Christoph Ottens Freyherr zu; Hermann oder das befreyte Deutschland. Ein Heldengedicht. Leipzig 1751.
Schönleben, Johann Ludwig; Dissertatio polemica de prima origine Augustissimae domus Habspurgo-Austriacae. Laibach 1680.
Schopper, Jacob; Chorographie und Histori Teutscher Nation. Frankfurt 1581.
Schottelius, Justus Georg; Der schreckliche Sprachkrieg. Neudruck der Ausgabe von 1673. Hrsg. von F. Kittler & S. Rieger. Leipzig 1991.
Schrenck von Notzing, Jacob; Armentarium Heroicum oder „Die Heldenrüstkammer Erzherzog Ferdinands II. auf Schloß Ambras". Facsimile-Druck der lateinischen und deutschen Ausgabe von 1601 / 03. Hrsg. von Bruno Thomas. Osnabrück 1981.
Schroeckh, Johann Matthias; Allgemeine Weltgeschichte für Kinder. 3 Bde. Leipzig 1781.
Sleidan, Johann; Oration an alle Stende des Reichs: Vom römischen Nebenhaupt; im Keyserthumb erwachsen, durch Baptistam Lasdenum. 1542.
Ders.; Beschreibung der vier Monarchien oder höchsten Regimenter so Gott allein in der welt verordnet. Leipzig 1557.
Ders.; Ain beschaidner historischer, unschmählicher Bericht, an alle Churfürsten, Fürsten unnd Stennde deß Reichs. O. O. 1603.
Ders.; Zwei Reden an Kaiser und Reich. Neu hrsg. von Eduard Böhmer. Stuttgart - Tübingen 1859.

Spalatinus, Georg; Von dem theuren deutschen Fürsten Arminio, ein kurzer Auszug. Wittenberg 1535.
Ders.; Chronica und Herkomen der Churfürst und Fürsten des löblichen Haus zu Sachsen. Gegen Hertzog Heinrich zu Braunschweig, welcher sich den Jüngern nennet, herkomen. Wittenberg 1541.
Spremberg, Johann Agricola; Abcontrafactur und Bildnis aller Groshertzogen, Chur und Fürsten, welche vom Jare nach Chr. Geburt 842 bis auf das jtzige 1563 Jar, das Land Sachssen regieret haben. Wittenberg 1563.
Stammbuch des J. Hoffmann 1580 - 1610. (Kupferstichkab. Berlin: 79 A 4)
Strada, Jacobo da; Epitome thesauri antiquitatum, hoc est Impp. Rom. Orientalium et occidentalium iconum ex antiquis numismatibus quam fidelisime delineatarum. Zürich 1557.
Strada a Rosberg, Ottavio; De vitiis imperatorum et caesarum Romanorum tam occidentalium quam orientalium. Frankfurt 1615.
Ders.; Aller Römischen Keyser Leben und Thaten. Frankfurt 1618.
Ders.; Genealogia domus Habspurgensis. (SLUB Dresden H. 74)
Struve, Burcard Gotthelf; Erläuterte Teutsche Reichshistorie. Jena 1720.
Stumpf, Johann; Gemeiner loblicher Eydgnoschafft Stetten, Landen und Voelckeren Chronick wirdiger thaaten beschreybung. Zürich 1548.
Sueton; Caesarenleben. Hrsg. von Rudolf Till. Leipzig 1936.

Tacitus, Publius Cornelius; Germania. Hrsg. von R. Sellheim. (Scriptores latini selecti). Leipzig o. J.
Ders.; Die Annalen. Übersetzt von Wilhelm Harendza. Limburg / L. 1951.
Ders.; Historien. Hrsg. von Franz Eckstein. München 1960.
Terzi, Francesco; Austriacae gentis imaginum. O. O. 1568.
Thworcz, Johann de; Chronica Hungaria. Brünn 1488.
Tretter, Thomas; Romanorum Imperatorum effigies. Elogijs, ex diversis scriptoribus. Rom 1590.
Turmair, Johann, gen. Aventinus; Von ursprung, herkomen, und thaten, der uhralten Teutschen. Item auch von den ersten alten teutschen Königen und iren manlichen Thaten, Glauben, Religion und Landsbreuchen ... Nürnberg 1541.
Ders.; Des weitberühmbten Hochgelehrten Beyerischen Geschichtsschreibers Chronica / Darinn nicht allein deß gar alten Hauß Beyern, Keyser, Könige, Hertzogen etc., ... sondern auch der uralten Teutschen Ursprung, Herkommen, Sitten ... Frankfurt 1622.
Ders.; Bayerische Chronik. Hrsg. von Matthias Lexer im Auftrag der Königlichen Akademie der Wissenschaften. 1. Bd./ 1. Hälfte. München 1882.

Vasari, Giorgio; Die Lebensbeschreibungen der berühmtesten Architekten, Bildhauer und Maler. Deutsch hrsg. von A. Gottschwsi und G. Gronau. 4. Bd.: Die mittelitalienischen Maler. Straßburg 1910.
Verstegan, Richard; A Restitution of decayed intelligence of antiquities. Concerning the most noble and renovvmed English nation. Antwerpen 1605.
Veterum scriptores, qui Caesarum et Imperatorum Germanicorum res per aliquot secula gestas, literis mandarunt. Tomus unus. Frankfurt/M. 1584.
Vicus, Aeneas; Omnium Caesarum verissimae imagines ex antiquis numismatis desumptae. Parma (?) 1553.
Vogtherr, Heinrich; Ein frembs und wunderbares Kunstbüchlein. Nachdruck der Ausgabe Straßburg 1572. O.O. 1913.

Waldis, Burkhard; Ursprung und Herkumen der zwölff ersten alten König und Fürsten Deutscher Nation, wie und zu welchen zeytten jr yeder regiert hat. Nürnberg 1543.
Weigel, Hans; Habitus praecipuorum populorum. Nürnberg 1577.

Westphalen, E. J. von; Monumenta inedita rerum germanicarum. Leipzig1739.
Wickram, Jörg; Werke. Hrsg. von J. Bolte und W. Scheel. 1901 - 1906. (8 Bde.).
Wild, Sebastian; Kaisergenealogie - unbetitelt. Augsburg 1565. (Bayr. StaBi: Cod. Germ. 960)
Willich, Jodocus; Commentarium Rerum Germaniae. Frankfurt / O. 1551.
Wimpheling, Jacob; Epitoma Rerum Germanicarum. Straßburg 1506.
Wirrich, Heinrich; Ordenliche Beschreibung, des Christlichen / Hochlöblichen und Fürstlichen Beylags oder Hochzeit. Wien 1571.
Wyssenbach, Rudolph; Imperatorum Romanorum omnium orientalium & occidentalium ver. imagines. Zürich 1559.

Zentgravius, Johann Joachim; Gomerus Japheti primogenitus Germanae gentis conditor. Straßburg 1685 .
Ziegler, Jacob; Schondia i.e. regionum et populorum septentrionalium. Frankfurt 1583.

b) Sekundärliteratur

Alexander, J. G.; Buchmalerei der italienischen Renaissance im 15. Jahrhundert. München 1977.
Amelung, Peter; Das Bild des Deutschen in der Literatur der italienischen Renaissance 1400 - 1559. München 1964.
Anzelewsky, Fedja; Albrecht Dürer - Das malerische Werk. Berlin 1971.
Appuhn, Horst / Heusinger, Christian von; Riesenholzschnitte und Papiertapeten der Renaissance. Unterschneidheim 1976.
Asher, R.E.; National Myths in France. Edinburgh 1993.
Asmuth, Bernd; Lohenstein und Tacitus. Stuttgart 1971.
Ders.; Daniel Caspar von Lohenstein. Stuttgart 1971.
Auer, Alfred / Sandbichler, Veronika / Schütz, Karl / Beaufort-Spontin, Christian; Schloß Ambras. Mailand 1996.
Aulinger, Rosemarie; Das Bild des Reichstages im 16. Jahrhundert. Göttingen 1980.

Baer, L.; Die illustrierten Historienbücher des 15. Jahrhunderts. Straßburg 1903.
Baldass, Ludwig von; Die Bildnisse Kaiser Maximilians I. In: Jahrbuch der Kunstsammlungen Wien Bd. 31, 1913 / 14. S. 247 ff.
Bange, E. F.; Peter Flötner. Leipzig 1926.
Ders.; Das Grabmal Kaiser Maximilians I. in der Hofkirche zu Innsbruck. Berlin 1946.
Behrends, Rainer; Die Einwirkung der deutschen Druckgrafik des 16. Jahrhunderts auf die Tafelmalerei dieses Jahrhunderts in Deutschland. Leipzig 1961 (Diplomarbeit).
Benesch, O./ Auer, E. M.; Die Historia Frederici et Maximiliani. Berlin 1957.
Berding, Helmut (Hrsg.); Nationales Bewußtsein und kollektive Identität. Frankfurt 1994.
Berger, Arnold; Deutsche Kunstprosa der Lutherzeit. Leipzig 1942.
Bernheimer, Richard; Wild Men in the Middle Ages. A Study in Art, Sentiment and Demonology. Cambridge / Mass. 1952
Beumann, H./ Schröder, W. (Hrsg.); Aspekte der Nationenbildung im Mittelalter. Sigmaringen 1978.
Beyer, Franz Heinrich; Eigenart und Wirkung des reformatorisch-polemischen Flugblatts. Frankfurt - Berlin 1994.
Bickerman, E. J.; Origines Gentium. In: Classical Philology 47 (1952) S. 65 - 81.
Bieder, Theodor; Geschichte der Germanenforschung. Leipzig - Berlin 1921. 1.Teil 1500 - 1800.
Bloch, Howard; Genealogy as a Medieval Mental Structure and Textual Form. In: Grundriß der romanischen Literaturen des Mittelalters. Bd. XI/1 (1. Teilband). Hrsg. von Hans Robert Jauss.

Heidelberg 1986. S. 135 - 156.
Bober, P.P./ Rubinstein, R.O.; Renaissance-Artists and Antique Sculpture. A handbook of sources. London 1986.
Böcker-Dursch, Heidy; Zyklen berühmter Männer in der Bildenden Kunst Italiens. "Neuf Preux" und "Uomini Illustri". München 1973 (Diss.).
Böckmann, Walter; Als die Adler sanken. Arminius, Marbod und die Legionen des Varus. Bergisch Gladbach 1984.
Boehn, Max von; Menschen und Moden im 16. Jahrhundert. München 1964.
Borchardt, Frank L.; German antiquity in renaissance myth. Baltimore & London 1971.
Borst, Arno; Der Turmbau zu Babel. Geschichte der Meinungen über Ursprung und Vielfalt der Sprachen und Völker. Stuttgart 1957 - 63 (6 Bde.).
Brady, Thomas; Zwischen Gott und Mammon. Protestantische Politik und Mammon. Berlin 1996.
Braun, Edmund W. (Hrsg.); Die deutschen Renaissanceplaketten der Sammlung Alfred Walcher Ritter von Molthein in Wien. Wien 1918.
Breyl, J.; Jacob von Sandrart als Illustrator des Lohensteinschen "Arminius". In: Daphnis. Zeitschrift für mittlere deutsche Literatur. 18, 1989. S. 467 - 519.
Brühl, Carl Richard; Deutschland - Frankreich. Die Geburt zweier Völker. Köln - Wien 1990.
Brunsiek, Sigrun; Auf dem Weg der alten Kunst. Der „altdeutsche Stil" in der Buchillustration des 19. Jahrhunderts. Marburg 1994.
Bucholtz, F. B. von; Geschichte der Regierung Ferdinands des Ersten. Wien 1831 - 38. (Nachdruck Graz 1968).
Burkhardt, Jacob; Die Kultur der Renaissance in Italien. Ein Versuch in der Textfassung der Erstausgabe. Köln 1956.
Busch, Renate von; Studien zu deutschen Antikensammlungen des 16. Jahrhunderts. Tübingen 1973.(Diss.).
Buscher, Hans; Heinrich Pantaleon und sein Heldenbuch. Basel 1946 (Diss.).

Cagli, Corrado (Hrsg.); L´opera completa di Tiziano. Mailand 1978 (Erstauflage 1969).
Capelle, Wilhelm; Das alte Germanien. Die Nachrichten der griechischen und römischen Schriftsteller. Jena 1937.
Cordes, Günter; Die Quellen der Exegesis des Franciscus Irenicus und sein Germanenbegriff. Tübingen 1966(Diss.).
Cuncliffe, Barry; Die Kelten und ihre Geschichte. Bergisch Gladbach 1996. (1.Aufl. 1980).

Dempf, A.; Sacrum Imperium. Geschichts- und Staatsphilosophie des Mittelalters und der politischen Renaissance. München - Berlin 1929.
Dodgson, Campbell; Rare woodcuts in the Ashmolean Museum Oxford. In: Burlington Magazin, Bd. 28, 1915/16.
Ders.; Catalogue of early German and Flemish woodcuts preserved in the Department of Prints and Drawings in the British Museum. London 1903 / 11 (2 Bde.).
Ders.; Die Caesarenköpfe, eine unbeschriebene Folge von Holzschnitten Hans Burgkmairs d.Ä. In: Augsburger Kunst der Spätgotik und Renaissance. Hrsg. von Ernst Bucher und Karl Feuchtmayr. Augsburg 1928 (2 Bde.) S. 224 - 228.
Döbler, Hansferdinand; Die Germanen. Geschichte und Kultur von A - Z. München 1992.
Dörner, Andreas; Politischer Mythos und symbolische Politik. Sinnstiftung durch symbolische Formen. Opladen 1995.
Domanig, Karl; Peter Flötner als Plastiker und Medailleur. In: Jahrbuch der Kunsthistorischen Sammlungen des Allerhöchsten Kaiserhauses. Bd. 16 . Wien 1895. S. 1 ff.
Duchhardt, Heinz; Protestantisches Kaisertum und Altes Reich. Die Diskussion über die Konfession des Kaisers in Politik, Publizistik und Staatsrecht. Wiesbaden 1977.
Durant, Will; Das Zeitalter der Reformation. München 1978. (Erstausgabe New York 1957).

Ebenbauer, Alfred; Historiographie vor dem Beginn volkssprachlicher Geschichtsschreibung. In: Grundriß der romanischen Literaturen im Mittelalter, Bd. XI,1 (2. Teilband). Heidelberg 1986.
Effra, Hans Martin; Ikonologie der Genesis. Die christlichen Bildthemen aus dem AT und ihre Quellen 1. München 1989.
Ehlers, Joachim; Die Entstehung des Deutschen Reiches. München 1994.
Elias, Norbert; Über den Prozeß der Zivilisation. Soziogenetische und psychogenetische Untersuchungen. Frankfurt / M. 1977 (2 Bde./ 2. Aufl.).
Etter, E. Lilly; Tacitus in der Geistesgeschichte des 16. u. 17. Jahrhunderts.Basel-Stuttgart1966.
Eugen, Franz; Nürnberg, Kaiser und Reich. München 1930.
Evans, Robert J. W.; Das Werden der Habsburger Monarchie 1500 - 1700. Gesellschaft - Kultur - Institutionen. Wien - Köln - Graz 1986.

Fälschungen im Mittelalter. Akten des Internationalen Kongress der Monumenta Germaniae Historica. Bd. I, Hannover 1988.
Falk, Tilman; Hans Burgkmair. Studien zu Leben und Werk des Augsburger Malers. München 1968.
Feist, Elisabeth; Weltbild und Staatsidee bei Jean Bodin. Marburg 1930 (Diss.).
Ferguson, Wallace K.; The Renaissance in Historical Thought. Boston- N.Y. 1948.
Fischer - Fabian, S.; Die deutschen Casaren. Stuttgart - Hamburg - München 1978.
Forst-Battaglia, Otto; Genealogie. Leipzig - Berlin 1913.
Franzl, Johann; Ferdinand II. - Kaiser im Zwiespalt der Zeit. Graz - Wien - Köln 1989.
Friedell, Egon; Kulturgeschichte der Neuzeit. München 1976 (2 Bde./ Erstausgabe 1927 - 31).
Frindte, W./ Pätzold, H. (Hrsg.); Mythen der Deutschen. Opladen 1994.
Fucikova, Eliska (Hrsg.); Prag um 1600. Beiträge zur Kunst und Kultur am Hofe Rudolfs II. Freren / Emsland 1988.
Dies.; Kunst am Hofe Rudolfs II. Hanau 1988.
Fueter, Eduard; Geschichte der neueren Historiographie. München 1936. (3. Aufl.)

Garber, Jörn (Hrsg.); Nation und Literatur im Europa der Frühen Neuzeit. Akten des 1. Internationalen Osnabrücker Kongresses zur Kulturgeschichte der Frühen Neuzeit. Tübingen 1989.
Gatenbröcker, Silke; Michael Herr (1591 - 1661). Beiträge zur Kunstgeschichte Nürnbergs im 17. Jahrhundert. Münster 1996 (Diss.).
Geissler, Heinrich; Die Zeichnungen des Augsburger Bildhauers Caspar Meneller - Überlegungen zum Kopierwesen in Deutschland um 1600. In: Münchner Jahrbuch der Bildenden Kunst. 3. Folge, Bd. 34. 1983. S. 59 - 100.
Geissler, Paul; Hans Burgkmairs Genealogie Kaiser Maximilians I. In: Gutenberg-Jahrbuch 1965. S. 249-61.
Girke, G.; Die Tracht der Germanen in der vor- und frühgeschichtlichen Zeit. Leipzig 1922 .
Goez, Werner; Translatio Imperii. Tübingen 1958.
Gollancz, Israel (Hrsg.); The Caedmon-Manuscript of Anglo-Saxon biblical poetry. Oxford 1927.
Gotthelf, Friedrich; Das deutsche Altertum in der Anschauung des 16. und 17. Jahrhunderts. Berlin 1900.
Grau, Anneliese; Der Gedanke der Herkunft in der Geschichtsschreibung des Mittelalters. Würzburg 1938. (Diss.).
Graus, Frantisek; Lebendige Vergangenheit. Überlieferungen im Mittelalter und in den Vorstellungen vom Mittelalter. Köln - Wien 1975.
Grill, Heinz; Maximilian I. und seine Zeit. Innsbruck - Wien - München 1977.
Grimme, Ernst Günther; Geschichte der abendländischen Buchmalerei. Köln 1980.

Groeschel, Julius; Niclas Gromann und der Ausbau der Veste Heldburg 1560 - 64. Meiningen 1892.
Ders.; Älteste Urkunden aus dem Archive der Veste Heldburg betreffend die Bauarbeiten 1558 - 1566. In : Neue Beiträge zur Geschichte des deutschen Altertums. Meiningen 1892.
Grundmann, Herbert; Geschichtsschreibung im Mittelalter. Göttingen 1987. (Erstauflage 1965)
Ders.; Die Grundzüge der mittelalterlichen Geschichtsanschauungen. In : Archiv für Kulturgeschichte 24 (1934).
Gundolf, Friedrich; Anfänge deutscher Geschichtsschreibung von Tschudi bis Winckelmann. Frankfurt 1992 (1.Aufl. 1938).

Habsburg, Geza von; Fürstliche Kunstkammern in Europa. Stuttgart - Berlin - Köln 1997.
Hachmann, Rolf; Die Germanen. München - Genf - Paris 1971. (Archäologia Mundi).
Hackenbroch, Yvonne; The Emperor Tazzas. In: The Metropolitan Museum of Art Bulletin, Vol. VIII, Summer 1949. S. 189 - 197.
Hämmerle, Albert; Die Augsburger Künstlerfamilie Kilian. Augsburg 1922.
Harms, Wolfgang (Hrsg.); Die illustrierten Flugblätter des 16. und 17. Jahrhunderts. Die Sammlung der Herzog - August - Bibliothek Wolfenbüttel. München 1980.
Heer, Friedrich; Das Heilige Römische Reich. Von Otto dem Großen bis zur Habsburgischen Monarchie. München 1977 (1. Aufl. 1967).
Ders.; Die dritte Kraft - Der europäische Humanismus zwischen den Fronten des konfessionellen Zeitalters. Frankfurt 1959.
Ders.; Zur Kontinuität des Reichsgedankens im Spät-Mittelalter. In: MIÖG 58, 1950. S. 336 ff.
Heins, Otto; Johann Rist und das niederdeutsche Drama des 17. Jahrhunderts. Marburg / Lahn 1930.
Heintz, Günther; Das Porträtbuch des Hieronymus Beck von Leopoldsdorf. In: Jahrbuch der Kunsthistorischen Sammlungen in Wien Bd. 71, NF Bd. 35, 1975.
Henning, Eckart / Ribbe, Wolfgang; Handbuch der Genealogie. Neustadt a. d. Aisch 1972.
Heppner, Albert; Deutsche Außenmalereien der Renaissance. Berlin 1923 / 24 (Diss.).
Herbst, Arnulf; Zur Ikonologie des deutschen Kaisersaals. In: 106. Bericht des historischen Vereins Bamberg. 1970. S. 207 - 344.
Herm, Gerhard; Die Kelten - Das Volk, das aus dem Dunkel kam. Reinbek bei Hamburg 1977.
Herrmann, Ulrich (Hrsg.); Volk - Nation - Vaterland . Hamburg 1996.
Heydenreich, Eduard (Bearbeiter); Handbuch der praktischen Genealogie. Neustadt a.d.A. 1971.
Hilger, Wolfgang; Ikonographie Kaiser Ferdinands I. Wien 1969.
Hilgers, Werner; Deutsche Frühzeit. Geschichte des römischen Germanien. Frankfurt - Berlin - Wien. 1976.
Hoffmann, Paul; Die bildlichen Darstellungen des Kurfürstenkollegiums von den Anfängen bis zum Ende des Hl. Röm. Reiches. Bonn 1982. (Bonner Hist. Forschungen Bd. 47).
Hohenzollern, J. Georg von; Die Königsgalerien der französischen Kathedralen. München 1965.
Homann, H.; Studien zur Emblematik des 16. Jahrhunderts. Utrecht 1971.
Horawitz, Adalbert; Nationale Geschichtsschreibung im sechzehnten Jahrhundert. In: HZ 25. München 1871. S. 66 - 101.
Ders. & Hartfelder, Karl (Hrsg.); Der Briefwechsel des Beatus Rhenanus. Leipzig 1886.

Ilg, Albert; Francesco Terzi, der Hofmaler Erzherzog Ferdinands von Tirol. In: Jahrbuch der Kunstsammlungen des Allerhöchsten Kaiserhauses. Bd. 9. Wien 1889.
Imhoff, Christoph von (Hrsg.); Berühmte Nürnberger aus neun Jahrhunderten. Nürnberg 1989.
Isacker, K. v./ Uytven,R. v.; Antwerpen - 12 Jahrhunderte Geschichte und Kultur. Antwerpen 1986.
Isenburg, Wilhelm Karl Prinz von; Historische Genealogie. München - Berlin 1940.

Jankuhn,H./ Timpe, D. (Hrsg.); Beiträge zum Verständnis der Germania des Tacitus. Göttingen 1989.
Joachimsen, Paul; Der deutsche Staatsgedanke von seinen Anfängen bis auf Leibnitz und Friedrich den Großen. Dokumente zur Entwicklung. München 1921.
Ders.; Geschichtsauffassung und Geschichtsschreibung in Deutschland unter dem Einfluß des Humanismus. Leipzig 1910 (Neudruck Aalen 1968).
John, Robert L.; Reich und Kirche im Spiegel französischen Denkens. Das Rombild von Caesar bis Napoleon. Wien 1953.
Johnston, Otto W.; Der deutsche Nationalmythos. Ursprung eines politischen Programms. Stuttgart 1990.

Kafitz, Dieter; Lohensteins´ Arminius. Stuttgart 1970.
Kanz, Roland; Dichter und Denker im Porträt. Spurengänge zur Porträtkultur des 18. Jahrhunderts. München 1993.
Kaufmann, Thomas da Costa; Variations on the Imperial Theme in the Age of Maximilian II. and Rudolph II. New York - London 1978.
Ders.; Drawings from the Holy Roman Empire. Princeton 1982.
Ders.; The School of Prague. Chicago 1988.
Kelletat, Alfred; Der Göttinger Hain. Stuttgart 1967.
Kesting, Hermann; Der Befreier Arminius im Lichte geschichtlicher Quellen und der wissenschaftlichen Forschung. Detmold 1984 (18. Aufl.).
Kircher, Albrecht; Deutsche Kaiser in Nürnberg 1500 - 1612. Nürnberg 1955.
Klempt, Adalbert; Die Säkularisierung der universalhistorischen Auffassung des 16. und 17. Jahrhunderts. Göttingen - Berlin - Frankfurt 1960.
Kohn, Hans; Die Idee des Nationalismus. Heidelberg 1950.
Koldewey, Friedrich; Heinz von Wolfenbüttel. Halle 1883. (Schriften des Vereins für Reformationsgeschichte 2 - 7).
Krapf, Ludwig; Germanenmythos und Reichsideologie. Frühhumanistische Rezeptionsweisen der taciteischen „Germania". Tübingen 1979.
Krieger, Karl Friedrich; König, Reich und Reichsreform im Spätmittelalter. München 1992.
Kroll, Renate; Hans Burgkmair - Holzschnitte, Zeichnungen, Holzstöcke. Berlin 1974.
Krüger, Bruno und Autorenkollektiv; Die Germanen - Geschichte und Kultur der germanischen Stämme in Mitteleuropa. Ein Handbuch in zwei Bänden. Berlin (Ost) 1979.
Kunsthandwerk der Gotik und Renaissance 13. - 17. Jahrhundert. Auswahl-Bestandskatalog des Museums für Kunsthandwerk Schloß Pillnitz (Kunstsammlungen Dresden). Dresden 1981.
Kunze, Horst; Geschichte der Buchillustration in Deutschland. Das 16. und 17. Jahrhundert. Frankfurt - Leipzig 1993.

Lammers, Walter (Hrsg.); Geschichtsdenken und Geschichtsbild im Mittelalter. Darmstadt 1961/ 1984.
Lanckoronska, M.; Des Johannes Huttichius Imperatorum Libellus als Dokument des Glaubenskampfes. In: Gutenberg-Jahrbuch 1965. Mainz 1965.
Landau, David / Parshall, Peter (Hrsg.); The Renaissance-Print 1470 - 1550. New Haven - London 1994.
Landsberg, Fritz; Das Bild der alten Geschichte in mittelalterlichen Weltchroniken. Berlin 1934.
Lange, Konrad; Peter Flötner. Berlin 1897.
Laschitzer, Simon; Die Genealogie des Kaisers Maximilian. In: Jahrbuch der Kunsthistorischen Sammlungen VII. Wien 1888.
Leitschuh, Franz Friedrich; Flötner-Studien I. Das Plakettenwerk Peter Flötners in dem Verzeichnis des Nürnberger Patriziers Paulus Behaim. Straßburg 1904.

Levin, H.; The Myth of the Golden Age in the Renaissance. London 1969.
Lhotsky, Alphons; Apis Colonna. Fabeln und Theorien über die Abkunft der Habsburger. In: Mitt. des Instituts für Geschichtsforschung und Archivwiss. in Wien. Bd. LV. 1944. S. 171 - 246.
Lorenz, Ottokar; Lehrbuch der gesammten Genealogie. Berlin 1898.
Luther, Johannes; Die Titeleinfassungen der Reformationszeit. Leipzig 1909.

Maissen, Thomas; Von der Legende zum Modell. Basel - Frankfurt 1994.
Major, Emil / Gradmann, Erwin; Urs Graf. Basel o. J.
Marsch, E.; Biblische Prophetie und chronologische Dichtung. Stoff und Wirkungsgeschichte der Vision des Propheten Daniel nach Dan. VII. Berlin 1972.
Martin, E.; „Germania" von J. Wimpheling. Straßburg 1885.
Martin, K.; Die Nürnberger Steinplastik im 14. Jahrhundert. Berlin 1929.
Meier, Claudia Annette; Chronicon Pictum. Von den Anfängen der Chronikenillustration zu den narrativen Bilderzyklen in den Weltchroniken des hohen Mittelalters. Mainz 1994. (Habil. ungedr.)
Mende, Matthias; Das alte Nürnberger Rathaus. Baugeschichte und Ausstattung des Großen Saales und der Ratsstube. Nürnberg 1979.
Menke-Glückert, E.; Die Geschichtsschreibung der Reformation und Gegenreformation. Bodin u. die Begründung der Geschichtsmethodologie durch B. Keckermann. Osterwieck 1912(Habil.).
Menzhausen, Joachim; Das Grüne Gewölbe. Leipzig 1968.
Milchsack, G.; Burkhard Waldis. Halle 1881. (Ergänzungsheft zu Nr. 30 der Neudrucke deutscher Literaturwerke des 16. und 17. Jahrhunderts.)
Minkowski, Helmut; Vermutungen über den Turm zu Babel. Freren 1991.
Mühlmann, Wilhelm E.; Geschichte der Anthropologie. Frankfurt - Bonn 1968. (2.Aufl.)
Muhlsack, Ulrich; Geschichtswissenschaft im Humanismus und der Aufklärung. München 1991.
Müller, Klaus; Geschichte der antiken Ethnographie und ethnologischen Theoriebildung. Bd. II. Wiesbaden 1980.
Münkler, Herfried; Nationale Mythen im Europa der frühen Neuzeit. In: Vorträge aus dem Warburghaus. Hrsg. von W. Kemp / G. Mattenklott / M. Wagner / M. Warnke. Berlin 1997.
Muller, Frank; Heinrich Vogtherr L` Ancien. Un Artist entre Renaissance et Réforme. Wolfenbüttel 1997. (Wolfenbütteler Forschungen 72).

Nagler, G.K.; Die Monogrammisten. München - Leipzig o. J. (5 Bde.).
Nette, Herbert; Karl V. Reinbek bei Hamburg 1979.
Neubecker, Ottfried; Heraldik. Luzern 1990.
Nilgen, Ursula; Amtsgenealogie und Amtsheiligkeit. Königs- und Bischofsreihen in der Kunstpropaganda des Hochmittelalters. In: Studien für Florentine Mütherich zum 70. Geburtstag. Hrsg. K. Bierbauer / P. K. Klein / W. Sauerländer. München 1985. S. 217 - 234.

Oberhammer, Vincenz; Die Bronzestatuen am Grabmal Maximilians I. Innsbruck 1955.
O´ Dell - Franke, Jlse; Kupferstiche und Radierungen aus der Werkstatt des Virgil Solis. Wiesbaden 1977.
Dies.; Jost Ammans Buchschmuck - Holzschnitte für Sigmund Feyerabend. Zur Technik der Verwendung von Bild-Holzstöcken in den Drucken von 1563 - 1599. Wiesbaden 1993.
Dies.; "Tuiscon" und "Gambrinus" zwischen 1543 und 1585. In: Zeitschrift für Schweizerische Archäologie und Kunstgeschichte, Bd. 50, 1993, Nr. 4. S. 357 - 366.

Panofsky, Erwin; Albrecht Dürer. Princeton 1948 (2 Bde.).
Ders.; The Iconography of the Galerie Francois Ier at Fontainebleau. In: Gazette des Beaux Arts.

1958. S. 113 - 190.
Patze, Hans (Hrsg.); Geschichtsschreibung und Geschichtsbewußtsein im späten Mittelalter. Sigmaringen 1987.
Paul, Ulrich; Studien zur Geschichte des deutschen Nationalbewußtseins im Zeitalter des Humanismus und der Reformation. Berlin 1936.
Pechstein, Klaus; Goldschmiedewerke der Renaissance. Kataloge des Kunstgewerbemuseums Berlin, Bd. V. Berlin 1971.
Petri, Manfred; Die Urvolkhypothese. Ein Beitrag zum Geschichtsdenken der Spätaufklärung und des deutschen Idealismus. Berlin 1990.
Philipp der Großmütige. Beiträge zur Geschichte seines Lebens und seiner Zeit. Hrsg. von dem Historischen Verein für das Großherzogtum Hessen. Marburg 1904.
Piltz, Georg (Hrsg.); "Ein Sack voll Ablaß". Bildsatiren der Reformationszeit. Berlin (Ost) 1983.
Pitz, Ernst; Der Untergang des Mittelalters. Die Erfassung der geschichtlichen Grundlagen Europas in der politisch-historischen Literatur des 16. - 18. Jahrhunderts. Berlin 1987.
Planiscig, Leo; Die Bronzeplastiken, Statuetten, Reliefs, Geräte und Plaketten. Wien 1924.
Plessner, Helmut; Die verspätete Nation. In: Gesammelte Schriften, Bd. VI. Frankfurt 1982.
Pochat, Götz; Das Fremde im Mittelalter. Darstellung in Kunst und Literatur. Würzburg 1997.
Ders. Der Exotismus während des Mittelalters und der Renaissance. Stockholm 1970.
Porträtgalerie zur Geschichte Österreichs von 1400 - 1800. Bearbeitet von G. Heinz u.a. Wien 1982 (Erstaufl. 1976).
Poulsen, Vagn; Römische Kunst. Bildwerke und Bauten. Königstein /Ts. 1964.
Pralle, Ludwig; Die Wiederentdeckung des Tacitus. Fulda 1952.
Prieur- Buhlan, Renate; "Die Teutschen den Teutschen zu teutsch / sich selbs darin / als in einem Spiegel zu ersehen / für gestellt." Die Buchillustration der deutschen nationalen Geschichtsschreibung der Frühneuzeit. Köln 1988 (Diss.).

Rabe, Horst (Hrsg.); Karl V. - Politik und politisches System. Konstanz 1996.
Ramaix, Isabelle; Les Sadeler. Brüssel 1992.
Rassow, Peter; Forschungen zur Reichsidee im 16. und 17. Jahrhundert. Köln - Opladen 1955.
Ders. & Schalk, Fritz (Hrsg.); Karl V. und seine Zeit. Colloquium. Köln 1958.
Reimers, J.; Peter Flötner nach seinen Handzeichnungen und Holzschnitten. München - Leipzig 1890.
Reinle, Adolf; Das stellvertretende Bildnis. Plastiken und Gemälde von der Antike bis ins 19. Jahrhundert. Zürich-München 1984.
Ridé, Jacques; L` image du Germain dans la pensée et la litterature allemandes de la redécouverte de Tacite à la fin du XVIième siècle. Paris - Lille 1977 (3 Bde.).
Röpcke, Andreas (Hrsg.); Die Mecklenburger Fürstendynastie und ihre legendären Vorfahren. Die Schweriner Bilderhandschrift von 1526. Bremen 1995.
Röttinger, Heinrich; Peter Flettners Holzschnitte. Straßburg 1916.
Ders.; Erhard Schoen und Niklas Stör, der Pseudo-Schoen. Straßburg 1925.
Rosenthal, Earl E.; Die "Reichskrone", die "Wiener Krone" und die "Krone Karls des Großen" um 1520. In: Jahrbuch der Kunsthistorischen Sammlungen in Wien. Bd. 66. 1970.
Rücker, Elisabeth; Die Schedelsche Weltchronik. München 1973.
Dies.; Hartmann Schedels Weltchronik. Das größte Buchunternehmen der Dürerzeit. München 1988.

Salis, Arnold von; Antike und Renaissance. Zürich 1947.
Schadt, Hermann; Die Darstellung der arbores consanguinitatis und der arbores affinitatis. Bildschemata in juristischen Handschriften. Tübingen 1973 (Diss.).
Schama, Simon; Landscape and Memory. New York 1995.
Scheicher, Elisabeth; Der Spanische Saal von Schloß Ambras. In: Jahrbuch der

Kunsthistorischen Sammlungen in Wien, Bd. 71, NF Bd. 35, 1975.
Schellhase, Kenneth C.; Tacitus in Renaissance political thought. Chicago 1976.
Scheuer, Helmut; Dichter und ihre Nation. Frankfurt 1993.
Ders.; Ulrich von Hutten: Kaisertum und Deutsche Nation. In: Daphnis 1973, Bd. 2, Heft 2, S. 133 - 157.
Schiller, Gertrud; Ikonographie der christlichen Kunst. Bd. I. Gütersloh 1962.
Schilling, Michael; Bildpublizistik der frühen Neuzeit. Aufgaben und Leistungen des illustrierten Flugblatts in Deutschland bis um 1700. Tübingen 1990.
Schlobach, Jochen; Zyklentheorie und Epochenmetaphorik. München 1980.
Schmidt, A. (Hrsg.); Aeneas Silvio: Germania / Jacob Wimpfeling: Responso.Köln-Graz 1962.
Schmidt, Heinrich Richard; Konfessionalisierung im 16. Jahrhundert. München 1992.
Schneider, Rolf Michael; Bunte Barbaren. Worms 1986.
Scholder, Klaus; Ursprung und Probleme der Bibelkritik im 17. Jahrhundert. München 1966.
Schramm, Percy Ernst; Herrschaftszeichen und Staatssymbolik. Beiträge zu ihrer Geschichte vom 3. bis zum 16. Jahrhundert. Stuttgart 1954 - 56.
Ders.; Die deutschen Kaiser und Könige in Bildern ihrer Zeit. München 1983.
Ders.; Das Herrscherbild in der Kunst des frühen Mittelalters. In : Vorträge der Bibliothek Warburg 1922 - 23. Hrsg. von Fritz Saxl. Leipzig - Berlin 1929. Teil II, S. 145 - 224.
Schröcker, Alfred; Die deutsche Nation. Beobachtungen zur politischen Propaganda des ausgehenden 15. Jahrhunderts. Lübeck 1974. (Historische Studien Heft 426).
Seifert, Arno; Der Rückzug der biblischen Prophetie von der neueren Geschichte. Köln - Wien 1990.
Seling, Helmut; Die Kunst der Augsburger Goldschmiede 1529 - 1868. (3 Bde.). München 1980.
Seznec, Jean; Das Fortleben der antiken Götter. Die mythologische Tradition im Humanismus und in der Kunst der Renaissance. München 199o.
Spitz, Lewis W.; The religious Renaissance of the German humanists. Cambridge/Mass. 1963.
Ders.; Conrad Celtis. Cambridge/ Mass. 1957.
Staaten - Wappen - Dynastien. XVIII. Internationaler Kongress für Genealogie und Heraldik. Hrsg. vom Stadtmagistrat Innsbruck. Innsbruck 1988.
Steger, Hugo; David - Rex et Propheta. Nürnberg 1961.
Steinhauser, Walter; Eine deutsche Altertumskunde aus dem Anfang des 16. Jahrhunderts. In: ZfdA, LXVI (1929). S. 25-30.
Stejskal, Karel; Die Rekonstruktion des Luxemburger Stammbaums auf Burg Karlstein. In: Umeni 1978.
Stemmermann, P. H.; Die Anfänge der deutschen Frühgeschichtsforschung. Leipzig 1934.
Strong, Roy; Feste der Renaissance. Würzburg 1991.
Sutter-Fichtner, Paula; Ferdinand I. Graz - Wien - Köln 1986.
Syndram, Dirk (Hrsg.); Das Grüne Gewölbe zu Dresden. Führer durch seine Sammlungen. München - Berlin 1994.

Thiel, Erika; Geschichte des Kostüms. Die europäische Mode von den Anfängen bis zur Gegenwart. Berlin (Ost) 1973.
Tiegel-Hertfelder, Petra; „Historie war sein Fach" - Mythologie und Geschichte im Werk J. H. Tischbeins d. Ä. (1722 - 1789). Worms 1996.
Timann, Ursula; Untersuchungen zu Nürnberger Holzschnitt und Briefmalerei in der ersten Hälfte des 16. Jahrhunderts. Münster - Hamburg 1993.
Timerding, Heinrich (Hrsg.); Die christliche Frühzeit Deutschlands in den Berichten über die Bekehrer. Jena 1929. (2 Bde.).
Tipton, Susan; Res publica bene ordinata. Regentenspiegel und Bilder vom guten Regiment. Rathausdekorationen in der frühen Neuzeit. Hildesheim - Zürich - New York 1996.
Trzinski, Elke; Studien zur Ikonographie der "Germania". Münster 1990 (Diss.).

Uhle-Wettler, Sigrid; Kunsttheorie und Fassadenmalerei 1450- 1750. Bonn 1994 (Diss.).
Ullmann, Ernst (Hrsg.); Kunst und Reformation. Leipzig 1982.
Ders.; Geschichte der deutschen Kunst 1470 - 1550. Malerei, Graphik und Kunsthandwerk. Leipzig 1985.
Unbehaun, Lutz; Studien zur Bauorganisation im 16. Jahrhundert in Deutschland und zu Leben und Werk des Baumeisters Nikolaus Gromann. Leipzig 1980 (Diplomarbeit).
Unterkircher, Franz; Maximilian I. - Ein kaiserlicher Auftraggeber illuminierter Handschriften. Hamburg 1983.
Ders.; Inventar der illuminierten Handschriften der österreichischen Nationalbibliothek. Wien 1957.

Vacha, Brigitte (Hrsg.); Die Habsburger - Eine europäische Familiengeschichte. Graz - Wien - Köln 1992.
Veit, Walter; Studien zur Geschichte des Topos der Goldenen Zeit von der Antike bis zum 18. Jahrhundert. Köln 1961.
Vocelka, Karl; Die politische Propaganda Kaiser Rudolfs II. Wien 1981.
Ders.; Rudolf II. und seine Zeit. Wien - Köln - Graz 1985.
Ders. & Lynne Heller; Die Lebenswelt der Habsburger. Graz - Wien - Köln 1997.
Volborth, Carl-Alexander; Heraldik - Eine Einführung in die Welt der Wappen. Stuttgart - Zürich 1989.
Voßkamp, Wilhelm; Untersuchungen zur Zeit- und Geschichtsauffassung im 17. Jahrhundert. Bonn 1967.

Waal, Hubert van de; Drie Eeuwen Vaterlandsche Geschied-Uitbeelding. Den Haag 1952.
Walter, Robert; Beatus Rhenanus. Citoyen de Sélestat. Ami d'Erasme. Anthologie de sa correspondance. Straßbourg 1986.
Wegener, Ulrike B.; Die Faszination des Maßlosen. Der Turmbau zu Babel von P. Breughel bis Athanasius Kircher. Hildesheim 1995.
Weiss, Roberto; The Renaissance Discovery of Classical Antiquity. London 1969.
Werner, Karl Ferdinand; Die Ursprünge Frankreichs bis zum Jahr 1000. Stuttgart 1989. (Bd. 1 der Reihe „Geschichte Frankreichs". Hrsg. von Jean Favier).
Weskie, Ellen; Das Antiquarium der Münchner Residenz. Katalog der Skulpturen. München 1987. (2 Bde.)
Wiegels, Rainer / Woesler, Winfried (Hrsg.); Arminius und die Varusschlacht. Geschichte - Mythos - Literatur. Paderborn - München - Wien - Zürich 1995.
Wiesflecker, Hermann; Maximilian I. Die Fundamente des habsburgischen Weltreiches. Wien - München 1991.
Winkler, Heinrich August (Hrsg.); Nationalismus.Königstein/Ts. 1978.
Wuttke, Dieter; Humanismus als integrative Kraft. Nürnberg 1985.

Zimmermann, Hildegard; Hans Burgkmair des Älteren Holzschnittfolge zur Genealogie Kaiser Maximilians. In: Jahrbuch der Königlich Preuszischen Kunstsammlungen. 36.Bd. Berlin 1915.
Zschokke, F.; Die romanischen Glasgemälde des Straßburger Münsters. Basel 1942.

c) Ausstellungskataloge

Aldegrever, Heinrich, die Kleinmeister und das Kunsthandwerk der Renaissance. Hrsg. vom Kreis Unna. Unna 1986.
Archäologie der Antike 1500 - 1700. Aus den Beständen der Herzog-August-Bibliothek.

Wolfenbüttel 1994.
Augsburger Barock. Hrsg. von Christina Thon. Augsburg 1968.
Augsburger Kunst der Spätgotik und Renaissance. Hrsg. von E. Buchner und K. Feuchtmayr. Augsburg 1928 (2 Bde.).
Augsburger Renaissance. Hrsg. von Norbert Lieb. Augsburg 1955.
Bilder vom Menschen in der Kunst des Abendlandes. Hrsg. von P. Bloch / H. Bock / A. Dückers u.a. Berlin 1980.
Burgkmair, Hans - Das graphische Werk. Hrsg. von Isolde Hausberger. Augsburg 1973.

Cranach, Lukas. Gemälde, Zeichnungen und Druckgraphik. Hrsg. von D. Koepplin und Tilman Falk. Basel - Stuttgart 1976 (2 Bde.).
Cranach, Lukas. Ein Malerunternehmer aus Franken. Kronach - Leipzig 1994.

Der Mensch um 1500. Werke aus Kirchen und Kunstkammern. Berlin 1977.
Der Traum vom Raum. Gemalte Architektur aus sieben Jahrhunderten. Hrsg. von der Albrecht Dürer Gesellschaft. Nürnberg 1986.
Dessins de Dürer et de la renaissance germanique. Hrsg. von E. Starcky. Paris 1991.
Deutsch, Niklaus Manuel. Maler - Dichter - Staatsmann. Hrsg. von Kunstmuseum Bern. Bern 1979.
Deutschland und die Französische Revolution 1789 / 1989. Stuttgart 1989.
Die Brüder Grimm - Dokumente ihres Lebens und Wirkens. Hrsg. von Dieter Hennig und Bernhard Lauer. Kassel 1985.
„**Die Kunst hat nie** ein Mensch allein besessen." Hrsg. Akademie der Künste. Berlin 1996.
Die Parler und der Schöne Stil 1350 - 1400. Hrsg. von Anton Legner. Köln 1978. (3 Bde).
Die Wilden Leute des Mittelalters. Hrsg. vom Museum für Kunst und Gewerbe. Hamburg 1963.
Dürers Dinge. Druckgraphik aus dem Besitz der Georg-August-Universität Göttingen. Hrsg. von Gerd Unverfehrt. Göttingen 1997.

Elias Holl und das Augsburger Rathaus. Hrsg. von Wolfram Baer. Stadtarchiv Augsburg. Regensburg 1985.
Europa und der Orient 800 - 1900. Hrsg. von G. Sievernich und B. Budde. Berlin 1989.

Im Garten der Palme. Kleinodien aus dem Zeitalter des unbekannten Barock. Die Fruchtbringende Gesellschaft und ihre Zeit. Wolfenbüttel 1992. (Ausst.-Kat der HAB Wolfenbüttel Nr. 68).

Jamnitzer, Wenzel und die Nürnberger Goldschmiedekunst. GNM Nürnberg 1985.

Kaiser Marc Aurel und seine Zeit. Das Römische Reich im Umbruch. Hrsg. von Klaus Stemmer. Abgußsammlung. Berlin 1988.
Karl der Große. Hrsg. von Wolfgang Braunfels. Aachen 1965.
Kunst der Reformationszeit. Hrsg. von den Staatlichen Museen zu Berlin. Altes Museum. Berlin - Ost 1983.

Luther und die Folgen für die Kunst. Hrsg. von Werner Hofmann. Kunsthalle Hamburg. München 1983.
Luther, Martin und die Reformation in Deutschland. GNM Nürnberg 1983.

Marianne und Germania 1789 - 1889. Hrsg. von M. L. v. Plessen. Berlin 1996.

Maximilian I. Innsbruck 1969.
Mythen der Neuen Welt. Zur Entdeckungsgeschichte Lateinamerikas. Hrsg. von Karl-Heinz Kohl. Berlin 1982. (Berliner Festspiele GmbH)

Nürnberg 1300 - 1550. Kunst der Gotik und Renaissance. München 1986.
Nürnberg - Kaiser und Reich. Nürnberg 1986.
Oberrheinische Buchillustration 2: Basler Buchillustration 1500 - 1540. Hrsg. von F. Hieronymus. Basel 1984.

Renaissance im Weserraum. Hrsg. von G. Ulrich Großmann. München - Berlin 1989 (Schriften des Weserrenaissance-Museums Schloß Brake, Bd. 1).

Stimmer, Tobias. Spätrenaissance am Oberrhein. Hrsg. von Kunstmuseum Basel. Basel 1984.

"Waldungen" - Die Deutschen und ihr Wald. Hrsg. von Bernd Weyergraf. Berlin 1987.
Welt des Hans Sachs. 400 Holzschnitte des 16. Jahrhunderts. Hrsg. von den Stadtgeschichtlichen Museen. Nürnberg 1976.
Welt im Umbruch. Augsburg zwischen Renaissance und Barock. Augsburg 1980. (2 Bde.).
Wittelsbach und Bayern. Hrsg. von Hubert Glaser. Bd. I/2 . München 1980.

Zauber der Medusa. Europäische Manierismen. Hrsg. von Werner Hofmann. Wien 1987.
Zeichnung in Deutschland. Deutsche Zeichner 1540 - 1640. Hrsg. von Heinrich Geissler. Stuttgart 1979.

d) Lexika, Handbücher, Sammelwerke

Allgemeiner Bildniskatalog. Hrsg. von Hans W. Singer. Leipzig 1930 ff. (14 Bde.).
Allgemeine Deutsche Biographie. Hrsg. durch die Historische Kommission bei der Königlichen Akademie der Wissenschaften. Leipzig 1875 ff. (56 Bde.).
Allgemeines Gelehrten Lexikon. Hrsg. von Christian Gottlieb Jöcher. Leipzig 1751.
Allgemeines Künstlerlexikon. Hrsg von J. R. Füßli. Zürich 1763.
Allgemeines Künstlerlexikon. Die Bildenden Künstler aller Zeiten und Völker. München - Leipzig 1992 ff. (Saur-Verlag).
Allgemeines Lexikon der Bildenden Künstler von der Antike bis zur Gegenwart. Hrsg. von Ulrich Thieme und Felix Becker. Leipzig 1907 ff. (37 Bde.).

Bibliographie der Flugschriften des 16. Jahrhunderts. Hrsg. von Hans-Joachim Köhler. Tübingen 1991 - 1996. (3 Bde.).
Bibliographie zur deutschen Geschichte im Zeitalter der Glaubensspaltung 1517 - 1585. Hrsg. von Karl Schottenloher. Stuttgart 1956 - 1966. (2. Aufl./ 7 Bde.).

Der **Bilderschmuck der Frühdrucke**. Hrsg. von Albert Schramm. Leipzig 1922 ff. (23 Bde.).
Bildwörterbuch der Kleidung und Rüstung. Vom Alten Orient bis zum ausgehenden Mittelalter. Hrsg. von Harry Kühnel. Stuttgart 1992.
Bruckmanns Handbuch der Schrift. Hrsg. von Erhardt D. Stiebner und Walter Leonhard. München 1977.
(Das) **Buch der Schrift**. Hrsg. von Carl Faulmann. Wien 1880. Reprint Hildesheim 1986.

Catalogue of Books and Manuscripts. Compiled by Ruth Mortimer Harvard College Library Departement of Printing and Graphic Arts. Cambridge/Mass. 1994. Part One : French 16th Century Books.
Contemporaries of Erasmus. A biographical Register of the Renaissance and Reformation. Peter G. Bietenholz. Toronto-Buffolo-London 1986. (3 Bde.).
Deutsche Illustrierte Flugblätter des 16. und 17. Jahrhunderts. Hrsg. von Wolfgang Harms. Tübingen 1985. (4 Bde.).
Der deutsche Peintre-Graveur oder die deutschen Maler als Kupferstecher nach ihrem Leben und ihren Werken, von dem letzten Drittel des 16. Jahrhunderts bis zum Schlus des 18. Jahrhunderts. Bearbeitet von Andreas Andresen. Leipzig 1864 ff. (5 Bde.).
Dictionary of Art. Hrsg. von Jane Turner. London 1996. (34 Bde.).
Dutch & Flemish Etchings, Engravings and Woodcuts ca 1450 - 1700. Hrsg. von F. W. H. Hollstein. Amsterdam 1949 ff. (50 Bde).

Geisberg, Max; The German Single-Leaf Woodcut 1500-1550. Bd. III. New York 1974. (Erstausgabe München 1923 - 30)
Ders.; Die deutsche Buchillustration. München 1931 ff.
German Engravings, Etchings and Woodcuts 1400 - 1700. Hrsg. von F.W.H. Hollstein. Amsterdam 1954 ff.
German Engravings, Etchings and Woodcuts 1400 - 1700. Rotterdam 1996 ff. (The New Hollstein).
Der **Große Herder**. Nachschlagewerk für Wissen und Leben. Freiburg/Bs. 1931 (4. Aufl./ 12 Bde.).
Das **Grosse Lexikon der Antike**. Hrsg. von Johannes Irmscher. München 1976 (Leipzig 1962).
Gründliches mythologisches Lexikon. Hrsg. von Benjamin Hederich. Leipzig 1770. (Nachdruck Darmstadt 1967).

Handwörterbuch des deutschen Aberglaubens. Hrsg. von E. Hoffmann-Krayer und Hanns Bächtold-Stäubli. Berlin - Leipzig 1927 - 1942. (10 Bde.).
Historisches Wörterbuch der Philosophie. Hrsg. von Joachim Ritter. Darmstadt 1971 - 1995. (9 Bde.)

Illustrated Bartsch. General Editor Walter L. Strauss. New York 1978 ff. (86 Bde.).

Kindlers Literatur-Lexikon im dtv. Deutsche Ausgabe begründet von Wolfgang von Einsiedel. München 1974. (25 Bde.).
Kindlers Malerei Lexikon. Hrsg. von G. Bazin u.a. Zürich 1964 ff. (6 Bde.).

Lexikon der deutschen Geschichte. Personen - Ereignisse - Institutionen. Von der Zeitenwende bis zum Ausgang des Zweiten Weltkrieges. Hrsg. von Gerhard Taddey. Stuttgart 1977.
Lexikon der germanischen Mythologie. Hrsg. von Rudolf Simek. Stuttgart 1984.
Lexikon der griechischen und römischen Mythologie. Hrsg. von H.W. Roscher. Leipzig-Berlin 1924 -37.
Lexikon der griechischen und römischen Mythologie. Herbert Hunger. Reinbek bei Hamburg 1974 (Erstauflage Wien 1959).
Lexikon der Heraldik. Hrsg. von Gert Oswald. Leipzig 1984.
Lexicon Iconographicum Mythologiae Classicae. Hrsg. von Olivier Reverdin. Zürich - München 1981 - 97. (8 Doppelbde.).
Lexikon der keltischen Mythologie. Sylvia und Paul Botheroyd. München 1992.
Lexikon der Kunst. Begründet von G. Strauss. Neubearbeitung Leipzig 1987 ff.

Lexikon des Mittelalters. München 1980 ff. (bisher 8 Bde.).
Lexikon für Theologie und Kirche. Hrsg. von Walter Kasper. Freiburg - Basel - Rom - Wien 1993 ff. (3. Aufl.).
Literatur-Lexikon. Autoren und Werke deutscher Sprache. Hrsg. von Walter Killy. Gütersloh-München 1990.

Monogrammen-Lexikon, enthaltend die bekannten, zweifelhaften und unbekannten Zeichen. Joseph Heller. Wiesbaden 1971 (Neudruck der Ausgabe Bamberg 1831).
(Die) **Monogrammisten.** Hrsg. von G.K. Nagler. München - Leipzig o. J. (5 Bde.).
Neues Allgemeines Künstlerlexicon. Bearbeitet von G.K. Nagler. Leipzig 1835-52 (3. Auflage).
Neuer Bildniskatalog. Hrsg. von H.W. Singer. Leipzig 1937 ff. (5 Bde.).
Neue Deutsche Biographie. Hrsg. von der Historischen Kommission bei der Bayrischen Akademie der Wissenschaften. Berlin 1953 ff. (bisher 18 Bde.).
(The) **New Hollstein Dutch and Flemish Etchings**, Engravings and Woodcuts 1450 - 1700. Hrsg. von Ger Luijten. Roosendaal/NL 1993 ff.
Niederländisches Künstler-Lexikon. Hrsg. von Alfred von Wurzbach. Wien - Leipzig 1906. (3 Bde.)
Nouvelle Biographie Générale, depuis les temps les plus reculés jusqu` à nos jours. Publiée par M.M. Firmin Didot frères. Paris 1861 ff.(?).

Paas, J. Roger (Hrsg.); The German Political Broadsheet 1600-1700. Wiesbaden 1985 ff.(5 Bde).
Paulys Realencyclopädie der classischen Altertumswissenschaften. Neue Bearbeitung hrsg. von Georg Wissowa. München 1894 ff.
Porträtsammlung der Herzog-August-Bibliothek Wolfenbüttel. Bearbeitet von Peter Motzfeld. München - London - New York - Oxford - Paris 1996.

Quellenkunde zur Geschichte im Spätmittelalter. Hrsg. von W. Dotzauer. Darmstadt 1996.

Reallexikon für Antike und Christentum. Sachwörterbuch zur Auseinandersetzung des Christentums mit der antiken Welt. Hrsg. von Theodor Klauser bzw. E. Dassmann. Stuttgart 1950 ff. (bisher 19 Bde.).
Reallexikon zur deutschen Kunstgeschichte. Hrsg. von Otto Schmidt. Stuttgart 1937 ff. / ab Bd. 7 München)
Reallexikon der Germanischen Altertumskunde. Hrsg. von Johannes Hoops. Berlin - New York 1973 ff. (bisher 11 Bde.).

Sachwörterbuch zur Kunst des Mittelalters. Grundlagen und Erscheinungsformen. Hrsg. von Claudia List und Wilhelm Blum. Stuttgart - Zürich 1996.

Tusculum-Lexikon griechischer und lateinischer Autoren des Altertums und des Mittelalters. Völlig neu bearbeitet von W. Buchwald, A. Hohlweg & O. Prinz. Reinbek bei Hamburg 1974.

Watermarks (mainly of the 17th and 18th centuries). Monumenta Chartae Papyraceae I. Bearbeitet von Edward Heawood. Hilversum 1950.
Wörterbuch der Mythologie. Hrsg. von H.W. Haussig. Stuttgart 1973.

Zedlers Grosses vollständiges Universallexicon aller Wissenschaften und Künste welche bishero durch menschlichen Verstand und Witz erfunden und verbessert worden. Hrsg. von Johann Heinrich Zedler. Halle und Leipzig 1732-1750. (64 Bde. + 2 Supplementbde. ab 1751)

Bildnachweis :

Staatsbibliothek Berlin: 47

Bayrische Staatsbibliothek München: Sign.: Cod. Germ. 960: 43

Herzog August Bibliothek Wolfenbüttel: Sign.: 155 Quod. 2 (2) (Waldis): 13, 15, 17, 19, 21, 22, 25, 26, 28, 29, 37/ Sign.: Gm 4 68 (Turmair): 45, 62, 63, 64, 65/ Sign.: QuN 591.1 (Holtzwart): 54, 69, 70, 71, 91, 92 / Sign.: 291 Hist. (Verstegan): 59, 60 / Sign.: 289.4 (Graphäus): 76 / Sign.: 1.2.4.2. Geogr. 2 (Jode): 77.

Lipperheidsche Kostümbibliothek Berlin: Sign.: Lipp OZ 134 : 93, 94, 101, 102, 103, 104, 105 106, 107, 108, 110.

Universitätsbibliothek Leipzig: 9, 10, 35, 40, 41, 50, 51, 61, 66, 67, 68, 72, 74, 75, 114, 115.

Österreich. Nationalbibliothek Wien: Sign.: Codex 15167 : 44

Hofdiözesanmuseum Brixen, Dr. Andergasser: 82

Autor: 14, 32, 33, 84.

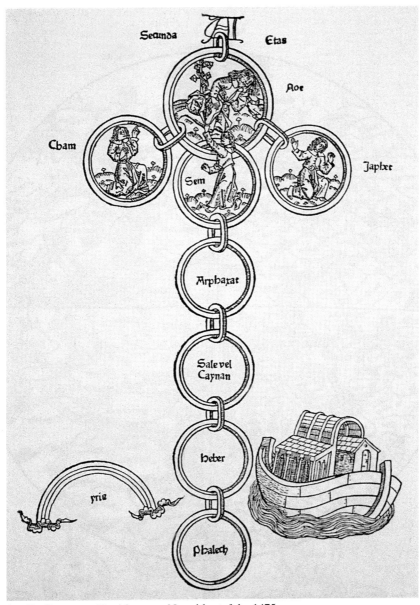

1. Rudimentum Novitiorum   Noanidentafel   1475

panien vñ lusitanien die hat es von mittemtag. vnd vom nidergang vnd mitternacht das wendlmeer. vnd vom auffgang den fluß sequane vnd die land der teütschen. Gomer der erst sun Iaphet dauon galacij. vnd het vier sün der erst Astanes. dauon sarmacia d scythier lewet in d tieff d meothidischē pfützschē wonede. vñ ist ein elede gegēt. vol vnsēliger pawm. Der ander Riphat oder raphaa. dauon paflagones. vñ d land paphlagonia d kleinern asie Der drit Thogorma. dauon friges vñ ir land. frigia d mindern asie vormals dardania darnach troya genant. Der ander sun iaphet Magog. dauon scythe vñ von in Schia vnd Gothia. Der drit medar oder madeus. dauon kome medi vñ võ in media das lād nahet bey assyria vñ persia. Der vierd Janaan: dauō greci. vñ het vier sün. der selb

ianaan machet iones die Japhet Füda sein weib in genāt cilicia sand pauls vater land. Der drit tha kriechē. Ionia was ein ge- yza oder cethim. douon Cipria die insel vormals ci gent d kriechen zwischen ca- thina genant. Der vierd dodanum. dauon burgū dia vñ colia nw thurigia ge- di. der selb kam in die insel rhodis. vnd wolt rhodi nāt. d erst Elisan. dauō he- os genant werde. Der fünfft thubal. dauon hispa-
lisei. darnach Eoly genāt. ni. vnd hispania ein fast groß land. Der sechst mo-
vñ eolia ir insel solt.xxv.m. soch. dauon Capadoces vnd das land capadocia
schrit võ welschē lādē sein der grossern Asie nahend. Der sybend Thyras der
d ander tharsis. d in d min- nennet die seynen Thyrenses. von den ist Tracia
dern asia tharsos machet. das land Scythia.
die etwen cilices. vñ nach

2. Schedelsche Weltchronik   Stammbaum Japhets   1493

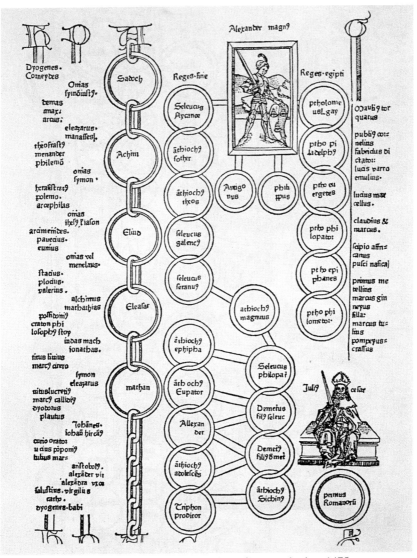

3. Rudimentum Novitiorum   Kaiser- und Königsgenealogie   1475

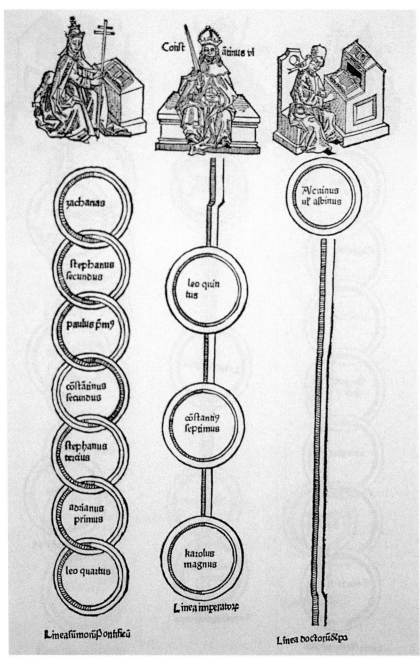

4. Rudimentum Novitiorum   Papst-, Kaiser- und Gelehrtengenealogie   1475

5. Schedelsche Weltchronik Caesar/Augustus 1493

7. Ugo da Carpi Augustus 1517

6. H. Burgkmair d. Ä. Augustus um 1503

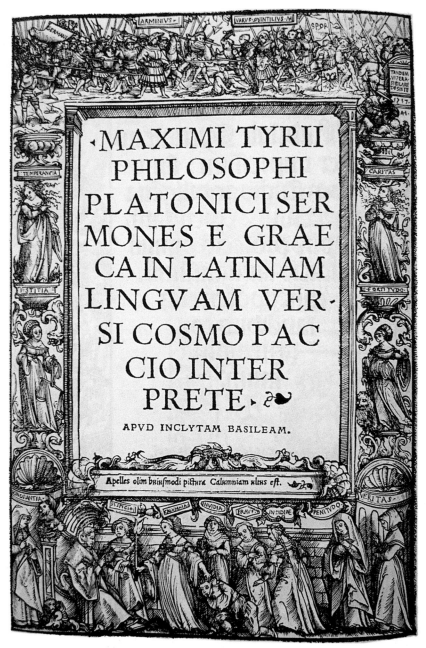

8. Ambrosius Holbein Titelblattbordüre 1517

LIBER PRIMVS XXI.
Arbor gentium a Scandia profectarum. Ca. xl.

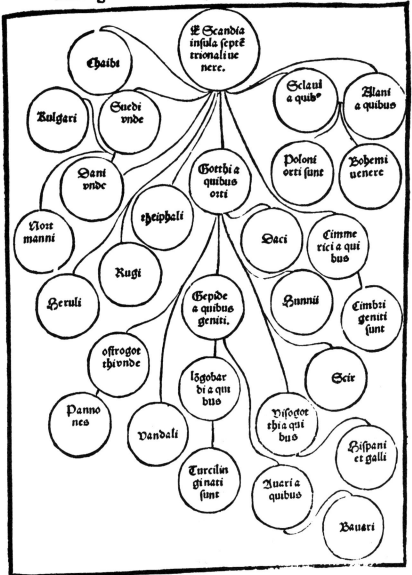

9. F. Irenicus, Exegeseos   Arbor Gentium   1518

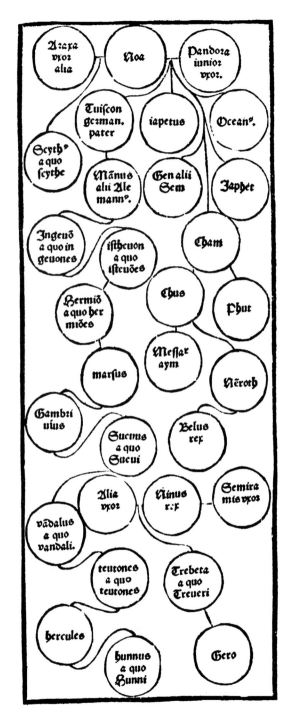

10. F. Irenicus Stammtafel Noahs 1518

12. Albrecht Dürer   Wappen mit Totenkopf   1503

11. Anonym   Schwedisches Wappen   1541

13. Peter Flötner   Tuiscon   1543

14. Parler-Schule Nürnberg-Frauenkirche Gewändefiguren um 1350

15. Erhard Schoen   Mannus   1543

16. H. Burgkmair d. J.   Eberhard v. Waldburg   Pappenheim-Chronik   1527

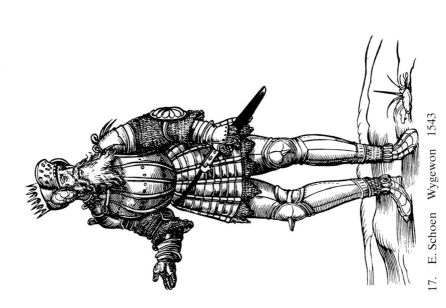

17. E. Schoen   Wygewon 1543

18. M. Ostendorfer   Ferdinand I.   um 1546

19. E. Schoen   Heriwon   1543

20. H. Burgkmair d. Ä. „Die drei boesten Juden" 1519

21. Hans Brosamer Eusterwon 1543

22. E. Schoen Marsus 1543

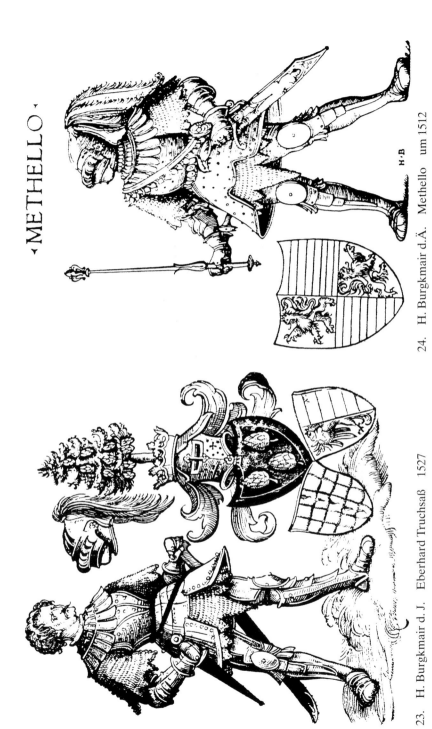

24. H. Burgkmair d.Ä.   Methello   um 1512

23. H. Burgkmair d.J.   Eberhard Truchsaß   1527

25. Niclas Stoer   Gambrivius   1543

26. H. Brosamer Suevus 1543

27. Lukas Cranach d. Ä. Der Heilige Georg 1506

28. Virgil Solis   Wandalus   1543

29. E. Schoen Ariovist 1543

30. H. Burgkmair d. Ä. „Drei gut Cristen" 1519

31. Antonio Fantuzzi   Vercingetorix   um 1535

32. Giulio Romano   Konstantinsschlacht-Detail   um 1521

33. M. Alberti/G. Rocchetti ›Triumpfzug des Marius‹-Detail   um 1550

34. H. Brosamer Arminius 1543

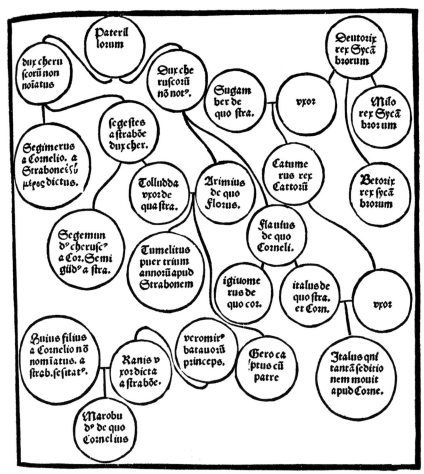

35. F. Irenicus Stammtafel germanischer Könige 1518

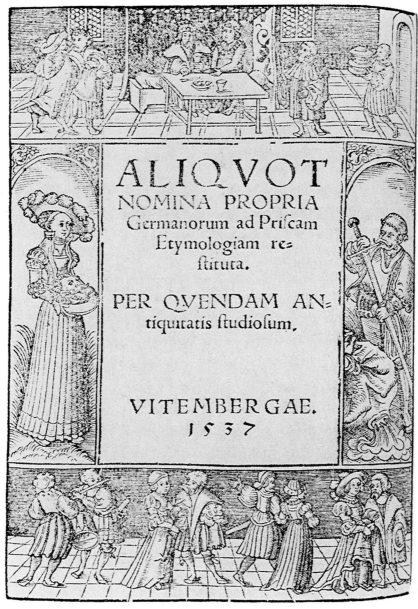

36. Cranach-Werkstatt Titelbordüre 1537

37. Virgil Solis Karl der Große 1543

38. A. Dürer   Karl der Große   1510/13

39. Matthias Merian d. Ä.   Die Vier Weltkaiser   1618

40. H. Vogtherr d. Ä
Augustus um 1540

41. Hubert Goltz Augustus 1557

43. Georg Sorg   Caesar   1565

42. M. Deutsch d.J.   Carolus Magnus   1559

44. Monogrammist MC   Caesar   1580

45. Jost Amman Tuiscon 1566

46. Jost Amman
Pharamund um 1565

47. G. Reverdy Tuiscon 1553

48. Virgil Solis Childerich um 1561

49. Anonym   Stammbaum bayr.
Herzöge - Detail   um 1501

Vonn gstalt vnd ansehen der Teüetschen.

ES seind zart weysse männer/gerad von leyb/vnnd wie wol sie von Natur roth haar haben/färben sie es das es noch röther werde. Mit einer spindeln kräusen sie jre haarlock/ ziehen es das es jnen hinden auff die achßlen falle/ das sie eben den Satyren vnd kindern gleich sehen. Dz haar machē sie mit fleyß dick/also dz es schier ist wie ein roß mhäne. Ettlich scheren dē barth/ etlich thond es nit. Die Edlen schären die wangen gar nah/ dē knebel lasse sie wachsen/ das er jnē dē mūd bedeck/ also das sie jme auch jm essen besüdlē vnd das tranck dardurch ein supffen gleich als durch känel.

50. Joh. Herold   Heydenwelt   1554

51. Reimser Schule
Turm zu Babel um 1000

52. Venedig-San Marco
Babelturm–Detail Anfang 13. Jh.

53. Jost Amman Turmbau 1565

VVolphgangus Lazius, Hystoricus, hanc Aboriginum iconem exhibet, ante initium primi sui de migratione gentiũ libri, quem nos post Burcardi VValdis æditione hic imitati sumus, exactius tame nquodammodo quàm uterq; horum.

54. Tobias Stimmer Tuiscon 1573

55. M. v. Heemskerk   Turm zu Babel

56. F. II Francken d.J.   Zerstreuung der Menschheit   um 1600

57. I. van der Block   Zerstreuung der Menschheit   um 1610

58. Z. Dolendo nach v. Mander   Zerstreuung der Menschheit   um 1600

59. R. Verstegan, Restitution   Nationum origo   1605

60. R. Verstegan; Restitution
tuysco 1605

61. C. G. Hille   Askenas - Karl d. Gr.   1647

62.   Jost Amman   Mannus   1566

63.   Jost Amman   Wandalus   1566

64. Jost Amman Arminius 1566

65. Jost Amman Carolus Magnus 1566

66. Wolfgang Latz Ureinwohner 1557

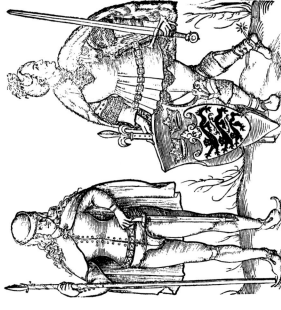

68. H. S. Lautensack Schwaben 1557

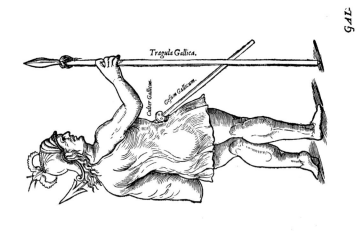

67. Wolfgang Latz Gallier 1557

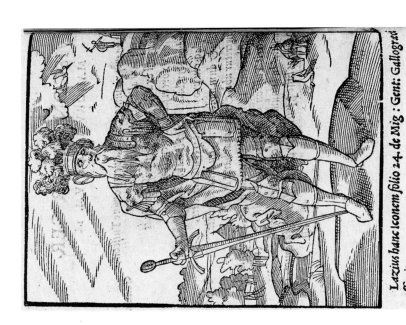

69. Tobias Stimmer Mannus 1573

70. Tobias Stimmer Arminius 1573

71. Tobias Stimmer Wandalus 1573

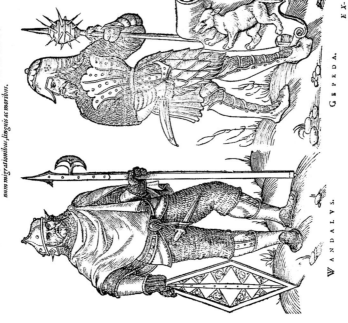

72. H. S. Lautensack Wandale 1557

73. Jost Amman   Tuiscon   1585

74. Heinrich Vogtherr d. Ä.   Tuisco Tuitsch   1548

75. Heinrich Vogtherr d. J.   Tuiscon   1565

76. P. Coecke v. d. Aelst   Triumphbogen teutscher Nation   1548

77. Pieter van der Borcht Titelblatt 1593

78. Peter Flötner Gesamtschau der 13 Plaketten um 1545 Silbergüße

79. Peter Flötner   Tuiscon   um 1545

80. Peter Flötner   Arminius   um 1545

81. Nicolaus Schmidt   Schmuckkasten der Kurfürstin Sophie   1589

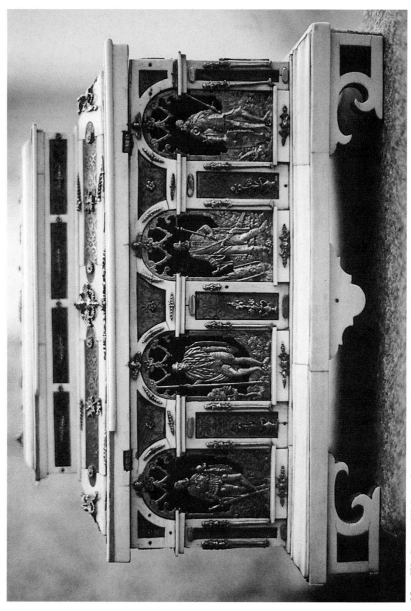

82. Werkstatt W. Jamnitzer Schmuckkassette um 1589

83. Hans Lautenhahn
Zinnkanne um 1600

84. Jorg Gromann
Wandalus um 1562

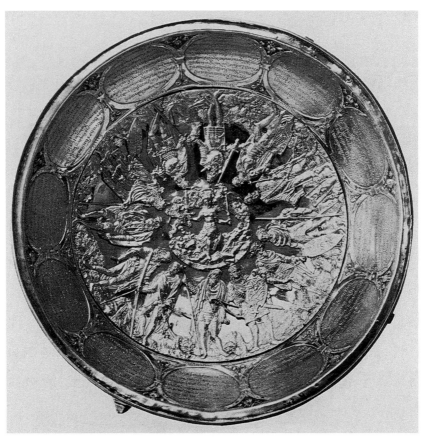

85. Jonas Silber   Weltallschale - Innenseite des Deckels   1589

86. Jonas Silber   Weltallschale - Detail: Tuiscon

87. E. Vico Porträt Karls V. um 1550

88. römisch Gemma Augustea 14 n. u. Z.

89. Anonym Papsteselin um 1535

QVERELA GERMAniæ ad Christum.

HEV mihi quid dicã, quo me mœstissima uertam
  En lachrimis oculi commaduere mei
Sic sum fessa malis, sic fracta laboribus, ut non
  Sit respirandi spes magis ulla mihi,
Enecor assidue, curis absumor acerbis
  Restat in hoc viuum corpore pene nihil
Nam sic carnifices laniarunt viscera nati
  Vix animam ut viui pectoris ægra traham
Omnia prægrauibus bellorum martibus ardent
  Affligor sectis, carcere, clade, fame,
Sed tu Christe deus magni faber vnice mundi
  Prosternas valida, castra nefanda, manu
Sterne Baale pecus, Goliam prosterne furentem
  Sola etenim victrix, est tua dextra Deus.

ADHORTATIO CONSOLATORIA CVIVSdam Germani, ad S. Germaniam.

ATsi peruersæ tandem te crimina vitæ
  Viderit omnipotens deseruisse Deus,

Protinus, exemplo non ista probare necesse est,
  Aeterna veniam pro pietate dabit
Inter erit charos concordia mutua fratres
  Secta nec vnanimes dissociabit oues,
Non tibi turrigeras Mars sanguinolentus in vrbes
  Seuiet, excultos nec populabit agros
Diuite cuncta tibi diffundet copia cornu
  Grataq́ non ægre munera terra dabit,
Non tibi pestis atrox, non dira venena nocebunt,
  Tuta sed à cunctis ipsa ferere malis,
Quare age si sapis ô fœlix Germania surge
  Sit tibi quæ à superis pœna parata vide,
Tu nimium ingrata es Christo iam tempore longo
  Te vellem in rectas ire videre vias
In cinere et sacco resipisce, præcamina funde,
  Placa iram summi voce gemente Dei,
Corrige consuetos fœlix Germania mores
  Vt tandem Christus sit tua vita, Vale.

FINIS.

90. F. I. Fabri Germania um 1550

Salue sancta parens terrarum gloria summa,
Tum non suppressa, nescia tumq; doli.

91. Tobias Stimmer   Germania   1573

Stricta Fides, animus fortis, non mobile pectus,
Neglectum ad superos usq; tulere choros.

92. Tobias Stimmer   Tugendallegorie   1573

93. Anonymus Titelblatt 1618

94. Anonymus Caesar um 1618

95. Martino Rota Caesar 1570

97. M. A. Raimondi Caesar um 1525

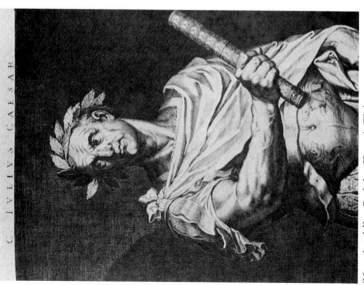

96. Aegidius Sadeler II nach Tizian
Caesar um 1615

98. Vredeman de Vries   Caesar/Augustus   um 1569

99. Virgil Solis   Caesar/Augustus   um 1555

100.   Raffaelo Schiaminossi   Caesar   1606

101. Anonymus   Titelblatt Tuiscongenealogie   um 1618

102. Anonymus Tuiscon um 1618

103. Anonymus Mannus um 1618

104. Anonymus   Gambrivius   um 1618

105. Anonymus Wandalus um 1618

106. Anonymus Arminius um 1618

107. Anonymus   Karl der Große   um 1618

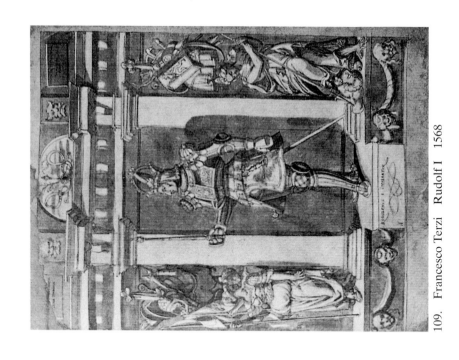

109. Francesco Terzi   Rudolf I   1568

108. Anonymus   Rudolf I.   um 1618

110. Anonymus 1617 Matthias I. um 1618

111. Aegidius Sadeler II. Matthias I. 1616

112. Carl Gustav Hille   Der teutsche Palmen-baum   1647

113. Joh. A. Böner   Ascenas – Karl der Große   1668

114. Johann Jakob Sandrart   Gastfreundschaft der Germanen   1688

115. Anonym Heidengötter 1702